JN026629

マネジメント・リテラシー 【第2版】

社会思考　歴史思考　論理思考

具　承桓 編著
KU Seunghwan

Management
Literacy

東京　白桃書房　神田

はしがき

　本書は，「マネジメント」または「経営学」の入門書ではない。経営学（business administration または management studies）の基礎を学ぶ前に，事前知識や視点として必要と思われるものについて学ぶことを目的とし，書かれた書物である。つまり，本書は「リテラシー（literacy）」を主題とする。

　リテラシーとは，何が学ぶ上で，事前に知っておくべき能力やスキル，理解力を意味する。日常生活でよく使われているのはコンピュータ・リテラシー，IT リテラシー，メディア・リテラシーなどである。本書のタイトルである「マネジメント・リテラシー」というのは，マネジメントを学ぶ上で，事前に当たり前に知っておいた方が望ましい基礎知識や概念，視点，考え方，考える範囲などを指す。

　では，われわれは，なぜ，経営学を学ぶ上でリテラシーが必要だと思うのか。それは，現在の若者の現状に懸念されるものがあるからである。というのも，昨今の大学進学の際，入試制度や試験科目の偏重によって，前もって学ぶべき基礎的な知識が乏しいまま入学する学生がいる現状がある。そのため，大学入学後，それぞれの社会科学系の専門知識を学ぶ際に，その理解が浅くなったり，断片的なものにとどまったりする学生が多く存在しているのも否定できない状況にある。こうした状況は様々な社会科学系の領域で学ぼうとする学生の成長を阻害する要因になっている。

　また，他の専門領域を学んだ人でも就職後，何らかの形で中間管理層になるが，マネジメントや経営学に関する理解が乏しく，いざポストに就くと悩む人も少なくない。リテラシーの不足を感じ始める。そこで，社会科学系，とりわけ経営学またはマネジメントを学ぶ上で，専門領域の学びの入り口で，その考え方や基礎的な土台をつくる学びや時間が必要である。

　われわれが生きている現在はグロバリゼーションの時代であり，情報の時代である。毎日，世界から大量のニュースと知識が生産されている。それらは，

TVや新聞，インターネット動画で終わらない。時間差はあるものの，場所を問わず，世代を超え，社会や職場，人々の影響も受ける。そのため，その情報を把握し，的確に判断し，対処しなければならない。また，昔に起きた出来事やものが現在，さらに未来に至るまで影響するものも少なくない。それの表面的な姿が変わっても，本質は変わらず，繰り返して発生することも多く存在する。こうしたことが，経済や事業を営む企業だけではなく，社会の変化，われわれの行動パターンや価値観も大きく変えてしまう。

このような時代に，皆さんがたくましく，賢く，懸命に「経営学」，「マネジメント」の世界に一歩を踏み出すためには，様々な現象や出来事を表面的に捉えず，批判的な視点を持ち，その本質を捉えるような思考回路とその基盤づくりが不可欠である。まさに，「北京で蝶が羽ばたくとニューヨークに嵐が起こる」という文言のように，隠されている諸要因と要因間の連鎖，相互作用，因果関係，そしてその本質を探究していく学びが必要である。本書の狙いである全体を見渡す俯瞰力，批判的な思考力の形成のためのリテラシーを通じて，領域横断的な専門知識（特に，経営学）の土台づくりになれば何よりである。これがわれわれの筆者らが本書に込めた願いである。

本書は次のような構成になっている。

まず，本書の視点を提示した上，「社会思考」「歴史思考」「論理思考」，3つの思考を紹介し，最後に全体を取りまとめる終章で構成する。

第Ⅰ部は「社会思考」編である。社会は，当然ながら個人，個人の集まりである様々な組織が営む空間と時間である。社会の主体である，個人と多様な組織，企業による多様な考え，行動，価値観，出来事との相互作用によって，直面している課題や問題を解決しながら，新たな問題を発見し，知恵を出し合い，次世代の持続可能な社会を実現するための仕組みや取り組みを考える。様々な立場・様々な人・様々な組織の統合的な思考について学ぶ。

第Ⅱ部は「歴史思考」編である。歴史は「時間展開（時間経過）」によって，様々な現象や出来事がどのように相互作用し，変化をもたらしているのかに重点を置き，過去と現在を洞察する。ここでは，「歴史それ自体」ではなく，「人々や組織の営みに起因する変化」を洞察（insight）する思考態度（＝歴史思考）を学ぶ。「現在」を理解するため，過去の出来事がどのような

背景の中で発生し，プレイヤー及び要因間にどのような相互作用と連鎖のメカニズムがあったのかを画ける内容を提供する。そこで，第Ⅱ部では，資本主義の黎明期である産業革命期まで遡って考察しながら，世界経済の変化と主要な出来事（政治，経済，社会の変化），それがもたらした日本経済や企業への影響と直面していた課題，そしてその中から生まれた経営学の議論と論点を提示し，今後の経営学のバックグラウンドとなるものについて紹介する。

第Ⅲ部は「論理思考」編である。様々な情報を鵜呑みにせず，複雑な減少や事象から，批判的な視点に立ち，その本質を捉えたり，潜んでいる関係性を考えたり，分かりやすく整理したり，道筋の通った説明ができたりするようになることを目指す。偏見を持たず，世の中を観察し，本質的な問題や解決策を探求することを目指すために必要なキー概念と内容を紹介する。全体と部分，考え方の方法，複雑かつ具体的なものをシンプルな概念やモデルなどを使った抽象化，影響要因，物事の関係性（相関関係），原因と結果の関係性（因果関係）など，様々な事例を通じて，論理思考回路の形成を狙う。なお，今回の第2版では，授業での経験などを踏まえ，第Ⅲ部を大幅に修正・加筆を行った。

最後に，本書は，楽しい学びと俯瞰的思考の形成を促し，学習のシナジーを図るため，いくつかの工夫をしている。「コラム」と「必須用語集」，「学んだことをチェック」を設けており，そして「更なる学習のために」で参考書と動画などを紹介することで，総合的な理解と学びを促す内容にしている。

なお，本書は京都産業大学経営学部マネジメント学科の再編・改組（2019年）に伴い，企画されたものであり，書物としての出版には京都産業大学の出版助成が大きな力となった。また，われわれの考えに賛同し，出版を快諾してくださった白桃書房の大矢栄一郎社長に感謝申し上げる。

2022年2月　京都上賀茂神山にて

編著代表　具　承桓

執筆者一同

目次

第 I 部 「社会思考」編　7

扉文／宮永 健太郎

序 章 "社会思考のマネジメント"とは何か　9

宮永 健太郎

第 1 章 グローバル化と経済　23

大杉 卓三

第**5**章 企業とマネジメント

大杉 卓三

第**6**章 NPO・NGOとマネジメント

宮永 健太郎

第**7**章 社会的企業とマネジメント

大杉 卓三

第 **8** 章 政府とマネジメント

宮永 健太郎

終 章 "社会思考のマネジメント"の可能性

宮永 健太郎

第 **Ⅱ** 部 「歴史思考」編

扉文／吉田 裕之

序 章 「マネジメント・リテラシー」における 歴史思考の可能性と具体性

吉田 裕之

第6章【資本主義の再構築期】中国と新興国市場の浮上, 情報化・標準規格競争の時代—2000年代　281

具 承桓

第7章【資本主義の再構築期】デジタル経済時代の 覇権争いをめぐる競争と革新—2010年代　305

具 承桓

終 章　歴史思考に基づく経営学を目指して

具 承桓

第Ⅲ部　「論理思考」編

扉文／福冨 言

序 章　論理思考の方法論と実習編

福冨 言

第1章　論理的に思考する

福冨 言，李 為

第2章 仮説を考える

福冨 言，李 為

第3章 測定する

福冨 言

本書の視点
—社会思考，歴史思考，論理志向—

　本書の狙いは，「はしがき」のところにも示したように，マネジメントまたは経営学を学ぶ上で必要なリテラシーを提供することである。われわれは，それを「マネジメント・リテラシー」と呼ぶ。このマネジメント・リテラシーは３つの領域で構成される。それは，「社会」「歴史」「論理」である。個別の領域に関しては，それぞれの編で学ぶこととし，それを学ぶにあたり，これらの３つの領域に関する学びがなぜ必要なのか，また，どうしてマネジメントを学ぶ上で重要なのか，さらに，これら３つはどのような関係なのかについて述べる。

俯瞰力の必要性

　古代ギリシャの哲学者アリストテレスが言ったように，われわれ人間は社会的動物である。個人が集まり，組織をつくり，様々な組織が集まり，社会を，さらには国際社会を形成してきた。われわれの営んでいる経済システムである「資本主義」の幕開けとなった産業革命期前後に，近代的な「会社（企業）」が誕生し，科学や技術の発展を遂げながら，経済という歯車を回しつつ，現在のグローバリゼーションの世界が形成された。そうした世界の中，様々な主体が多様な関係をつくり，仕事をし，生活し，社会的な営みが展開されている。そのプロセスの中で，多様かつ複雑な関係と事柄が発生している。

　例えば今日では，ICT（Information and Communication Technology）・IoT（Internet of Things）・AI（Artificial Intelligence）をはじめとする技術革新が目覚ましい。また，それに基づく企業及び組織活動（ヒト，モノ，カネ，情

報のマネジメント）と，グローバル化のさらなる進展・深化，国内社会・産業の変貌などが複雑に絡みあいながら起こっている。さらに，日本社会は少子高齢化，所得格差，介護，働き方改革，企業の社会的責務などが課題とされる時代である。

　われわれがこれから学ぼうとするマネジメント（経営学）は，多様な学問領域によって構成されている。諸現象は1つの独立したものではなく，多様な要因がかかわっている場合が多い。社会や経済の主体としての企業や消費者，政府，その他の組織，さらに諸主体の行動に影響する多様な要因を理解しようとすることがマネジメントのスタートになる。この学びを通じて，こうした複雑な諸事象・事柄について，表面的，形式的，部分的なことにとらわれず，多様な主体の行動や心理，相互作用，全体と部分，原因と結果に至る因果関係，事柄（事象）の本質などを探究・理解し，将来を見据える力と論理力を身につけたい。マネジメント・リテラシーでは，諸現象の本質を的確に捉え，把握するために，多様な学問的領域の枠を超えて，諸現象に対する包括的かつ統合的な理解ができる俯瞰的な思考力の土台を形成することを目指したい。

３つの思考とその関係性

　本書では，マネジメントを学ぶ上で必要な思考を「社会思考」「歴史思考」「論理思考」，の3つでとらえる。マネジメントについてより理解を深めるためには他の分野を学んでおいても良いかもしれない。例えば，社会，歴史，論理，文化，倫理観，思想などがそのリテラシーの要素になりうる。しかし，われわれは，マネジメントの学習において最も基礎知識の土台として必要だと思われる思考あるいは最低限必要とされる思考を3つに絞ることにする。

　マネジメントにおける個人や組織，とりわけ企業組織をはじめとする多様な組織は，「社会」という空間に中に存在する行動主体（プレイヤーまたはアクター（actor））であり，これらのメカニズムと相互作用が展開される場である。「社会」という空間は，多様な，経済主体（企業，消費者，政府，その他の組織）が相互作用し，取引が行われる「市場」でもある。そこで経済主

体は制度や規制，社会課題，文化などに影響を受けながら，逆に影響を与える。また，当該社会の範囲は村，地域，地方，国，さらには○○アジア，世界という具合で認識できる。その意味で当該社会の境界を越えると，外部として捉えることができる。その関係は，当該社会単位が別の社会と相互に関係し，多様な要素が相互浸透する関係にある。

　一方，「社会」という空間では，「時間展開」によって，多様な要因が絡み合い，相互作用し，変化しながら「過去と現在」をつくっていくことになる。過去のことが，形を変えて現在に現れる。過去が現在に影響を与える。逆に，現在の姿を正しく理解する上で「過去」を考察することが必要になる。歴史は過去の歴史のテキストの活字で終わるものではなく，強弱はあるものの，生きた形で，現在の様々な主体に影響するのである。

　そして「空間（社会）」の「時間展開（歴史）」を理解するためには，「論理思考」が必要になる。インターネット時代の情報過剰や情報の海から主体的な意思決定を行うためには，森と木の関係や影響を正しく理解し，批判的な思考力と論理力を形成しなければならないだろう。

　では，具体的に3つの思考はどのような思考なのか。その中身について簡単にその概要を説明しておこう。

・社会思考

　まず，個人と個人，個人の集まりである企業や組織といった行動主体が営む「社会」という空間を理解する。とりわけ，組織のマネジメントを軸に理解する際に，様々な主体に対する理解と社会が直面している課題，それによる主体への影響などについて理解を深める。「マネジメント（management）」という言葉をめぐっては，「企業のマネジメント」「経済活動のマネジメント」「経済成長に向けたマネジメント」を想定するものに加えて，「政府やNPO・NGOのマネジメント」「企業の社会的取り組みや環境保全活動のマネジメント」「持続可能な発展に向けたマネジメント」も想定する新たな視点が登場している。このような "社会思考のマネジメント（social management）" という考え方もマネジメントの射程に入れる。

・歴史思考

　自然科学とは異なり，経営学を含む，社会科学においては，人々や組織の活動・行動に起因する「営み」をめぐる諸現象や諸問題の解明を目的としている。当然のことながら，このような諸現象や諸問題には多くの要因が複雑に絡み合っている。したがって，社会科学における「歴史（＝人々や組織の営みに起因する「変化」)」が意味することは過去にとどまらず現在を考える上でも有用である。

　「歴史を（に・から）学ぶ」「歴史の教訓」「歴史は繰り返される」という表現を待つまでもなく，「歴史を学ぶ」ことの有効性については議論の余地はない。しかしながら，ここでは，「歴史それ自体」ではなく，「人々や組織の営みに起因する変化」を洞察（insight）する思考態度（＝歴史思考）を身につけてほしいと思っている。ただ，歴史思考という思考態度を体現することは，言葉で言うほど簡単なことではない。

・論理思考

　論理思考とは，イメージから論理へと展開する科学的説明とは何かを理解する論理思考を組み立てる。さらに論理思考は，問題をどう立てるか，物事の原因を考え，問題を整理することによって，普段から思いつきや感情だけで言動することが減り，考えが深くなり，洞察力も生まれ，問題の本質や解決策の要点を考えるようになることである。さらにいえば，考え方の方法，複雑かつ具体的なものからシンプルな概念やモデルなどを使った抽象化，影響要因，物事の関係性（相関関係），原因と結果の関係性（因果関係）の検討などについて学習することで，ロジカル・シンキングと複眼的洞察力を備えた思考回路形成を目指すことである。

これからの時代の学びのため

　われわれが生きている現在は，「想定外の時代」とも言える。予測が難しく，外れることが多い。また，情報はあふれるほど毎日生産されている。だからこそ，必要な情報と必要ではない情報を選別し，根拠のない情報や噂に飲み

込まれず，正しく認識する必要がある。しかし，それは安易ではない。

　しかしながら，情報化の時代，マネジメントの時代，グローバルの時代に，われわれが認識すべきものは多い。正しく状況を認識し，多様性や国際性を備え，自分の考えをきちんと持ち，他人とコミュニケーションを取れる能力の向上が必須である。

　では，複雑の時代，混沌の時代，想定外の時代といわれる今，批判的な思考力の土台である3つの思考，すなわち社会思考，歴史思考，論理思考を身につけ，マネジメントの有効性と経営学の面白さを実感する学びの旅をして行こう。

（具　承桓）

第 I 部

「社会思考」編

　第 I 部では，統合的なマネジメント能力の基盤となる思考のうちの 1
つ，"社会思考"を身につけるべく，マネジメントの現状や課題，あるべ
き姿について，より広く社会や経済の視点から考えるための基礎的なリ
テラシーを学習してもらう。具体的には，企業を取り巻く社会や経済の
状況，あるいはNPO・NGO，社会的企業，政府といった組織に関する
基礎知識などの学習を通じて，統合的なマネジメント能力を育んでいく
のに不可欠な"社会思考のマネジメント（social management）"とい
う考え方を身につけてもらう。

序 章
"社会思考のマネジメント" とは何か

1.「マネジメント」という言葉

(1)「マネジメント」って何だ？

　本書を手に取っている皆さんは，その大半が，経営学部に入学してまだ間もない学生であろう。これから4年間，皆さんはマネジメント（management）について学んでいくわけだが，そもそもマネジメントとはいったい何だろうか？　実は，この問いに答えるのは簡単ではない。一例として，手元の辞典（『有斐閣経済辞典（第5版)』）を紐解くと，次のように説明されている。

　　組織体が目的を設定し，変化する環境のもとでそれを効率的に実現するための決定と実行における思考，仕組み，人材，技術・技法やその体系。計画作成，組織編成，動機付けや統制活動はその基本部分である。リーダーシップや調整が，その中心的内容として重視されることもある。

　さて，いかがであろうか？　おそらく内容が複雑すぎて，まったく皆さんの頭に入ってこなかったのではないだろうか？　マネジメントという言葉にはたくさんの要素が含まれており，それを逐一拾い上げようとすると，このような複雑な定義になってしまうのである。

　一方，海外の文献を読むと「マネジメントとはマネージャーが行うことで

ある（"*Management is what managers do.*"）」という説明をしばしば見かける。こうすれば，確かに複雑さの問題を一挙に解決（？）できてしまう。だがこれだけでは，マネジメントとはいったい何なのか，皆さんにはさっぱり見えてこないことであろう。

(2) マネジメントの"射程"

　この『マネジメント・リテラシー』という本は，「マネジメントを学ぶ本」ではなく，「マネジメントを学ぶのに必要なリテラシーを学ぶ本」である。したがって，これ以上マネジメントの詳細な中身に立ち入ることはできない。

　とはいえ，これから本書を読み進めていくにあたって，皆さんにはマネジメントについて必要最低限のことを知っておいてもらわねばならない。この第Ⅰ部「社会思考」編のテーマの関連でさしあたり確認しておきたいのは，マネジメントという言葉を使う場合，そこには暗黙の了解のようなものが3つくらいあった，ということである。いわばそれは，マネジメントという言葉の"射程"の問題なのだが，具体的には次の通りである（図表序.1）。

図表序.1　これまでの「マネジメント」が想定していた世界

| 企業 | ⇒ | 経済活動 | ⇒ | 経済成長 |

　第1に，「マネジメント」といった場合，主として企業という組織のマネジメントが暗に想定されてきた。試しに，大学の図書館で「経営学」や「会計学」と銘打った本を手に取り読んでみてほしい。そのほとんどは，特に断りもなく，「企業の経営」や「企業の会計」を扱っているはずである。あるいは，マネージャー（manager）という言葉は，一般的には「経営者」と訳されているのだが，皆さんのほとんどはそこで「企業の経営者」を思い浮かべたのではないだろうか？

　第2に，「マネジメント」といった場合，主として経済活動のマネジメントが暗に想定されてきた。一般に，企業という組織が活動するためには，"ヒト・モノ・カネ"という経営資源が必要となる（そこに"情報"が加わる場合も多い）。では，その経営資源はどこからどのように調達すればよいのか？

経営資源をどのように用いれば，製品やサービスを効率的に生産できるのか？ そして，生産した製品やサービスをいかに販売し利益を上げるか？……これらは，まさにマネジメントの中核的なテーマであるが，同時にこれらはおしなべて経済的な活動であることがお分かりであろう。

　第3の点は，「では企業の経営が軌道に乗り，その経済活動もうまくいったその先には，いったいどのような社会が待ち受けているのか？」という問いに関連している。そこで暗に想定されていたのは，主として経済成長という社会像であった。企業経営はどうすれば軌道に乗るのか？　企業の経済活動はどうすればうまくいくのか？……そういった問いの源を探れば，その多くは「どうすれば経済が成長して豊かになれるのか」という関心に行き着く。その意味において，"マネジメント"と"経済成長"という2つの言葉は，切っても切り離せないものだったのである。

2. マネジメントの射程の広がり

(1) マネジメントという言葉を取り巻く変化

　だが近年，そうした状況が変わりつつあり，「マネジメント」といった時にあまり想定されてこなかった事柄が，次第に扱われるようになってきている。別の言い方をすれば，マネジメントという言葉の射程が広がったのである。では，何がどのように広がったのだろうか？　具体的には次の3つである。

> 【1】持続可能な発展に向けたマネジメント
> 【2】企業の社会的取り組みや環境保全活動のマネジメント
> 【3】政府やNPO・NGOのマネジメント

以下順を追って，詳しく見ていくこととしたい。

（2）持続可能な発展に向けたマネジメント

　皆さんの両親や祖父母が生まれ，青春を過ごした20世紀は，“経済成長の世紀”として後世に語り継がれることであろう。とりわけ第2次世界大戦後，先進国を中心に急速な経済成長が起こり，日本でも高度経済成長期に経済的な豊かさが飛躍的に向上した。そして21世紀に入ると，経済成長の波はいよいよ発展途上国にも及び始めた。これらの経済成長を牽引してきたのは企業という主体であり，そのマネジメントのあり方に多くの人が関心を向けたのである。

　だが，経済成長がもたらしたのは，残念ながらいいことばかりではなかった。例えば，経済成長はしばしば人々の経済的な格差を拡大させた。経済成長の恩恵は，必ずしもすべての人々に等しく及んだわけではなかったのである。あるいは，経済成長は地域間格差の拡大を伴うことも多く，経済成長の恩恵を受けられた地域とそうでない地域の分断が一層進んだ。このように，経済成長はいくつかの社会問題を引き起こす要因でもあった。

　そして，もう1つ忘れてはならないのが環境問題である。高度経済成長期に各地で公害が頻発し，1980年代には地球環境問題が深刻化したのだが，その裏側には常に経済成長の存在があった。20世紀は“経済成長の世紀”であるだけでなく，“環境破壊の世紀”でもあったのである。

　こうした動向を受けて，経済成長という社会像を想定してきたマネジメントの射程が，社会問題や環境問題の領域にも広がらざるを得なくなってきたのである。これこそが，マネジメントの射程の第1の広がりである。では，社会問題や環境問題の解決も視野に入れるマネジメントとは，いったいどのようなものなのか？　それを考える1つの手がかりは，持続可能な発展（sustainable development）という考え方である。ここではひとまず「環境問題や社会問題を引き起こさず，なおかつ経済的にも豊かになるような発展」のことだとしておこう（詳細は第4章で学ぶ）。

　この持続可能な発展という考え方だが，単なるアイディアや概念の域を超え，すでに現実社会における1つの政策理念になっているということを，皆さんはご存知だろうか？　それを最も象徴するのは，2015年9月，国際連合（国連）で合意・採択されたSDGs（Sustainable Development Goals：エ

図表序.2　SDGsにおける17の目標と，その採択の瞬間

出所：図は国際連合広報センターホームページ (https://www.unic.or.jp/) より引用。
　　　写真は United Nations Photo。
　　　https://www.unmultimedia.org/s/photo/detail/644/0644097.html

スディージーズ）である（図表序.2）。SDGsについても第4章で詳しく説明
するとして，ひとまず皆さんには，今後進むべき地球の未来像として人類は
今「持続可能な発展」という旗を掲げているのだ，という事実を知っておい
てもらいたい。そして，われわれ人類が解決すべきは経済問題・社会問題・
環境問題のすべてであって，その一部ではないのだということ，そして発展
（development）という言葉には経済の側面だけでなく，社会や環境の側面も
含まれるのだということも，図表序.2にあるSDGsの17の目標リストから感
じておいてほしい。

この第Ⅰ部「社会思考」編を通じて，皆さんには，持続可能な発展に向けたマネジメントという新機軸のマネジメント視点を考えるための基礎知識を学んでもらうつもりである。

(3) 企業の社会的取り組みや環境保全活動のマネジメント

「マネジメント」という言葉を用いた時，主に経済活動のマネジメントが想定されてきたことは，すでに述べた通りである。しかし他方で，最近の企業は本業である経済活動の傍らで，社会課題の解決（例えば地域活性化や環境保全）に取り組むケースが増えている。そして中には，本業そのものを通じて社会課題に取り組むケースも登場している。つまり，これまでのマネジメントの射程が主に経済活動の領域の範囲内だったのが，近年は社会的取り組みや環境保全活動にまで広がってきているのである。これが，マネジメントの射程の第2の広がりである。その具体的な中身は第3章などで学んでもらうとして，以下では，射程の広がりの背景として3つのポイントを挙げておきたい。

第1の背景として，現代社会において，企業の存在感や影響力はますます高まっており，企業のマネジメントのあり方は，経済のあり方だけでなく，社会のあり方をも大きく左右するようになった。そしてそれを受け，企業という存在を"経済"の物差しだけでなく，より広い"社会"という物差しも使って見ていく必要性が高まっている（図表序.3）。ちなみに経営学には，そのようなテーマを専門に扱う「企業と社会（business and society）」という学問領域がある。いずれ皆さんも学ぶ機会があることであろう。

図表序.3　企業と社会

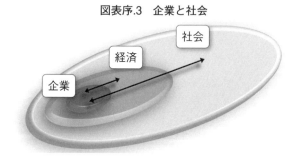

第2の背景として，社会問題や環境問題の解決に際して，企業が果たす役割に注目が集まってきた。実はこれまで，社会的取り組みや環境保全は，主に政府の役割だと考えられてきた（政府については第8章で詳しく学ぶ）。具体的には，企業による自由な経済活動を前提としつつ，社会問題・環境問題が起きないよう政府が事前に規制する，あるいは社会問題・環境問題が起きた時には政府が事後的に処理する，といった具合である。だが現在，いくつかの局面でそうした手法が行き詰まりを見せており，その反省の中から，企業が有する様々な技術や資源をもっと社会問題・環境問題の解決に活用すべきではないか，との意見が注目されるようになったのである。すでに述べたように，現代社会における企業のプレゼンスがこれまでになく高まっているのだから，その企業自体が社会問題・環境問題の解決に寄与してくれるようになれば，そのインパクトは計り知れない。

　第3の背景として，そもそも企業の本業である経済活動それ自体が，社会問題や環境問題を無視していたのでは立ち行かない時代になってきた。例えば皆さんが，子ども向けのグッズを製造・販売するビジネスを起業したとしよう。しかし日本は今後人口減少と少子高齢化が進み（第2章で詳しく学ぶ），子どもの数はどんどん減っていくと見込まれている。その社会的認識を欠いたまま，ひたすらヒト・モノ・カネのやりくりに専心したとしても，その企業が成長していくことは望めない。あるいは，世界中の自動車メーカーが，今こぞってEV（Electric Vehicle：電気自動車）の開発に躍起になっているのだが，その1つの背景には地球温暖化問題の存在がある。走行時に二酸化炭素を排出しないEVが今後世界の自動車の主流になっていくと見込まれる中，その市場シェアをどれだけ獲得できるかは，まさに企業としての存否に直結する問題なのである。

　ここから分かるように，今の企業が直面しているのは，マネジメントの射程が社会・環境の領域に広がるという事態にとどまらない。そうではなく，従来のマネジメントのあり方そのものが社会・環境の視点からの見直しを迫られているという，より切実な事態なのである。

コラム 世界経済フォーラム『グローバルリスク報告書』

　「世界経済フォーラム（World Economic Forum：WEF）」という団体をご存知だろうか？　本拠地をスイスのジュネーブに置き，いくつもの巨大な多国籍企業が会員に名を連ねるこの国際民間組織は，スイス東部のリゾート地・ダボスで毎年総会を開き（通称「ダボス会議」），ビジネス界や政界の要人たちが世界中から集結する。そして会議の期間中，世界のメディアは彼らの一挙手一投足を追いかけていく。

　そのWEFが毎年作成する有名なレポートの1つに，『グローバルリスク報告書（The Global Risks Report）』というものがある。そこでは，国際社会が直面する様々なリスク（グローバルリスク）が取り上げられ，WEFの関係者を対象に行ったアンケート調査の分析結果がまとめられているのだが，それによると，ここ数年の間に興味深い変化が起きている（右図を参照）。

　ある時期まで，世界の要人たちの懸念は，主として財政危機や金融破綻のような経済問題（economic）に関するリスクに向けられていた。しかし最近は，環境問題（environmental）や社会問題（societal）に起因するリスクの方がより深刻だと受け止められているのである。図をよく見ると，異常気象や水危機といった項目が2015年あたりから常時ランクインしている様子が分かるであろう。

　このように，社会や環境の視点を抜きにしてはビジネスのあり方もマネジメントのあり方も議論できないのが，今われわれが生きる現代という時代なのである。この第Ⅰ部（社会思考）の学習を通じて，皆さんには是非そのことを感じてほしいと考えている。

発生の可能性が高いグローバルリスクの上位5位

	2009	2010	2011	2012	2013	2014	2015	2016	2017	2018	2019
1	資産価格の崩壊	資産価格の崩壊	暴風雨・サイクロン	所得格差の拡大	所得格差の拡大	所得格差	地域紛争を伴う国家間紛争	大規模な非自発的移住	異常気象	異常気象	異常気象
2	中国経済成長鈍化（<6%）	グローバル化の後退（先進国）	洪水	長期にわたる財政不均衡	長期にわたる財政不均衡	異常気象	異常気象	異常気象	大規模な非自発的移住	自然災害	気候変動の緩和や適応への失敗
3	慢性疾患	石油・ガス価格の高騰	汚職	温室効果ガス排出量の増大	温室効果ガス排出量の増大	失業・不完全雇用	国家統治の失敗	気候変動の緩和や適応への失敗	巨大自然災害	サイバー攻撃	自然災害
4	グローバル・ガバナンスのギャップ	慢性疾患	生物多様性の喪失	サイバー攻撃	水供給危機	気候変動	国家の崩壊または危機	地域間紛争を伴う国際的衝突事象	テロ攻撃	データの不正利用または詐欺	データの不正利用または詐欺
5	グローバル化の後退（新興国）	財政危機	気候変動	水供給危機	高齢化への対応の失敗	サイバー攻撃	高度の構造的失業または不完全雇用	巨大自然災害	データの不正利用または詐欺	気候変動の緩和や適応への失敗	サイバー攻撃

影響が大きいグローバルリスクの上位5位

	2009	2010	2011	2012	2013	2014	2015	2016	2017	2018	2019
1	資産価格の崩壊	資産価格の崩壊	財政危機	大規模でシステミックな金融破綻	大規模でシステミックな金融破綻	財政危機	水危機	気候変動の緩和や適応への失敗	大量破壊兵器	大量破壊兵器	大量破壊兵器
2	グローバル化の後退（先進国）	グローバル化の後退（先進国）	気候変動	水供給危機	水供給危機	気候変動	感染症の拡散や急速かつ広汎にわたる蔓延	大量破壊兵器	異常気象	異常気象	気候変動の緩和や適応への失敗
3	石油・ガス価格の高騰	石油価格の急騰	地政学的紛争	食糧危機	長期にわたる財政不均衡	水供給危機	大量破壊兵器	水危機	水危機	自然災害	異常気象
4	慢性疾患	慢性疾患	資産価格の崩壊	長期にわたる財政不均衡	大量破壊兵器	失業・不完全雇用	地域間紛争を伴う国際的衝突	大規模な非自発的移住	巨大自然災害	気候変動の緩和や適応への失敗	水危機
5	財政危機	財政危機	エネルギー価格の急激な変動	エネルギー・農産物価格の乱高下	気候変動の緩和や適応への失敗	重要情報インフラの崩壊	気候変動の緩和や適応への失敗	エネルギー価格の（激しい）変動	気候変動の緩和や適応への失敗	水危機	自然災害

■経済　■環境　■地政学　■社会　■テクノロジー

出所：世界経済フォーラム発行『グローバルリスク報告書2019年版』（マーシュ ジャパン／マーシュ ブローカー ジャパンによる翻訳）。

（4）政府やNPO・NGOのマネジメント

これまたすでに述べたように，「マネジメント」という言葉を用いた時，以前であれば，企業という組織のマネジメントが暗に想定されてきた。だがその状況も，このところ変わりつつある。

現代社会を構成している組織は，当然ながら企業だけではない。例えば，すでに言及した政府という組織があるし，それ以外にも，NPO・NGO（非営利組織・非政府組織）と呼ばれる組織がある（第6章で詳しく学ぶ）。つまり現代社会は，大きく分けて，政府（「第1セクター」と呼ばれる），企業（「第2セクター」），NPO・NGO（「サードセクター」）という3種類の組織から構成されているのである（図表序.4）。そして，政府やNPO・NGOのような組織にもマネジメントという考え方を適用する動きが拡大している。これが，マネジメントの射程の第3の広がりである。

では，政府やNPO・NGOのマネジメントは企業のそれと同じなのか，それとも違うのか？　そもそも，政府やNPO・NGOのマネジメントとはいったいどのようなものなのか？　その基礎を学ぶことがこの第Ⅰ部「社会思考」編の1つの目的であるが，詳しい説明は後の章に譲り，ここではいくつかのトピックに触れるにとどめよう。

多くのアメリカの地方自治体では，シティ・マネージャー（city manager）という肩書を持った人が働いている。マネージャー（manager）というと，お

図表序.4　現代社会を構成する3つの組織（セクター）

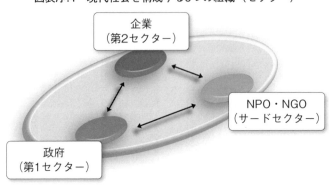

そらく企業の経営者を連想する皆さんにとって，このことは意外に感じたかもしれない。日本では，例えば市長（mayor）と呼ばれる人が行政組織のマネジメントの責任を負っている。それに対してアメリカには，それとは別に，マネジメントを実際に切り盛りするシティ・マネージャーという役職が存在するのである。日本でも「自治体経営」とか「地域経営」とかいった言い方があるように，マネジメントや経営という言葉は，行政の世界でもごく当たり前に使われているのである。とりわけ公務員志望者には，このことは是非知っておいてもらいたい。

あるいは，皆さんはマーケティング（marketing）という言葉を一度は聞いたことがあるだろう。そして皆さんはマーケティングというとおそらく，企業のマーケティングを思い浮かべたのではないだろうか？ しかし近年，マーケティングという考え方にあまり縁がなかった政府やNPO・NGOの世界にも導入が試みられているのである。そして実は，企業のマーケティングの世界でも，社会的取り組みや環境保全活動の領域にマーケティングの手法を取り入れるといった変化が起きている。こうしたマーケティングは，政府やNPOが行うマーケティングとあわせて，ソーシャル・マーケティングと呼ばれている。

3. 社会思考のマネジメント：第Ⅰ部の狙い

ここでいったん今までの議論を振り返り，その内容を簡単に要約しておこう。

「マネジメント（management）」という言葉をめぐっては，「企業のマネジメント」「経済活動のマネジメント」「経済成長に向けたマネジメント」を想定する，という暗黙の了解が存在したのであった。それに対して，それぞれ「政府やNPO・NGOのマネジメント」「企業の社会的取り組みや環境保全活動のマネジメント」「持続可能な発展に向けたマネジメント」も想定する新たな視点が登場するなど，マネジメントの射程が広がっていることをこれまで学習してきた。

図表序.5 「マネジメント」と「社会思考のマネジメント」が想定する世界

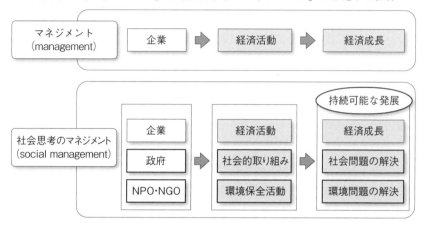

　そうした3つの広がりを踏まえたマネジメントのことを，本書では社会思考のマネジメント（social management）と呼ぶ。その構造を，既存のマネジメントと対比しながら整理したのが図表序.5である。

　ちなみに，社会思考のマネジメントの構造は，図表序.6のように表現することもできる。例えば先ほど，マーケティングとソーシャル・マーケティングの話を少しした。前者は主に企業のマーケティング，そして経済活動のマーケティングを想定していたのに対し，後者は「政府やNPOが行うマーケティング」や「企業の社会的取り組みや環境保全活動におけるマーケティング」を指すのであった。図表序.6が示すように，社会思考のマネジメントは，従来のマーケティングに加え，新たにソーシャル・マーケティングをもその射程に含むことになる。

　あるいは，今後皆さんが経営学部で必ず学ぶものとして，イノベーション（innovation）やファイナンス（finance）といったテーマを挙げることができる。これらはいずれも，マネジメントを構成する重要な要素なのだが，実は社会思考のマネジメントの領域にも，ソーシャル・イノベーションやソーシャル・ファイナンスといった言葉が存在する。では，「ソーシャル」という言葉が前につくと，その中身はどのように変わるのか？　そもそも，イノベー

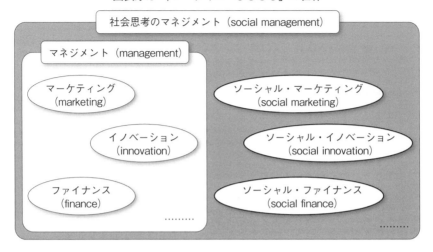

図表序.6 「ソーシャル・○○○○」の世界

社会思考のマネジメント（social management）

マネジメント（management）

マーケティング
（marketing）

イノベーション
（innovation）

ファイナンス
（finance）

ソーシャル・マーケティング
（social marketing）

ソーシャル・イノベーション
（social innovation）

ソーシャル・ファイナンス
（social finance）

ションやファイナンスとは何なのか？　皆さんはこれから4年間，こうした
問題についてどんどん学んでいくことになる。

　以上が社会思考のマネジメントの概要である。そしてこの第Ⅰ部「社会思
考」編では，マネジメントの現状・課題・あるべき姿をソーシャル（social）
という視点から考えるのに必要な基礎知識を学んでもらう。

4. 第Ⅰ部の構成

　最後に，この第Ⅰ部「社会思考」編の全体構成を示して，本章を締めくく
ることとしよう（図表序.7）。

　次の第1章から第3章にかけて，皆さんには，社会思考のマネジメントの背
景について学んでもらう。社会思考のマネジメントという考え方が登場した
要因はいくつかあるのだが，本書はそのうち，経済的背景・社会的背景・環
境的背景という3つを取り上げる。経済問題に関する知識は第1章で，社会
問題に関する知識は第2章で，そして環境問題に関する知識は第3章で，そ
れぞれ学んでもらう。

図表序.7　第Ⅰ部の構成

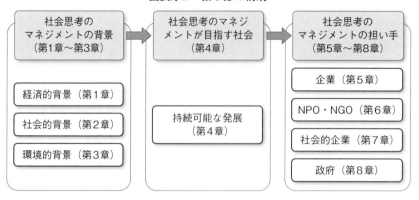

　続く第4章では，社会思考のマネジメントが目指す社会について考える。われわれは様々な経済問題・社会問題・環境問題に直面している。では，われわれはいかなる経済・社会・環境の姿を追求すればよいのか？　経済問題・社会問題・環境問題の解決を目指したその先には，いったいどんな社会が待ち受けているのか？　この第4章では，先に少し言及した「持続可能な発展」という考え方に立って，こうした問いを具体的に検討してみたい。そして，マネジメントの射程の広がりの1つである「持続可能な発展に向けたマネジメント」について考えるための礎を，皆さんに提供するつもりである。

　そして第5章から第8章にかけては，社会思考のマネジメントの担い手に関する知識を学んでもらう。第5章では企業，第6章ではNPO・NGO，第7章では社会的企業，そして第8章では政府を，それぞれ取り上げる。企業に求められている"社会思考のマネジメント"とは具体的には何なのか？　NPO・NGOや政府の"マネジメント"とはいったい何か？　社会的企業とはどのような企業なのか？　こうした問いを具体的に検討し，「企業の社会的取り組みや環境保全活動のマネジメント」や「政府やNPO・NGOのマネジメント」をめぐる知識を学ぶことで，皆さんはマネジメントの射程の広がりについてさらに理解を深めることができる。

第 1 章

グローバル化と経済

この章で学ぶこと

　現代日本を中心とした経済について，特にグローバル化と経済格差の拡大に焦点を当てながら解説する。最初に，市場経済の仕組みと経済を構成する基本的な要素について整理する。続いてグローバル化との関係において，金融の仕組みと金融自由化について理解する。最後に開発途上国の経済発展の状況を先進国の経済成長率との比較において理解した上で，日本国内における経済格差の拡大，先進国と開発途上国との経済格差の拡大及びその影響について考察する。

キーワード

- 市場経済
- 経済成長
- グローバル化
  （グローバリゼーション）

- 金融の自由化
- 開発途上国
- 経済格差

1. 市場経済と経済の仕組み

(1) はじめに

　日本のGDP（Gross Domestic Product：国内総生産）の規模はアメリカ合衆国，中華人民共和国に続き3番目の規模である。しかし，経済の成長率に目を向けると他の先進国と比べて低水準にとどまっている。経済成長を続けている開発途上国と比較すると成長率には大きな差が生じている。日本の経済は長年にわたり規制緩和や自由競争が進められてきた。また輸送や情報通信の技術進歩によるコストの大幅な低減がなされた結果，国境を越えた海外との資金の流通，物財やサービス及び人の移動が活性化しグローバル化が進展している。このグローバル化は日本のみならず世界経済の成長に寄与してきたと考えられる。その一方において産業の空洞化が進み，雇用機会の喪失，所得の格差が拡大するという課題が日本だけではなく世界的に指摘されるところである。

　本章では「社会思考のマネジメント」を学ぶにあたり，まず市場経済の基本的な仕組みと金融について確認する。その後にグローバル化が進む世界情勢における日本をはじめとする経済状況，及び新興市場である開発途上国について理解を行う。そして本章の最後には経済格差の拡大の課題について目を向ける。

(2) 経済を構成する3つの主体　家計・企業・政府

　われわれの日々の暮らしは，必要な財やサービスを生産し，それを流通させることで分配し，消費することから成り立っている。そのような生産・流通・消費の仕組みを経済という。経済における財とは，人間の要求を満たす衣類，食料，家電製品などの手に取ることができ形があるものをいう。サービスとは教育や医療のように形のないものを指す。そもそも経済という言葉の語源を振り返ると，中国の古典にある「経国（世）済民」とされる。これは国を治めて人を救うという意味であり，現在的意味の経済と比較すると，ずいぶん異なる印象である。

　人々が営む経済行為は国を単位として成り立っており，これを国民経済とい

う。その経済は3つの経済主体から構成される。家計，企業，そして政府である。それぞれの経済主体の間において財やサービスが交換されており，これを経済循環という。

　3つの経済主体を順番に見ていく。まず家計とは家庭における経済活動のことである。家計は消費活動の主体であり，企業に労働力や資本を提供する役割を担う。そして労働力を提供した対価としての給与という収入を得る。一方，支出には企業が生産する商品を購入する消費支出や，税金などの支払いがある。収入から支出を差し引きして残った金額を可処分所得といい，これが家計において実際に使えるお金となる。

　次に企業は生産活動の主体である。企業は家計からの労働力や資本を利用することで財やサービスを生産し，販売する。また企業は消費者に財やサービスを届けるための流通の役割も担う。本書では第5章で企業について説明する。

　最後に，政府は財政を通して経済活動を行う存在である。財政とは，政府が家計や企業から税金を徴収するなどして資金を集め，それを支出する経済活動のことをいう。政府は，家計や企業が活動するための社会資本の整備を行い，また生産と消費を調整する役割も担う。政府の役割については第8章で述べる。

(3) 市場経済の働き

　日本をはじめとして多くの国々では市場経済を採用している。市場経済においては，それぞれの経済主体が所有する財やサービスは，市場を通じて自由に取引をすることが可能である。その際，生産者の供給量と消費者の需要量が釣り合うように価格が変動し均衡価格となる。市場経済は資本主義経済の基本をなすものである。資本主義経済の特色は，工場や機械などの生産手段を私的に所有できることある。また，すべての経済活動は誰しもが自由に行うことが可能であり，利潤を追求してそれぞれの経済活動の主体が市場において自由に競争を行う。競争に敗れ，経済活動を継続できなくなった経済主体は市場から退場することになる。

　市場において財やサービスの売り買いを自由に行うことで価格決定を行う

仕組みは市場メカニズムと呼ばれる。市場経済では市場メカニズムを通して最適な資源配分を行う。しかし実際には市場経済において市場メカニズムが理想的に働くことは少ない。財やサービスの取引の過程において環境問題を引き起こしたとしても，その環境問題を解決するコストは市場価値に加算されることがないまま資源配分が決定されてしまう。これを「市場の失敗」という。大気汚染や水質汚濁といった公害の発生は市場の失敗の具体例である。市場の失敗と，その発生のメカニズムについては，第3章で詳しく説明を行う。

（4）国民所得と経済成長

　1つの国を単位とした経済の規模は国民所得で表現される。国民所得は集計方法によりいくつかの種類がある。ある一定期間に国民によって生産された財やサービスの付加価値の合計額をGNP（Gross National Product：国民総生産）という。以前は国の経済規模を表現するために多く利用された。1993年よりGNI（Gross National Income：国民総所得）という概念が導入された。かつては景気の状況を評価するための指標としてGNPが用いられていたが，現在は国内の景気を反映する指標としてGDP（Gross Domestic Product：国内総生産）が主に使用されている。

　GDPは国内で一定期間内に生産された財やサービスの付加価値の合計額である。日本企業が海外の支店などで生産した財やサービスの付加価値は含まない。かつてのGNPでは「国民」を指標としたため，日本企業が海外支店等で得た海外の所得が含まれていた。国民を指標とするGNPよりも，物理的な領土を基準とするGDPの方が国の経済を示す指標としては利用しやすい。最近では経済活動を国際的に比較する場合にはGDPを使用することが多い。

　資本主義経済では企業が生産活動を自由に行う。生産と消費にはギャップが発生するため景気の変動が起こる。景気は，好況，後退，不況，回復の4つの局面を繰り返し循環する。好況とは一般的にいうところの好景気であり経済活動は活発に行われる。その反対に，不況とは不景気ともいわれ経済活動は鈍くなり失業問題が発生する。

　GDPが増加することを経済成長という。成長の割合を示すものが経済成長

率である。経済成長率には名目と実質がある。名目とは，比較する年の間の期間において，つまり去年と今年の間でどの程度の物価変動があったのかを差し引きせずに算出する数字である。実質とは，物価の変動を差し引いて算出する。

　経済が成長し，景気が上昇する局面においてはインフレーションを招きやすい。インフレーションはインフレとも表現される。これは物価が上昇することで貨幣の価値が下がる経済的現象である。逆に，デフレーション，デフレは貨幣価値が上昇し，物価が恒常的に下落することである。日本経済は1991年のバブル経済が崩壊した後，長期間にわたりデフレの状態から抜け出せない期間が続いた。

図表1.1　2018年の名目GDP（USドル）順位と成長率

順位	国名	GDP （百万USドル）	1人当たり 名目GDP順位	実質GDP 成長率（％）
1	アメリカ	20,494,050	9	2.86
2	中国	13,407,398	72	6.57
3	日本	4,971,929	26	0.81
4	ドイツ	4,000,386	18	1.45
5	イギリス	2,828,644	22	1.40
6	フランス	2,775,252	21	1.52
7	インド	2,716,746	147	7.05
8	イタリア	2,072,201	27	0.88
9	ブラジル	1,868,184	78	1.11
10	カナダ	1,711,387	20	1.83

出所：IMF（International Monetary Fund：国際通貨基金）"World Econmic Outlook Database, April 2019" より作成。

2. 経済の働きと金融システム

（1）金融の働きと銀行

　金融とは，個人や企業の間で，お金が余っているところから足りないところへお金を融通すること，つまり資金の融通を金融という。この仲立ちをす

るのが金融機関であり，代表的な存在が銀行である。金融が行われる市場を金融市場という。金融は経済の中で重要な役割を果たしているのだが，経営学部で学び始めたばかりの学生にとってはまだ身身近に感じることが少ないのが金融ではなかろうか。本節ではマネジメントを学ぶにあたり必要な金融及び銀行について習得する。

　銀行の主要な業務には，家計や企業からお金を預かり利子を払う「預金」，次に資金を必要とする家計や企業にお金を融資して貸し出して利子を受け取る「貸付」，そして現金を送ることなく遠隔の人と人との資金やりとりを仲立ちする「為替」の，３つの基本業務がある。為替業務には送金やクレジットカードの口座振替などがある。銀行という名称を使用できるのは，銀行業の免許を受けている株式会社である。

　銀行は利子を通して利潤を得る。銀行は一方から低い利子で資金を預かり，他方へは高い利子で資金を貸しつける。資金を必要とするのは主に企業である。個人が住宅や車のローンを組むために資金を必要とする場合もある。この利子の差が銀行にとっての利潤となる。また利子は資金を求める人が多くいる場合は利子率が高くなる。逆の場合は，利子率は低くなる。資金を求める人が多い状況は景気が良い状況であることが多い。反対に，資金を求める人が少ない時は景気が悪い。つまり利子率が低い低金利の状態は景気が悪いことを示す。

(2) 日本銀行の役割と金融機関の種類

　日本銀行とは政府が出資している日本の中央銀行である。中央銀行は各国に存在し，米国では連邦準備制度理事会，イギリスではイングランド銀行である。一般の銀行とは異なり政府や銀行と取引を行う。日本銀行には３種類の業務がある。まず通貨である日本銀行券，つまり紙幣を発行する。次に政府の銀行として，国の資金の出し入れを管理し，政府への貸出も行う。また，銀行の銀行として，一般の銀行に資金を貸し出し，一般の銀行の資金を預かる。

　通貨が市場に出回る量は，物価や景気に影響を与える。そこで日本銀行は３大業務を通して，通貨の流通量を調整し，物価や景気の安定を図っている。

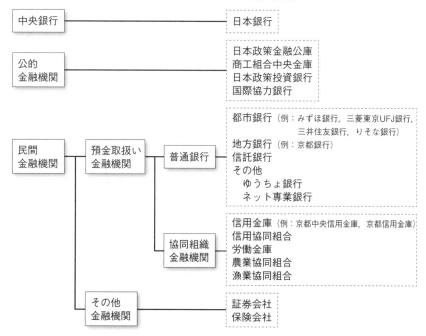

図表1.2　主要な金融機関の種類

これを金融政策という。金融政策の中心は，公開市場操作（オープン・マーケット・オペレーション）である。日本銀行が一般の銀行との間で，国債などを売り買いすることを通して通貨量を調整し，景気安定化を図る。次に公定歩合政策がある。公定歩合とは日本銀行が一般の銀行を相手に資金を貸し出す時の金利，利子率のことである。日本銀行は公定歩合を景気により変化させることで流通する通貨量を調整することが可能となる。

（3）金融の自由化

　日本では1980年になると，金融の自由化が進められた。利子率である金利の設定が自由となり，また銀行，証券会社，保険会社の垣根が取り払われ，それぞれの業務の乗り入れや国際的な投資の自由化が進んだ。金融自由化よりも以前，高度経済成長期においては日本の金融行政は護送船団方式で進められた。これは経営体力のない金融機関を含め金融機関の全体を安定して存

続させるために，監督官庁がその許認可権限などを用いて金融業界の全体を調整する政策を実行した。そのためかつては「銀行はつぶれない」とされていた。

　その後，1996年から2001年にかけて「金融ビッグバン」と呼ばれる金融制度の大きな改革が成された。金融ビッグバンとは，1986年にイギリスで行われた金融自由化政策のことである。この金融改革によりロンドンは国際金融センターとしての地位を築きあげた。イギリスのこの施策にならい，規制緩和，金融持株会社の解禁，外国為替業務の自由化などが行われ，これは日本版金融ビッグバンと呼ばれる。この改革により1990年代後半には，地方銀行だけではなく，北海道拓殖銀行，日本長期信用銀行，日本債券信用銀行，山一證券が倒産したことが大きく報道され，大手の金融機関の合併が続くことになった。

　現在の金融システムにおいては，制度の自由化及び情報通信技術の発展などと相まって，日本国内だけではなく国境を越えた資金のやりとりを行うことが極めて容易になっている。海外の銀行への送金や，海外の企業との取引の決済も瞬時に行うことが可能である。また金融機関の中にはより大きな資金の貸出先を求め，海外への積極的な進出を行う場合もあり，国境を越えたグローバルな金融機関の競争につながっている。経済発展を目指す開発途上国は，多額の資金を手に入れるため積極的に海外の金融機関を受け入れる国もあり，世界各国は国際的な金融活動の規制を緩和する方向にある。このような金融の動向にはメリットもあるが，次節で解説する金融危機の世界連鎖のようなデメリットが存在することには留意すべきである。

3. 世界経済の発展と経済格差の拡大

（1）経済のグローバル化

　現在，日本の市場では海外で生産された製品が数多く販売されており，すでに外国製品は日常生活において不可欠な存在として日本人の生活を支えている。もし外国製品の流通が滞ることがあれば，日本では現状の日常生活がま

まならない状況に陥ることになる。このように現在では国境を越えて人，モノ，カネ，情報のやりとりが行われており，政治や経済また文化のあらゆる面において諸外国との結びつきは強まっている。このような状況をグローバル化，もしくはグローバリゼーションという。グローバル化が進展した1つの要因として技術の進歩がある。船や航空機などの輸送の発達，またインターネットを代表とするICT（Information and Communication Technology：情報通信技術）の劇的な進化と普及，及びそれらの利用料金の低価格化がグローバル化を推し進めている。

　歴史的な経緯に目を向けると，第2次大戦後，各国では関税や各種の輸出入の制限を撤廃し，自由に貿易を進める動きが高まった。貿易を自由化することで，それぞれの国は得意とする農作物や工業製品などを生産し，貿易によりそれらを交換する国際分業の体制が構築された。日本企業でも海外進出は進み，かつては日本国内に立地していた工場を，労働賃金の安い東南アジアなどの外国に移転する企業が増えた。また日本の市場においても製造業，サービス業を問わず海外資本の企業の活動が行われている。

　次にグローバル化の影響について考察する。グローバル化が進展する状況においては最適な国において生産活動が行われるため生産コストが下がり，また国境を越えた人材や技術の交流が進むことにより新たな技術の開発やイノベーションが生み出されやすくなる。そのため，グローバル化はそれぞれの国の経済発展を促すメリットがある。

　その一方において，安価な労働賃金を求めて工場が海外に移転してしまうことで産業空洞化による国内産業の衰退が起こり，雇用機会が失われてしまうデメリットが生じる。また，世界規模の国境を越えた結びつきの強まりは，米国のような経済規模の大きな国で生じた経済不振を短期間で世界に広めてしまうことにつながる。例えば，2008年に米国の投資銀行であるリーマン・ブラザーズ・ホールディングスの経営破綻をきっかけとして起こったリーマンショックと呼ばれる世界規模の金融危機は，日本を含め世界経済に大きな影響を与えた。この他のデメリットとして，グローバル化の進展により他国の文化や価値観が国境を越えて流入するため，文化の衝突が発生することがある。これは多国籍企業の経営における組織文化の摩擦として表面化するこ

ともあれば，テロリズムによる社会の不安定化を引き起こす要因となることもある。

　グローバル化の日本社会への影響の1つとして，今後ますます日本で生活する外国人の数は増えることが予想されている。それに伴い多様な文化と価値観に日本社会の中で接する機会が増えることになり，いやおうなしに多文化共生社会の構築が求められることになる。

> **コラム** リーマンショックが引き起こした世界的な金融危機
>
> 　アメリカの投資銀行であるリーマン・ブラザーズ・ホールディングスが2008年9月に経営破綻した。これに端を発して世界規模の金融危機が連鎖的に発生したことを総括して「リーマンショック」と呼ぶ。この金融危機は米国だけではなく世界の金融市場を大混乱へ落とし入れ，日本でも株式価格が暴落した。すでに経済のグローバル化が進み，また金融自由化が進展する現代社会においては，1つの投資銀行の破綻をきっかけとした金融危機が瞬く間に世界に伝播する恐ろしさを示したといえる。

---

(2) 開発途上国の台頭

　開発途上国の経済成長率は，2000年頃には先進国を上回るようになった。世界の名目GDPの推移を見ると，世界の名目GDPに占める開発途上国のシェアは2000年代半ば以降上昇傾向にあり，通商白書2018によると，2017年のシェアは40％にせまる水準となっている。世界経済の主役はすでに開発途上国だといえるだろう。

　そもそも開発途上国という言葉に明確な定義はなされておらず，IMF（International Monetary Fund：国際通貨基金）では，先進国以外の国々を「新興・途上国（emerging market and developing economies）」と表現している。新興・途上国の中でも特に中国の経済成長は著しい。約13億人にも及ぶ人口規模から2010年にGDPは日本を上回った。日本は1968年から42年間にわたってGDP世界2位の座を維持し続けたが，現在は米国，中国に次ぎ3位の位置である。2018年4月に発表されたIMFによる「世界経済見通し」によると，2018年の世界の経済成長予測は3.9％，先進国は2.3％，新興国は4.9

図表1.3　世界の名目GDP及び新興・途上国シェア

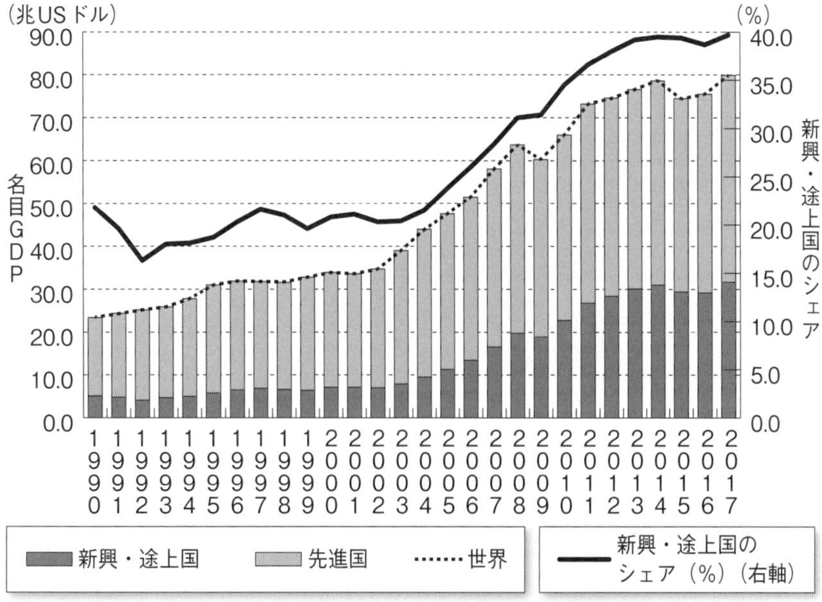

（兆USドル）　　　　　　　　　　　　　　　　　　　　（％）
90.0 ─　　　　　　　　　　　　　　　　　　　　　　　40.0
80.0 ─　　　　　　　　　　　　　　　　　　　　　　　35.0
70.0 ─　　　　　　　　　　　　　　　　　　　　　　　30.0
60.0 ─　　　　　　　　　　　　　　　　　　　　　　　25.0
50.0 ─　　　　　　　　　　　　　　　　　　　　　　　20.0
40.0 ─　　　　　　　　　　　　　　　　　　　　　　　15.0
30.0 ─　　　　　　　　　　　　　　　　　　　　　　　10.0
20.0 ─
10.0 ─　　　　　　　　　　　　　　　　　　　　　　　5.0
0.0 ─　　　　　　　　　　　　　　　　　　　　　　　　0.0

名目GDP（左軸）　新興・途上国のシェア（右軸）

横軸：1990〜2017

凡例：
■ 新興・途上国　　▨ 先進国　　……… 世界　　── 新興・途上国のシェア（％）（右軸）

出所：経済産業省「通商白書2018」より作成。

%と報告されている。その中で日本の成長率は1.2%という低い数字にとどまっている。低成長の大きな要因の1つは労働人口の減少であり，少子高齢化の影響が現れている。人口減少は日本の大きな社会問題であり第2章で詳しく学ぶ。

　こうした開発途上国の経済成長は，経済活動のグローバル化によるところが大きい。国境を越えた貿易や投資の拡大により国際的な競争が激しくなり，先進国の産業構造の変化や新興国の生産性の向上を促したことで開発途上国の成長には有利に働いたとされる。また，開発途上国のうち1次産品の輸出比率の高い国では，2000年代に資源国ブームが発生した。この背景としては資源価格の上昇による輸出の拡大と投資の増加があった。しかし，2008年のリーマンショックの後には鈍化傾向を示しており，経済成長率は以前よりも緩やかな数字となっている。

(3) 経済成長による格差の拡大と貧困問題

　グローバル化が進み先進国及び開発途上国の双方が経済成長することは当然ながら世界経済にとってプラスに働く反面，経済成長の恩恵を受けた人とそうでない人の経済格差は拡大することになる。この経済格差の拡大は世界的に大きな問題となっている。また市場競争を進めると，必然的に勝者と敗者が生み出されることになり，その結果，格差が生み出されることになる。グローバル化のみが原因とはいえないが，先進国，開発途上国の両方において所得の格差が拡大している。

　前節では開発途上国の経済発展について説明した。しかし世界銀行によると2015年において国際貧困ライン以下で暮らす貧困層は10％，7億3,600万人にものぼると推計されている。世界銀行は2015年に国際貧困ラインを購買力平価に基づき1日1.90ドルと設定した。つまりここでいう貧困層とは1日1.90ドル以下で暮らす人々のことである。

　日本では「格差社会」という名称で，格差の拡大が新聞などのメディアでも問題視されることが増えている。格差社会とは，人々が特定の基準をもとに分断され，階層ごとに分け隔てられてしまった社会のこという。経済的な意味合いの格差社会の場合，基準とは所得や資産，つまりは「お金を持っているかどうか」であり，貧困層か中間層か，また富裕層かというような階層が生じている。格差社会では特定の階層に属してしまうと，個人の力でいくら努力しても抜け出すことができず格差が固定化する。このような「がんばっても報われない社会」では労働意欲が増すことはないだろう。例えば貧困世帯に子どもが育つと，裕福な家庭に比べて子どもは教育を受ける機会が少なく，結果として低賃金の就労環境にとどまってしまう傾向が強くなる。これは世代を超えた貧困の連鎖であり，経済的な格差を世代を超えて固定化させてしまうことを意味する。日本において，現在問題となる格差には，収入や資産による経済的な格差の他にも，男女間の性別による格差，居住地域による格差，世代間の格差などがある。

　また日本では基本的な生活を営むことができないほどの貧困は見られないが，相対的貧困の割合が高いとされる。貧困には，絶対的貧困と相対的貧困がある。絶対的貧困は，貧困のために衣食住に事欠き，生活必需品を買うこ

とすらできない状況を指す。開発途上国においては，経済発展による恩恵を
受け富裕層が増加する一方，絶対的貧困を強いられている人たちや，先の述
べたように国際貧困ライン以下で暮らす人たちがいまだに多く存在している。

　日本の相対的貧困というのは，日本の社会全体の全体と比較した時に収入
や資産が少ない人たちの割合をいう。厚生労働省の「平成28年度 国民生活
基礎調査」によると，2015年における貧困線は122万円となっており，貧困
線に満たない世帯の割合である「相対的貧困率」は15.7％と報告されている。
貧困線は等価可処分所得の中央値の半分に設定されるため，収入などから税
金や社会保障費などを引いた等価可処分所得の中央値は244万円である。貧
困線である122万円での生活をイメージしやすく表現すると，毎月ほぼ10万
円で生活しなければならない厳しい金額である。17歳以下の「子どもの貧困
率」は13.9％，さらに，１人親世帯の貧困率は50.8％と極めて高い数値とな
る。

　2000年以降，非正規社員の雇用が増えたために所得格差は拡大していた。
2009年以降は景気の回復と共には雇用環境の改善が進み，定収入のある仕事
を持つ世帯であれば相対的貧困率は低下する傾向にある。しかしながら景気
の動向は常に変動しており，再び雇用環境が悪化すると貧困問題は日本でも
再び拡大すると予想される。

コラム 日本の子どもの貧困と子ども食堂

　「子ども食堂」とは，主に貧困家庭で生活する子どもを対象として，無償もしく
は低価格で食事を提供する活動である。2012年頃から話題となり日本全国で活
動が拡大している。一般の民家の一部を開放したり，公民館を利用，もしくは通
常のレストランがメニューの１つとして子ども食堂を設定する場合もある。日本
において相対的貧困にある家庭は，絶対的貧困のように衣食住に困ることはほぼ
ないはずなのだが，子ども食堂の活動は全国で数を増やしている。

　子ども食堂は単に低価格の食事を提供する施設ではない。子ども食堂が貧困家
庭の子どもに食事を与えるだけの場所だとすれば，将来的には存在がなくなるこ
とが望ましい。しかし，子ども食堂が全国で求められるのは，家庭において共食
が難しい子どもたちに共食の機会を提供したり，地域コミュニティにおける子ど
もの居場所としての機能を提供しているからである。

●必須用語集

・グローバル化（グローバリゼーション）

　交通手段やICT（情報通信技術）の発展あるいは市場の国際的な解放が進むことで，国境を越えた社会的または経済的な関係が生まれ相互依存するようになり，その傾向が地球規模にまで広がる現象のこと。

・格差社会

　人々が特定の基準をもとに分断され，階層ごとに分け隔てられてしまった社会のこと。主に収入や資産により階層が構成され，個人の努力では階層の間を移動することが難しく格差が固定されることが問題となる。

・開発途上国

　先進国と比較して相対的に社会経済の開発水準が低く開発途上にある国を指す。発展途上国や途上国とも表現される。開発途上国の分類方法は様々あるがその1つとしてOECD（Organisation for Economic Co-operation and Development：経済協力開発機構）のDAC（Development Assistance Committee：開発援助委員会）が示す「DAC援助受取国・地域リスト」の国々を開発途上国と呼ぶ。

✅ 学んだことをチェック

1．市場経済について説明してみよう。

2．身近な生活におけるグローバル化の具体的影響について考えてみよう。

3．日本と世界において経済格差の拡大はどのような影響を及ぼしているか考えてみよう。

より進んだ学習のために

・Stiglitz, J. E.（2002）*Globalization and Its Discontents,* W.W. Norton & Company.（鈴木主税訳『世界を不幸にしたグローバリズムの正体』徳間書店，2002年）

　グローバリゼーションは世界を豊かにする可能性を持っている。またその反面，グローバリゼーションの影響で開発途上国では人々が職を失い生活が不安定になっている。本書では，2001年ノーベル経済学賞受賞者であるスティグリッツが，世界銀行でチーフエコノミストとして働いた経験を元に，持続的な経済成長を実現し，その成長の恩恵が公平に共有される新しいグローバル経済について提言している。

【参考文献】

阿部彩（2008）『子どもの貧困―日本の不公平を考える』岩波書店.

橘木俊詔（2006）『格差社会―何が問題なのか』岩波書店.

Stiglitz, J. E. (2002) *Globalization and Its Discontents*, W.W. Norton & Company.（鈴木主税訳『世界を不幸にしたグローバリズムの正体』徳間書店，2002年）

経済産業省　通商白書

　https://www.meti.go.jp/report/whitepaper/index_tuhaku.html

厚生労働省　平成29年　国民生活基礎調査の概況

　https://www.mhlw.go.jp/toukei/saikin/hw/k-tyosa/k-tyosa17/index.html

IMF 世界経済見通し

　https://www.imf.org/ja/publications/weo

第**2**章

社会問題としての人口減少

この章で学ぶこと

　"社会思考のマネジメント"という考え方が生まれた背景のうち，社会的背景（とりわけ「人口減少問題」）に焦点を当てて，その概要を学ぶ。はじめに，日本の人口減少の実態を把握したのち，その人口減少を引き起こしているメカニズムについて，企業の労働環境にかかわる要因を中心に理解する。次に，日本の人口減少がまず地方部で急激に進行することに着目し，「農山村地域」と「地方工業都市」という2つの例をもとに，経済・雇用及び人口減少の状況を学ぶ。

キーワード

- 人口減少
- 少子高齢化
- 仕事と子育ての両立の難しさ
- 若年層を中心とする雇用の悪化
- 経済のグローバル化
- 産業構造の転換
- まちづくり

1. 日本における人口減少

（1）本章のテーマ

　序章で学んだように，「社会思考のマネジメント」という考え方が誕生した背景には，マネジメントの射程の拡がりがあった。そしてその過程で，社会問題や企業の社会的取り組みといった要素が，マネジメントのあり方を考える上で無視できなくなってきたのであった。

　この第2章では，社会問題や社会的取り組みの中身，そしてそれらとマネジメントとのかかわりについて学んでいく。しかし一口に"社会問題"や"社会的取り組み"いっても実に多様であり，そのすべてを扱うわけにはいかない。そこで本章は，現代の日本が直面する最重要の社会問題の1つであり，社会思考のマネジメントを学ぶ格好の素材でもある，人口減少の問題に焦点を当ててみよう。

（2）日本の人口動態とその特徴

　日本の総人口は，2010年の1億2,806万人をピークとして，それ以降は減少過程に突入している。国の研究機関である国立社会保障・人口問題研究所の推計によれば，2053年には1億人を割り，2065年には8,808万人になる見通しである（図表2.1）。

　だが日本の人口動態を考える場合，総人口の減少という量的な動向だけでなく，その質的な特徴も理解することが重要である。とりわけ以下の2点は，是非押さえておかなくてはならない。

　第1に，日本の人口減少は高齢化を伴って進む，という点である。日本の高齢化率（総人口に占める65歳以上の割合）は，2036年には33.3%（3人に1人），2064年には38.4%（2.6人に1人）になると予測されている。ちなみに国際機関などでは，高齢化率が21%を超えた社会のことを「超高齢社会（super-aged society）」と呼んでいる。このことだけでも，日本の高齢化水準がいかに突出したものかが分かるであろう。加えて日本の高齢化は，その進行の速度も世界最高レベルであることが知られている。

　第2に，高齢化と同時に少子化も進む，という点である。その状況につい

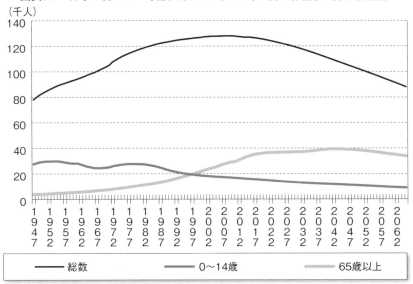

図表2.1　日本の総人口・年齢区分人口（2016年以降は推計値〈中位推計〉）

（千人）

凡例：
総数 ／ 0〜14歳 ／ 65歳以上

出所：国立社会保障・人口問題研究所，統計データ・推計データより作成。

図表2.2　日本の合計特殊出生率

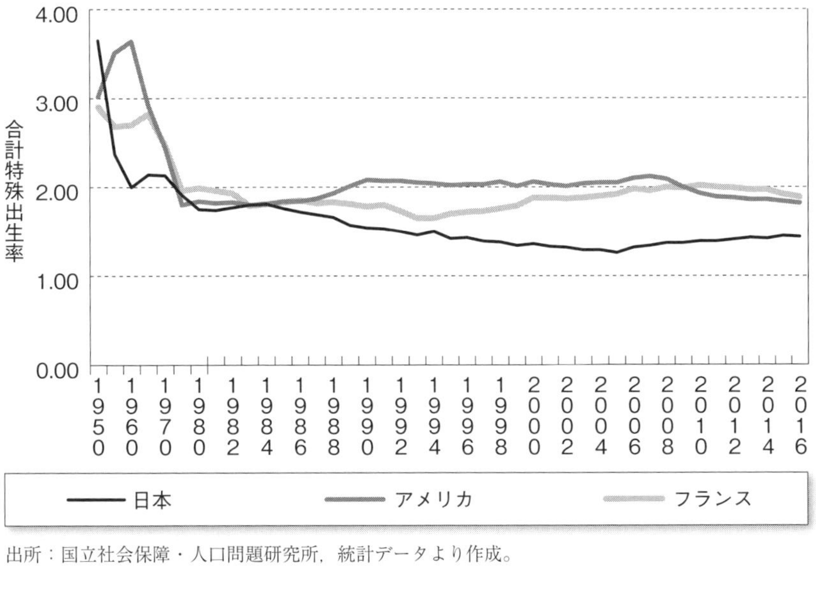

合計特殊出生率

凡例：
日本 ／ アメリカ ／ フランス

出所：国立社会保障・人口問題研究所，統計データより作成。

て，合計特殊出生率（1人の女性が一生の間に産む子どもの数の平均値。以下「出生率」と略）のデータを見ながら確認しておこう（図表2.2）。1970年代半ばに2.00を下回るようになったあたりから少子化問題が顕在化し，2005年には過去最低の1.26を記録した。こうした状況下で，総人口に占める15歳未満の割合は，2065年には10.2％となる見通しである。

（3）地域別に見る人口動態

そして，「高齢化」「少子化」以外に実はもう1つ，日本の人口動態には大きな特徴がある。それは，全国一様・一律に人口が減少するのではなく，地域ごとに減少の度合いにバラつきがあるという点である（図表2.3）。

まず分かるのは，東北，四国，九州といったエリアで急速に人口が減る，ということである。日本の人口減少は，まずこうした地方部で先鋭化していくのである。そしてもう1つ分かるのは，ゆくゆくは都市部も含め，ほぼすべてのエリアで人口が減少するということである。東京ですら，100.7とほぼ現状維持という状態である。

図表2.3　2015年の総人口を100とした時の地域別人口指数

順位	2030年		2045年	
	全国	93.7	全国	83.7
1	東京都	102.7	東京都	100.7
2	沖縄県	102.5	沖縄県	99.6
3	愛知県	98.3	愛知県	92.2
4	神奈川県	97.9	神奈川県	91.1
5	埼玉県	97.4	埼玉県	89.8
・	・	・	・	・
・	・	・	・	・
・	・	・	・	・
43	福島県	85.4	福島県	68.7
44	山形県	85.2	山形県	68.4
45	高知県	84.4	高知県	68.4
46	青森県	82.3	青森県	63.0
47	秋田県	79.6	秋田県	58.8

出所：国立社会保障・人口問題研究所，推計データより作成。

（4）社会問題としての人口減少

　ここまで，日本の人口減少の実態やその特徴を見てきた。ところで，この人口減少という事態を，われわれはどう評価したらよいのだろうか？

　あり得る1つの立場は，人口減少をポジティブに捉える，というものである。例えば江戸時代，日本の総人口はおよそ3,200万人であった。そして明治以降，急激な増加が始まるのだが，それでも20世紀初頭の時点で約4,400万人というレベルであった。つまり，人口が1億人を突破する20世紀という時代の方がむしろ異常だったというわけである。そして，通勤・通学ラッシュの緩和や道路渋滞の解消，住宅事情の改善といったメリットを挙げつつ，「ようやく日本も成熟社会へと移行していくのだ」と評価するわけである。

　だが本章はそのような見方はとらず，人口減少は数々のネガティブな影響をもたらす1つの"社会問題"であると考える。その理由として，さしあたり次の3点を挙げておきたい。

　第1に，人口が減少してかつての水準に近づいていくとしても，その中身はかつてのそれとはまったく異なる。すでに学んだように，今の人口減少は「高齢化」「少子化」「地域ごとのバラつき」といった現象を伴っているからである。「人口の約半数がお年寄りの社会」や「地方から人々のにぎわいが消えた社会」が，果たして本当にあるべき社会の姿なのだろうか？　私たちが直面しているのは，こうした問いなのである。その意味で，人口減少は単なる人口の問題ではなく，社会ビジョンの問題でもある。

　第2に，とりわけ日本の場合，人口減少は社会保障制度（年金・医療・介護）へ甚大な影響を与えることが懸念される。少子高齢化によって，保険料・税負担の上昇リスクや給付・サービス水準の低下リスクが高まっているし，国家財政への影響も計り知れない。この点は，特に皆さんのような若者にとって重大な関心事であろう。

　第3に，人口減少は企業の経営環境を激変させる。企業にとって人口減少は，労働力人口と消費者人口の減少を意味する。したがって，グローバル経済下で大々的にビジネス展開するような大企業でない限り，人口減少は深刻な人手不足や売り上げ低迷に直結してしまう。実際日本では，人手不足で事業が継続できず経営破綻する企業がすでに登場しているほどである。

そして，数ある社会問題の中から本章が人口減少問題に着目したのは，実はもう1つ理由がある。それは，人口減少に歯止めがかからない1つの要因として，実は日本企業の経営スタイルが関連しているからである。詳しくは次の節で学ぼう。

2. なぜ日本の人口は減少しているのか？

（1）少子化を引き起こすメカニズム

　ここまで，日本で人口減少が進んでいること，そしてそれは解決すべき社会問題であることを確認してきた。そこで次に浮上するのは，「どうすれば人口減少を食い止められるのか？」という問いである。

　それに対する答えは，ある意味とてもシンプルである。出生率を上げ，出生数が死亡数を持続的に上回るようにすればよいのである。では，どうすれば出生率は上がるのだろうか？　なぜ日本の出生率は低位にとどまっているのだろうか？　そこで以下では，出生率を低下させ，少子化を引き起こしているメカニズムについて考えることにしよう。それが分かり制御できれば，人口減少に歯止めをかけることができるからである。

　一般的に，結婚する人が人口に占める割合が高ければ高いほど，そして夫婦が最終的に産む子どもの数（「完結出生児数」）が多ければ多いほど，その国の出生率の値は上昇する。しかし日本では「未婚化・晩婚化の進行」と「完結出生児数の低下」が進行している。これこそが，日本の少子化の最も基本的な背景なのである。参考までに，50歳時の未婚割合の推移のグラフを載せておこう（図表2.4）。

　ではなぜ，日本では未婚率・晩婚率が上昇し，完全出生児数も低下しているのか？　これについては，これまで様々な社会的・経済的・文化的・制度的要因が指摘されてきた。それら諸要因がどのような関係構造を持つのか，あるいはそれらが少子化にどの程度効いているのかについては，研究者の間で論争が続いている。しかしさしあたり，経営学部で学ぶ皆さんにとって重要なのは，企業の労働環境にかかわる要因である。とりわけ，次の2点を取り

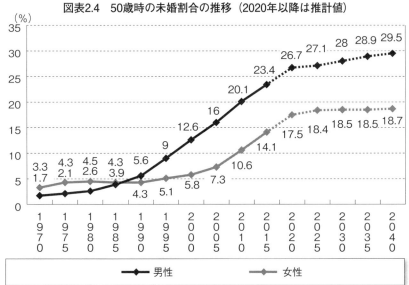

図表2.4　50歳時の未婚割合の推移（2020年以降は推計値）

出所：内閣府『平成30年版少子化社会対策白書』より作成。

上げておこう。

> 【1】仕事と子育ての両立の難しさ
> 【2】若年層を中心とする雇用の悪化

（2）仕事と子育ての両立の難しさ

　「未婚化・晩婚化の進行」と「完結出生児数の低下」の背景にある１つの要因は，日本における仕事と子育ての両立の難しさである。以下，具体的に説明しよう。

　日本はつい最近まで，「男は外で仕事をして金を稼ぐ」「女は家で家庭を守る」という性別役割分業の考え方が根強かった（今でも根強い）。もちろん，日本の女性すべてが専業主婦だったわけではなく，企業で働く人もたくさんいた。だがその形態はパートが主流であり，「家計所得はあくまで正社員であ

る男性が稼ぐ」「女性はパート主婦としてそれを補助する」というのが，標準的な姿だった（「男性稼ぎ主モデル」と呼ばれている）。

　しかしその後，女性の高学歴化の進行もあって，男性と同じように企業で正社員として働く女性が増えてきた（女性の社会進出）。だが性別役割分業の考え方が消えたわけではなく，彼女らは「結婚したら退職して家庭に入る（“寿退社”）」「正社員として働き続けたいのなら結婚は諦める」という2つの選択肢を前に，結婚か仕事かという決断を迫られてきたのである。

　では日本の女性は，「結婚後も正社員として働き続け，出産・育児と両立する」という第3の選択肢を選べなかったのだろうか？　その壁が高く厚い，というのが実は日本の特徴なのである。例えば，最近はだいぶ改善されてきたものの，日本企業の育児休業制度は不十分だった。そして何といっても大きいのは，長時間労働の問題である。日本企業は世界的に見て労働時間が長いことが知られており（図表2.5），これが仕事と子育ての両立を阻む大きな要因となっている。

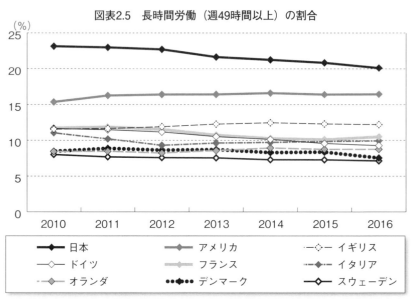

図表2.5　長時間労働（週49時間以上）の割合

出所：労働政策研究・研修機構『データブック国際労働比較』より作成。

以上，仕事と育児の両立問題について見てきたが，このことが日本の出生率の低下や少子化の進行とどのように関連しているのかについて，改めて整理しておこう。

　第1に，仕事と子育ての両立の困難という現実は，とりわけ女性に対して様々な不安感を植え付ける。そのことが，結婚を先延ばししたり，2人目・3人目の出産を避けたりすることを助長する。そしてそれらが「未婚化・晩婚化の進行」と「完結出生児数の低下」を引き起こす，というわけである。

　第2に，これまでの説明から明らかなように，日本の人口減少は，実は日本企業の経営のあり方が深くかかわっている。つまり人口減少を食い止めようとすれば，企業経営のあり方や働き方を改革し，非婚化・晩婚化・少子化を起こしているメカニズムにメスを入れなければならないのである。序章で，企業が社会に与える影響の大きさについて言及したが，人口減少問題はまさにその象徴だといえよう。

(3) 若年層を中心とする雇用の悪化

　「未婚化・晩婚化の進行」と「完結出生児数の低下」の背景にあるもう1つの要因は，1990年代以降に進んだ，若年層を中心とする雇用の悪化である。これについても以下詳しく説明しよう。

　すでに説明した通り，日本は性別役割分業の考え方が根強く，女性はパート労働者として家計補助を担う，というのがこれまでの主流だった。しかしそれは別の見方をすれば，家計補助という労働形態でひとまず事足りていたのだ，ともいえる。というのも，家計の主たる稼ぎ手としての男性の多くが，正社員として安定した長期雇用のもとにおり（終身雇用），なおかつ賃金は勤続年数と共に上昇していく（年功賃金），というのが基本的な想定だったからである。

　しかし1990年代になると，こうした状況に大きな変化が起こった。例えばこの時期，正規雇用に比べて雇用が不安定で，なおかつ昇進・昇給の機会も非常に限定的な非正規雇用（パート，アルバイト，派遣社員，契約社員・嘱託など）が飛躍的に増えた（図表2.6）。それに，正規雇用・非正規雇用を問わず，賃金の伸びがかつてと比べて抑制され，収入も大きく低下した（図表2.7）。

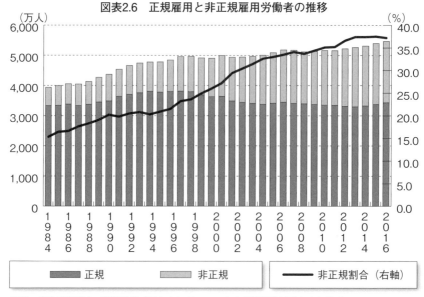

図表2.6　正規雇用と非正規雇用労働者の推移

出所：労働政策研究・研修機構「早わかりグラフでみる長期労働統計」より作成。

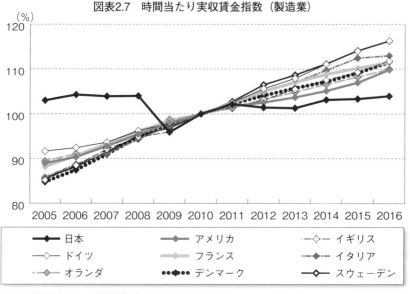

図表2.7　時間当たり実収賃金指数（製造業）

出所：労働政策研究・研修機構『データブック国際労働比較』より作成。

このように，雇用の悪化が若年層を中心に直撃したのであるが，それは「未婚化・晩婚化の進行」と「完結出生児数の低下」を引き起こすこととなった。つまり，雇用の不安定化と収入の伸び悩みが進み，家計の主たる稼ぎ手としての男性の地位が大きく揺らいだことが影響して，結婚を諦めたり，2人目・3人目の出産を避けたりする人が増えたのである。事実そのことは，データとして如実に表れている（図表2.8，2.9）。

　以上，若年層を中心とする雇用の悪化が少子化を引き起こすメカニズムについて説明してきた。それに関連して，最後に3点だけ補足しておこう。

　第1に，若者が非正規雇用で働くということをどう考えるか，である。もちろん若者の中には，「都合の良い時間に働きたい」「家計や学費の足しにしたい」など，自らの意思で非正規雇用という形態を選択した者もいる。あるいは，自らの価値観に基づいて主体的に「結婚しない」「子どもをつくらない」と意思決定した者もいる。だが本章が想定してきたのは，そういう若者ではなく，あくまで「正社員として働ける会社がないのでやむなく非正規雇用を選ぶ」という若者，あるいは「雇用が不安定で収入も低いことが理由で

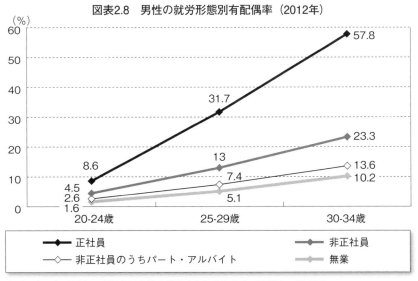

図表2.8　男性の就労形態別有配偶率（2012年）

出所：内閣府『平成30年版少子化社会対策白書』より作成（表記を一部変更）。

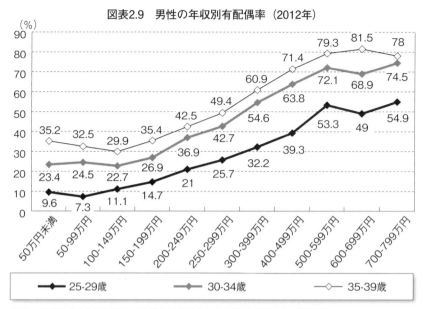

図表2.9　男性の年収別有配偶率（2012年）

凡例：
- ◆ 25-29歳
- 30-34歳
- ◇ 35-39歳

出所：内閣府『平成30年版少子化社会対策白書』より作成（表記を一部変更）。

結婚できない／子どもを持てない」という若者である。確かに人口減少は深刻な社会問題なのだが，だからといって少子化を食い止めるという"大義"のもと，国家や社会が人々の価値観・信念を歪めるようなことは慎まなければならない。

　第2に，日本の雇用を取り巻く厳しい状況は，経済のグローバル化や産業構造の転換といった現象が大きくかかわっている。例えば，経済のグローバル化による国際競争の激化は，日本企業に対して人件費削減圧力として機能しており，実はそのことが長時間労働の蔓延や非正規雇用の増加の背景にある。あるいは，GDPのおよそ70％をサービス業が占めるなど，日本の産業構造は製造業中心型からサービス業中心型へとシフトしてきているのだが，それもまた雇用の悪化の背景にある。というのも，製造業に比べてサービス業は，アルバイトやパートによる非熟練労働に依存する傾向が強いからである。皆さんの中にはアルバイトをしている人も多いと思うが，その大半は，飲食業をはじめとするサービス業なのではないだろうか？　いずれにせよ，経済

のグローバル化や産業構造の転換が今後もしばらく続くと予想される中，若年層を中心とする雇用の改善を通じて少子化を食い止めるといっても，その実現は決して容易ではない。

第3に，雇用の不安定化や収入の伸び悩みに直面する若者が，仮に結婚にこぎつけたとしても，将来の子どもの教育費や老後の生活費をめぐる経済的不安がある限り，出生率の飛躍的向上は期待できない。したがって少子化を食い止めるには，子どもの教育費や老後の生活費の問題に取り組むことも重要になってくる。そこでは，教育財政支出の拡大や社会保障制度改革など，国の果たすべき役割が大きい。

3. なぜ地方部の人口は減少しているのか？

（1）東京一極集中と地方の衰退

すでに学んだように，日本の人口減少はまず地方部から深刻化していく。したがって，地方部の人口減少をいかに食い止められるかが，問題解決に向けた1つの試金石になる。

ところで，地方部の人口減少は，何も今に始まったことではない。大学進学と就職が二大契機となって，多くの若者が地方部から都市部（特に東京）へと移動してきた。1980年代あたりから加速したこうした動きは，東京一極集中と呼ばれる。そして他方で，地方の衰退は加速した。戦後日本の歴史は，経済成長の恩恵を受けられた地域とそうでない地域の分断の歴史でもあった。

では，地方部の人口減少を引き起こした要因は何だったのか？　前節で学んだ内容をもしそのまま当てはめるならば，次の2つの仮説が成り立つであろう。「仕事と子育ての両立が困難な地域の出生率は低い」という仮説，そして「若年層を中心とする雇用の悪化が進んだ地域の出生率は低い」という仮説である。

まず前者の仮説だが，図表2.10によると，長時間労働の度合いと出生率の間には何やら関係がありそうだ，ということが見えてくる（こうした分析の思考方法については，本書第Ⅲ部「論理思考」で学ぶ）。したがって，「仕事

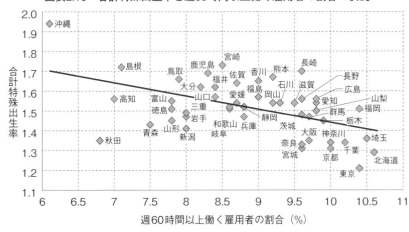

図表2.10　合計特殊出生率と週60時間以上働く雇用者の割合の状況

出所：合計特殊出生率は厚生労働省平成29年人口動態統計（確定数）のデータ，「週60時間以上働く雇用者の割合」は総務省『平成29年就業構造基本調査』のデータを用いて作成。

と子育ての両立が困難な地域の出生率は低い」という仮説は正しいように思える。しかし図表2.10をよく見ると，秋田県や青森県のように「長時間労働の割合は低いが出生率も低い」地域もある，という事実が浮かび上がってこよう。このことは，出生率の低下を引き起こす他の要因について考えることの必要性を示唆している。

　一方，後者の仮説はどうであろうか？　それを検討するには，地方部における経済や雇用の状況を見る必要がある。そこで以下では，農山村地域と地方工業都市という2つの例から，地方部の経済・雇用及び人口減少の状況を確認しておくこととしよう。

（2）経済基盤が脆弱な農山村地域と人口減少

　農山村地域の経済といった時，まず思い浮かべるべきは農林水産業（第1次産業）である。だが農林水産業は，日本の農山村地域における経済基盤としての地位を失ってとうに久しい。

　高度経済成長期の日本では，鉄鋼業や重化学工業をはじめとする第2次産業中心の経済成長が追求された。しかもそれは加工型貿易に有利な太平洋岸

臨海部中心の開発だったこともあり，農山村地域の経済的地位は低下の一途をたどる。そしてさらに追い打ちをかけたのが，1980年代以降に進展した経済のグローバル化と貿易の拡大である。海外から安価な農産物が大量に輸入されるようになり，日本の農林水産業はさらなる苦境に立たされたのであった。

　そんな中，農林水産業に代わって農山村地域の経済・雇用を下支えしてきたのは公共事業である。しかし，公共事業による経済・雇用面の効果は必ずしも高いものではなかった。そもそも公共事業とは，直接的には道路・港湾・橋などの社会資本の整備を指しているが（第4章も参照），それはあくまで手段に過ぎず，その主たる目的は地域に企業を誘致して産業を興すことにあった。だがそれに成功した農山村地域は決して多くはなかったし，道路・港湾・橋などの整備自体が自己目的化した結果，「公共事業以外に仕事がない」と皮肉をいわれる農山村地域も現れるという始末であった。さらに2000年頃からは，政府の財政難から公共事業自体が減らされたため，その限られた経済・雇用効果すらも奪われてしまった。

　もちろん農山村地域の人々も，農林水産業の不振や公共事業の限界という目の前の現実を，黙って指をくわえて見ていたわけではない。とりわけ1980年代に注目を集めたのが，ゴルフ場やスキー場に代表されるリゾート開発であった。しかし，その多くは東京に本社を置く大企業が事業主体であり，たとえ事業が成功しても収益の大半が東京に吸い上げられたため，地元への経済・雇用効果は限定的だった。さらにそうしたリゾート開発の多くは，その後のバブル経済の崩壊により頓挫してしまう（バブル経済をはじめとする日本経済の詳しい歴史は，本書第II部「歴史思考」で学ぶ）。

　かくして，農林水産業が経済基盤としての地位を失う，公共事業やリゾート開発の経済効果は期待を下回る，経済も雇用もますます厳しさを増す，そして住人が次々といなくなる……これが，日本の多くの農山村地域が直面する厳しい現実である。そんな中，限界集落（住民の半分以上が65歳以上からなる集落），はたまた消滅集落（住民がいなくなった集落）と呼ばれるエリアも登場している。人口減少の究極の姿がここにある。

（3）経済的苦境に立つ地方工業都市と人口減少

　地方部の経済・雇用及び人口減少について考えるもう１つの例として，地方工業都市のケースを取り上げよう。かつて地方工業都市の雇用や所得は，主として製造業関連の工場立地によって支えられていた。しかしそうした経済基盤は徐々に掘り崩され，今や人口減少に苦しむ地域の典型となっている。その最大の要因は，経済のグローバル化である。

　経済のグローバル化が進むのと軌を一にして，日本企業は国内工場の閉鎖・縮小・集約を進めると共に，生産拠点の海外移転を積極的に展開した。この産業の空洞化と呼ばれる現象の影響を最も受けたのが，地方工業都市だったのである。しかも海外に移転した生産拠点は，製造部品の現地調達率を高める一方，それまで製造部品を納入してきた国内の下請け企業は，受注量の減少や受注単価の切り下げに直面した。このことが，地方工業都市にさらなる追い打ちをかけたのである。

　そしてもう１つ見逃せないのは，経済のグローバル化によってそれまでの地域開発のやり方がかなりの程度無力化されてしまった，という点である。地方工業都市による伝統的な地域開発は，公共事業によって高速道路や工業団地を整備して工場立地を誘導する，というものであった。しかし経済のグローバル化と共に，企業は国境にとらわれずグローバルな視点から立地を決める傾向を強めたことから，それまでのハード整備型の立地誘導策の効果が薄れてきたのである。

　以上，農山村地域と地方工業都市を例に，雇用と所得を生み出す産業の衰退が人口減少を引き起こす状況を見てきた。では，そのような地域で人々が安心して働き，結婚し，子育てができるようになるには，どんな産業が必要になるのか？　そうした産業を担う企業やそのマネジメントとは，いかなるものか？　本書での学びを機に，皆さんにも是非一度考えてみてほしい。

（4）地域の活性化とまちづくり

　他方，地域を活性化していくには，雇用や所得以外の要素にも気を配らなくてはならない。例えば「医療や公共交通といった社会インフラが弱い」「コミュニティが弱く治安も悪い」「自然とのふれあいに乏しい」「災害に弱い」

コラム コンパクトシティ（compact city）

　人口減少が進む現代の日本で，われわれがなすべきことは何か？　１つは言うまでもなく，人口減少を食い止めることである（専門用語で「緩和策（mitigation）」と呼ばれる）。しかし他方で，現実問題として人口減少はしばらく続くと予想されるので，その前提のもと，何とか“しのぐ”という発想も取り入れざるを得ない（「適応策（adaptation）」と呼ばれる）。この２つを同時に進める“二正面作戦”を強いられる点にこそ，これからの日本が直面する大きな試練がある。

　その適応策の１つとして，近年注目されているのが“コンパクトシティ”というアイディアである。これまで日本では，住宅地や商業施設が郊外へ広がり，都市空間が拡張していくのを許容するまちづくりが主流だった。それに対して，今後の人口減少時代を見据え，むしろ郊外化を抑制し都市機能を中心部に集約していこう，というのがコンパクトシティの考え方である。

　最近だと，富山市が2018年に『富山市SDGs未来都市計画』を策定し，「コンパクトシティ戦略による持続可能な付加価値創造都市の実現」を目指すと宣言している。もともと富山市はコンパクトシティ型まちづくりの実績があり，その取り組みをSDGsの旗印のもとでさらに加速させていこう，としているわけである。

「SDGs未来都市 とやま」ロゴマーク

出典：富山市ホームページより引用。

ような地域は，たとえ経済的に豊かだったとしても「住むに値するまち（a city worth living in）」とはいえない。つまり，地域活性化の中に“まちづくり”という視点がなければ，人々が安心して出産・育児をすることはできないし，そもそも人々がそこに住んで暮らそうと思わないであろう。これでは，

人口減少を食い止めるなど夢のまた夢である。

　では，医療や公共交通を担う事業体は，どのようにマネジメントすべきなのか？　まちづくりの現場において，企業，政府，NPO・NGOはそれぞれどんな役割を果たせるのだろうか？　"社会思考のマネジメント"を学ぶことは，そうした問いへの答えを探す第1歩となる。

● 必須用語集 ···

・高齢化率

　総人口に占める65歳以上の割合。

・合計特殊出生率

　1人の女性が一生の間に産む子どもの数の平均値。

┌───┐
│ ✅ 学んだことをチェック   │
│   │
│ 1．日本の人口減少にはどんな特徴があるのか，説明してみよう。   │
│   │
│ 2．人口減少は日本企業にとっていかなる意味を持つのか，説明してみ   │
│ 　 よう。   │
│   │
│ 3．日本で人口減少が進んでいる理由を，経営や経済の視点から説明し   │
│ 　 てみよう。   │
└───┘

より進んだ学習のために
───

・増田寛也（2014）『地方消滅―東京一極集中が招く人口急減』中公新書.
　日本の人口減少は古くから警鐘が鳴らされていたが，本書の刊行を期に，広く人々に知られるところとなった。
・松田茂樹（2013）『少子化論―なぜまだ結婚，出産しやすい国にならないのか』勁草書房.
　日本で少子化を引き起こしている社会的要因を網羅的に学ぶことができる。
・諸富徹（2018）『人口減少時代の都市―成熟型のまちづくりへ』中公新書.
　都市に焦点を当てて，人口減少時代における社会のあり方やその実現方策について論じている。

【参考文献】

小田切徳美（2014）『農山村は消滅しない』岩波新書.

神野直彦（2002）『地域再生の経済学―豊かさを問い直す』中公新書.

濱口桂一郎（2009）『新しい労働社会―雇用システムの再構築へ』岩波新書.

藤山浩（2015）『田園回帰１％戦略―地元に人と仕事を取り戻す』農山漁村文化協会.

宮本みち子・大江守之（2017）『人口減少社会の構想』放送大学教育振興会.

山口一男・樋口美雄編（2008）『論争 日本のワーク・ライフ・バランス』日本経済新聞出
　版社.

まち・ひと・しごと創生本部 ホームページ
　http://www.kantei.go.jp/jp/singi/sousei/

第 3 章

環境問題と
その発生メカニズム

この章で学ぶこと

　"社会思考のマネジメント"という考え方が生まれた背景の1つ，環境問題に焦点を当てて，その概要を学ぶ。まず，環境問題の内容を具体的かつ包括的に把握した上で，環境（自然システム）と社会経済システムはこれまでいかなる関係にあったのか，そして今後いかなる関係にあるべきなのかを理解する。次に，公害や地球環境問題の具体的な問題構造，そして環境問題を引き起こす社会経済メカニズムを学習した上で，現代の環境問題（ごみ（廃棄物）問題・地球温暖化問題・生物多様性問題）の具体的な中身についても学ぶ。

キーワード

- 環境問題
- 生態系サービス
- 市場の失敗
- 政府の失敗

- 循環型社会
- 低炭素社会
- 自然共生社会

1. 環境問題の構造

（1）環境問題とは何か

　環境（environment）は，人間と社会に様々な便益をもたらしてくれる存在であり，日本人はそれを“自然の恵み”と呼んでいる。自然の恵みなくして人間は生きられないし，社会は存立しえない。つまり，環境とは人間の生存基盤であり，なおかつ社会経済活動基盤なのである。そして，それらが損なわれることを，私たちは環境問題と呼ぶわけである。この第3章では，環境問題の構造・内容及びその発生メカニズム，そしてマネジメントとのかかわりについて学んでいく。

　ところでこの“自然の恵み”という表現は，どちらかというと日本独特のものである。それに対して世界的には，生態系サービス（ecosystem services）という言葉が一般的である。環境問題とは，環境破壊によって生態系サービスの質や量が低下し，私たちの生存基盤や社会経済活動基盤が損なわれるという問題なのである（図表3.1）。後に説明するように，環境問題は“地球環

図表3.1　環境問題の構図

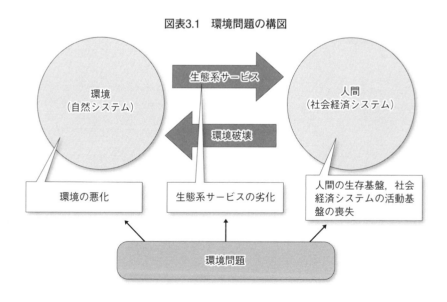

境問題"や"公害"など，あるいは"ごみ問題""地球温暖化問題""生物多様性問題"など，様々な個別の問題から構成される。しかしそれらの諸問題を貫いているのは，こうした構図なのである。

コラム 日本の大学生の"環境観"（？）

　日本の某大学で，とある教員が「"環境"という言葉を聞いて真っ先に思い浮かんだものを絵に描きなさい」という課題を学生に出したそうである。その教員によると，一番多かったのは田んぼの絵だったという。これは，次の2つの意味で興味深い。

　第1に，原生林のような手付かずの自然よりは，人間とのかかわりの中で育まれてきた自然（「二次的自然」と呼ばれる）の方が日本人にはなじみ深いらしい，ということ。第2に，環境というものは，それがもたらす自然の恵み（ここでは「食糧としての米」や「美しい田園景観」など）とセットで思い起こされるケースが多い，ということである。事実，「環境の価値」というと，皆さんの多くは「自然の恵みの価値」を直感的にイメージするのではないだろうか？

　ところでこの話には，実はもう1つエピソードがある。別の某大学で，別のとある教員が同様の課題を出したところ，何とディズニーランド（！）の絵を描いた学生がいたそうだ。はじめその教員は，まったく意味が分からなかったらしい。だがその学生に話を聞くと，「何かと物騒な世の中，一人っ子だったこともあって，子どもの頃は外で遊ぶのを親に禁止されていた」「親にディズニーランドに連れて行ってもらったのが，外で遊んだ当時の唯一の思い出」とのことであった。いろいろと考えさせられる一件である。

（2）地球環境問題

　環境問題の特徴の1つは，それがグローバル・イシュー（global issue），つまり地球規模の課題としての側面を有するという点に求められる。すなわち，問題の影響が国境を越えて広く及ぶという事態が，そして問題の解決のために国際的な取り組みが必要になるという状況が，しばしば生じるのである。

　グローバル・イシューとしての環境問題は，地球環境問題と呼ばれている。具体的には，①地球温暖化　②オゾン層の破壊　③酸性雨　④海洋汚染　⑤

有害廃棄物の越境移動　⑥生物多様性の減少　⑦森林の減少　⑧砂漠化　⑨発展途上国等における環境問題　などの問題があるとされる（地球環境研究会編（2008）『地球環境キーワード事典』中央法規出版）。

　しかし，環境問題がグローバル・イシューであるという事実を人々が広く認識したのは，実はそう昔の話ではない。人類の有史以来はじめて環境問題をテーマに掲げた国際会議である「国連人間環境会議」がスウェーデンのストックホルムで開かれたのは1972年のことであり，それからまだ半世紀ほどしか経っていない。地球環境問題に対する人類の挑戦はまだ始まったばかりなのである。

　ちなみに，ある問題がグローバル・イシューとしての側面を判断するには，その問題を扱う国際条約や国際機関が存在するかどうかが1つの目安となる。その意味で，例えば災害も，近年は急激にグローバル・イシューとしての性質を強めつつある。2015年3月に仙台市（宮城県）で第3回国連防災世界会議が開かれ，2030年までの国際的な防災の指針となる「仙台防災枠組（Sendai Framework for Disaster Risk Reduction）」が採択された。日本の仙台という地で災害の国際会議が開催された背景の1つに，2011年3月11日に起きた東日本大震災があることは言うまでもない。

（3）公害

　当然ながら，グローバルレベルだけでなく，ナショナルレベル（国レベル）やローカルレベル（地方レベル）でも環境問題は起きている。歴史を振り返った時，まず何といっても，明治時代に起きた足尾鉱毒事件を挙げておかねばならない。足尾銅山（現在の栃木県日光市）からの排煙・排水によって渡良瀬川流域を中心に被害が広がり，当時の地元選出衆議院議員である田中正造が農民らと共に反対運動を展開したことは，歴史の授業などですでに勉強しただろう。戦前期には足尾鉱毒事件以外にも各地で多くの事件が起きたのだが，残念ながら人々の認識はローカルなレベルに限定されがちであった。

　それに対して，環境問題が全国的に広く知られるきっかけとなったのは，高度経済成長期に各地で頻発した公害であった。特に被害が深刻だった水俣病・四日市ぜんそく・イタイイタイ病・新潟水俣病（第二水俣病）は，"4大

公害病"と名付けられた。そのすべてにおいて，原因物質を排出した企業や工場が存在したわけだが，日本の場合，第5章で学ぶCSR（「企業の社会的責任」）が厳しく問われるようになった1つの契機は，この公害問題に他ならない。しかし同時に，企業や工場だけでなく，政府の活動に起因する環境問題も深刻だったのも，この時期の日本の特徴だった。公共事業による自然破壊はその代表例である。

（4）現代の環境問題

　現代の環境問題は，公害が頻発した高度経済成長期に比べるとその問題領域が大きく広がっており，例えば「ごみ問題」「地球温暖化問題」「生物多様性問題」というように問題が多様化している。それぞれの問題については後の節で別途詳しく説明するとして，ここでは現代の環境問題を見ていく上で重要な次の2つの視点を確認しておこう。

　第1に，問題領域の広がり以外にも，様々な"広がり"が観察される。高度経済成長期の公害では，原因物質が人々の生命や健康にすぐさま被害を及ぼす，という問題の構図がその基本にあった。それに対して現代では，原因物質と被害の間に時間的な広がりがあるような問題が増えてきた。温室効果ガスによる悪影響が将来世代に深刻な影響を及ぼす地球温暖化問題は，まさにその典型である。あるいは，企業や政府の活動に加え，市民1人ひとりの日常生活やライフスタイルにも起因する問題がクローズアップされている。これもまた，現代における問題の広がりである。

　第2に，様々な"広がり"と軌を一にして，公害という言葉も環境問題という言葉にほとんど取って代わられたが，公害という現象自体がなくなったわけではない。河川が有害物質で汚染されて魚の死骸で埋め尽くされるとか，大気汚染物質で数百人数千人が呼吸器疾患に苦しむとかいった現象を，現代の日本人は確かに目にはしなくなった。だが例えば発展途上国に目を向けると，依然としてそうした現象が起きているのが分かる。そしてもし万が一それが，現地に進出した日本企業が引き起こしたものだったとしたら……？　現代に生きる私たちが公害から学ぶべきことは，まだまだありそうである。

2. 環境問題の発生メカニズム

(1) なぜ環境問題は起こるのか

　ここまで，環境問題の構造や内容について見てきた。それらを理解することは，環境問題解決の1つの前提条件である。しかし，「環境問題とは何か？」という問いをいくら突き詰めても，そこから環境問題の具体的な解決策が自動的に導き出されるわけではない。なぜなら，環境問題の解決を図るには，環境問題を引き起こしている社会経済メカニズム，つまり「なぜ環境問題は起こるのか」を理解しなくてはならないからである。その理解を欠いたまま，解決に向けた具体的な取り組みについて議論したとしても，それらは思いつきの域を出ない，効果の乏しいものになる恐れがある。第2章で強調したように，日本の少子高齢化を食い止めたいのであれば，まずは日本の少子高齢化を引き起こしているメカニズムを理解しなければならない。それとまったく同じことである。

　では，なぜ環境問題は起こってしまうのか？　すでに説明したように，環境は人間の生存基盤であり，社会経済活動基盤だったはずである。にもかかわらず，なぜ人間は環境を破壊してしまうのだろうか？　それは，私たち人間が社会経済システムにおいて日々行う意思決定（decision making）が関係している。以下，宮永（2015）の記述を適宜引用しながら説明しよう。

　例えば私たちは，買い物中にある商品を前にした時，必要性・品質・価格などを考慮して，それを買うかどうかを決める。それに例えば企業であれば，「工場をどこに立地するか」「その工場ではどんな原材料を使い，それはどこから何円で調達するのか」といった無数の意思決定に日々直面する。また政府も，「どのような法律を制定するか」「集めた税金をどういう事業に支出するのか」といったことを，制度やルールに則って意思決定する。こういった様々な意思決定の場面で，"環境"という要素がきちんと考慮されていれば，その行為は環境破壊を起こさないはずである。しかし，生態系サービスが持つ様々な価値，それに環境破壊によって被害を受ける人々の声などは，残念ながらそういった意思決定に十分反映されていないのが現状なのである。

　ここで皆さんに強調したいのは，自然や生きものだけを眺めていても，環境

問題を解決する方策は見えてこない，ということである。そうではなく，人間や社会も視野に入れなければならないのであり，経営学部でマネジメントを学ぶ皆さんが環境問題について考える1つの意味も，まさにここにある。

(2) 市場の失敗

　様々な意思決定のうち，とりわけ市場における経済的意思決定は，環境という要素を無視しがちである。ここで仮に，ある企業の工場が大気汚染物質をそのまま放出しており，その除去のためには新たな設備装置を導入しなければならない，という状況があったとしよう。しかしその企業にとって，それは設備装置導入に要した費用の分だけ利益が減ってしまうことを意味する。そもそも企業というのは，市場で利益を追求する存在なので，"設備装置を導入する"つまり"利益を減らす"という意思決定を自発的に進んで下すことは，通常期待できない（政府による規制や補助金があれば別だが）。しかも，もしライバル企業が設備装置を導入しないのであれば，市場競争上の不利にもなるので，そのような自発的意思決定はますます期待できなくなってしまう。こうして，大気汚染という形で環境問題が顕在化してしまうというわけである。

　あるいは，市場における経済的意思決定が環境問題を引き起こすメカニズムは，以下のように理解することもできる。

　生態系サービスは，同じ「サービス」という言葉が使われてはいるものの，市場で売買される一般的なサービスとは決定的な違いがある。市場で売買されるサービスには価格がついているのに対して，生態系サービスの多くには価格がついていないのである。市場で売買されるサービスに価格がついているのは，そのサービスに価値があるからである。では，価格がついていない生態系サービスには価値はないのだろうか？　決してそうではないことは，これまで何回も強調してきた。環境なくして人間は生きられないし，社会も存立しえないのである。

　つまり生態系サービスは，「価格のつかない価値物」（植田和弘）なのである。そのため，市場という仕組みの中では価値が過小評価され，あたかも無価値物のように扱われてしまう。そしてその結果，企業や消費者が生態系サ

ービスを利用してもその費用を認識せず，生態系サービスを無料で無限に利用する誘引を与えてしまう。そして結果として環境問題が起きてしまう，というわけである。

　市場という社会メカニズムには，確かに様々な利点や強みがある。しかし，これまで説明してきたように，環境問題のような問題を扱うことは基本的に不得意であり，市場というシステムは，何もせずに放っておけば，環境を守らない企業に利益を与え，環境を守る企業に利益を与えないよう機能してしまうのである。このような事態を，市場の失敗（market failure）と呼ぶ。

　この市場の失敗という概念から，われわれは何を学ぶべきか？　本章が強調したいのは，環境問題の真の原因は環境を守らない企業そのものにあるのではなく，環境を守らない企業の振る舞いを正しく評価できない市場にあるのだ，ということである。環境にやさしい製品ほど売れて利益も増えるような製品市場，あるいは環境にやさしい企業ほど株式価値も上昇するような株式市場が仮に誕生すれば，環境に配慮した環境経営に乗り出す企業は，今よりもっと増えることであろう。企業を変えようと思ったら，市場を変えなければならない。それが，市場の失敗概念の1つのメッセージである。

(3) 政府の失敗

　では，企業と並ぶ重要な社会主体である政府は，環境問題の発生という現象とどうかかわっているのか？　環境問題の解決を図る公共政策のことを一般に環境政策と呼ぶが，政府に期待されているのは，環境政策を実施して市場の失敗を是正すること，言い換えれば，環境問題の発生メカニズムを制御することである。

　しかし現実には，政府活動の意思決定に環境という要素が反映されず，例えば公共事業による自然破壊のように，政府自身が環境問題を引き起こす原因となっているケースも少なくない（発展途上国ではこうした傾向がより強まる）。それに，仮に環境政策を実施していたとしても，それが思い通りの効果を生まなかったり，あるいは逆に問題をより深刻化させていたりすることもある。このような状況は，先ほどの市場の失敗にならって，政府の失敗（government failure）と呼ばれている。政府という組織の役割やそのマネジ

メントのあり方については，後の第8章で詳しく取り上げる。

　では次の節からは，現代の環境問題の中からごみ問題・地球温暖化問題・生物多様性問題をピックアップし，その詳しい中身を見ていくことにしよう。

3. ごみ問題と循環型社会

(1) ごみ問題とは何か

　直近のデータ（2016年度）によると，日本では年間，一般廃棄物（家庭やオフィスからのごみ）が4,317万トン，産業廃棄物（事業活動に伴うごみ）が3.91億トン排出されている。では，ごみ問題（廃棄物問題）とは「ごみがたくさん出ること」を指しているのか？　だとすれば，ごみ問題の解決とは「ごみをゼロにすること」なのか？　あるいは，ごみをゼロにするのは不可能だし望ましくもないとすれば，人間や社会はどれくらいならごみを出すことを許されるのか？　そもそも「ごみ問題の解決」とはどういう状態を指しているのか？　そしてそもそも“ごみ”とは何か……？　ごみ問題について考えだすと，実はなかなか奥が深い。

　食べ残しのごみを土に埋めておくと，しばらくしたらそのごみは分解されて，自然の循環へと再び戻っていく。これを日本人は“自然に還る”と呼んでいるのだが，ありがたいことに，環境には同化・吸収という機能が備わっている（それもまた一種の“自然の恵み”，つまり生態系サービスである）。このように，出されたごみの量や質が環境の同化・吸収能力の範囲内に収まっている限り，基本的にごみ問題は発生しない。

　しかし，環境の同化・吸収能力を超える量のごみが生じた場合，あるいは，そもそも環境が同化・吸収できないようなごみ（プラスチックなど）が生じた場合，私たちが暮らす地域（そして地球）はごみであふれ，環境が持つ生存基盤・社会経済基盤としての機能が損なわれるかもしれない。つまり，自然循環の輪の中に物質循環が収まらなくなった時に，ごみ問題が起こるのである。これこそが，ごみ問題の最も根本的な原理である。

　したがってごみ問題の解決には，自然循環の範囲内に物質循環が収まる社

会，つまり循環型社会の実現が不可欠である。だがここで，やや不思議に感じた人もいるかもしれない。私たちの社会は，日々大量のごみを排出するなど，循環型社会とは程遠い状態にある。しかし他方で，私たちの身の回りがどんどんごみで埋め尽くされつつある，という状況でもなさそうである。そのからくりを解き明かす1つの鍵は，リサイクル（recycle）にある。

　例えば，主に石油からつくられるプラスチックは，容器包装（ペットボトルやレジ袋）の原材料として広く使われるなど，現代人にはすっかりおなじみの存在である。しかしプラスチックは自然に還らないため，使用後にきちんと分別・回収して自然循環の輪の中に入らないようにする必要がある。そして回収後はリサイクルして再生資源として有効活用できれば，石油の節約にもつながるだろう。こうした意味において，リサイクルは確かに循環型社会の形成に貢献しうる。

　しかしリサイクルは万能ではない。どんなに容器包装材のリサイクルを徹底したとしても，100％回収は現実的にほぼ不可能であり，自然界に放出されるプラスチックがどうしても残ってしまう。そして事実，ウミガメなどの海洋生物が餌と間違って飲み込む，あるいは微細な粒子（マイクロプラスチック）となって生態系に悪影響を与えるといった問題が起きているわけである。この状況を変えるには，プラスチックの大量使用を前提とするリサイクルから，プラスチックの使用そのものを減らすリデュース（reduce）へと取り組みの重点を移す必要がある。最近飲食業界を中心に，プラスチック製の使い捨てストローをなくそうという動きが広がっているが，その背景にはこうした認識の拡がりがある。

　加えてリサイクルには，多くのエネルギーとお金を必要とするという問題もある。皆さんの下宿や家庭から出た大量の容器包装ごみは，パッカー車で収集・運搬されるわけだが，その過程で膨大なガソリンと人件費が費やされている。しかもその原資は，私たちが払っている税金である。その貴重な税金をごみ処理に使うのではなく，例えば奨学金の拡充や老後の年金に回すことができたら……？

　このように，リサイクルを軸とした循環型社会づくりは，いくつかの欠陥を抱えていることが分かる。つまり，残念ながら今の社会は，大量生産・大

量流通・大量消費・大量廃棄システムを与件と見なし，排出されたごみの処理・処分を行う，対症療法型の循環型社会なのである。そして，大量のエネルギーとお金を投入して物質循環を何とか自然循環の輪の中に収めている社会なのである。

(2) ごみ問題の発生メカニズム

　では，なぜごみ問題は起きてしまうのだろうか？　植田（1992）の議論を参照しつつ，市場における経済的意思決定に注目ながら見ていこう（図表3.2）。

　市場という仕組みにおいて，商品は生産・流通・消費という各行動のつながりの中で移動していく。そしてその各行動は，それぞれ生産企業・流通企業・消費者という主体によって担われる。しかし各主体は商品がごみになった後のことを考えず，それぞれの立場にとって最適な経済的意思決定を行う。これらの結果，大量生産・大量流通・大量消費システムが出来上がり，ごみが大量に生まれてしまう……これが，市場における経済的意思決定の視点から見た，ごみ問題の発生メカニズムである。もしかしたら皆さんの中には，ごみ問題の主な原因は人々のモラルにある，と考えていた人もいるかもしれない。しかし本当にメスを入れるべきは，むしろ経済や社会のメカニズムなのである。

　以上説明してきたように，ごみ問題発生の直接の原因は，この廃棄という

図表3.2　大量生産・大量流通・大量消費・大量廃棄システムの生成とごみ問題

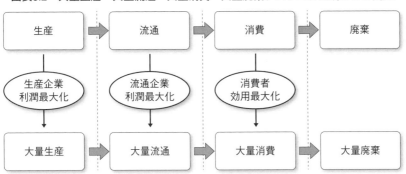

出所：植田（1992）をもとに作成。

行為にある。しかし経営学はこれまで，生産・流通・消費という行為に比べ，この廃棄という行為をあまり重視してこなかった。それに対して，"社会思考のマネジメント"を学ぶ私たちは，消費のさらに先の廃棄という行為にも思いを馳せなくてはならない。さらに私たちは，生産・流通・消費・廃棄を取り巻く自然循環の存在にも常に気を配る必要がある。なぜ過剰包装の製品が店頭に並んでしまうのか？　ごみになった時のことを考えない製品開発やマーケティングは，どうすれば変えられるか？……　皆さんにも是非考えてもらいたい。

4. 地球温暖化問題と低炭素社会

（1）地球温暖化問題とは何か

　地球温暖化（global warming）とは，直接的には地球全体の平均気温上昇という現象を指しており，1880年から2012年にかけて0.85℃上昇した他，今世紀末にはさらに0.3〜4.8℃上昇すると予測されている。その結果，「氷河溶融による海面上昇」「生態系への悪影響」「局地的な異常気象の増加」「地球規模の気候変動（climate change）」などのリスクが高まっている。

　地球温暖化の原因であるが，研究によると，人為起源の温室効果ガス排出であることがほぼ明らかになっている。そしてその多くを占めるのは，化石燃料（石炭や石油）使用に伴う二酸化炭素の排出である。化石燃料に依存せず，二酸化炭素の大量排出もしないで済む社会，すなわち低炭素社会の実現が急務となっているのである。

　もちろん人類も，地球温暖化が深刻化していくのを黙って眺めてきたわけではない。2015年に採択されたパリ協定（The Paris Agreement）では，気温上昇を産業革命以前に比べて2℃未満に保つと共に（「2℃目標」），努力目標として1.5℃未満に抑えること，今世紀末までに人為起源の温室効果ガス排出を正味ゼロにすること，そしてすべての締約国が排出削減努力を負うことなどが合意された。低炭素社会の実現に向けた本格的幕開けである。

(2) "エネルギー対策なくして地球温暖化対策なし"

　では低炭素社会づくりは，具体的にどのように進めたらよいのだろうか？本書でそのすべてを議論することはできないが，その中心はやはり二酸化炭素の排出削減となる。そこでポイントとなるのは，どの部門からどのくらい二酸化炭素が排出されているのかであろう。それが分かれば，どこでどのように二酸化炭素排出を削減すべきかが見えてくるからである。その手がかりとして，日本のデータを確認しておきたい（図表3.3）。

　図表3.3は，部門別の二酸化炭素排出量の推移をグラフに表したものである。ちなみにエネルギー転換部門というのは，主に発電所（火力発電所など）を指している。グラフを見ると，産業部門（主に工場）や業務部門（オフィスや店舗），つまり企業が大きな排出源となっていることが分かる。したがって企業からの排出削減をどう進めるかが鍵となるわけだが，「対策費用が重い負担になる」「日本経済の国際競争力が低下する」との懸念が経済界で根強いため，日本の地球温暖化対策はいまだ道半ばなのが現状である。このような "環境か経済か" というジレンマを前提とする限り，有効な対策はなかなか見えてこない。では，どうすればよいのか？

　図表3.3には，1つ注意すべき点がある。上図は「間接排出量」のデータであり，エネルギー転換部門（発電所）から排出された二酸化炭素を，各部門に対して電力消費量に応じて割り振った数値を使っているのである。それに対して下図は「直接排出量」のデータであり，エネルギー転換部門（発電所）から排出された二酸化炭素を，そのままエネルギー転換部門（発電所）の排出分として計上している。その下図によると，まさにエネルギー転換部門（発電所）が最大の二酸化炭素排出源となっていることが分かる。

　つまり，日本の地球温暖化対策の "本丸" は発電所等，つまりエネルギー供給側の低炭素化なのである。具体的には「石炭・石油を大量に消費する火力発電への依存度を下げる」「発電時に二酸化炭素を排出しない再生可能エネルギー（太陽光や風力）を普及させる」などの取り組みが重要になる。

　もちろん，省エネの促進や低炭素型産業構造への転換など，エネルギー需要側の対策が不可欠なのは言わずもがなである。低炭素社会づくりとはすなわちエネルギー対策であること，そして「電気はこまめに消しましょう」「打

図表3.3　日本の部門別二酸化炭素排出量

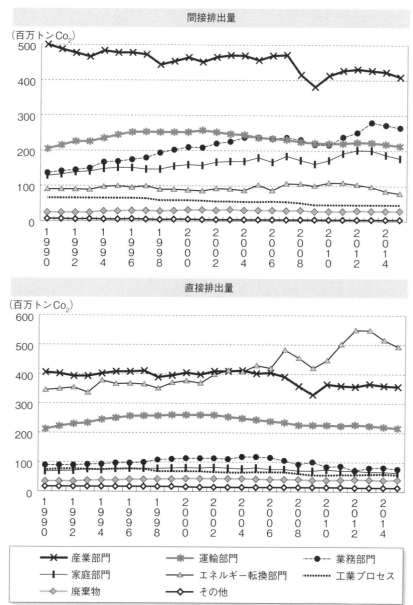

出所：国立環境研究所，温室効果ガスインベントリオフィス。

ち水で猛暑を乗り切りましょう」といった精神論だけの地球温暖化対策はかえって有害であることを，改めて強調しておきたい。

5. 生物多様性問題と自然共生社会

（1）生物多様性問題とは何か

　生物多様性（biodiversity）という言葉には，「生態系の多様性（たくさんの種類の自然環境があること）」「種の多様性（たくさんの生きものがいること）」「遺伝子の多様性（たくさんの個性があること）」という3つの多様性が含まれる，というのが一般的な理解である（図表3.4）。生物多様性問題とは，生物多様性が失われ，そこから生み出される生態系サービスの質や量が低下してしまうことである。

　生物多様性を保全するには，自然共生社会，つまり人間と自然が共に暮らしていける社会を実現しなくてはならない。そしてそこでは，豊かな生物多様性を将来にわたって継承し，人間が自然から生態系サービスを持続的に享受できるようにしていくことが必要になる。

　ところで皆さんは"生物多様性"というと，生態学者や自然愛好家ならともかく，自分たちのような人間とはあまり関係がない言葉のように感じたかもしれない。しかしそれは誤解である。

　皆さんがまだ子どもだった2010年，愛知県名古屋市で第10回生物多様性条約締約国会議（通称COP10）が開催されたのを覚えている人はいるだろうか？　これは，生物多様性条約（1992）に基づいて行われた国際会議であり，生物多様性に関する国際目標が決まった重要な会議であった。生物多様性問題は，地球温暖化問題と並ぶ重要なグローバル・イシューであるということ，そして生物多様性は自然共生社会づくりを推進する際の基本政策概念になっているということを，是非心にとどめておいてもらいたい。

図表3.4　生物多様性における3つのレベルの多様性

出所：「京都府生物多様性地域戦略」（p.3）より引用。

（2）生物多様性を脅かすもの

　ごみ問題や地球温暖化問題と同じく，生物多様性問題もまた，生じている背後に社会や経済のメカニズムが存在している。生物多様性に関する国の総合計画である『生物多様性国家戦略2012-2020』は，生物多様性の危機をもたらしている要因を次の4つに整理している。

　第1に，開発など人間活動によるものである。自然破壊型の宅地開発や公共

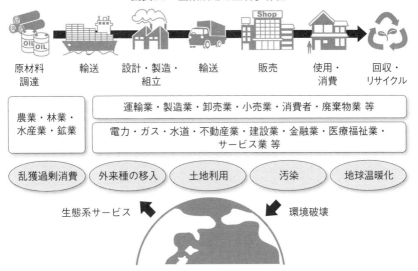

図表3.5　企業活動と生物多様性

原材料調達　輸送　設計・製造・組立　輸送　販売　使用・消費　回収・リサイクル

農業・林業・水産業・鉱業

運輸業・製造業・卸売業・小売業・消費者・廃棄物業 等

電力・ガス・水道・不動産業・建設業・金融業・医療福祉業・サービス業 等

乱獲過剰消費　外来種の移入　土地利用　汚染　地球温暖化

生態系サービス　　環境破壊

出所：JBIB『生物多様性ハンドブック』の図を一部改変。

　事業，あるいは乱獲や盗掘もそうなのだが，生態系サービスの価値を考慮に入れない経済的社会的意思決定が生物多様性を損なう行為を引き起こし，自然に対する働きかけの過多をもたらす，というわけである。

　第2に，自然に対する働きかけの縮小によるものである。第1の点と逆のケースであるが，人間の働きかけが少なすぎても，生物多様性問題は起きてしまうのである。その典型は，里山と呼ばれる日本の二次的自然であろう。日本の農山村地域（第2章を復習すること）では，農業の不振もあって耕作放棄地が拡大しており，かつての田園風景やそこで暮らしてきた生きものが急速に失われつつある。

　第3に，外来種などによるものである。例えば琵琶湖（滋賀県）では，ブラックバスやブルーギルといった外来魚によって在来魚が駆逐されてしまい大問題になった他，近年では外来水生植物の繁茂による被害が拡大している。だが，それらの動植物をその土地に持ち込んだのは他でもない人間であり，動植物たちが自ら好んでその土地にやって来たのではない。大切なのは，外来種問題を通じて見えてくる人間や社会の問題から目を背けないことである。

第4に，地球環境の変化によるものである。典型は地球温暖化問題であり，それによって例えば地球上の多くの動植物が絶滅リスクに直面すると予測されている。しかしこれはあくまで，予測されるいくつかの問題の1つに過ぎない。地球温暖化対策の重要性はますます高まるばかりである。

　ちなみに生物多様性問題は，実はビジネスとも深くかかわっている（図表3.5）。原材料の調達に始まり，生産・流通・消費・廃棄に至るまで，すべてのプロセスで企業活動と生物多様性のかかわりが生じていることが分かるだろう。このように生物多様性問題は，業種・業態を問わずあらゆるビジネスが直面する問題なのである。

●必須用語集

・環境問題

　　人間の生存基盤であり，なおかつ社会経済活動基盤である環境が破壊されることを通じ，生態系サービスの質や量が低下すること。

・地球環境問題

　　グローバルレベルの環境問題。具体的には，①地球温暖化　②オゾン層の破壊　③酸性雨　④海洋汚染　⑤有害廃棄物の越境移動　⑥生物多様性の減少　⑦森林の減少　⑧砂漠化　⑨発展途上国等における環境問題　などから構成される。

✅ 学んだことをチェック

1. 環境（自然システム）と人間（社会経済システム）の関係性を，"生態系サービス"という言葉を使って説明してみよう。

2. 環境問題が起きるメカニズムを，「市場の失敗」「政府の失敗」という言葉を使って説明してみよう。

3. 「循環型社会」「低炭素社会」「自然共生社会」の実現のために，企業はどんな役割を果たすべきか，考えてみよう。

より進んだ学習のために

・植田和弘（1998）『環境経済学への招待』丸善.
　　「市場の失敗」「政府の失敗」を乗り越え，持続可能な発展を実現していく見取り図となる1冊。
・宮本憲一（2014）『戦後日本公害史論』岩波書店.
　　日本人はいかに公害に苦しめられたのか？　そして，日本人は公害にどう向き合ってきたのか？　日本の公害・環境問題研究のパイオニアによる集大成。

【参考文献】

植田和弘（1992）『廃棄物とリサイクルの経済学』有斐閣.
大沼あゆみ（2014）『生物多様性保全の経済学』有斐閣.
亀山康子（2010）『新・地球環境政策』昭和堂.
宮永健太郎（2015）「環境問題と公共経営―持続可能な発展に向けた環境ガバナンス」桝永
　　佳甫編『公共経営学入門』大阪大学出版会，pp.239-256.
諸富徹・浅岡美恵（2010）『低炭素経済への道』岩波新書.

環境省　生物多様性国家戦略
　　http://www.biodic.go.jp/biodiversity/about/initiatives/index.html
環境省　環境白書・循環型社会白書・生物多様性白書
　　http://www.env.go.jp/policy/hakusyo/

第 4 章

持続可能な発展
(sustainable development)

この章で学ぶこと

　ここまで学んできた，社会思考のマネジメントの経済的背景・社会的背景・環境的背景についての知識を踏まえ，持続可能な発展という概念について学習し，経済，社会，そして環境のあるべき姿について考える。そして，持続可能な発展という概念が，社会思考のマネジメントが直面する社会課題，あるいは社会思考のマネジメントが目指すべき社会ビジョンを考えるための重要なキーワードであることを理解する。

キーワード

- 持続可能な発展
  (sustainable development)
- 地球環境問題
- 経済成長 (economic growth)
- 環境・経済・社会
- SDGs (持続可能な開発目標)

1. 再び「持続可能な発展」について

(1) 本章のテーマ

　持続可能な発展（sustainable development）については，すでに序章で少しだけ言及しておいた。そこでは，さしあたり「社会問題や環境問題を引き起こさず，なおかつ経済的にも豊かになるような発展」と説明した。加えて，SDGs（Sustainable Development Goals）もあわせて紹介し，持続可能な発展という新しい社会ビジョンの実現に向けた具体的な行動が世界的に動き出していることを示しておいた。

　ところで「社会問題や環境問題を引き起こさず，なおかつ経済的にも豊か」な社会とは，具体的にはどんな社会なのだろうか？　どうすれば，そのような社会は実現できるのか？　"持続可能（sustainable）"や"持続可能性（sustainability）"という言葉には，どんな意味が込められているのか？……本章では，そういった問いを通じて，持続可能な発展という概念についてより深く学んでもらう。そしてそのプロセスを通じて，"社会思考のマネジメント"の1つの軸である「持続可能な発展に向けたマネジメント」を本格的に学ぶ第1歩にしてもらいたいと考えている。

　そこでまず，持続可能な発展という言葉がいつどこでどのように誕生したのか，歴史を振り返ることから始めてみたい。

(2) 地球環境問題をめぐる環境と経済

　持続可能な発展概念の誕生の歴史を紐解くために，第3章で紹介した国連人間環境会議（1972）にまで遡ってみよう。

　確かに，同会議の開催は人類史上画期的な出来事であった。しかし実は，具体的な取り組みや政策目標などはほとんど何も決まらなかった。というか，より正確にいうと"決められなかった"のである。その最大の理由は，先進国と発展途上国の間で鋭い意見の対立があり，合意形成が進まなかったからである。

　同会議の構想を主導したのは，先進国の側であった。戦後，先進各国は急速な経済成長を遂げたが，その陰で深刻な公害問題を経験し，資源の大量消

費による枯渇への懸念も高まるなど，経済成長至上主義への反省の機運が生まれつつあったことがその背景にあった。そしてもう1つ先進国が懸念していたのは，発展途上国の急激な人口増加である。環境の有限性や資源の枯渇が地球規模で顕在化していくことが，いよいよ現実のものとなりつつあった。こうした中，先進国は発展途上国を巻き込んで同じテーブルにつけた上で，グローバル・イシューとして環境と経済の問題を議論しようとした。それが，国連人間環境会議の開催という形で結実したのである。

　だが発展途上国の側の認識は，先進国のそれとはまったく異なっていた。戦後，先進国からの政治的独立を次々と勝ち取った発展途上国であったが，その多くは貧困にあえぎ続けていた。その状況を一刻も早く抜け出し，経済的成功を勝ち取ることこそが，発展途上国の次なる悲願だったのである。そんな彼らにとって，先進国の主張は，一方で経済成長の果実を産業革命以来十分享受しつつ，他方で地球環境問題を口実に発展途上国からその享受の機会を収奪しようとしている，と映った。

　つまり，先進国と発展途上国の間で，環境と経済をめぐる認識に大きな隔たりがあったわけである。と同時に，地球環境問題の解決を阻む最大のネックが"環境か経済か"というジレンマにあることが，皆の目に明らかになった。

(3) 地球環境問題の激化と変化

　その後も，先進国と発展途上国の意見の対立は続いた。しかしそんな状況を尻目に，経済のグローバル化の進展もあって地球環境問題はますます激化した他，地球環境問題の状況にも大きな変化が生じていた。

　まず先進国では，人々の間で環境問題への関心が徐々に低下していく。その端緒となったのは，2度の石油ショックによる経済の失速であった。経済の立て直しが何よりも急務とされ，環境問題への取り組みが後退したのが，この時期の先進国の特徴である。

　そして発展途上国でも，様々な変化が見られた。この時期，発展途上国の内部でも，経済発展の恩恵が及び始めた国とそうでない国とに分かれ始めたのだが，前者の国々では工業化・都市化の進展と共に公害が頻発するなど，か

つての先進国がたどった同じ道を歩み始めた。他方，後者のような国々では，例えば次のような問題が起きていた。グローバル経済下で外貨を稼げるのが農産物などの１次産品くらいしかないこれらの国々では，優良農地は次々と換金作物（バナナ・カカオなど）の栽培に充てられていった。しかしこの時期，１次産品の価格下落が続いたために貧困は一向に解消されず，しかもその価格下落をカバーしようと新たな農地開発が進んだ結果，熱帯雨林の大規模な破壊が次々と起こったのである。このような，環境破壊と貧困の負のスパイラル現象（貧困→開発→環境破壊→貧困……）が深刻化したのも，この時期の大きな特徴である。

　ここで重要なのは，地球環境問題をめぐるこうした諸状況が"環境か経済か"という視点そのものの見直しを迫った，ということである。なぜなら，先進国か発展途上国かを問わず，人々が直面したのは「環境も経済も悪化していく」という現実だったからである。"環境か経済か"から"環境も経済も"へ，という新しいパラダイムの模索が始まろうとしていた。

（4）持続可能な発展概念の誕生

　"環境も経済も"へのパラダイム・シフトというのは，これまでの自然環境と人間社会の関係を根底から見直す，まったく新しい発展（development）や豊かさのモデルを探求することに他ならない。より具体的には，生態系サービスを悪化させながら発展するのではなく，生態系サービスを保全したり持続可能な形で利用したりしながら発展する新たな社会経済システムを構想する，ということである。

　そうした問題に正面から向き合い，持続可能な発展というコンセプトを最初に本格的に定式化したのは，ブルントラント委員会（正式名称「環境と開発に関する世界委員会（The World Commission on Environment and Development)」）であった。ブルントラント（Brundtland）というのは，当時ノルウェーの首相を務めていた女性の名前であり，彼女がこの委員会のトップであったことから，こう呼ばれるようになった。そして同委員会は，*Our Common Future*（通称「ブルントラント・レポート」）という報告書を1987年に作成し，そこで持続可能な発展を「将来世代のニーズを充足する能力を

損なうことなく，現在世代のニーズを満たすこと」と定義したのである。

　ブルントラント委員会の議論が興味深いのは，持続可能な発展を定義するのに"環境"という言葉をまったく使っていないことであろう。地球環境問題というのは，単なる地球環境の破壊ではなく，実は地球の生態系サービスをめぐる現在世代と将来世代の利害対立の問題なのではないか？　その点を彼女らは鋭く見抜いたのである。

　以上が持続可能な発展概念誕生の歴史であるが，ここで改めてそのポイントを確認しておこう。まず，それは環境問題の文脈から誕生した，という点である。この本を手に取る前，"持続可能な発展"という言葉をはじめて目にした時，たぶん皆さんは"経済成長がずっと続くこと"だと思ったのではないだろうか？　だがそうではなく，環境と経済のかかわりを扱った概念なのだ，という点が重要である。そしてもう1つ，ここでいう"環境問題"とは基本的に地球環境問題を指している，という点も大事である。今後皆さんが持続可能な発展という言葉を目にしたら，まずはグローバルな世界のことを

コラム 人口問題と環境問題，そして持続可能な発展

　皆さんの中には，地球の人口増加こそが環境問題の元凶であり，持続可能な発展の実現を妨げている最大の障壁である，と考えた人がいるかもしれない。事実，発展途上国を中心に人口増加が続いており，今世紀半ば過ぎに地球の人口は100億人を突破すると予測されている。果たして地球がそれだけの人口を養えるのか，確かに人類は真剣に考えてみる必要がある。

　だが，人口問題と環境問題の関係は「人口が増えると環境破壊が進む」「環境問題の解決には人口抑制が不可欠だ」といった単純な論理だけでは語れない。その全体像を詳しく議論する余裕はないが，次の点だけは指摘しておきたい。それは，急激に人口が増加しているのは確かに発展途上国の方なのだが，1人当たりの環境負荷（例えば二酸化炭素の排出量）はいまだに先進国の方が高い，という事実である。

　このことが示唆しているのは，先進国の人々がこれまで享受してきた豊かさやライフスタイルは，今後増え続ける発展途上国の人々すべてが享受できるものではないのかもしれない，ということである。地球の人口増加は，発展途上国よりもむしろ先進国の側に課題を突き付けた，という面もあるのである。

思い浮かべられるようになってもらいたい。

2. 持続可能な発展概念のエッセンス

(1) 現代の持続可能な発展論

　ブルントラント委員会による定式化以降，様々な研究者や実務家が，持続可能な発展概念についてより詳細な定式化を試みてきた。その結果，現代では，概念は多面的な中身を含むものとして理解されるようになっている。ここではそのエッセンスを以下5点に整理し，宮永（2015）の記述も適宜引用しつつ，順次説明していくことにしたい。それらに通底しているのは，これから説明していくように，「経済成長（economic growth）と持続可能な発展（sustainable development）の対比」という視点である。

【1】長期的な時間軸
【2】公平性
【3】発展の基盤
【4】発展の帰結
【5】環境・経済・社会

(2) 長期的な時間軸

　「持続可能（sustainable）」という言葉をじっと見ていると，それが時間に関する概念だということに気付く。持続可能な発展概念がとりわけ重視するのは，長期的な時間軸である。

　米国先住民（インディアン）の有名なことわざに，「地球は過去からの贈り物ではなく，未来からの借り物である」というものがある。通常であれば"未来に引き継ぐ"と考えそうなものを，むしろ"未来から借りている"と表現したわけだが，まさに彼らの慧眼という他ない。

　持続可能な発展概念も，このような発想に立っていると考えてよい。つまり，

私たちの生存基盤であり社会経済活動基盤でもある生態系サービスを，近視眼的に食いつぶしながら発展するのと，長期的視点に立ってそれを維持しながら発展するのとでは，同じ"発展"といってもその質や中身はまったく異なる，というわけである。

　あるいは，時間軸の問題は次のように考えることもできる。経済成長はGDPという指標で測られ，その伸びは経済成長率と呼ばれていることは，第1章で学んだ通りである。しかしGDPや経済成長率の値だけをじっと見つめていても，その値が将来世代を犠牲にして得られたものなのか，それとも将来世代のことを考えながら経済活動をした結果得られたものなのか，私たちは判別できない。

　なおここで急いで付け加えたいのだが，持続可能な発展論は「経済成長は不要だ」とか「GDP概念は間違っている」などと主張しているわけではない。そうではなく，経済成長が持つ質の問題に対して時間軸の観点から光を当てたのが，この持続可能な発展概念だったのである。

(3) 公平性

　"未来からの借り物"を邪険に扱う社会，そして長期的な視点をないがしろにするような社会は，とても持続できない。したがって持続可能な発展を実現するには，未来を見据えつつ限りある資源を無駄なく有効に使う必要がある。いいかえれば，効率性（efficiency）が持続可能な発展の1つの鍵を握るのである。

　しかし同時に，持続可能な発展概念には公平性（equity）の視点も含まれる。ある社会が持続可能かどうかを判定するには，効率性が達成されているかに加え，公平性が実現できているかどうかも見なければならない。ではその公平性というのは，具体的にはどのようなものなのか？　それは主に，次の2点から構成される。

　第1に，世代内公平性（intragenerational equity）である。例えば，第3章で公害問題について学んだが，その被害者は基本的に地域住民である。しかし被害者を"地域住民"と一括りにしてしまったのでは，実は問題の本質が隠されてしまう。例えば水俣病は，当時母親のお腹にいた胎児にとりわけ

重大な被害を引き起こしたことがよく知られている。あるいは，各地の大気
汚染で特に健康被害が大きかったのは，お年寄りや子ども，それに汚染地域
から引っ越せるだけの経済的余裕がないような人々であった。さらには地球
温暖化問題にしても，海面上昇による被害は小島嶼国でとりわけ顕在化する
わけだが，国際交渉の場において彼らのような"小国"の声は，先進国・新
興国と比べてどうしても尊重されにくいのが現実である。つまり公害にせよ
環境問題にせよ，環境破壊の悪影響は同一世代の中で見た場合，生物的・社
会的弱者に集中しやすいのである。持続可能な発展の実現という課題は，こ
うした不公平な社会経済構造にいかにメスを入れるかという問題なのである。

第2に，世代間公平性（intergenerational equity）である。典型的には，現
在世代と将来世代の間の公平性であり，すでに学んだブルントラント委員会
の定式化は，まさにこの問題を扱っている。再び地球温暖化問題を例にとる
と，化石燃料消費による利便性や経済的恩恵は現在世代が享受するのに対し，
それに起因する被害は将来世代において本格化するという，世代間の利害対
立の問題である。あるいは，地球温暖化対策における政策的意思決定は私た
ち現在世代が担っているのに対し，被害がより本格化する将来世代はまだこ
の世に生まれておらず，その意思決定に参加することはできない。現代社会
において，環境問題や社会問題の解決が先送りされる様子を私たちはしばし
ば目撃するが，その原因の1つはこのような構造に求めることができる。

(4) 発展の基盤

持続可能な発展は，どのような基盤が整えば実現していくのだろうか？　通
常の"経済成長"を実現させる基盤と比べて，何がどう違うのだろうか？

日本の高度経済成長期，経済成長の主たる基盤は社会資本（「人工資本」と
も）であった。公共事業によって道路・港湾・橋などを整備し，企業や工場
を呼び込む。そしてその産業が経済成長を牽引する，というプロセスが想定
されていたのである（第3章を復習すること）。だがその多くは，環境の破
壊という代償を支払うこととなった。まず，社会資本整備それ自体が各地で
環境破壊を引き起こした他，社会資本整備によって成長した製鉄業や石油化
学工業などもまた，環境負荷の大きい産業だった。つまり，社会資本整備は

二重の意味で環境破壊的だったのである。しかし第3章で学んだように，環境は生態系サービスを生み出す源であり，社会経済活動の基盤でもある。道路・港湾・橋などを社会資本と呼ぶのと同じように，環境もまた資本と見なすことができるわけだが（自然資本），その犠牲のもとで経済が成長していたわけである。

　それに対して，持続可能な発展においては，自然資本はむしろ発展の基盤として位置付けられなくてはならない。では，どうすれば自然資本を持続可能な形で利用できるのか？こうしたテーマについて考えるには，H. E. デイリー（1938〜）という学者が定式化した3つの条件が参考になる（「デイリーの3原則」）。

原則①：再生可能資源の収穫率は，その再生率を超えてはいけない
　例えば海で魚をとる時は，残された魚が繁殖して増えることで補充可能なレベルの範囲内でなければならない。さもなければ，魚資源は枯渇してしまう。

原則②：廃棄物の排出量は，生態系がそれを吸収・同化できる能力を超えてはいけない
　例えばごみを出す時は，そのごみの量や質が環境の同化・吸収能力の範囲内でなければならない。さもなければ，私たちが暮らす地域（そして地球）はごみであふれてしまう（第3章を思い出すこと）。

原則③：枯渇性資源の採掘量は，それを再生可能資源で代替できる程度を超えてはいけない
　例えば石油を使う時は，少なくともそれと同量の再生可能エネルギーが使えるように，石油から得られた収益を投資に振り向けなくてはならない。さもなければ，全体として資源は枯渇してしまう。

(5) 発展の帰結

　"経済成長" と "持続可能な発展" には，実は共通する点もある。両者は

いずれも，目的ではなく手段なのである。では，そこでいう"目的"とは何か？　「豊かさの実現」や「福祉（well-being）の実現」といった表現が，その答えになるであろう。

　そこで次に問われるべきは，「経済成長は人々に豊かさや福祉をもたらしたか？」「持続可能な発展が目指す豊かさや福祉とは何か？」といった点になるはずだ。つまり，前節では発展の基盤の問題を取り上げたわけだが，ここでは逆に発展の帰結の問題が浮かび上がることになる。とりわけ，次の2点について議論しておきたい。

　第1に，経済成長だけで豊かさや福祉は実現できるのか，という点である。ある国や地域における豊かさや福祉のレベルは，経済成長率や所得といった経済指標だけでは測れない。環境が良好に保たれているかを示す環境指標も必要だし，例えば治安のよさや自殺率の低さ，基本的人権の尊重度合いといった社会指標も，私たちの社会の健全性を示す重要な指標であろう。このように，本来発展には経済以外の様々な側面があるにもかかわらず，一般には「発展とは経済成長のことである」とされてきた。持続可能な発展論はこうした通念や評価尺度のあり方に疑問を投げかけ，そこにより総合的な視点を導入するよう主張したのである。

　第2に，経済成長は手段に過ぎないにもかかわらず，私たちはしばしば経済成長それ自体が目的だと錯覚してしまう。例えば，ガソリンを購入・消費すればGDP上プラスにカウントされ，その分経済成長に寄与する。しかし，それによって引き起こされる地球温暖化のマイナス分はGDP上でカウントされない。そのため，トータルで見た場合豊かさや福祉が本当に向上したかどうかが分からない。目的と手段の履き違えは，こうした問題構造を見えにくくする効果を持つのである。

　なおここでもう1度強調しておきたいのだが，持続可能な発展論は何も「経済成長は悪だ」と主張しているのではない。経済成長はあくまで手段であり，豊かさや福祉の実現という目的を実現できるのかどうかが肝要なのである。そしてそのことを改めて問うたのが，持続可能な発展概念だったのである。

(6) 環境・経済・社会

　"発展（development）"という言葉には，すでに述べたように，経済以外の様々な要素が含まれている。持続可能な発展論は，よく"環境・経済・社会"という言い方をするのだが，発展には環境的・経済的・社会的な側面があるということを強調してきた（図表4.1）。そしてそこでは，"成長（growth）"という言葉は，発展のうちの経済的側面だけに光を当てたもの，と見なされることになる。

　この図は，一見すると何の変哲もない模式図であり，「環境・経済・社会をバランスよく発展させるべし」ということ以上の内容を含んでいないように思うかもしれない。しかしこの図で本当に重要なのは，環境・経済・社会をつなぐ"線"の部分である。

　残念ながら現代社会は，「経済成長の代償として環境破壊が進む」，「環境保全と引き換えに経済が停滞する」といった状況が支配的である。あるいは，「環境と経済の両立に気をとられ，発展の社会的側面がおろそかになる」という状況も考えられるかもしれない。例えば，環境が良好で経済的にも豊かだが，人口の半分以上がお年寄りで構成されるような社会は，果たして持続可能といえるだろうか？

　つまり，持続可能な発展を実現する上で重要なのは，環境・経済・社会のトレード・オフ（一方を追求すれば他方が犠牲になるという状況）を生んでいるメカニズム構造にメスを入れることなのである（図の線の部分がそれを表

図表4.1　持続可能な発展と環境・経済・社会

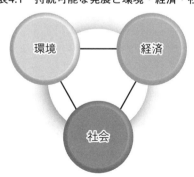

している）。環境・経済・社会それぞれを切り離し，個別に改善を試みるというやり方では，持続可能な発展は実現できない。皆さんには，第2章で人口減少と少子化を引き起こすメカニズムを，第3章で環境問題を引き起こすメカニズムを，それぞれ学んでもらった。実はそこには，環境・経済・社会の間のメカニズム構造の一端を理解してもらいたいという思いがあったのである。

3. 再びSDGs(Sustainable Development Goals)について

（1）持続可能な発展をめぐる新展開

　ブルントラント委員会の議論以後，持続可能な発展という言葉は，確かに人々の注目を集めた。しかし残念なことに持続可能な発展概念は，一部の専門家や政策担当者，あるいは地球環境問題に関心を持つ一部の人々には受け止められたものの，その他大多数の人々にはなかなか浸透しない，という状況が続いていた。

　だがブルントラント・レポートの刊行からおよそ30年，ようやくその状況が変わりつつあり，持続可能な発展概念は新しい局面を迎えている。その大きな原動力となったのが，SDGsの誕生であった。ちなみにSDGsの日本語訳

図表4.2　SDGsにおける17の目標

出所：図表序.2と同じ。

としては，本書の記述を踏まえれば"持続可能な発展目標"となるところだが，一般には"持続可能な開発目標"という言葉が使われている。一応参考までに，序章で示したSDGsの模式図を再掲しておこう（図表4.2）。

(2) SDGsの特色

　SDGsは，われわれ人類が取り組むべき環境問題・経済問題・社会問題のリストであり，また同時に，あるべき環境・経済・社会の実現に向けて人類が進むべき針路を示したリストでもある。そしてSDGsには，国際社会が20世紀以降積み重ねてきた様々な経験や英知が活かされている。その具体的な中身として次の3点を挙げ，本章の締めくくりとしたい。

　第1に，環境・経済・社会の各側面，もしくはその複数にかかる目標を，包括的に掲げたという点である。持続可能な発展概念は地球環境問題の文脈から誕生したわけだが，その実現には環境分野の取り組みだけは不十分であり，経済や社会も含めたいわば総合戦略が必要であることに，関係者は早くから気付いていた。それがついに，SDGsという形で結実したのである。

　第2に，先進国も発展途上国も，そして企業やNPO・NGOも含め，地球上のあらゆる主体が参加するプロセスをSDGsは想定している。それまでの取り組みにおいて，先進国と発展途上国が立場の違いをなかなか乗り越えられず合意形成が進まなかった，あるいは企業やNPO・NGOの参加が不十分なため思うような成果が得られなかった，といった反省に立っているのである。

　第3に，到達点としての17の目標を掲げる一方，それらをどのような手段で実現していくのかは各国・各主体に委ねる，というのがSDGsのやり方である。すでに何度も確認してきたように，地球環境問題の解決を難しくしている最大の要因は，先進国と発展途上国の対立なのであった。そうした教訓も踏まえ，SDGsは法的拘束力を持つ取り決めを極力なくすようにしている。その代わりに，目標の到達状況を定期的にモニタリングし，その結果を各国・各主体間で共有していくことでさらなる取り組みを促していく，というプロセスが想定されている。SDGsにどうかかわり，何をどのように取り組むのか？　その扉は，皆さんを含むすべての人々に開かれている。

●必須用語集 ……………………………………………………………………

・持続可能な発展

　ブルントラント委員会は「将来世代のニーズを充足する能力を損なうことなく，現在世代のニーズを満たすこと」と定義した。

・SDGs（持続可能な開発目標）

　2015年9月の国連サミットで採択された国際目標。"Sustainable Development Goals"の頭文字をとったもので，計17の目標から構成される。

✔ 学んだことをチェック

1．"持続可能な発展"という言葉が生まれた時代的背景を説明してみよう。

2．"持続可能な発展"という言葉の具体的な中身について，"経済成長"との違いに注意しながら説明してみよう。

より進んだ学習のために

・淡路剛久・川本隆史・植田和弘・長谷川公一編（2006）『持続可能な発展（リーディングス環境第5巻）』有斐閣.

　持続可能な発展という概念の中身やその成り立ち，実現のための方策等に関する重要論考を集めたリーディング集。手に取ったら，最初は冒頭の解題（pp.1-10）をしっかり読み，そこから関心のある論考に進むとよい。持続可能な発展論を学んでいくにあたり，まずは先人たちの声に耳を傾けてみよう。

【参考文献】

馬奈木俊介・池田真也・中村寛樹（2016）『新国富論―新たな経済指標で地方創生』岩波ブックレット.

宮永健太郎（2015）「環境問題と公共経営―持続可能な発展に向けた環境ガバナンス」松永佳甫編『公共経営学入門』大阪大学出版会, pp.239-256.

諸富徹（2003）『環境』岩波書店.

国連　持続可能な発展ホームページ
　http://www.un.org/sustainabledevelopment/

第 **5** 章

企業とマネジメント

この章で学ぶこと

　社会思考のマネジメントの担い手の1つである「企業」について特に株式会社を中心に学ぶ。まずは企業が存在する前提条件と企業が活動する目的について理解し，法人としてどのような企業分類があるのか，また企業とはどのような組織構造なのかを整理する。その後，株式の仕組みと株式会社のマネジメントついて説明する。その上で企業が社会において永続的に活動することを許されるためのコーポレートガバナンスと，企業の社会的責任にどのように対応すべきなのかについて学ぶ。

キーワード

- 企業
- 法人
- 株式会社
- コーポレート・ガバナンス
- 企業の社会的責任

1. 企業の基礎知識

（1）はじめに

　ここからは社会思考のマネジメントを担う組織の具体について企業，NPO・NGO，社会的企業，そして政府の順で学ぶ。序章から述べてきたように，企業の存在感や影響力は高まっており，企業のマネジメントのあり方は，社会経済のあり方を大きく左右するようになった。企業は私企業と公企業のように様々な種類に分類することができる。皆さんが企業という用語を目にすると会社，特に株式会社を無意識のうちに思い浮かべることが多いだろう。もちろん株式会社は企業の中で代表的な存在であり，本章でも株式会社について学ぶことを目的とする。

　企業の活動とは，商品の生産やサービスの提供に必要となる原材料を市場から調達し，顧客が望むような付加価値をつける変換を行い，市場で販売することで利益を得ることである。企業は付加価値を生み出し続けることで市場において継続して存在することが可能となる。企業が事業を行うために重要な要素として企業の社会的責任（CSR）を果たすことが当たり前となっている。企業は売り上げを伸ばし金銭的な利益を得ることだけ考えて事業を行っていては，市場の中で存在することが許されない時代となってきた。社会との関係性を重視し，環境問題をはじめとする様々な社会問題へ関与するなど企業の社会的責任を果たすことは，企業が行うマネジメントの本質であるといえる。

（2）企業が存在する前提条件

　株式会社などの企業が存在する目的，及び存在するための条件は何であろうか。企業はそれぞれに異なった目的，使命を持ち活動している。それらの企業のすべてに共通するのは継続して事業を行う必要があることである。企業は製品やサービスによる付加価値を生み出し金銭的な利益を得ることで存続することができる。また企業は人の集団であり，多くの人が集まり組織を形成することで共通の目標を達成しようとする協働の仕組みとも表現できる。

　次に，企業を外部環境とのかかわりという点で見てみる。社会の中で存在

する企業は利害関係者によって支えられている。利害関係者はステークホルダーとも呼ばれる。そこで企業は社会的存在として「社会の公器」の役割を果たす必要がある。企業活動の成果として得られた利益は，これらの利害関係者に公正に配分されねばならない。つまり企業は単に商品やサービスを生産，販売するための集団であるだけでなく，企業の事業成果として得られた利益を社会全体に分配することも求められる。株主には配当を支払うことは当然であるが，その他にも銀行には利子を，そして国や地方公共団体には税金をそれぞれ支払うことによって企業の事業成果を社会が享受できるようにすることも，企業が継続して存在する上で重要な使命といえる。

(3) 法人としての企業の分類

　本章では企業の中でも特に株式会社について学んでいる。日常的には法人，企業，そして会社という言葉の違いをあまり意識することなく使用している場合が多い。ここではそれらの言葉の分類と定義について解説する。

　法人とはどのような存在であろうか。法人と聞いて連想するのは，やはり株式会社が多いだろう。会社は会社法という基本的なルールに基づいて存在している。会社は法律的には法人に属する。法人とは人間と同じように契約を締結するなど権利の主体になることができる存在である。人が集団を形成するだけでは権利の主体にはなれないが，法人格を取得すれば権利の主体となることが可能となる。

　企業には多くの分類が存在しており，大きく分けると「私企業」と「公企業」に分類される。私企業は，原則として利潤の最大化を目的とする存在とされる。また国や地方公共団体が資金を支出し運営する企業や特殊法人は，公企業と表現される。公企業は利潤を目的とせず，公共を目的として事業を行う。私企業は個人で経営される個人企業と，共同で経営される法人企業がある。法人企業は会社と中間法人，非営利法人に分類される。会社の中にも種類があり，株式会社の他にも合同会社，合資会社，合名会社，有限会社が存在する。この他，企業の分類の中にある非営利法人や共同組合については次章以降で説明する。

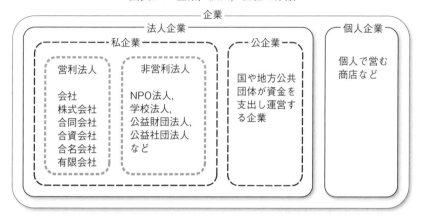

図表5.1　企業，法人，会社の分類

（4）中小企業とグローバル化

　法人としての企業の分類とは別に，企業という名前を持つ組織として中小企業，ベンチャー企業，そして多国籍企業について説明する。これら3種類の企業はマネジメントを学ぶにあたり頻出の用語である。日本には約382万の企業がある。全企業数のうち中小企業が99.7％を占める。一方，大企業は1万以上存在するが，比率としては1％を下回る。従業員数で見ると，約3,200万人が中小企業で雇用されており，従業者の7割が中小企業で働いている計算となる。大企業は東京など都市圏に集まっており，地方では中小企業の割合が高くなる。大企業と中小企業の規模区分は中小企業基本法で定義され，業種により資本金や従業員数により異なった区分がなされる。

　次にベンチャー企業とは革新的なアイディアに基づいて新しい事業を展開する企業のことを指す。成功したベンチャー企業は急成長を遂げるが，多くの場合，創業期には中小企業に分類される規模の企業として事業を開始する。最後に，経済のグローバル化に伴い複数の国に生産や販売の拠点を持つ企業のことを多国籍企業という。例えば機械工業，金属工業，化学工業などの製造業では，人件費などのコストが安い開発途上国に生産工場を立地させ，世界各国の市場へ製品を輸出している。また海外貿易を主要な事業とする商社においては，世界各国に事務所を設置し現地の情報を収集し，価格や輸送コ

ストなどの面で有利な国や地域から物資を調達し，必要とする企業へと届ける。近年では開発途上国の経済発展により，開発途上国で誕生したベンチャー企業が成長を遂げ，多国籍企業として世界的な事業展開を行う事例も増えている。

2.株式会社の構造

(1) 株式会社とは

　ここからは株式会社の仕組みついて学んでいく。株式会社とは，株式を発行することで資本金を集める法人である。株式を発行することで，出資者である株主から資本を調達できる。株式については次節にて解説する。

　会社法では，会社に出資した株主のことを「社員」と呼ぶ。ここでの社員とは従業員の意味ではない。会社法での社員とは，出資者のことを指す。出資者である社員は会社の所有者となる。また，株式会社では，すべての社員は有限責任となる。有限責任とは，例えば会社が倒産した場合でも出資した額を上限とした責任しか負わないという意味である。一方，個人事業主や，合名会社などは無限責任となる。無限責任の場合，会社が倒産すると出資した額を超えて債務の弁済を行うことになる。株式会社のように有限責任の場合は，事業が失敗したとしても損害賠償責任を負うのはあくまで会社であり，出資した社員は出資額以上の責任は負わない。

(2) 株式とは

　株式会社における株式とは何であろうか。一般的に株式と表現する場合，株主が会社の株式を所有していることを示す証書である「株券」を指すことが多い。皆さんが株式と聞くと，株価の変動により投資家が一喜一憂している様子を報道するニュースを思い浮かべる人が多いのではなかろうか。ここで学ぶ株式とは投資対象としての株式ではない。そもそも株式会社における株式という単位で会社の所有者の権利を区分している。つまり株式とは株主が会社に対して持つ権利の持ち分を指す。例えば，ある株式会社の株式のすべてを特定の株主が保有すれば，その株主が会社のあらゆる事業方針を決める

ことが可能となる。

株式会社は株式を発行することで，株主からの資金調達を行うことができる。会社の資金調達の方法は株式の発行だけではなく，銀行から金を借りるという借り入れの方法もある。また社債という，出資者から金を借りる債権を発行する方法もある。株式を購入した株主は，出資を行うと同時に会社が上げた利益から配当を受け取ることができる。株主は株主総会に参加し，所有する株式の比率によって会社の意思決定に参画することが可能となる。このように，株式会社という形態は，有限責任と株式という2つの特徴によって資本調達が行いやすく規模の大きい事業運営に適しているといえる。

(3) 株式会社の事業再編

近年では，株式会社はM&A等による事業再編をすることが多くなった。M&A（Mergers & Acquisitions）とは，事業の合併と買収を意味する。株式会社においての事業再編は，株式の売買や譲渡を通して行う。会社同士での合併や，事業を買収することにより，会社を成長させることが可能である。また，不採算の事業を他の会社に売却することも行われる。

事業再編にはいくつかの形態がある。ここでは，合併，会社分割，事業譲渡の3つについて説明する。合併とは2つ以上の会社が統合することである。合併によって，複数の会社が1つの会社となる。次に会社分割は，会社が事業の一部または全部を，他の会社に承継させることである。会社分割によって，特定の事業を会社から切り離すことができきる。事業譲渡は，会社の事業を他の会社に譲渡することである。会社分割と事業譲渡は似ている。会社分割は会社の組織再編あるのに対し，事業譲渡は事業の売り買いを行う取引行為である。この他，株式交換と株式移転では，会社が株式の一部または全部を，他の会社に承継させることができる。これにより，親会社と子会社の関係を構築することができる。

これらの事業再編は，必ずしも双方の会社の合意のもとに実施されるとは限らない。敵対的な関係にあるライバル企業から事業再編を持ちかけられることもある。株式を買い占められてしまうと，敵対的な関係にある会社に買収されてしまうこともあり得るのである。

3. 株式会社のマネジメント

（1）株式会社の機関と運営の仕組み

　株式会社は，所有と経営が分離している形態である。会社の所有者である株主は直接会社を経営することなく経営者に会社の運営を任せる。経営者は，会社を運営して利益を上げ企業価値を高めることで株主の出資に報いる。しかし，株主から見ると，経営者が経営しているかが分かりにくいという問題がある。経営者が株主を軽視して会社を経営することは問題である。しかし，株主は通常は会社の外にいるために，これらの状況を把握することは難しい。

　そのため，会社には各種の機関を置き，それぞれに役割を与えられた機関が経営を行う。機関の種類は会社の規模などにより様々に異なっている。ここでは典型的な会社での機関の構造について説明する。会社において最も権限が強い機関は「株主総会」である。株主総会は，株主が定期的に参加し会社の経営方針について議論する会社の最高意思決定機関として機能する。株主総会では取締役を選任する。この取締役から構成される取締役会が会社の

図表5.2　株式会社における機関の例

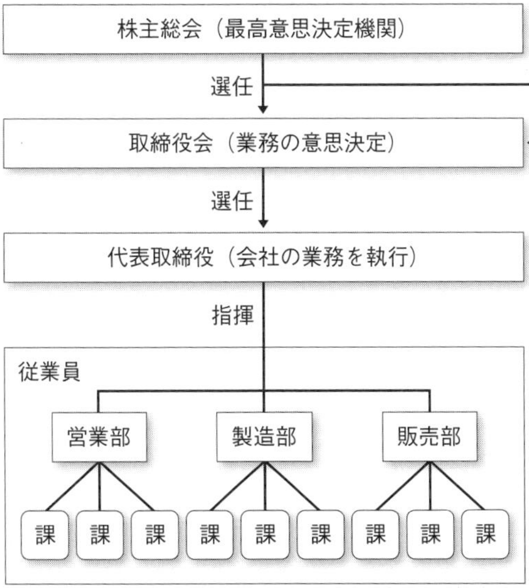

運営を行う。

　取締役会では，業務執行の意思決定を行う。取締役から「代表」となる取締役を選定し，業務の意思決定を代表取締役に任せることができる。代表取締役は会社を代表する者である。多くの場合，代表取締役はいわゆる「社長」を呼ばれる立場を担う。代表取締役は，従業員を指揮監督して業務を執行する。代表取締役は，会社の事業の執行において大きな権限を持っているため，取締役会でチェックを行い，場合によっては代表取締役を解任することが可能である。

　さらに，経営の内容を監視し，チェックしていく機関として「監査役」もしくは「監査役会」がある。これらの機関は，取締役がしっかり経営を行っているかを，株主の代わりにチェックする機能を果たす。また，特に会計に関するチェックを行う機関として「会計監査人」もしくは「会計参与」がある。これらの機関は，会社が作成する会計の書類が，適切に作成されているかをチェックする。

(2) コーポレート・ガバナンス

　経営者の独断や組織ぐるみでの不正による不祥事などを防ぎ，企業が倫理を守り経営するために，コーポレート・ガバナンスへの関心が高まっている。コーポレート・ガバナンスは，「企業統治」と訳される。日本では，企業は経営者や従業員が経営しているという意識が強いとされる。また日本の企業では取締役は社内からの昇格が多く，そのため外部からのチェック機能が働きにくい傾向がある。一方，アメリカでは，企業は株主のもの，という意識が強いとされる。これまでに説明したように株式会社は，所有と経営が分離している。そのため株主と経営者の利害が乖離する場合がある。経営者が本来は必要のない事業への投資を行ったり，必要以上の雇用を行ったりする場合がある。コーポレート・ガバナンスとは経営者が株主のために本当に適切な企業経営を行い長期的な企業価値の増大に向けた貢献をしているのか，公平性，透明性を確保し監視する仕組みといえる。

　もっとも，このような関係は，経営者と株主との間だけでなく，経営者と従業員，顧客，取引先などのステークホルダーとの間にも生じる。そこで，コ

ーポレート・ガバナンスは，企業と株主の関係における問題としてのみ捉えるのではなく，企業統治の範囲の中で，すべてのステークホルダーの利益を適切に確保することを認識する必要がある。

(3) 企業活動の階層構造とマネジメントサイクル

次に企業を継続して経営してくために経営者行う活動を階層構造に分けて説明する。階層構造は最初に経営理念，その次にビジョンと続く。その下の階層には経営戦略，そして経営計画から構成される。

経営理念は，その企業の存在意義や目的を表す。企業の使命といえるものである。ミッションや社是という言葉もほぼ同じ意味で使用される。経営理念が存在することにより，社員が働くモチベーションを高め，また社員が同じ経営理念を共有することでコミュニケーションが取りやすくなるという利点がある。経営理念の次の階層は，ビジョンである。ビジョンは，企業の望ましい将来像を表す。企業の将来の姿と目標を，ステークホルダーや社会に明示したものがビジョンである。そして，このビジョンを達成するために経営戦略を策定する。 なお，企業によってはビジョンを上位の目標として設定し，次にビジョンに到達するための企業の使命をミッションとして位置づける場合もある。その場合，階層構造は上からビジョンそしてミッションの順序となる。

経営戦略を作成する目的は，企業が外部環境に適応しながらビジョンを達成することである。企業は常に変化する外部環境に適応していく必要がある。外部環境の変化があった時に，企業が事業の方法を外部環境に適応させることができなければ，競合他社との競争についていけなくなる。そのため企業は，戦略を作成することにより外部環境の変化にどのように適用していくかという方策を考えていく必要がある。

次に，経営活動の階層の一番下の経営計画について見ていく。経営計画は，戦略をより具体化したものである。経営計画では，いつ，誰が，何を行うのかということを明確化する。経営計画には様々な種類があり，その例として設定期間の長さにより，長期，中期，短期の区分が存在する。短期経営計画というのは，通常は1年の経営計画，中期経営計画は3年程度の期間の企業

が多い。長期経営計画は，5年以上の期間が多いが，5年以上も先の社会の状況は予測が難しいので近年では中期計画のみ策定する企業もある。

（4）マネジメントサイクル

経営計画はつくるだけではなく実行することが大切である。しかしいくら良い経営戦略を考案し，綿密な経営計画を策定しても，それを確実に実行することは難しい。そこで計画と実行をうまく関係させていくための考え方としてマネジメントサイクルがある。これは計画を立てて実行し，それを評価して次の計画につなげるという管理プロセスである。

マネジメントサイクルは，PDSサイクルと，PDCAサイクルの2つが有名である。PDSサイクルというのは，Plan，Do，Seeの頭文字をとったものである。つまり，計画，実行，評価である。PDCAサイクルというのは，Plan，Do，Check，Action，つまり，計画，実行，評価，改善である。このサイクルを繰り返すのが管理プロセスである。

どちらも計画，実行だけではなく評価して見直すことを繰り返すことを表現している。PDSサイクルとPDCAサイクルは，株式会社だけが用いる管理プロセスではなく，政府やNPO・NGO，また法人格を持たない任意団体を含め，あらゆる組織に適応することが可能である。個人が日常生活の中で利用することも可能であり，皆さんが大学生として生活を送る過程においてもこの管理プロセスを意識してほしい。

4.企業の社会的責任

（1）企業が果たす基本的な責任

ここまで株式会社の仕組みについて，株主及び経営者の立場から学んできた。株式会社をはじめとする企業は経済的な利益を追い求める過程において，次のような基本的な責任を果たす必要がある。

まず，企業は経営内容等の情報を株主や投資家などのステークホルダーに開示し説明責任を果たす必要がある。この企業の情報開示のことをディスク

ロージャーと呼ぶ。ディスクロージャーは法律や制度の規制により開示する内容や時期が定められている場合と、企業が投資家に対してアピールをするために情報開示を行う場合がある。次にコンプライアンス、「法令遵守」がある。コンプライアンスは法令などの規則を守るだけでなく、社会的なルールや倫理を守ることまで含まれることもある。例えば、食品メーカーであれば、利益を追求するだけでなく、安全な食品を提供したり、原材料や原産地を偽らずに表記するのがコンプライアンスといえる。特に、最近ではコンプライアンスに違反した企業が信頼を失った結果、市場から退場をする結果になることが珍しくない。そのため、企業はコンプライアンスを重視する体制を社内につくり、守られているかを常にチェックしていく必要がある。

(2) 企業の社会的責任

　企業は先に述べた基本的な責任を果たすだけではなく、同時に社会に存在する様々なステークホルダーへの責任を果たす必要がある。これを「企業の社会的責任」もしくはCSR（Corporate Social Responsibility）という。先にも述べたように企業は「社会の公器」として社会全体や公の利益にも貢献する必要がある。コーポレート・ガバナンスが企業統治にあるのに対して、企業の社会的責任は地域社会などのあらゆるステークホルダーとの関係において適切な企業の意思決定を目指すため、企業の社会的責任は広い概念となる。

　企業の事業活動は、いやおうなしに外部性により他の個人や企業といった第三者を含む社会に影響を与える。外部性の影響がプラスの場合は互いに便益を得るが、マイナスの場合は第三者に対して不利益を与えることになる。かつて企業のマネジメントにおいては、公害を発生させたり廃棄物の適切な処理やリサイクル考慮せずに事業を行うことを許してしまった。また、日本では企業の社会的責任を寄付やフィランソロピーなどの慈善行為、企業の利害に関係ないボランティア活動として認識されていた時期があった。これらはあくまで企業利益が優先される宣伝行為であることも多く、本来の企業の社会的責任とは一線を画すものである。

　企業の社会的責任においては、企業が社会に与えるかもしれないネガティブな影響に対しても責任を持って対処を行う。企業の事業活動が株主だけに貢

献することを目的とし，顧客や社会に有害な外部性を発揮するようでは，その企業は社会において反発され存続することはできない。企業は事業活動が社会に与える影響を客観的に認識し活動を行う必要がある。

コラム コンプライアンスに違反した企業。雪印食品の解散

　雪印乳業系列の食品会社である雪印食品は2001年に輸入牛肉の産地偽装事件を起こした。輸入牛肉を国産と偽ることで，農林水産省が実施していたBSE（牛海綿状脳症）対策の補助金を不正に請求していた。前年の2000年に親会社の雪印乳業（現在の雪印メグミルク）が集団食中毒事件を起こしており，これらの影響から雪印グループ各社の経営責任を追求する声が強まり，雪印グループ製品の不買運動にまで広がった。この結果，雪印食品は廃業，解散することになった。

コラム 企業の社会的責任とISO26000

　企業をはじめとする組織の社会的責任に関する国際規格が存在する。それがISO26000である。ISO（International Organization for Standardization）とは国際標準化機構のことで，国際的な規模で基準を統一する規格をISO規格という。ISO26000が誕生した経緯は，企業の社会的責任の認識が世界中で高まる中，多くの行動規範やガイドラインが次々とつくられ，その中で，企業の事業活動には国境が存在せず国際的な統一基準が求められたため，そこでISOとしての検討が開始された。2010年11月にISO26000が発行され，その中で基本的な社会的責任の原則について次の7つが説明されている。説明責任，透明性，倫理的な行動，ステークホルダーの利害の尊重，法の支配の尊重，国際行動規範の尊重，人権の尊重である。

●**必須用語集** ………………………………………………………………………

・**法人**

　人間と同じように契約を締結するなど権利の主体になることができる存在のこと。人が集団を形成するだけでは権利の主体にはなれないが，法人格を取得すれば権利の主体となることが可能となる。法人格の例として株式会社などがある。

・**株式会社**

　株式の発行により投資家から資金を調達し，調達した資金を使用して事業活動を行う会社のこと。株式を購入した投資家は株主となる。株式会社は資本所有を

行う株主と，実際に株式会社を運営する経営者が分離された組織形態をとる。

・企業の社会的責任（CSR）

　企業は利益最大化の追求と株主への利益還元のみを活動の目的とするわけではない。企業の社会的責任（CRS）とは，消費者，従業員，取引先をはじめ地域社会のすべてのステークホルダーと良い関係を保ちつつ企業活動を行うべきとする考え方である。

✅ 学んだことをチェック

1. 企業はなぜ法人格を取得するのか説明してみよう。

2. 株式会社は誰のものかを考えてみよう。

3. コンプライアンスや企業の社会的責任を果たさない企業はどうなるか考えてみよう。

より進んだ学習のために

・Collins, J. and Porras, J. I. (1994) *Built to Last: Successful Habits of Visionary Companies*, HarperBusiness.（山岡洋一訳『ビジョナリー・カンパニー 時代を超える生存の原則』日経BP 出版センター, 1995年）

　タイトルにあるビジョナリーとは先見性を意味する。この書籍では長期間にわたり成長を続け，見識ある経営者や他企業から尊敬を集めることに成功した企業の特徴についてまとめている。ビジョナリー・カンパニーでは，利益の最大化や株主への利益還元だけを優先して考えておらず，理念を同時に追求している。アメリカを中心に企業が紹介されており，それぞれの企業の卓越した経営理念を導き出している。1995年に出版された書籍であるが，３M，アメリカン・エキスプレス，ボーイング，ソニー，ウォルト・ディズニーなど，今でも日常生活で目にしている企業名を見つけることができる。

【参考文献】

伊丹敬之・加護野忠男（2003）『ゼミナール 経営学入門 第３版』日本経済新聞社.
佐々木利廣・大室悦賀編著（2015）『入門 企業と社会』中央経済社.
谷本寛治（2013）『責任ある競争力─CSRを問い直す』NTT出版.

中小企業白書
　https://www.chusho.meti.go.jp/pamflet/hakusyo/

第6章

NPO・NGOとマネジメント

この章で学ぶこと

　社会思考のマネジメントの担い手の1つである「NPO・NGO」という主体を取り上げ，定義や役割，機能などを中心に，その基本的知識を学ぶ。次に，「ヒト」と「カネ」の視点から，NPO・NGOという組織のマネジメント構造を理解する。そして，NPO・NGOを取り巻く様々な制度のうち，「公益法人制度」と「NPO法（特定非営利活動促進法）」を取り上げ，その内容や今後の展望について学習する。

キーワード

- NPO・NGO
- サードセクター
- 利益の非分配
- NPO・NGOマネジメント
- 公益法人
- NPO法人

1. NPO・NGOの基礎知識

(1) 本章のテーマ

　経営学部に入学した皆さんは，第5章で取り上げた企業という組織について，これからたくさんのことを学んでいく。しかし序章で強調したように，現代社会を構成する組織は，何も企業だけではない。そんな企業以外の組織についても，これから学ぶ機会があることだろう。その手はじめに，この第6章ではNPO・NGOという組織やそのマネジメントについて基礎的な知識を学習する。

　マネジメントという言葉の射程を企業以外の組織にも広げる"社会思考のマネジメント"にとって，NPO・NGOのマネジメントは，1つの主要テーマである。だが皆さんは，NPO・NGOが具体的にどんな活動をしているのか，すぐに思い起こせるだろうか？　あるいは，NPO・NGOの具体的な組織名をすぐに挙げられるだろうか？　このように，例えば企業と違って具体的なイメージがわきにくいのが，このNPO・NGOという組織だと思われる。そこでまず，そもそもNPO・NGOとは何なのかから学ぶことにしよう。

(2) NPO・NGOとは？

　一般にNPO（Non-Profit Organization, Not-for-Profit Organization）には"非営利組織"，NGO（Non-Government Organization）には"非政府組織"という訳語が当てられている。ひとまずここから言えるのは，NPOやNGOは「企業でも政府でもない組織」だ，ということである。

　では，NPOとNGOの違いはどこにあるのだろうか？　よく目にするのが，「国内で活動するのがNPO」「海外で活動するのがNGO」という形で両者を区分するケースである。これは日本ではわりと一般的な区分であり，例えば図書館の検索システムで「NPO」「NGO」と入力し，出てきた図書をそれぞれ読んでみれば，おおよそそのような区分になっているはずである。だがこれはどちらかというと日本特有の区分であり，グローバルに通用するとは言い難い。

それに対して本章では，NPOもNGOも対象としては同じ組織を指していると考え，表記としても"NPO・NGO"を用いることとしたい。では，なぜわざわざ「NPO」「NGO」という2つの言葉が存在するのかと疑問に思った人もいるかもしれない。その理由は，実は両者の言葉としてのルーツが関連しているのだが，その詳しい説明は本書では省略する。気になる人は，NPO・NGO関連の専門書を読むなどして，是非自分で調べてみてほしい。

　そこで次に問題となるのは，NPO・NGOという言葉が具体的にどのような組織を指すのかである。これはつまり定義の問題なのだが，NPO・NGOは企業や政府と違って非常に多様な組織が含まれるため，いざ定義しようとなるとなかなか厄介である。多様な組織をくまなくカバーしようとすれば，ぼやけた定義になってしまうし（例えば先ほどの「企業でも政府でもない組織」のような言い方），逆にある程度まとまった定義を与えようとすれば，どうしてもそこからこぼれ落ちる組織が出てきてしまうのである。そんな中，現在最も広く受け入れられているのは「NPO・NGOとは次の5つの条件を満たす組織のことである」という定義である（Anheier, 2015）。

①組織であること（organized）

　ある程度組織化された主体。したがって「家族や友人同士の集まり」「個々人の緩やかなつながり」「1度きりの集まり」などはNPO・NGOに該当しない。法人格の有無は問わない（法人格については後の節で詳しく説明する）。

②民間であること（private）

　政府とは制度的に区別された民間の主体。ただし，例えば政府が金銭的に支援したり，政府関係者が経営メンバーとして参加したりすること自体は構わない。

③自己統治していること（self-governing）

　自らが自らをコントロールしている主体。したがって仮に政府から制度的に区別されていても，政府から自律性を保っていなければ，その組織はNPO・NGOとは呼ばない。

④利益の非分配（non-profit-distributing）

　事業を通じて得られた利益を，株式会社のように所有者（株主）に配当した
り，経営者に過度な報酬という形で配分したりしない主体。その代わり，利
益は事業費に充てることが想定されている。

⑤自発性（voluntary）

　他からの強制ではなく，自発的に活動する主体。あるいは，自発的な意思
を持つ人々が，その経営を担っている主体。

(3) サードセクター（third sector）

　ところで，このような5つの条件を満たす組織を指すものとして，NPO・
NGOの他に，サードセクター（third sector）という言葉も存在する。これ
は，政府・企業に続く3番目の社会的なセクターという意味であり，個々の
組織ではなく組織全体（組織の集まり）を指す場合に用いる。

　ちなみに日本には，その「サードセクター」とよく似た「第三セクター（通
称"三セク"）」という言葉がある。しかし両者はまったく別物である。第三
セクターとは，企業と政府が一緒に設立・運営する半官半民の組織を指す言
葉であり，典型的には，地方自治体が株式会社に出資・補助するという形態
をとる（地方ローカル鉄道や道の駅でしばしば見られる経営形態）。このよう
にサードセクターと第三セクターとでは，その性質がまったく異なる。

　この第三セクターであるが，かつてリゾート開発を目的に各地でたくさん
設立されたことは知っておいてもよい。第2章において，農山村地域のリゾ
ート開発の多くが行き詰ったことを紹介したが，実はその一因に，第三セク
ターのマネジメントのまずさがあったことがよく知られている。

(4) よくある誤解

　NPO・NGOという組織は，企業などと比べて具体的なイメージがあまり浸
透していないからか，しばしば次のような誤解を受けている。

　第1に，NPO・NGOのことをボランティア組織（団体）と呼ぶケースをし
ばしば目にするが，両者は同じではない。ボランティア組織（団体）は数あ

るNPO・NGOのタイプの中の1つに過ぎず，すべてのNPO・NGOがボランティア組織（団体）なのではない。ボランティア組織（団体）といった場合，メンバー全員が無給でアマチュア的に活動するようなケースが想定されるが，NPO・NGOといった場合は，有給スタッフや専門的力量を兼ね備えた組織も含めて理解するのが一般的である。

　第2に，NPO・NGOというと，見返りを求めてはならない，つまり無償でなければならないという印象があるかもしれない。しかし，NPO・NGOが対価を取って実費を賄うことはまったく問題ないし，さらに言うならば，実は儲かっても構わない。ただ，儲かった利益を関係者で分配してはならないのであり，すでに説明した5条件の中の「④利益の非分配」というのは，まさにこの点を表したものである。

2. NPO・NGOの役割と機能

(1) NPO・NGOは何のため（for what）？

　NPO・NGOは"利益の非分配"という性質を有するのだから，営利のためでない（not for profit）組織なのは明らかである。では何のため（for what）の組織なのかとなると，これを具体的に表現するのは案外難しい。というのも，すでに述べたようにNPO・NGOには多様な組織が含まれ，活動分野によって違うことはもちろん，国ごとの歴史的・文化的・制度的な違いも影響するからである。

　だがあえてNPO・NGOの役割を一言で表現するならば，「公益（public benefit）の実現」となるであろう。つまり，個々人にとっての利益つまり私益（private benefit）や，特定多数の人々にとっての利益つまり共益（mutual benefit）ではなく，不特定多数の人々（あるいは社会全体）にとっての利益を追求するのがNPO・NGOなのである。しかし，公益の内容は場所や時代によって変わることが多いし，公益とは何かをめぐってNPO・NGOと政府，あるいはNPO・NGO同士が対立するケースも少なくない。したがって，NPO・NGOの役割が「公益の実現」だとしても，肝心の公益の中身を具体的に定義

するのは難しいのが現状である。

　あるいは，NPO・NGOの役割は「ビジョン（vision）の実現とミッション（mission）の遂行」と表現することも可能である。ビジョンとは，その組織が目標とする将来像や理想像のことである。ある組織が「自分たちはどんな社会を目指しているのか？」と自問し，それに対して「これこれこういう社会だ」と回答する時，まさにその回答がビジョンとなる。それに対してミッションとは，ビジョンの実現に向けた自分たちの使命のことを指す。「これこれこういう社会を実現するために，私たちは○○と△△を行う」という言明が，ミッションである。ちなみに海外のNPO・NGOのホームページを見ると，"our vision" とか "our mission" といった表現がよく使われているので，興味のある人は是非調べてみてほしい（実は企業も掲げることが多い）。

(2) NPO・NGOの5つの機能

　NPO・NGOは，「公益の実現」や「ビジョンの実現とミッションの遂行」のために，具体的にどのような活動をするのだろうか？　それについても，多様な活動の形態があるので一概には表現できないのだが，大きくは以下5つに分類できる（Salamon, 2015）。

①サービス機能（The Service Function）

　企業や政府と同じように，人々にサービスを提供する機能。企業や政府には提供できないような種類のサービスの場合もあれば，企業や政府と競合するようなサービスの場合もある。

②アドボカシー機能（The Advocacy Function）

　政治過程や政策過程おいて，何らかの要求や働きかけを行ったり，提言をしたりする機能。ちなみにアドボカシー（advocacy）は「政策提言」と訳されることもある。

③表現機能（The Expressive Function）

　政治過程や政策過程以外の場面で，自分たちの主張や提言を広く社会に発

信する機能。

④コミュニティ構築機能（The Community-Building Function）
　ある特定の地域やテーマにおいて，人々を結びつけ，社会的なつながりを生み出す機能。

⑤価値守護機能（The Value Guardian Function）
　社会に存在する多様で多元的な価値を守る機能。人々が信奉する価値には様々なものがあるが，時代や場所によっては，政府がそれを認めないこともある。そんな人々とって，NPO・NGOは重要な社会的拠り所となりうる。

コラム　地縁組織はNPO・NGOか？

　日本の場合，有給スタッフや専門的力量を兼ね備えたようなタイプのNPO・NGOは，都市部に偏在している。それに対して地方部では，自治会・町内会のような"地縁組織"がむしろ「企業でも政府でもない組織」の１つの代表格となっており，さらに実は都市部でも，地縁組織が健在な地域は少なくない。

　だが，もし「地縁組織はNPO・NGOか？」と問われたら，先ほど学んだNPO・NGOの定義に照らすと，基本的には答えは"ノー"となる。例えば，地縁組織には「その地域に住む住民は半強制的にメンバーに組み入れられる」「個人単位ではなく世帯単位のメンバーシップ」といった特徴を持つものが多いが，これらは「⑤自発性」の定義に抵触してしまう。それに，地元自治体とのかかわりが深いのも地縁組織の大きな特徴だが，これは「③自己統治」の定義に影響する可能性もあるし，さらに地縁組織は一義的には共益を追求する組織なので，公益の実現を基本に据えるNPO・NGOとはその性質がやや異なると見なせる。

　しかしだからといって，地縁組織もNPO・NGOと同じく日本の市民社会を担う主要なプレイヤーなのだ，という事実自体はいささかも変わらない。重要なのは，市民にとってNPO・NGOや地縁組織はいかなる存在なのか，いかなる存在であるべきか，という問いである。

3. NPO・NGOのマネジメント

(1) NPO・NGOとマネジメント

　皆さんの中には，P. F. ドラッカー（1909～2005）という名前を聞いたことのある人もいるだろう。おそらく彼は歴史上最も有名な経営学者だが，その数ある業績の1つに，実はNPO・NGOマネジメントに関するものがある。彼は1990年に『非営利組織の経営（*Managing the Nonprofit Organization*）』という本を出版し，NPO・NGOという組織をどのようにマネジメントすべきかについて論じた。それは，NPO・NGOで活動する人々だけでなく，それまでNPO・NGOにあまり関心のなかった経営学者にも広く読まれ，「"マネジメント"といえば企業」という通念を変えるきっかけにもなったのである。

　本章はNPO・NGOマネジメント論の詳しい中身を紹介する余裕はないので，代わりにNPO・NGOをめぐる"ヒト"と"カネ"の問題を概観し，そこからNPO・NGOマネジメントのエッセンスをいくつか紹介しておきたい。

(2) NPO・NGOとヒト

　NPO・NGOという組織には，どんな人たちが集まっているのか？　皆さんの頭にまず思い浮かんだのは，おそらくボランティア（volunteer）だったのではないだろうか。だがNPO・NGOには，それ以外にも様々な人が活動している。

　図表6.1は，NPO・NGOのマネジメント構造をヒトの視点から表現したものである。だがこれまで何回か強調してきたように，NPO・NGOには多様な組織が含まれるので，すべてがこのような構造を有しているわけではなく，あくまで1つの例に過ぎないことをあらかじめ断っておく。

　NPO・NGOにおいてマネジメントの責任を負い，組織全体の舵取りをするのは，理事会である。理事会は複数の理事（そのトップは代表理事とか理事長と呼ばれる）から構成され，その理事は社員総会（およそ年1回開催）という場で選ばれる。ここでいう社員とは，NPO・NGOのメンバー（会費を払った"正会員"と定めている組織が多い）のことである。社員全員が直接マネジメント活動に参加するわけにもいかないので，代わりに理事を選んで，

図表6.1　ヒトの視点から見たNPO・NGOのマネジメント構造

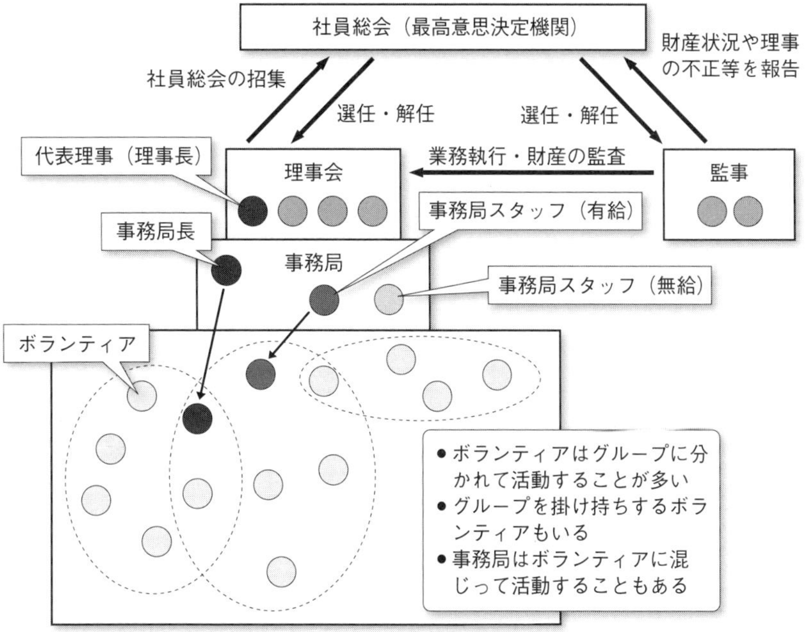

彼らにマネジメントを付託するわけである。加えて社員たちは，理事とは別に監事と呼ばれる人も選び，理事会がきちんと業務を行っているかどうかをチェックさせている。

　理事たちは，社員からマネジメントを付託されてはいるものの，毎日職場に出勤して日々の業務に従事しているわけではない。それを担うのは事務局という組織であり，事務局で働く人を事務局スタッフ，そしてそのトップを事務局長などと呼ぶ。ちなみに事務局スタッフは，有給の場合もあれば無給の場合もある。

(3) NPO・NGOとボランティア

　このように様々な人がいるとはいえ，NPO・NGOという組織を特徴づけるものとして，やはりボランティアという存在に触れないわけにはいかないだろう。では，ボランティアとはいったい何だろうか？

皆さんが"ボランティア"と聞いてまず思い起こすべきは，自発性という言葉である。ボランティアとは，自発性に基づいて行動する人のことを指している。したがって，何らかの生物学的・経済的必要性に迫られて活動するような場合，あるいは物理的・社会的に強制されて活動するような場合，その人をボランティアとは呼ばない。ちなみに，ボランティアという言葉には「タダで活動してくれる人」や「安上がりに活動してくれる人」といった意味は一切含まれていない。日本においてこのように解釈する人が後を絶たないのは，実に嘆かわしいことである。

　ところで，人はなぜボランティアをするのだろうか？　これについては，「誰かのため」「社会のため」といった利他的動機をまず挙げることが可能である。しかしそれは唯一のモチベーションではなく，例えば「自分の成長」「自己実現」といった利己的動機もあるし，場合によっては「自分探し」「組織への共感」といった動機が働くこともある。重要なのは，モチベーションは複数存在するということ，そしてモチベーションはボランティアごとに様々だったり，1人のボランティアの中に複数が併存していたりする，ということである。

　そしてこの点にこそ，実はNPO・NGOマネジメントの1つの課題が隠されている。ここで仮に，とあるNPO・NGOが，「なかなかボランティアが集まらない」「せっかく集まっても定着しない」という問題に直面していたとしよう。その原因の1つは，彼らのモチベーションをうまく理解できていなかったり，うまく引き出せていなかったりすることにあるのかもしれないのである。ただ難しいのは，ボランティアのモチベーションを尊重し，彼らのやりたいことをやりたいようにやらせてしまうと，今度はビジョン・ミッションの追求がないがしろになる危険性が生じてしまう。組織のビジョン・ミッションとボランティアのモチベーションをいかに連動させるかも，NPO・NGOマネジメントの重要な課題である。

(4) NPO・NGOとカネ

　次に，NPO・NGOのマネジメント構造をカネの視点から見てみよう（図表6.2）。一般にNPO・NGOには，"第1の顧客（primary customer）"と"支援

図表6.2　カネの視点から見たNPO・NGOのマネジメント構造

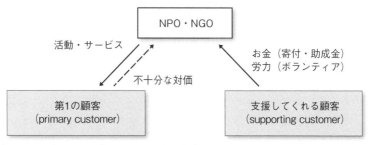

出所：Drucker（1998＝2000）；電通総研編（1996）『NPOとは何か』日本経済新聞社，図5.2（p.192）をもとに筆者作成。

してくれる顧客（supporting customer）"という，2種類の顧客がいる。

"第1の顧客"とは，活動やサービスの受け手であり，活動やサービスを享受することで満足を得る主体のことである。企業でいえば，自社の製品やサービスの消費者に該当する。それに対して"支援してくれる顧客"とは，そのNPO・NGOにお金を寄付したりボランティアとして活動に参加したりすることで満足を得る主体である。

基本的に企業という組織は，第1の顧客の満足を目的に活動する主体である。しかしNPO・NGOは企業とは違い，第1の顧客だけを満足させていたのでは基本的に必要なカネを賄えない。例えば，貧困に苦しむ人々を支援するNPO・NGOが，支援対象者から活動の対価をきっちり取るわけにもいかないだろう。あるいは，仮にNPO・NGOが環境保全活動をしても，よほど特別なことがない限り，誰かが活動の対価を払ってくれるわけではない（それができたら環境保護団体はカネに苦労しない！）。

そこでNPO・NGOは，もう1つの顧客である"支援してくれる顧客"にアプローチすることになる。具体的には，そのNPO・NGOは，自分たちの活動やサービスにいかに社会的意義があるのかを地域・社会・政府に発信し，支援してくれる顧客からの支援を調達しようと動くのである。カネの視点から見たNPO・NGOマネジメントの課題の1つは，まさにその点にある。

（5）NPO・NGOの財源

　ところでNPO・NGOへの支援というと，皆さんはおそらく寄付（donation）を思い浮かべたのではないだろうか？　もちろんそれ自体まったく誤りではないのだが，これについても注意すべき点がある。

　図表6.3は，世界のNPO・NGOの財源の内訳を示したものである。日本も含めて一番多いのが「料金」となっていることから分かるように，NPO・NGOの最大の財源は寄付ではなく，実は事業収益なのである。もちろん寄付も相応の割合を占めており，それをいかに集めるかは確かにマネジメント上の一大テーマである。しかし同時に，どうすれば事業収益力を高められるかということも，カネの視点から見たNPO・NGOマネジメントの重要な課題なのである。

図表6.3　NPO・NGOの財源の内訳

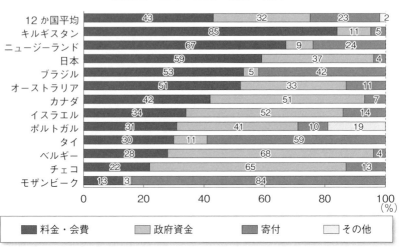

出所：Salamon, L. M. et al.（2013）*The State of Global Civil Society and Volunteering.*
　　　http://ccss.jhu.edu/wp-content/uploads/downloads/2013/04/JHU_Global-Civil-Society-Volu
　　　nteering_FINAL_3.2013.pdf

4. NPO・NGOと制度

(1) NPO・NGOと法律・法人格

　本章を締めくくるにあたり，最後にNPO・NGO関連の制度（特に法律と法人格）について説明しておこう。企業の場合，法律でいえば会社法，そして法人格でいえば株式会社が，最も基本的な制度となる。では，NPO・NGOの場合はどうなのだろうか？　以下，順を追って見ていきたい。

　日本では，憲法によって結社の自由が保障されている（日本国憲法第21条）。つまり，日本では誰であろうと自由にNPO・NGOをつくれるのであり，つくる際に例えば政府に申請したり，政府から許可をもらったりする必要はない。しかし，仮に法人格を取得し，そのNPO・NGOを法人にしたいのであれば，法律の定めにしたがわなければならない。この仕組みは法人法定主義と呼ばれており，NPO・NGOだけでなく，企業を含めたあらゆる法人に適用されている。

　法人格を取得したNPO・NGOは，組織名義で土地の登記や建物の賃貸借契約，銀行口座の開設を行えるようになるなど，組織としての活動の幅が格段に広がる。だが法人格というのは，必ず取得しなければならない，というものではない。実際，法人格を持たないNPO・NGOもたくさんあり，それらは一般に任意団体と呼ばれる。例えば皆さんが所属する学生サークルは，政府でも企業でもない組織であり，おそらく法人格もないだろうから，任意団体ということになるわけである。

　では，NPO・NGOの世界にはどんな法人格があり，またいかなる法律がかかわってくるのだろうか？　本書では公益法人とNPO法人という2つの法人制度を取り上げ，その特徴や制度の成り立ちについて学ぶこととしよう。

(2) 公益法人

　日本のNPO・NGOの世界で，長きにわたり中核的な法人制度としての地位にあったのは，明治時代に誕生した公益法人制度である。具体的には社団法人（人の集まり）と財団法人（財産の集まり）という2種類の法人格から構成され，旧民法第34条が公益法人制度の根拠となっていた。

公益法人制度の大きな特徴に，主務官庁制というものがあった。主務官庁とは，公益法人とその事業を所管する行政官庁のことであり，営利を目的としない民間の公益団体が社団法人や財団法人になるには，主務官庁からの許可が必要とされた（許可主義）。だがいったん法人格を取得すれば，政府から様々な税制優遇措置が適用された。このように，"非政府組織"とは言いながら政府の影響が随所に色濃く残るのが，公益法人という制度の大きな特徴であった。しかし同時に，それは数々の問題を生み出す源でもあった。具体的には以下の通りである。

　もしあるNPO・NGOから社団法人や財団法人の法人格取得申請があった場合，主務官庁はそのNPO・NGOの目的や事業に公益性があるかどうか，社員の数や財産の額がどれほどあるのかなどをチェックし，法人格付与の可否を決定することになる。しかし主務官庁内には明確な許可基準が存在していたわけではなく，彼らの自由裁量に委ねられていたため，透明性や客観性に欠けるとの批判が高まった。また，そこでいう"公益"とはあくまで役所や役人が認める公益であり，その範疇にないNPO・NGOは，法人格の取得が事実上不可能であった。つまり，主務官庁が言うところの公益とは"国益"や"官益"のことだったのであり，公益法人制度はそこからこぼれ落ちるような公益をカバーできない仕組みだったのである。

　あるいは，そもそもどの官庁が主務官庁になるのか，という問題もあった。もし，あるNPO・NGOの活動分野が複数の官庁にまたがっていたり，どの官庁なのかがはっきりしない新しい分野だったりした場合，法人格の取得手続きはより一層面倒になったのである。いわゆる"役所の縦割り"が，民間の自由な発想に基づく公益活動を阻害してきたのであった。

（3）NPO法人

　公益法人制度の改革に向けた機運がようやく高まってきたさなか，1995年に阪神・淡路大震災が起きた。当時，様々なNPO・NGOが被災地内外で各種救援・復興活動に従事したのだが，その多くは小規模な任意団体であり，法人格がないために活動に支障をきたすようになっていた。これが決定的な後押しとなって，NPO・NGOが簡便に取れる法人格の創設に向けた動きが加速

し，最終的に1998年に誕生したのが，NPO法（正式名称「特定非営利活動促進法」）という法律であり，NPO法人（正式名称「特定非営利活動促進法人」）という新たな法人格であった。その特徴は，以下示す通りである。

　まずNPO法人は，公益法人と違って主務官庁制をとらないこととされた。あるNPO・NGOがNPO法人になろうとした場合，所轄庁と呼ばれる役所に申請するのだが，主務官庁制とは異なって役所や役人の恣意性をできるだけ排除している。例えば，NPO法であらかじめ定められた諸要件をその申請団体がクリアしていれば，所轄庁はその団体に自動的にNPO法人格を与える。公益法人の許可主義に対して，NPO法人のこの仕組みは認証主義と呼ばれている。公益法人制度への反省が1つの契機となって誕生した制度であるから，できるだけ簡便に法人格を取得でき，なおかつ役所や役人の恣意性を排除できるようにしたわけである。

　そして2001年にNPO法が改正され，新たに認定NPO法人（正式名称「認定特定非営利活動法人」）という法人格が創設された（図表6.4）。これは，より高い公益性を有するなど，いくつかの基準をクリアしたと認定されたNPO法人に対して新たに付与される法人格であり，認定NPO法人になると各種税制優遇措置が適用される。ちなみに，認定NPO法人制度の誕生を境に，それまでのNPO法人を「認証NPO法人」と呼んで区別する場合があるので，注意してもらいたい。

図表6.4　（認証）NPO法人と認定NPO法人

（4）公益法人制度改革

　以上，NPO・NGOの制度をその歴史と共に紹介してきたが，それはいわば「公益法人制度からNPO法へ」というストーリーであった。しかし公益法人制度自体はなくなったわけではなく，現在も存在している。公益法人制度自体も2007年に改革され，新しい公益法人制度に生まれ変わるという，もう1

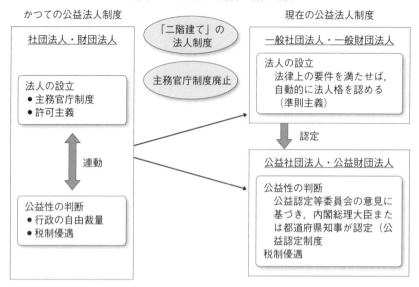

図表6.5　公益法人制度の新旧比較

かつての公益法人制度

社団法人・財団法人

法人の設立
● 主務官庁制度
● 許可主義

連動

公益性の判断
● 行政の自由裁量
● 税制優遇

「二階建て」の
法人制度

主務官庁制度廃止

現在の公益法人制度

一般社団法人・一般財団法人

法人の設立
　法律上の要件を満たせば，
　自動的に法人格を認める
　（準則主義）

認定

公益社団法人・公益財団法人

公益性の判断
　公益認定等委員会の意見に
　基づき，内閣総理大臣また
　は都道府県知事が認定（公
　益認定制度
税制優遇

出所：内閣官房行政改革推進室ホームページの図を一部改変。

つの別のストーリーも実は進行していたのである。最後にその概要を示して，本章を終えることにしよう。

　2007年の公益法人制度改革のエッセンスは，次の2点である（図表6.5）。第1に，NPO法人が「認証NPO法人」と「認定NPO法人」という2階建て構造になったのと同様，公益法人も「一般社団法人・一般財団法人」と「公益社団法人・公益財団法人」の2階建て構造に改められた。第2に，主務官庁制が廃止され，一般社団法人・一般財団法人の法人格取得の簡素化，あるいは公益社団法人・公益財団法人への移行手続きの透明化・客観化などが図られた。

　NPO法が誕生しておよそ20年が経ったが，日本のNPO・NGOを代表する法人格といえば，今でも基本的にはNPO法人だといって差し支えない。しかし最近は，NPO法人よりも設立手続きが簡素な一般社団法人・一般財団法人を選ぶNPO・NGOが増えている。しかも，公益法人とNPO法人を1つの制度に統合すべきとの声も一部で根強いなど，NPO・NGOの法人格をめぐる

今後の展開は流動的である。改めて強調するまでもないが，社会は"生きもの"なのである。皆さんには，大学で学んだ知識は卒業後もアップデートし続けなければならない，ということを心にとどめておいてほしい。

● **必須用語集** ....

・NPO・NGO
　「組織であること」「民間であること」「自己統治していること」「利益の非分配」「自発性」といった条件を満たす，企業でも政府でもない組織。
・公益法人
　明治時代に誕生したNPO・NGOの法人格であり，現在は「一般社団法人」「一般財団法人」「公益社団法人」「公益財団法人」の4つからなる。
・NPO法人
　NPO法（特定非営利活動法）によって誕生したNPO・NGOの法人格で，現在は「認証NPO法人」「認定NPO法人」の2つからなる。

🔘 **学んだことをチェック**

1．NPO・NGOにおける「利益の非分配」とは何かを説明しよう。

2．企業のマネジメントとNPO・NGOのマネジメントの共通点・相違点について，「ヒト」と「カネ」の両側面から説明しよう。

3．NPO法人制度が誕生した背景について，かつての公益法人制度の問題点に触れながら説明しよう。

より進んだ学習のために

・坂本治也編（2017）『市民社会論―理論と実証の最前線』法律文化社.
　NPO・NGOについての学びは，最終的には，市民社会（civil society）についての学びへと行き着く。その導入に最適な1冊。

【参考文献】

田尾雅夫・川野祐二編著（2004）『ボランティア・NPOの組織論』学陽書房.

Anheier, H. K.（2015）*Nonprofit Organizations: Theory, Management, Policy*, second
　edition, Routledge.
Drucker, P. F.（1998）*The Drucker Foundation Self-Assessment Tool: Participant
　Workbook*, Jossey-Bass.（田中弥生監訳『非営利組織の成果重視マネジメント―NPO・行
　政・公益法人のための「自己評価手法」』ダイヤモンド社, 2000年）
Salamon, J. M.（2015）*The Resilient Sector Revisited: The New Challenge to Nonprofit
　America*, second edition, Brookings.

日本NPOセンターホームページ
　https://www.jnpoc.ne.jp/
内閣府NPOホームページ
　https://www.npo-homepage.go.jp/

第 **7** 章

社会的企業とマネジメント

この章で学ぶこと

　本章では社会思考のマネジメントの担い手の1つである社会的企業について学ぶ。「社会的企業」とは，社会的目的の達成と，事業収益による経済的目的の両立を目指す企業である。いわば株式会社とNPO・NGOのハイブリッドな組織といえる。日本では一般的に社会的企業はソーシャル・ビジネスと同義として使用されることが多い。本章の最後には社会的企業とソーシャル・ビジネスの違いについて説明を行う。

キーワード

● 社会的企業
● 社会的起業家
● ソーシャル・ビジネス
● 協同組合
● ソーシャル・マーケティング

1. 社会的企業の基礎知識

(1) はじめに

　社会的企業（social enterprise）という言葉について，はじめて目にした人も多いだろう。近接する概念であるソーシャル・ビジネスの認知度の方が高いかもしれない。社会的企業とは，社会的目的の達成と，事業収益を上げて継続的に活動するという経済的目的の達成の両立を目指す企業のことを指す。NPO・NGOのように公益性を追求し，かつ継続的な活動を行うための手段として会社と同じく収益事業を行う。いうならば第5章で学んだ会社，そして第6章のNPO・NGOを組み合わせたハイブリッドな組織といえる。

　社会的企業には，株式会社や特定非営利活動法人（NPO法人）のような特定の法人格による裏付けはない。そのため株式会社，NPO法人，協同組合，異なる文化や歴史的な背景に基づいて，極めて多様な定義づけが行われている。そこで本章では日本で用いられる「社会的企業」について焦点をあて基礎的な知識を習得する。また社会的企業と関係の深いソーシャル・ビジネスについても説明を行う。

(2) 社会的企業と社会起業家

　本書では企業やNPO・NGOについて学んできた。これらの定義とは別になぜ社会的企業が存在するのだろうか。企業の分類で解説したように，企業の中には営利を目的とする株式会社及び非営利のNPO・NGOなどが存在する。また公益法人に区分される社団法人や財団法人も存在する。では社会的企業はどこに位置するのかというと，先に述べたように日本では社会的企業に独立した法人格は用意されておらず特定の位置が存在しない。つまり，すべての企業が社会的企業を名乗り事業を行うことができる。

　社会的企業を名乗る組織の法人格が会社である場合，通常の会社と同じく運営に必要な資金を，商品やサービスを販売することで継続的に確保する必要がある。運営資金を賄えない場合は，その企業はいくらすばらしい社会的ミッションを持っていても倒産してしまうため事業を継続できない。組織がNPO・NGOの場合は，寄付や会費による収入と当時に，収益事業を行い活動

の経費を賄う必要がある。第6章で学んだように，NPO・NGOの最大の財源は寄付ではなく事業による収益である。しかしながらNPO・NGOが収益事業で組織を運営するに十分な収益を生み出しているかどうかは，それぞれの組織の状況に依存する。NPO・NGOの場合は，社会的企業を名乗ったとしても運営のための経費のすべてを収益事業で賄うことはできず，寄付や会費収入，さらには行政からの助成金を集めることでようやく継続性を確保している場合が少なくない。

　社会的企業が事業のターゲットとするのは，貧困，保健医療，女性のエンパワーメント，子育て，障害者，コミュニティ開発，エネルギー，水，環境などの社会的課題である。社会的企業の中には後述する協同組合も含まれている。本来，協同組合は会員による助け合いを目的としており，必ずしも社会的課題の解決に取り組むわけではない。しかし本章においては，社会的企業の目的をこれら多様な社会的課題の解決であるとして説明を進める。

　貧困や環境などは政府や公的機関が税金を使い政策的に対策を講じてきた分野である。しかし政府の対策のみでは十分ではなく，また場合によっては政府の活動が平等性，公平性の立場から効果の発揮が困難な場合や，著しく非効率で対策スピードが遅すぎる場合がある。このような場合にはNPO・NGOがその役割を果たすことになる。NPO・NGOが実施する慈善事業が高い効果を発揮する場合がある一方，慈善事業は資金を使い切ると実施を終えることになる。そこでNPO・NGOと同様の社会的課題の解決を目指しながらも，収益事業を行うことで経済的な利益を確保し継続的な活動を可能とする社会的企業が必要とされる。

　社会的企業を起業しようとする人物を社会起業家，ソーシャル・アントレプレナーという。また日常的な日本語の文脈においては，社会的企業そのもの，もしくは社会的企業が行う事業のことをソーシャル・ビジネスと呼ぶことがある。社会的企業とソーシャル・ビジネスは同義として扱われることが多いため，本章でもそのように扱う。その上で本章の最後では，ソーシャル・ビジネスと社会的企業の違いについての説明を行う。

（3）社会的企業とソーシャル・イノベーション

　社会的企業は，NPO・NGOのように社会的課題に向けた社会貢献活動や慈善活動を行うためのビジョンやミッションを持ち，かつ会社のように収益事業を行う。そのため社会的企業では社会的な利益と経済的な利益をバランスさせるためのマネジメントを行う必要がある。経済的な利益を減らせば社会的な利益を増大できることが明らかな場合，社会的企業の経営者は経済的利益を減らすという判断を行うこともあり得る。

　社会的企業の行う収益事業は，収益性が低い場合が大半である。そもそも高い収益性が見込めるのであれば，株式会社などがすでにその事業を実現しているだろう。そこで社会的企業が挑戦的な事業を始めるためには，ソーシャル・イノベーションによる創意工夫が不可欠である。これまでに存在していたサービスや商品とは異なり，ソーシャル・イノベーションにより新しい仕組みの構築や，工夫を積み重ねた社会的な価値創造が必要となるのである。

　このように社会的企業は収益性が低い事業を行うことが多い傾向にあるため，社会的企業の活動を支援するための中間支援組織や，社会的企業をターゲットとしたソーシャル・ファイナンスのようなサービスやプラットフォームの整備が常に求められている。中間支援組織の役割は，社会的企業に対して人材，資金，情報といった経営資源の仲介や，地域や行政との仲立ちを行うことである。そもそも中間支援組織とはNPO・NGOを支援するために存在することが多いが，社会的企業もまた中間支援組織の支援対象となっている。

　ソーシャル・ファイナンスとは，株式会社のファイナンスのように資金を増やして経済的なリターンのみを求めるのはなく，「いかに社会を良くしたか」という社会的なリターンを追求する金融サービスである。ソーシャル・イノベーションやソーシャル・ファイナンス，さらにはICT（情報通信技術）を代表とするテクノロジーにより社会的企業の新境地が開かれることが期待される。

2. 社会的企業に関係する概念と組織

(1) コミュニティ・ビジネスと事業型NPO

　次に社会的企業と関係の深い概念および組織について，まずはじめにコミュニティ・ビジネスについて説明する。コミュニティ・ビジネスは，「ソーシャルビジネス／コミュニティビジネス」もしくは略して「SB／CB」のように併記されることがある。これは経済産業省や行政機関による報告書などでこのように表現されているため，コミュニティ・ビジネスに取り組む組織や，それを支援する中間支援組織でもそれにならい使用されている。経済産業省では中小企業や地域経済産業育成の一環として，コミュニティ・ビジネスやソーシャル・ビジネスの支援事業を行っている。

　経済産業省によるコミュニティ・ビジネスの定義を見ると「地域社会の課題解決に向けて，住民，NPO，企業など，様々な主体が協力しながらビジネスの手法を活用して取り組むのが，ソーシャルビジネス／コミュニティビジネス」と定義している。コミュニティ・ビジネスはソーシャル・ビジネスに包括される概念とされ，その上でコミュニティ・ビジネスは，ソーシャル・ビジネスのように社会全般を対象とするのではなく，地域やコミュニティに特有の課題に対応するため地域住民が主体的に事業運営に参画することを前提とする。

　コミュニティ・ビジネスを営む組織は社会的企業と同様であり，会社やNPO・NGOなど幅広い。その中でもNPO法人が多くの割合を占めている。コミュニティ・ビジネスはNPO法人の事業化と関連が深い。NPO法人が寄付や会費収入のみに頼らず自主的な収益事業を行い事業型NPOとなることが，NPO法人にとって自立的かつ継続的な事業運営を実現するための選択肢の一つである。そもそもNPO法人の多くが，地域やコミュニティに密着した活動を行っている。そのためNPO法人が有償で事業を実施する場合，それはコミュニティ・ビジネスと表現されることが多い。

(2) 協同組合と社会的企業

　次に，社会的企業を取り組む組織の中で株式会社やNPO法人には含まれて

ない協同組合について説明する。

協同組合とは，共通する目的をもった個人や事業者が集まり組合員となって組織を共同所有し相互扶助を行う組織である。組合員同士の相互扶助であるため共益を目的とする組織である。また協同組合は営利を目的としないが，原則として公益も目的とはしない組織であるため中間法人として分類される。この協同組合は社会的企業が誕生する一つの根幹としての歴史がある。特にヨーロッパでは協同組合が20世紀に形成され，活動範囲を急速に広めるなかで社会サービスの担い手として台頭するようになり，社会的企業という概念を形成する基盤となったという経緯がある。

協同組合は身近に存在している。例えば農業協同組合や生活協同組合がその代表である。農業協同組合は，農協やJAと呼ばれている。また生活協同組合は，生協やコープと呼ばれ日常生活の中で目にすることが多いだろう。大学によっては食堂や売店が生協により運営されているため，大学生にとっても馴染みのある存在といえる。このほかにも信用金庫や商店街など協同組合に属する組織は数多く存在しており，公益に配慮しつつも原則としては組合員が互いに助け合う組織として活動している。信用金庫は一見すると銀行との違いが分かりにくい。信用金庫は地域の人たちが会員や利用者となる協同組織の非営利法人であり，地域やコミュニティに根ざした地域の繁栄を図る金融機関である。

(3) 企業の社会的責任（CSR）とソーシャル・マーケティング

社会的企業を名乗り会社などの企業が事業を行う場合，社会的な目的を掲げつつも実際には企業のイメージ向上を目的とした戦略である場合もある。すべての企業にとって消費者，投資家，地域社会など幅広いステークホルダーとの良好な関係を保つことは企業価値を高める上で不可欠であり，企業の社会的責任（Corporate Social Responsibility：CSR）として取り組まれている。企業の社会的責任には企業統治や企業コンプライアンスなど様々な要素が含まれ，企業にとってはリスク対策としても不可欠な活動である。

これまで企業の社会的責任は事業の収益とは関係のない慈善事業への寄付やチャリティー，メセナ活動，フィランソロピーとの関係が強調されること

が多かった。しかし近年になって，企業の社会的責任を事業戦略の視点から実施しようとする企業が増加している。そこには2種類の企業の考え方が存在する。1つ目は，一過性の慈善事業に予算を支出するのではなく，持続可能な形式で長期にわたり運用することを目指す考え方である。2つ目は，本業とは関係のない事業に対して企業の社会的責任の予算を支出するのではなく，本業を通して社会的な課題解決に貢献することで，本業の事業価値も高めようとする考え方である。企業の社会的責任や社会貢献を重視する企業は，社会的企業と近い存在となる場合もある。

　また，原則として営利を目的とする株式会社が，顧客や株主のみの利益を追求するのではなく社会との関係を重視し，公害などの社会問題を発生させることなく社会に有益な製品やサービスの開発を目指すマーケティングを，ソーシャル・マーケティングと呼ぶ。そもそもマーケティングとは，顧客のニーズに適合した商品やサービスを生みだし提供することとであり，主に株式会社で用いられてきた。先に説明した企業の社会的責任の関心の高まりとともに，会社でもソーシャル・マーケティングの導入が増えつつある。さらに本書で紹介するNPO・NGOや政府においても，マーケティングの概念を取り入れることで顧客ニーズの把握，製品やサービスの品質改善を行い社会的な利益の向上に役立てようとしている。NPO・NGOや政府が行うマーケティングも，会社の場合と同様にソーシャル・マーケティングと呼ばれる。

3. ソーシャル・ビジネス

(1) 社会的企業とソーシャル・ビジネス

　本章の最後に，社会的企業とソーシャル・ビジネスの違いについて説明する。日本では，社会的企業とソーシャル・ビジネスは同義として使用されることが多い。もしくは，社会的企業が行う事業のことをソーシャル・ビジネスと表現することもある。しかし本来のソーシャル・ビジネスには定義が存在している。

　ソーシャル・ビジネスの概念は，2006年にグラミン銀行と共にノーベル平

和賞を受賞したムハマド・ユヌス（Muhammad Yunus, 1940～）により提唱されたものだ。グラミン銀行とは，バングラデシュにあるマイクロクレジットもしくはマイクロファイナンスと呼ばれる無担保少額融資を行う銀行である。ムハマド・ユヌスが1983年に創設した。ムハマド・ユヌスが提唱するソーシャル・ビジネスとは人間の利他心に基づいた，損失なし配当なしの企業のことである。つまりソーシャル・ビジネスでは自分の利益よりも他人の利益を優先し，同時に事業を継続するだめの経済的な収益を確保する。そして事業から得た収益は，すべてを事業に再投資する。

　ソーシャル・ビジネスは次に示す「ソーシャル・ビジネス7原則」で定義されている。この7原則を把握することで，ソーシャル・ビジネスとは何か，また社会的企業とはどのように異なるのか把握することができる。

ソーシャル・ビジネス7原則

原則1　ソーシャル・ビジネスの経営目的は，利潤の最大化ではなく，人々や社会を脅かす貧困，教育，健康，情報アクセス，環境といった問題を解決することである。

原則2　財務的・経済的な持続可能性を実現する。

原則3　投資家は，投資額のみを回収できる。投資の元本を超える配当は行われない。

原則4　資本額を返済して残る利益は，会社の拡大や改善のために留保される。

原則5　環境に配慮する。

原則6　雇用者に市場賃金と標準以上の労働条件を提供する。

原則7　楽しむ！

図表7-1　社会的企業，ソーシャル・ビジネス，NPOの比較

	企業 （会社）	社会的企業	ソーシャルビジネス	事業型NPO	NPO
		一般的に社会的企業/ソーシャル・ビジネスと表現される組織			
事業目的	経済的利益	経済的利益 社会的利益	社会的利益	社会的利益	社会的利益
主な収入源	事業収入	事業収入	事業収入	事業収入 寄付，会費	寄付，会費
配当	有り	有り 無し	無し	無し	無し

(2) 7つの原則と内容

　7原則について順番に解説を行う。まず原則1に表現されているように，ソーシャル・ビジネスの目的は，利潤の最大化ではなく社会問題への対処や社会的課題の解決である。社会的企業や一般的な意味でのソーシャル・ビジネスの名前を用いる企業においては，社会的課題の解決を唯一の目標とはせず，事業を運営するための手段や戦略の1つとして認識することがある。株式会社など営利を目的とする企業の原理原則に従い，社会的課題の解決に取り組むが最終的には経済的な利潤最大化を目指すこともある。しかしここで紹介する本来のソーシャル・ビジネスでは社会的課題の解決に挑み，社会的な利益の最大化を図ることが唯一の目的である。

　原則2は事業の持続可能性の実現である。ソーシャル・ビジネスはあくまでビジネスの一形態である。社会的企業では，NPO・NGOなどの非営利組織が運営主体の場合も多い。その場合，有償で商品やサービスを提供する事業は行うが，収益を十分に確保することができず，組織の経済的な持続性を担保できない場合がある。事業型NPOであっても事業の一部は寄付やメンバーの会費に頼り運営されることが少なくない。収益事業を行うことで組織を持続的に運用するためのビジネスモデルが確立できていない場合，その組織はソーシャル・ビジネスには含まれない。

　ソーシャル・ビジネスの7原則で目を引くのは，3と4の原則である。ソーシャル・ビジネスに投資を行った場合，投資家は投資した金額を上回る利益を回収できない。社会的な利益の追求だけが目的であるため，投資家などの個人がソーシャル・ビジネスの外に資金を持ち出してしまうことはない。生み出された利益は，すべてソーシャル・ビジネスに還元される。

　そうなるとソーシャル・ビジネスに投資する人はいないのではと考えるだろう。しかし実際には，NPO・NGOが行う事業には多額の寄付が集められる。また近年では社会的インパクト投資のような社会的，環境的なインパクトを生み出す意図を持つ新しい投資も普及しつつある。つまり，すでに人々は社会的課題を解決するためのさまざまな活動に対して，経済的なリターンの有る無しにかかわらず資金を投じているのである。

　次に原則6について説明する。ソーシャル・ビジネスでは経済的な利益は

ソーシャル・ビジネスの中にとどまり組織外に持ち出すことはできない。これはソーシャル・ビジネスの従業員の賃金が低いことを意味するものではない。従業員には適切な賃金が支払われ雇用が安定することで，ソーシャル・ビジネスが経済的に持続可能な存在となるのである。

　ここまで説明したように，社会的企業と同義に扱われることが多いソーシャル・ビジネスには実は定義が存在している。日本語の文脈において社会的企業とソーシャル・ビジネスを明確に使い分けることは少ないが，社会的企業への理解を深めるためめるためにソーシャル・ビジネスの7原則を理解しておくとよいだろう。

コラム 「三方よし」という精神

　「売り手よし，買い手よし，世間よし」，これを三方よしと表現する。これは商売において売り手だけが一方的に利益をえるのではなく，買い手の心からの満足を実現し，またそれだけではなく地域社会の発展に貢献すべきとする考え方である。現在の滋賀県に拠点を置き，江戸から明治にかけて日本各地で活躍した近江商人の経営理念を，後世なって分かりやすく作られたものとされる。最近では，「売り手」を企業と従業員に分けて「四方よし」としたり，また将来世代への持続可能性を考慮した「未来よし」を加えた「四方よし」へと拡大させた考え方が示されることもある。

コラム グラミン銀行とソーシャル・ビジネス

　ソーシャル・ビジネスの提唱者であるムハマド・ユヌスは1983年にバングラデシュ人民共和国でグラミン銀行を創設した。「グラミン」はベンガル語で農村を意味する。この銀行は貧しい人々を対象に，マイクロクレジットもしくはマイクロファイナンスを提供している。マイクロクレジットは無担保で少額の融資を行う金融サービスである。グラミン銀行の借り手は97％が女性である。ムハマド・ユヌスによるソーシャル・イノベーションはマイクロクレジットという新しい金融サービスを誕生させ，グラミン銀行という民間の銀行を誕生させることに成功した。現在ではマイクロクレジットは多くの国々に導入されており，開発途上国だけではなく先進国でも効果を発揮している。

・**社会的企業**

　社会的目的の達成と事業収益による経済的目的の両立を目指す企業である。特定の法人格はないため，株式会社，NPO法人，協同組合などが社会的企業を名乗ることができる。

・**ソーシャル・ビジネス**

　社会的課題の解決を唯一の目的とした利他心による「損失なし，配当なし」の企業，及びその事業のこと。日本語では社会的企業と同義とされがちだが本来はムハマド・ユヌスが提唱した概念である。

・**ソーシャル・イノベーション**

　社会問題や社会的課題に対して，独自の視点を導入し，これまで存在しなかった革新的な方法を創造することで効果的な緩和策や解決策を導き出すこと。

✅ 学んだことをチェック

1． NPO・NGOや株式会社に加えて，なぜ社会的企業が必要とされるのか説明してみよう。

2． 日本ではどのような協同組合が身近に存在しているか考えてみよう。

3． ソーシャル・ビジネスは社会的企業とどのような違いがあるのかを説明してみよう。

より進んだ学習のために

・谷本寛治（2015）『ソーシャル・ビジネス・ケース―少子高齢化時代のソーシャル・イノベーション』中央経済社.

　本章タイトルである社会的企業，またソーシャル・ビジネス，新しい価値創造を行うためのソーシャル・イノベーションについての定義や概念モデルの基礎知識の習得は重要である。また同時に具体的にどのような組織が，いかなる事業を行っているのかを把握する必要がある。この書籍では株式会社やNPO法人が行う5つのソーシャル・ビジネスの事例ついて詳細を把握することができる。

【参考文献】

神野直彦・牧里毎治（2012）『社会起業入門—社会を変えるという仕事』ミネルヴァ書房.

谷本寛治（2006）『ソーシャル・エンタープライズ—社会的企業の台頭』中央経済社.

Noya, A. (2009) *The Changing Boundaries of Social Enterprises,* OECD Publishing.（連合総合生活開発研究所訳『社会的企業の主流化—「新しい公共」の担い手として』明石書店, 2010年）

Borzaga, C., and Defourny, J. (2004) *The Emergence of Social Enterprise,* Routledge.（内山哲朗・石塚秀雄・柳沢敏勝訳『社会的企業（ソーシャルエンタープライズ）—雇用・福祉のEUサードセクター』日本経済評論社, 2004年）

Yunus, M. (2010) *Building Social Business: The New Kind of Capitalism that Serves Humanity's Most Pressing Needs,* PublicAffairs.（千葉敏生訳『ソーシャル・ビジネス革命—世界の課題を解決する新たな経済システム』早川書房, 2010年）

経済産業省　ソーシャルビジネス
https://www.meti.go.jp/policy/local_economy/sbcb/index.html

第8章

政府とマネジメント

この章で学ぶこと

　社会思考のマネジメントの担い手の1つである「政府」という主体を取り上げ，その特徴を把握する。まず，伝統的な政府活動（「行政管理」）の特徴，そして政府活動をめぐる新たな潮流（「公共経営」）の概要について理解する。そして，政府が果たすべき役割と機能を学習した後，政府のマネジメントをめぐって最近注目を集めている「ガバメントとガバナンス」という考え方について，その基本的な知識を学ぶ。

キーワード

- 政府
- 予算
- 行政管理
- 公共経営
- 大きな政府と小さな政府
- 政府の3機能
- ガバメントとガバナンス

1. 政府と「マネジメント」

(1) 本章のテーマ

皆さんは政府（government）と聞くと，どういうイメージが思い浮かぶだろうか？　国家を動かす権力中枢のイメージだろうか？　あるいは，安定した給与を約束された公務員が倒産の心配なく安穏と仕事をしているイメージだろうか？　それらの当否について，ここでは問わないことにする。だがいずれにせよ，政府という組織は，皆さんのような経営学部生の目には，企業とはまったく対極的な存在として映っていることであろう。

しかし序章で少しだけ言及したが，そんな政府の世界にも，マネジメントという考え方を導入しようという動きが起こりつつある。では，そこにはどんな背景があるのか？　そもそも政府をマネジメントするとは，具体的にはいかなる行為を指しているのか？　本章では，"社会思考のマネジメント"の1つの主要なテーマである政府のマネジメントについて，基礎的な知識を学ぶことにしよう。

(2) マネジメントから見た政府

日本の場合，政府は基本的には中央政府（国）と地方政府（"地方公共団体"や"地方自治体"とも呼ぶ）の2つに分けられる。そして後者はさらに，都道府県と市町村という2つから構成されている。

しかし議論の出発点として，ひとまずそれらを区別せず"政府"と一括りにし，まずは政府という組織がどのように運営されているのかを確認する。具体的には，政府を取り巻く市場とのかかわりに着目しながら，そのマネジメントの姿を企業と比較しつつ見ておきたい（図表8.1）。

マネジメントという視点に立った場合，政府と企業の間には，実はいくつか共通点がある。第1に，政府と企業は共に，ヒト・モノ・カネという経営資源を用いて活動する。第2に，そのうちのヒトとモノについては，企業と同じく，市場を通じて調達する。具体的には，ヒトは労働市場で，モノは原材料市場で，それぞれ調達することになる。

しかしながら，政府と企業には重大な相違点がある。第1に，カネの調達

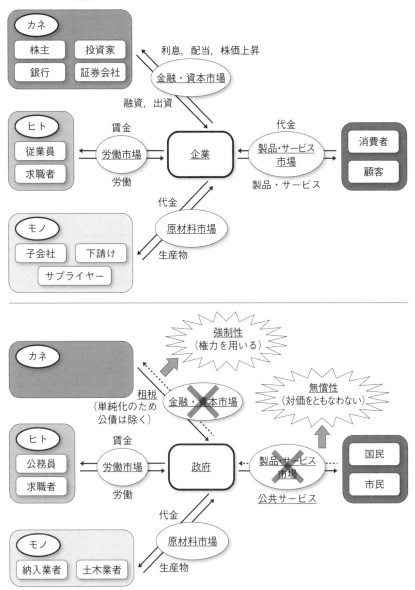

図表8.1 ヒト・モノ・カネと企業・政府のマネジメント

出所：神野（2002）第1章などをもとに作成。

である。企業は一般的に，金融市場や資本市場と呼ばれる市場において，“銀行からの融資”や“株主からの出資”という形でカネを調達する。それに対して，政府はカネの調達に際して市場を使わない（公債は除く）。ではどうするのかというと，市場ではなく権力を用いて，租税（税金）という形で強制的にカネを調達するのである。

　第2に，政府が国民や市民に提供するサービスは一般的に公共サービス（public service）と呼ばれるが，その提供に際して市場を用いないのが，企業とは大きく異なる。企業の場合，自社の製品・サービスは市場（製品市場やサービス市場と呼ばれる）で販売され，その対価としての代金が企業の売り上げとなる。それに対して公共サービスは，基本的には無償で提供され，対価が発生することはない。例えば皆さんが国道を通行したり公立図書館で本を借りたりする際，そのたびに料金を政府に支払う必要はないのである。

(3) 予算とその仕組み

　そして実はもう1つ，政府と企業には重大な相違点がある。それは，組織におけるカネの“入り”と“出”を決めるメカニズムである。

　企業という組織において，カネの“入り”と“出”は，基本的には市場メカニズムが決定する。つまり，どれくらい売上が入ってくるのか，あるいはヒト・モノ・カネの調達にどれくらい費用がかかるのかは，市場の動向によって大きく左右されるのである。

　それに対して政府の場合，カネの“入り”と“出”を決めるのは，市場メカニズムではなく政治プロセスである。具体的には，ある年度に公共サービスにどれくらい支出するのか（歳出），そしてそれを賄うためにどれくらい税を課すのか（歳入）は，予算（budget）によって決められるのである。

　そしてその政治プロセスは財政民主主義というルールに則る，というのが日本の仕組みである。国民・市民の声（「民意」）は，国においては国会議員に，地方においては首長（都道府県知事・市町村長）と地方議員に，それぞれ選挙を通じて届けられる。そしてそれがさらに歳入・歳出の規模やその具体的な中身へと反映される……このようなプロセスが想定されているわけである。ここで重要なのは，予算というのは，ある年度における歳入・歳出の規

模や中身が記載された文書以上のものだ，ということである。つまり予算とは，公共サービスをめぐる国民・市民の多様なニーズを把握し，調整し，優先順位付けする集合的な意思決定プロセスなのであり，同時に国民・市民による政府のコントロール・システムなのである。

2. 行政管理（public administration）と 公共経営（public management）

（1）"行政管理"とその批判

　もしも予算のプロセスがうまく機能し，政府が国民・市民のニーズをきちんと汲み取れていれば，その公共サービスはきっと国民・市民を満足させるに違いない。そしてそうした状況のもとでは，国民・市民は進んで税負担を受け入れることであろう。

　だが残念ながら，現実にはそのような状況はかなり稀だと思われる。皆さんは，国や地方自治体が提供する公共サービスに満足しているだろうか？　提供される公共サービスの水準は，税負担に見合っていると感じているだろうか？……これが企業の場合であれば，市場競争のメカニズムが問題を解決してくれる。具体的には，例えば以下の通りである。

　もし皆さんがある企業の製品に不満を感じたら，より良い製品をより安く売る別の企業へと乗り換えればよい。そしてその結果，消費者を満足させられる企業が生き残り，満足させられない企業は市場から退出を促されることとなる。市場という仕組みにはこのようなメカニズムが備わっているわけだが，政府の場合はそうはいかない。例えば日本国民であれば日本政府の公共サービスを，京都市民であれば京都市の公共サービスを利用するしかないのである。

　あるいは，もしある製品を不要と感じたならば，皆さんは購入しなければよいのであり，そうすれば代金を払わずに済むし，そのお金をより良い別の使い道へと振り向けることができる。それに対して政府の場合は，税金という形で強制的に徴収されてしまう。このような構造があるため，人々は公共サービスについてよりシビアになる傾向がある。

では，こうした状況はどうすれば変えられるのだろうか？　1つの方向性
としては，政府による公共サービス提供システムを改革し，いわゆる「お役
所仕事」を改めていくことが考えられよう。実際，これまでの政府組織運営
はしばしば行政管理（public administration）と呼ばれ，例えば以下のよう
な批判が投げかけられてきた。

①プロセス重視と結果軽視

　公共サービスの提供に際して，政府は法律や規則の順守だけに気を取られ，
「国民・市民のニーズにきちんと応えているか」「国民・市民は公共サービス
に満足しているか」といった意識が希薄になりがちなのではないか？

②アウトプット（output）重視とアウトカム（outcome）軽視

公共サービスの提供に際して政府は，例えば「施設をどれだけ整備したか」
「それにいくら支出したか」という情報（アウトプット情報）は重視するが，
「施設整備によっていかなる効果が得られたか」といった情報（アウトカム情
報）はあまり意識していないのではないか？

③評価（check）や見直し（action）の視点の弱さ

　政府の予算プロセスにPDCAサイクル（第5章を復習すること）の考え方
を適用すると，「多様なニーズを把握・調整・優先順位付けして予算案をつく
ること」と「議会で承認された予算を着実に執行すること」，つまりPとDに
力点が置かれるケースが多い。しかし他方で「執行した予算の成果を測るこ
と」と「その知見を次年度の予算案づくりに活かすこと」，つまりCやAは軽
視されてきたのではないか？　そしてその結果，無謬主義（「ルールに則って
みんなで決めた予算なのだから正しいに決まっている」），あるいは前例主義
（「これまでずっとその公共サービスを提供してきたのだから来年もそうしよ
う」）が政府内に蔓延し，予算が硬直化しているのではないか？

④戦略性の乏しさ

　選挙で当選した政治家たちは，それぞれが有権者の多様な民意を背負って

おり，それを何とか予算に反映させようと様々な政治的働きかけを試みることになる。それらをまんべんなく実現させるとなれば，どうしても公共サービスを総花的に"広く薄く"提供するという形になってしまうが，それだと予算から戦略性が失われてしまうのではないか？

⑤官僚・役所主導型

もっと企業やNPO・NGOの力を活かしたり，企業やNPO・NGOと連携したりすれば，より良い公共サービスが提供できるかもしれないのに，政府はそのような発想に欠けているのではないか？　もしくは，頭では分かっていてもなぜなかなか実行できないのか？

(2) "行政管理"から"公共経営"へ

そんな"行政管理"のあり方を変えるべく，様々な行政改革（「行革」）の試みが，これまで実施されてきた。そしてその一環として登場したのが，政府の活動・事業に"マネジメント"の考え方を導入しようという発想，つまり公共経営（public management）の発想であり，「行政管理から公共経営へ」という流れだったのである。

そして，様々な公共経営の発想の中でも特に注目を集めたのが，ニュー・パブリック・マネジメント（New Public Management：NPM）と呼ばれる考え方であった。そのエッセンスは，大まかに次の2点に整理できる。

第1に，市場の活用である。すでに本章で学んだように，政府はヒトやモノの調達において市場を用いるわけだが，公共経営ではそれにとどまらず，さらなる市場の活用が謳われる。例えば，政府は業務の一部を民間企業に委託しているが（民間委託），その規模や範囲をさらに拡大することでコスト削減を図ろうという声が高まった。あるいは，公共サービスを提供する政府の組織そのものを民間組織化するケースもあった（民営化）。その代表例はJRであろう。よく知られているように，JRはかつて日本国有鉄道（国鉄）という国有会社だった。

第2に，企業の経営手法の導入である。例えば，企業が自社製品の販売相手を顧客と見なすがごとく，政府も公共サービスの提供対象である国民・市

民を顧客と位置付けるべし，とされた（顧客主義）。政府の真の任務は，公共サービスの提供それ自体ではなく，それを通じて顧客たる国民・市民を満足させることなのだ，というわけである。あるいは，年齢や勤続年数ではなく仕事の成果をもとに賃金や人事を決め，それによって従業員のモチベーションや組織のパフォーマンスを高めようとする企業が日本でも増えているが（成果主義），それを政府にも導入すべきではないかとする議論も起きた。

　では「行政管理から公共経営へ」という試みは，果たして成功したのだろうか？　これについては，論者によって評価が分かれており，研究者の間で今も論争が続いている。そしてその詳しい紹介は，本書の射程を超える。ただ1つ言えるのは，その公共経営の試みを通じて，人々が改めて「そもそも政府は何をすべきか」という基本的な問いに直面した，ということである。少し考えればすぐに分かることだが，「政府をどうマネジメントすべきか」を決めるには，「そもそも政府は何をすべきか」が決まっていなくてはならない。「目的が決まらなければ手段も決まらない」という，ある意味当然の事実が，われわれに突き付けられたのである。しかし次節で説明するように，「政府は何をすべきか」をめぐっては数世紀にわたる長い論争があり，いまだに決着がついていない。

3. そもそも政府は何をすべきなのか？

(1) 政府の役割をめぐる変化と論争

　企業の役割は，基本的にはビジネスを行うことである。それに対して政府の役割は，企業ほど自明ではない（実は企業もそれほど自明ではないのだが）。事実，政府の役割は時代と共に変化し，論争も絶え間なく続いてきた。以下は，議論を単純化するために政府を中央政府（国）に限定し，その概要を示しておこう（図表8.2）。

　まず19世紀にヨーロッパを中心に台頭したのは，夜警国家（自由主義国家）と呼ばれる政府観であった。政府の役割は治安維持や国防といった必要最低限の領域に限定されるべきであり，市場の自由な働きを阻害するような

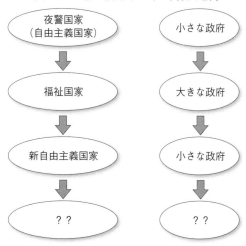

図表8.2　政府の役割をめぐる変化と論争

夜警国家（自由主義国家）	小さな政府
↓	↓
福祉国家	大きな政府
↓	↓
新自由主義国家	小さな政府
↓	↓
？？	？？

活動は望ましくない，とする考え方である。その背景に，18世紀後半以降の産業革命の進行や資本主義の発展という社会変化があったことは言うまでもないだろう。このような，政府に対して限定的な役割しか認めないような考え方は，その後小さな政府論と呼ばれるようになる。

　だが19世紀後半あたりから，社会の状況が大きく変わってくる。まず，資本主義がさらなる発展を遂げ，ヨーロッパを中心に工業化・都市化が加速する一方，労働災害や公害のような社会問題が激化していく。これは，企業の自由な経済活動がもたらした1つの社会的帰結だったわけだが，当時は現在とは違い，こうした問題に対する法規制が極めて不十分だった。そして決定的だったのが，1929年に起きた株価大暴落と世界大恐慌である。未曽有の不景気が人々を直撃し，職を求める失業者が街を埋め尽くす中，「市場の自由な働きに任せていればまたいずれ景気は回復する」という言説は，人々の支持を急速に失い始めた。

　そんな中，第2次世界大戦後に各先進国で基調となったのは，福祉国家という政府モデルである。これを期に，小さな政府論では政府の役割と位置付けられてこなかった格差是正や社会保障，景気対策といった取り組みが，政

府活動の中に組み入れられていく。そしてこのような，政府による市場・社会への積極介入を推奨する考え方は，大きな政府論と呼ばれるようになった。加えてこの時期，各先進国で経済と政府の好循環（「経済成長→それがもたらす豊富な税収→それを用いた政府の積極財政→さらなる経済成長…」）が実現したことも，大きな政府論を後押しした。

　しかし1970年代，状況は再び大きく変化する。その引き金となったのは，オイルショックに伴う経済の停滞と財政赤字の拡大であった。それまでの経済と政府の好循環が陰りを見せる中，大きな政府はむしろ経済を停滞させるとの考えが支配的になったのである。重い税負担に対する企業の不満も相まって，小さな政府論が再び注目され，規制緩和と民営化を主な旗印とする新自由主義国家という政府観が誕生するに至った。ちなみに公共経営という発想が登場した１つの背景には，この新自由主義国家論の台頭があった。

　そして現代，政府の役割をめぐる論争は，依然として決着がついていない。例えば，新自由主義国家論が登場した1970年代と比べ，現代は経済のグローバル化が飛躍的に進み，産業構造も大きく変わった。加えて，日本では少子高齢化と人口減少（第２章），気候変動をはじめとする環境問題（第３章）のような新たな課題が次々と噴出している。こうした時代における政府の役割とは何か？　「政府は何をすべきか」というテーマは，今後も古くて新しい問いであり続けることだろう。

（2）政府の機能

　予算や財政の観点から見た場合，政府の機能は「資源配分機能」「所得再分配機能」「経済安定化機能」という３つに整理することができる（図表8.3）。そしてそのそれぞれについて，大きな政府論と小さな政府論とでは認識が異なっている。以下，具体的に見ておこう。

　第１の資源配分機能とは，市場で供給されない財・サービス（専門的には「公共財」と呼ばれる）を供給する機能を主に指している。市場で供給される財・サービスのことは，企業に任せておけばよい。そうでない財・サービスの供給こそが政府の任務なのだ，というわけである。

　大きな政府論者は，政府が自らの責任できちんと公共財を供給すべきとの

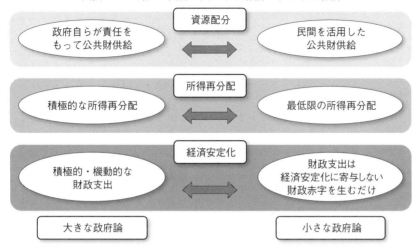

図表8.3 政府の3機能と大きな政府論・小さな政府論

資源配分

政府自らが責任を
もって公共財供給

民間を活用した
公共財供給

所得再分配

積極的な所得再分配

最低限の所得再分配

経済安定化

積極的・機動的な
財政支出

財政支出は
経済安定化に寄与しない
財政赤字を生むだけ

大きな政府論

小さな政府論

立場に立つ。それに対して小さな政府論者は，民間レベルでも公共財が供給される場合があることに着目する。例えばあるNPO・NGOの活動が公共財としての性質を持つ場合，政府自らが供給を実施する必要はなく，NPO・NGOに任せておけばよいと考える。

　第2の所得再分配機能とは，市場競争などの結果生じた所得格差を是正する機能を主に指している。所得が高くなるほど所得税率も上がる累進課税，それに遺産相続時に課税される相続税などは，政府の所得分配機能を担う仕組みとしてよく知られている。

　大きな政府論者は，貧困や不平等は社会の仕組みに深く根差したものだと見なした上で，政府が積極的な所得再分配を行わない限り事態は改善しない，と主張する。それに対して小さな政府論者は，貧困や不平等は個人の資質や努力の差を反映したものに過ぎないのだから，政府による格差是正は最小限にとどめるべきと主張する。かつて小さな政府論を主導したイギリスの元首相，マーガレット・サッチャー（1925〜2013）は「金持ちを貧乏にしても貧乏人は金持ちにならない」という有名なセリフを残している。皆さんは，貧困や不平等の原因は社会にあると考えるだろうか？　それとも個人にあると

考えるだろうか？

　第3の経済安定化機能であるが，これは，不況時には財政支出を拡大して雇用をつくり出す（公共事業など），あるいは好況時には逆に財政支出を引き締めて景気の過熱を抑えるといった形で，政府が市場経済の不安定性（景気循環）に対処する機能を指している。

　大きな政府論者は，こうした積極的・機動的な財政出動を推奨し，経済システムのコントロールを政府に委ねようとする。それに対して小さな政府論者は，そのような財政支出は経済安定化に寄与しないどころか，財政赤字を生むだけだと主張する。それぞれの立場が依拠している理論的背景については，本書は紙幅の関係もあり，詳しく説明することはできない。興味がある人は自分で勉強してみてほしい。

（3）ガバメントとガバナンス

　ここまで，政府の役割をめぐって絶え間なく論争が続いてきたこと，そしてその主たる対立軸が「大きな政府か小さな政府か」にあったことを学んだ。しかし近年，政府のあり方について考える際，それとは別の対立軸が注目を集めている。それを最後に紹介して，本章を締めくくろう。

　これまで政府の様々な役割や機能を紹介してきたわけだが，それらすべてを一言で表現する言葉を探すとすれば，"統治（governing）"になると思われる。そしてその統治には，実は「ガバメント（政府）による統治（Governing by Government）」と「ガバナンスによる統治（Governing by Governance）」という2つのタイプが存在する（図表8.4）。ちなみに前者は「ガバメント」，後者は「ガバナンス（governance）」，そして両者を並列・比較する際は「ガバメントとガバナンス」という言い方をしばしばする。

　第1のタイプである「ガバメント（政府）による統治」とは，政府が自らの権力や権限を使って，垂直的な上下関係の中で社会を治めるイメージである。これまで皆さんは"統治"と聞くと，基本的にはこのタイプを想起したのではないだろうか？　だがそうした統治のあり方は，近年いくつかの壁に直面している。経済のグローバル化がかつてないほど進み，ヒト・モノ・カネがたやすく国境を越える現代において，政府はこれまでと同じような統治

を今後も続けていけるのか？　厄介な社会問題・環境問題が次々と噴出する現代において，本当に政府だけで統治を担えるのか？……

　そんな中，統治のもう1つのあり方として，第2のタイプである「ガバナンスによる統治」が注目されるようになった。それは第1のタイプの統治とは異なり，政府以外の様々な主体も統治に参加し，なおかつ政府を含むあらゆる主体が水平的な相互関係の中で連携するイメージである。新聞やインターネット，あるいは政府の文書などで協働やパートナーシップといった言葉をしばしば目にするが，そこで想定されているのは，実はこの第2のタイプの統治なのである。

　そして重要なのは，それぞれの統治のタイプごとに政府の役割も異なる，という点である。その違いを表すのに，社会全体を一艘の船に例える比喩が用いられることがある。第1のタイプの統治において，政府は船の"漕ぎ手"に比されるのに対し，第2のタイプの統治では，政府は船の"舵取り"に比される。実際，海外の研究者の中には，前者の政府を"rowing government"，後者の政府を"steering government"と表現する者がいる（rowは「漕ぐ」，steerは「舵を取る」という意味の動詞）。ちなみに"ガバナンス"の語源を遡ると，ラテン語の「舵を取る」に行き着くことを申し添えておこう。

もし公共経営の中に，ここで説明したガバナンスのような考え方を取り入れるならば，"市場の活用"と"企業の経営手法の導入"を軸としたニュー・パブリック・マネジメント（NPM）とはまた別の発想が求められることになる。例えばニュー・パブリック・マネジメント（NPM）では，政府にとっての最重要主体が企業であったのに対し，ガバナンスではNPO・NGOとの連携が政府にとっての新たな経営課題として浮上する。そしてそれは，"社会思考のマネジメント"の課題でもある。

コラム E. オストロムとガバナンス研究

　ガバナンス研究に多大な貢献をした研究者として，E. オストロム（Elinor Ostrom, 1933〜2012）の名前を挙げないわけにはいかない。彼女は2009年に女性ではじめてノーベル経済学賞を受賞したのだが（O.E. ウィリアムソンと共同受賞），それはガバナンスの分析に対する貢献に与えられたものだった。

　彼女の研究テーマは，コモンズ（commons）の利用・維持・管理である。コ

E. オストロム氏
（写真提供：嶋田大作
龍谷大学准教授）

モンズとは，市場でも政府でもない"第3のメカニズム"，例えば地域コミュニティのような仕組みのもとで管理されている資源のことであり，日本では「共有資源」などと訳されている。

　それまでの通説によると，コモンズというのは近代化と共に消えゆく運命にあるものとされていた。仮に，所有権の設定が曖昧で，牛飼いたちが好きなように利用できる牧草地があったとしよう。すると，彼らは自らの利益を最大化しようと放牧を拡大するので，その放牧地は過放牧となって荒廃し，結果として彼らは皆廃業に追い込まれてしまう。こうした事態は"コモンズの悲劇"と呼ばれ，解決のためには土地を分割して私有地化するか（市場による解決），あるいは逆に国有地化して自由な利用を禁じるか（政府による解決）のどちらかしかない，と考えられてきた。いずれも実に"近代的"な解決策である。

　その通説に対して彼女は挑戦を試みた。その頃，複数の研究者によるコモンズ実態調査が世界各地で行われていたのだが，その結果，世界には管理がうまくいっているコモンズも多数存在することが分かってきた。そうした動向にも影響を

受けた彼女は，荒廃するコモンズとそうでないコモンズとを分ける制度的要因を分析し，ガバナンスが機能するためのメカニズムを明らかにしたのである。

　2012年に彼女は惜しまれつつも亡くなったが，彼女が切り拓いてきたガバナンス研究の成果は，今や世界中の研究者たちにとっての"共有資源"となっている。

●必須用語集 ⋯⋯

・公共経営

　政府の活動・事業に"マネジメント"という考え方を導入すること。その中でも特に注目を集めたのが，ニュー・パブリック・マネジメント（New Public Management：NPM）と呼ばれる考え方であった。

・政府の3機能

　「資源配分機能」「所得再分配機能」「経済安定化機能」。

・ガバナンス

　政府以外の様々な主体も参加し，なおかつ政府を含むあらゆる主体が水平的な相互関係の中で連携するような統治のあり方。

✅ 学んだことをチェック

1. 「公共経営」という考え方の特徴は何か，そしてそれは既存の政府組織運営に関するどのような反省に立脚したものか，具体的に説明してみよう。

2. 「大きな政府論」と「小さな政府論」が，政府の果たすべき役割をそれぞれどのように考えているかを説明してみよう。

3. 「ガバナンスによる統治」は，「ガバメント（政府）による統治」と比べてどのような特徴があるのか，説明してみよう。

・Bevir, M.（2012）*Governance: A Very Short Introduction,* Oxford University Press.（野田牧人訳『ガバナンスとは何か』NTT出版, 2013年）

　　本章で説明した「ガバメントとガバナンス」について，より詳しく学びたい人のための1冊。

【参考文献】

神野直彦（2002）『財政学』有斐閣.
諸富徹・門野圭司（2007）『地方財政システム論』有斐閣.

Buchanan, J. M., and Musgrave, R. A.（1999）*Public Finance and Public Choice: Two Contrasting Visions of the State,* MIT Press.（関谷登他訳『財政学と公共選択—国家の役割をめぐる大激論』勁草書房, 2003年）
Osborne, D., and Gaebler, T.（1993）*Reinventing Government: How the Entrepreneurial Spirit is Transforming the Public Sector,* Plume.（野村隆監修・高地高司訳『行政革命』日本能率協会マネジメントセンター, 1995年）

OECD Government at a Glance
　http://www.oecd.org/gov/govataglance.htm

終章

"社会思考のマネジメント"の可能性

1. 未知の領域に突入する人類社会

　この第Ⅰ部では，"社会思考のマネジメント（social management）"という，一般的な経営学の教科書ではまずお目にかかることのない言葉を取り上げ，議論してきた。そしてそれは，通常の"マネジメント（management）"という言葉があまり想定してこなかった「持続可能な発展に向けたマネジメント」「企業の社会的取り組みや環境保全活動のマネジメント」「政府やNPO・NGOのマネジメント」という3つのテーマを含んでいる，と説明してきたのであった。しっかり学んで理解していただけたであろうか？　そして，興味を持っていただけたであろうか？

　改めてここで皆さんにお伝えしたいのは，現在人類社会は歴史上経験したことのない未知の領域に突入しているということ，そしてそれは今後も続くということである。これまでの学習内容も振り返りながら，以下に示していこう。

　はじめに私たちは，社会思考のマネジメントの経済的・社会的・環境的背景について学んだ（第1章～第3章）。このうちまず経済的背景であるが，これほどまでにグローバル化が進行し，発展途上国を含むあらゆる国・地域の経済的な相互関係が深まった時代はなかった。そして，これほどの規模で貿易が拡大し，多国籍企業の成長と海外直接投資の増大が進み，グローバルな

金融自由化が実現した時代はなかった。皆さんが生きてきた時代，そしてこれから生きていく時代は，このような時代なのである。

　そして次の社会的背景についても，日本でこれほど急激に人口減少・少子高齢化が進んだことはなかったし，地球でこれほどまでに人口が増えたこともなかった。ちなみに国連の予測によると，世界の人口増を牽引してきたアジアが今世紀半ばあたりを境に人口減に転じる一方，アフリカでは今世紀を通して人口増が継続すると見られている。皆さんが老年期を生きる頃，世界の様相は今とはまたさらに違ったものとなっているはずである。

　そして最後の環境的背景についても，人類社会は未知の領域へと突入しつつある。気候変動に伴う様々な負の影響がいよいよ現実のものとなりつつあるし，プラスチックによる海洋汚染問題もこのところ連日メディアを賑わせている。地球文明のあり方そのものが問われている，といったら大げさであろうか。

　続いて私たちは，社会思考のマネジメントが目指す社会，つまり"持続可能な発展（sustainable development）"について学んだ（第4章）。人類社会はSDGsという未曾有の一大プロジェクトのまさに入り口に立ったわけだが，その道のりが極めて険しいことは想像に難くない。例えば，SDGsには計17の目標があるが，今後は目標間のトレード・オフにいかに対応していくかが1つの焦点となる。あるいは，ある国・地域の持続可能性を高めようとすると別の国・地域の持続可能性が犠牲になる，というトレード・オフも次々と顕在化していくことだろう。「持続可能な発展」という言葉を目にしたら，皆さんにはまずグローバルな世界のことをイメージできるようになってもらいたい，と第4章で記した。国・地域の動向に目配りする際も，その国・地域の動向だけに気を取られるのではなく，全体的な視点を忘れないようにしたいものである。

　そして最後に，私たちは社会思考のマネジメントの担い手について学んだ（第5章〜第8章）。まず企業であるが，序章で言及したように，企業という組織の社会的なプレゼンスがこんなに高まった時代はなかった。そして実は，それはNPO・NGOも同じなのである。NPO・NGOの設立や活動の拡大が世界中で急激に進んだのは，1990年代と比較的最近のことであった（海外のあ

る研究者は，これを「非営利革命（global associational revolution）」と呼んでいる）。皆さんはあまり実感がないかもしれないが，人類史上，NPO・NGOという組織のプレゼンスがこんなに高まった時代もないのである。

そしてこれからは，社会的企業という存在も次第にプレゼンスを高めていくと考えられる。少なくとも，社会的・環境的な役割・責任を重視する企業，そして経済活動に大きなウェイトを割くNPO・NGOが増えていくことは間違いないだろう。

そして最後に政府であるが，そのプレゼンスの将来を見通すのは容易ではない。経済のグローバル化と市場経済システムの深化・拡大がもしこのまま進めば，政府という組織の社会的なプレゼンスは相対的に低下していく可能性がある。だがそれと同時に，“強い政府”を望む声が人々の間で大きくなり，政府の経済的役割に対する関心もいつになく高まっているように見える（選挙期間中に“Make America Great Again”というスローガンを連呼して当選したアメリカのトランプ大統領を思い出してほしい）。これ以上はおそらく本書の射程（そして経営学の射程）を超えるが，いずれにせよ，政府という組織もまた未知の時代に突入することは間違いなさそうである。

2. “社会思考のマネジメント”時代の経営学

この第I部を終えるにあたり，もう1つ皆さんにお伝えしておきたいのは，経営学という学問はいわば“時代を映す鏡”なのだということである。

マネジメントという営みは，おそらくは人類の歴史と共にあった。古代エジプト人がピラミッドをつくった時，古代ローマ人が街道をつくった時，そして古代日本人が稲作のための水利灌漑施設をつくった時，そこにはきっと，何らかの形の“マネジメント”が存在していたことだろう。

だが，マネジメントを扱う経営学という学問がかたちづくられるのは，基本的には19世紀の終わりから20世紀のはじめ，資本主義が発達し企業という組織が台頭した時代であった。産業革命の波及，重化学工業の発達，技術革新，交通の発達，企業組織の大規模化，株式会社制度と金融市場の発展，貿

易の拡大，金本位制の確立……経営学という学問は，そのような時代の申し子として誕生したのである。

　そしてその後，経営学は時代と共に変化してきた。大量生産方式が生まれ，製造や労働を科学的に管理する必要に迫られた時代の「経営学」。自動車産業や製造業が経済成長のエンジンとなっていた高度経済成長時代の「経営学」。サービス産業中心型の産業構造に移行した低成長時代の「経営学」。経済のグローバル化が進み，国境を越える企業活動が常態化した時代の「経営学」。そして，高度に発達した情報通信技術（ICT）が経済や社会を根底から変えつつある時代の「経営学」……

　ではこれからの経営学は，どうなっていくのだろうか？　1つの可能性は“社会思考のマネジメント”なのではないか，というのが，実はこの第Ⅰ部のメッセージなのである。それはすなわち，持続可能な発展という新たな社会ビジョンが誕生し，企業の社会的取り組みや環境保全活動が日常化し，政府やNPO・NGOのような組織で“マネジメント”を考えることが一般化した時代の「経営学」である。

　だが，この新しい経営学の探求の旅は，まだ始まったばかりである。これから“社会思考のマネジメント”の時代を生きていく皆さんと共に考え，つくりあげていきたいと思っている。

第 II 部

「歴史思考」編

　絵文字で表現すれば… (?_?)。マネジメント能力が必要とされる世界
は，「謎やなぜ」に満ちている。まさに，顔までが？になってしまう。

　例えば，どんなに優良な企業でも，課題や問題が山積しており，その
解決に日々追われている。企業が自ら抱える課題や問題点を見つけ出し
ても，その根底にある謎やなぜを明らかにしない限り，解決の方策を立
てる術もない。しかも，そのような謎やなぜを解く鍵ともいうべき知恵
（考え方や理論）は星の数ほどあり，個々に丸暗記しているだけでは，と
うてい解決はおぼつかない。

　そのような謎やなぜは，相互に関係しており，複雑に絡み合っている
のが常態であると言えるからである。したがって，そのような謎やなぜ
を解き明かし，解決へと導く能力について，"insight"（洞察力や俯瞰力）
を焦点に言及することが，第 II 部の基本的な姿勢（stance）である。

　とはいうものの，この"insight"を実感・体現してもらうことほど困
難なことはない。そこで，この"insight"を実感・体現してもらうため
の「仕掛け」の役割を歴史思考に求めることにした。換言すれば，歴史
思考という思考態度を媒介にして，"insight"への接近を試みることに
したのである。

序 章

「マネジメント・リテラシー」にお
ける歴史思考の可能性と具体性

1. 歴史思考の可能性

　言うまでもなく，自然科学とは異なり，社会科学は，人々や組織の活動・行動に起因する「営み」をめぐる諸現象や諸問題の解明を目的としている。当然のことながら，このような諸現象や諸問題には多くの要因が複雑に絡み合っている。したがって，とりわけ，社会科学における「歴史（＝人々や組織の営みに起因する「変化」）」が意味することには計り知れないものがあることは自明であろう。「歴史を（に・から）学ぶ」「歴史の教訓」「歴史は繰り返される」という表現を待つまでもなく，「歴史を学ぶ」ことの有効性については議論の余地はない。しかしながら，ここで考えたいことは「歴史それ自体」ではなく，"insight"（洞察力や俯瞰力）に向けた歴史思考である。

　ここでは歴史思考を，「時間という枠組みを前提として，様々な要因が複雑に絡み合い，相互に影響を受けながら，人々や組織の活動・行動に起因する『変化』をめぐる諸現象や諸問題を解明・理解するための思考態度である」と認識している。このように認識した際，この歴史思考には2つの論点（issue）を内包していると考えられる。1つは，「再現と検証」であり，もう1つが「連続と非連続」である。

　近代科学の真髄は，いわゆる「形而上学的思考」の否定に始まり，「再現と検証」による普遍性の追求を旨とするものである。この点について，周知

のように，自然科学においては厳格である。そして，社会科学では，「実験による再現と検証」はほとんど不可能に近いため，例えば，様々な統計手法を駆使して論理的検証を行うか，または，過去の事例や事象にまで遡り，解明すべき諸現象や諸問題に対する分析条件や分析枠組みを厳格に設定するか，あるいは，近似性や類似性の高い事例や事象を比較検討するか，等によって「再現と検証」を試みることの妥当性について，常に議論となる。

　とりわけ，「歴史（＝変化）」それ自体は，過去に生起した事実や事象の時間的蓄積の所産とも解せられる。したがって，時間という枠組みの中で，「連続と非連続」については，事実や事象の時間的関係性が，連続して生起してきた（あるいは，生起していく）ものなのか，それとも，そのような連続性に依存しない「非連続（＝偶有性）」によるものかの議論を前提とする。このような論点（すなわち，近代科学の存在要件と事実・事象の時間的関係性の議論）をめぐり，常に内証を繰り返しながら，諸現象・諸問題の解明を志向する思考態度が歴史思考であるからこそ，"insight" を実感・体現する「媒介変数（パラメータ：parameter）」となる可能性を有していると認識できるのである。

2. 歴史思考の具体性

　しかしながら，上述したように "insight" に対する歴史思考の可能性を指摘したとしても，その具体性を明示しなければ，「マネジメント・リテラシー」を担うことにはならない。図表序.1は，「マネジメント・リテラシー」における歴史思考の枠組みを示すことで，その具体性を代替したものである。

　「歴史的環境の変化・変遷」は，人々や組織に影響を与えてきた，いわば「外部環境（歴史的事象や出来事）」の時間的変化や変遷である。例えば，産業革命，世界恐慌，戦争，石油ショック，グローバル化，規制緩和等をはじめとする諸事象やそれらに対する諸政策等々……といったものが挙げられる。そのような「歴史的環境の変化・変遷」は，時折々に，企業（組織）行動に様々な影響を与え，様々な課題や問題を引き起こし，企業（組織）行動自体

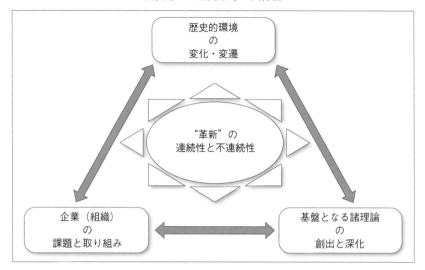

に変化を余儀なくさせることになる。この結果，企業（組織）は，そのような課題や問題に取り組むべく，経営資源を駆使して，全力をその解決・克服に注力することになる。まさに，企業（組織）のマネジメント能力が問われる事態となるのである。このような「企業（組織）の課題や取り組み」の範囲の拡大が背景（＝「時代・社会の要請」ともいうべき背景）となり，様々な課題や問題の解決の基盤となる考え方や理論が創出され，深化を遂げることになるのである。

　図表序.1における留意点は，第1に，上述した一連の説明が，三位一体（trinity）となって，相互に関連し合うことで，これら3つの要素自体が，相互に変化あるいは深化を遂げている点を強調していることにある。このような変化と深化は，時間という枠組みを前提としない限り，換言すれば，歴史思考を媒介として理解しない限り，事実や事象，ひいては考え方や理論に対して，個々断片的な理解に終始することになる。

　第2の留意点は，これら3つの要素自体の変化や深化の根底（コア：core）にあるものを「"革新（innovation）"の連続性と非連続性」においた点にある。ここでは，この"革新"の意味を技術革新に限定せず，より広範囲に捉

えている。例えば，生産システム，組織の態様，販売方法等々における新たな活動や行動等，及び新しい考え方や理論の創出等にまで想定している。したがって，また，そのような"革新"が生起する態様が，時間の枠組の中で連続的に生起するか，非連続的に生起するかの議論の必要性を提起するものとなっている。

3. 「マネジメント・リテラシー」における 歴史的環境の焦点と「ふしめ（節目）」

　ここでは，「マネジメント・リテラシー」における「歴史的環境」の基軸を「資本主義」に置くことにする。マネジメントの世界から「資本主義」の原理を理解すると，事業（business）に対する投資とその回収が根本原理となる。しかも，投資とその回収の成果（＝利益の創出）の態様は，市場に依存すると理解される。したがって，歴史的環境である「資本主義」の時間的枠組みを，おおむね，18世紀半ばの産業革命（Industrial Revolution）から現在に至るまでの変化・変遷とする。

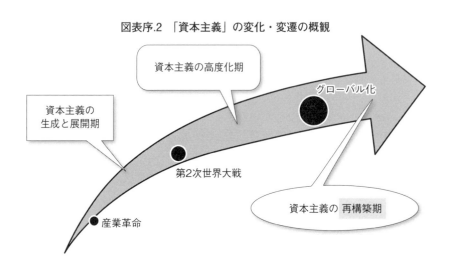

図表序.2　「資本主義」の変化・変遷の概観

資本主義の高度化期

資本主義の
生成と展開期

グローバル化

第2次世界大戦

産業革命

資本主義の 再構築期

さらにいえば，ここに挙げた「資本主義」の時間的枠組みをめぐって，3つの「ふしめ」を示すことにした。この点を図示したものが図表序.2である。

4.「資本主義」における企業の課題と取り組み

「資本主義」の変化・変遷の影響を受けて，企業は常に課題や問題への対応に迫られている。図表序.2で示した「ふしめ」との対応からいえば，企業においては

＊資本主義の生成と展開期では「規模の経済（Economies of Scale）」
＊資本主義の高度化期では「範囲の経済（Economies of Scope）」
＊資本主義の再構築期では「"代替"の経済（Economies of Alternatives）」

が課題となり，そのような課題に対して，企業は様々な取り組みを試みてきたのであり，また試みようとしているのである。

図表序.3は，この点を図示したものであるが，留意すべきことは，これらの課題が，今日においても，重層的に企業を取り巻いていることである。特に，1990年代以降の企業の課題を「"代替"の経済」という概念に求めた。「"代

図表序.3　企業の課題と取組み（部分）

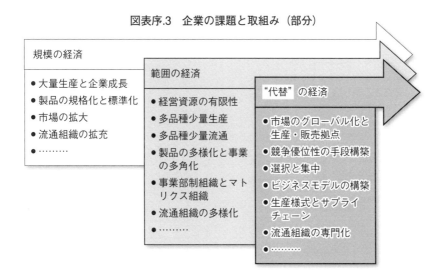

替"の経済」という概念は,「瞬く間に,企業がこれまでに占めていた市場地位を失い,新たに他の企業に取って代わられるという事態が生じる」ことを意味している。そして企業間競争は,顕在的競合他社だけではなく,潜在的競合他社との間で繰り広げられることも意味しているのである。

5. 企業の課題と取り組みの基盤となる「考え方や理論」の創出と深化

　上述した企業を取り巻く課題と取り組みだけでなく,資本主義の変化・変遷からも同様に,課題解決や問題解決の基盤となるマネジメントにかかわる「考え方」や「理論」の創出と深化を促すこととなる。図表序.4は,1950年代から1970年代における,そのような考え方や理論の推移を示したものである。したがって,歴史思考においては,マネジメントにかかわる「考え方」や「理論」について,いわゆる学説史を展開するものではない。

　研究者は,果敢に,資本主義の変化・変遷と企業を取り巻く課題の奥底に

図表序.4　考え方や理論の創出と深化（部分）

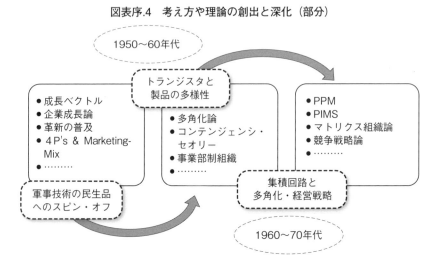

潜む，謎やなぜを解明しようとして，「変化」に対する考え方や理論の精緻化に挑戦する。それだけではない。企業においても，自己が抱える課題や問題解決の糸口を，考え方や理論に求め，そのような企業行動が，考え方や理論を淘汰し，あるいはその精緻化に影響を与えてきたのである。

6. 第Ⅱ部が目指す「到達点」－本章のまとめにかえて－

　ここで，もう一度，図表序.1に振り返ってもらいたい。これまで述べてきたことは，図表序.1で表された歴史思考における可能性と具体性の議論であるといえるのである。

　その上で166・167ページの図表序.5を見てみよう。図表序.5に示された内容や項目が，歴史思考で取り扱う材料（materials）であるといえる。これらの項目や内容について，個々に知識を深めることも大切であるが，全体を見通す（＝"insight"）ことができることが，第Ⅱ部の到達点である。さらにいえば，これらの材料をもとにして，「"革新"の連続性と非連続性」にまで言及できることもまた，到達点である。まさに「木を見て森も見る。森を見ながら木も見る」であり，この「見る」という行為自体が歴史思考という思考態度なのである。

　とはいえ，第Ⅱ部で述べることはまだまだ表層的なものであることは否めない。政治史・経済史・商業史・経営史・学説史・技術史は言うに及ばず，経営学や商学における蓄積された知見について，より深遠な議論にまで言及していないことは十分承知している。歴史思考の可能性と具体性の一端を理解していただければ幸いである。

図表序.5　第Ⅱ部の「到達点」

		第1章	第2章		第3章	
		産業革命～WW I / Ⅱ	戦後～1950年代	1960年代	1970年代	
		資本主義の生成と展開期	資本主義の高度化期			
歴史的環境の変化・変遷	時代の特徴	帝国主義，戦争，大不況，	パックス・アメリカーナスピン・オフ（spin-off）	高度経済成長	W-Shocks と世界同時不況	
	時代の潮流	科学革命，産業革命，資本主義の展開，植民地化，産業化と市場の拡大	国連，ブレトン・ウッズ体制，IMF体制，GATT，東西対立（冷戦），覇権主義（Pax Americana），植民地解放	ベトナム戦争，人権の時代，宇宙開発，核開発	ドル・ショック，石油ショック，世界同時不況，世界経済の3極化	
	世界の状況	科学革命，産業革命，資本主義の展開，植民地化，産業化と市場の拡大，企業の台頭，大工場制など	軍事技術の民生品への展開，第3世界（A/A諸国）の台頭，軍事産業	アメリカ中心の貿易の拡大と海外直接投資	ベトナム戦争の終結，中東戦争，イラン革命	
	国内社会状況	明治維新，鉄道，自動車産業の台頭，航空機産業など→起業家精神，企業集団の登場	GHQ，戦後財閥解体と残存，朝鮮戦争（特需）と経済発展，海外との技術提携と政府の役割	高度成長期，東京オリンピック，三種の神器の普及，モーターリゼーション，公害問題	3Cの時代，高度経済成長期の終焉，狂乱物価，省エネ，輸出本格化	
	世界主要インフラ	鉄道，電話，高層ビル登場（US），百貨店の登場，自動車普及	トランジスタと集積回路，コンピュータの開発，新幹線，高速道路，コンテナー船，大型タンカー		大型ジェット機，VTR，ミニ・コンからPCへ，ラジカセからウォークマンへ，自動改集札機の開発	
	日本の産業とのかかわり	石油，セメント，鉄鋼産業	自動車産業，家電産業，電子部品・周辺機器産業，総合スーパー		工作機械（産業用ロボット）産業，検査・測定機械産業，CD/ATM・自動販売（↗）	
企業の課題と取組み	規模の経済	規模の経済				
	範囲の経済					
	代替の経済					
		生産性向上，従業員管理問題	製品の計画的陳腐化，プロダクトライフサイクル，設備投資と回収問題，製品の多角化と経営組織		事業の再編，効率的投資の実現，競争優位性の確保	
	理論の創出と深化	モチベーション，科学的管理法，イノベーション論台頭	企業の成長論理，成長ベクトル，革新普及論，Marketing（Marketing-Mix），事業部制組織		PIMS，PPM，多角化論，競争戦略論，コンテンジェンシーセオリー，マトリクス組織	

第4章	第5章	第6章	第7章
1980年代	1990年代	2000年代	2010年代〜
資本主義の再構築期			
規制緩和の時代	冷戦の終結とICT革命の幕開け	中国と新興国市場の浮上, 情報化・標準規格競争の時代	デジタル経済時代の覇権争いをめぐる競争と革新
規制緩和 (サーチャリズム), レーガノミクス,	理念対立の時代から世界化の時代へ (市場の拡大)	デジタル化時代へ, グローバル化の時代へ, 経済のFTA化, アメリカ同時多発テロ	第4次産業革命 (AI, 自律運転, EV, ドローンなど), デジタルイノベーションの深化, デジタル民主化 (ジャスミン革命)
米国優越主義, 保護成長, 貿易摩擦, NEIs諸国の成長, 中国改革開放政策, ソ連解体, ドイツの統一, プラザ合意	EUの誕生 (単一通貨, 関税), 経済のブロック化とWTO時代へ, アジア通貨危機	中国の開放政策, 新興国の台頭 (BRICs), 貿易拡大, 米国発世界経済危機 (リーマンショック), ASEAN	米中の対立と結びつき, 中国企業の台頭, M&Aの加速化, AEC へ, 南米・MEXICO, Indiaの重要性浮上 (タイ洪水)
多品種少量生産・流通, 生産拠点の海外展開, 貿易摩擦, バブル経済	バブル崩壊, 山一証券の倒産, インターネットの普及, 電子商取引登場	PC普及の加速化, スマートフォンの登場, 失われた20年といわれる。地方再生, 孤独死, 介護問題など	少子高齢化, 3.11東北地震, アベノミクスへ, インバウンド, ブラック企業, 労働力不足, 低い生産性, 地方再生
電子レンジ, ルームエアコン, ビデオカメラ, CD/ATM, PC	インターネットの商業化, IT化, 携帯電話の登場, グローバル化, 国際貿易	半導体性能向上によるPC性能向上, グラフィカル化, 動画, スマートフォン, FACEBOOK	スマートフォン, Google, SNS の時代, EV, 原子力発電所増加, ドローン, 3Dプリンター
(ヽ) 機, テレビゲーム, PC, チェーン・ストア (ファストフード, コンビニ), 海外旅行産業	ICT産業, 生販統合, デルモデル, 東南アジアへのFDI本格化	中国及び新興国へのFDI増加, オープン化, インターネットビジネス (IKEA, Walmart, 7&11, Unique, ZARA), スマートフォン	M&Aの活性化, 地方創生, 観光立国, SNS, デジタル化, インクルシブ・ビジネス, 生産の現地化
範囲の経済			
	代替の経済		
規制緩和, 市場開拓, 生産・販売の海外移転, 製品の多様化と代替製品	日本的経営への反省と成果主義, 適応と適合	品質問題, 企業の責任, 国際経営, グローバル生産分業とSCM, ロジスティクス	ビジネスモデルイノベーション, 複雑性及び不確実性への対処
範囲の経済, 日本的経営 (Made in America/Made in Japan), TPS, 多国籍企業論	コアコンピティンシー, Lean Production, 情報システム論, キャズム	イノベーションのジレンマ, ブルーオーシャン戦略, エコシステム論, シリコンバレーモデル, 技術経営, CSR, ソーシャルイノベーション	SDGs, BOPビジネス (インクルシブ・ビジネス), プラットフォームビジネス, シェアリングエコノミー, 現地化問題, グローバル経営

第 1 章

【資本主義の生成と展開期】
産業革命から第2次世界大戦まで

この章で学ぶこと

　本章では，現在の経済システムである資本主義の基盤となる産業革命の黎明期から，第2次世界大戦期までの歴史を概観する。主な世界政治・経済の流れと出来事，そしてその連鎖がもたらした影響と矛盾としての植民地主義（帝国主義）と世界大戦期を概観した上，日本とのかかわり，現代企業の誕生と問題，それによる経営的課題と理論誕生の背景について考察する。

キーワード

- 産業革命
- 工場制
- 蒸気機関
- 大量生産システム
- 帝国主義
- 世界の工場
- 科学的管理法
- 神の見えざる手
- ニューディール政策
- 官僚制組織

1. 世界覇権の移り変わりと産業革命前史のおさらい

　経営学の「現在」や企業活動の「今」を理解するために，少し長い視点で「現在」に至るまでの世界歴史の変化過程を見ておこう。多くの歴史家や経済史研究者によって明らかになったように，中国を中心とする東洋から西洋へ世界経済力の比重の転換が起き，始まったのは，1500年代前後であろう（図表1.1参照；Maddison, 2007）。

　主要国のGDP推移を見ると，他大陸の国より最も早く近代化を進めたヨーロッパは15世紀から持続的に成長を遂げてきていることが分かる。その背景には，イスラム帝国からの戦争の終わり，イスラム地域からの先進技術知識の導入と一新，科学の進歩と普及が大航海時代の幕開けとなった。スペインとポルトガルが先頭に立ったアメリカ新大陸の発見は，古代インカ文明とアズテカ（Azteca）文明の崩落と植民地化を引き起こした。その後，ラテンアメリカからの大量の銀の流入と新しい農作物の導入，とりわけじゃがいもと

図表1.1　グローバルGDPにおける主要経済国の推移：AD.0〜2005

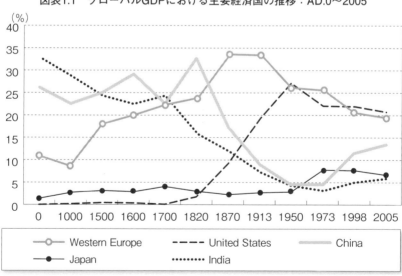

出所：Maddison（2007）.

カボチャなどの移植，小麦の生産量増大と安定供給などにより，人口が増えた。

　人口増加の背景には，社会の安定化（イギリスの7年戦争〈1756〜63年〉の終わりと名誉革命〈1668〜69年〉）と衛生的な住居環境（レンガづくり）の整備によって，死亡率の低減も大きく影響した。人口増加は，労働力の増加と市場需要の成長の可能性を内包する。つまり，労働市場と消費市場の形成と規模拡大につながるのである。さらに，18世紀には，農業技術面で，中世の農作法（三圃制農業）を代替し，かぶ，大麦，クローバー，小麦を輪作する輪作法が導入され，農業生産性が増加した。さらに，地主の利益を代弁し，保護主義に基づいて制定されていた「穀物法」が1846年廃止され，より自由貿易を促すことになった。

　また，ヨーロッパ地域の人口増加だけではなく，市場の拡大が同時に起きた。15世紀半ばから17世紀半ばまで続いた大航海時代による影響である。この時期の航路開拓は，スペインとポルトガルが先頭を切り，原材料供給地及び販売地としての植民地開拓をした。アメリカ大陸はその代表的な地域となった。多くのヨーロッパの国が世界を舞台にした植民地形成に突き進むことになり，必然的に国家間の主導権争いが国の勢力や運命を握るようになった。のちに，海洋主導権は，ネルソン提督のイギリス艦隊がフランス・スペイン連合艦隊をトラファルガー海戦（1805年）で勝利を収めたイギリスに渡された。その後，イギリスは世界を舞台に植民地開拓を行った結果，「太陽の沈まない国」の地位を確保したのである。

　植民地開拓と経営は，当然ながら貿易と商業が活性化され，それによって商業資本の発展と蓄積が行われた。貿易や植民地経営のために，大規模な会社が設立された。東インド会社の設立はその象徴的なものであろう。[1]このことから，生産要素の1つである剰余資本の蓄積が可能となり，のちに銀行制度の発展へつながり，株式会社を生むことになる。また，こうした資本が積極的に工業，商業，農業に投資されたのである。

　18世紀に入り，イギリスで起きた産業革命（1760年代〜1830年代）は，ヨ

1　東インド会社は，そもそも大航海時代に航海に必要な資金を共同で持ち出し，支援することで，その後，配当などをもらうために設立された。イギリスの「東インド会社」（1600年設立）とオランダの「東インド会社」（1602年設立）が代表的である。

ーロッパを決定的に変えるようになった。前述した様々な領域での出来事と相互作用，その連鎖が産業革命の基礎をつくることになった。こうした資本主義経済システムに不可欠な生産要素である労働力と資本の蓄積があったからこそ，その後，歴史は産業革命時代へ進むことになったのである。

　一方，ヨーロッパの動きとは違って，1800年まで世界GDPの3分の1を占めていた中国は，その存在感を急速に落とした。中国が威を振るった明時代。鄭和（Zheng He, 1371～1434）により1405年から1433年まで7度にわたって東南アジア，インド，アフリカまで往来していた大航海時代が突然終わり，鎖国政策をとった以後，中国は徐々にその力を失った。19世紀に入ってからは，植民地開拓を軸とする帝国主義に走っていた欧米諸国に対応できず，中国は半植民地にまで転落する。

　そこから約100年が過ぎた今日，中国は，世界の工場，世界の消費大国となり，G2まで成長した。戦後，米国と欧州先進諸国によって再編された世界体制に対して，近年，中国は強大な経済・軍事・政治的な力を持ちつつ，一帯一路戦略で再度世界の中心国となる夢を描いている。それによって，エネルギーや世界実情の覇権を握るための様々な対立が起きるのが「現在の歴史」であり，それが，世界市場や経済，企業成長には大きな影響を与える。その影響を再び受けざる得ないのが，グローバル時代の企業活動である。今後，歴史はどのような展開していくのか。その知見や智恵を得るために，また，将来の鳥瞰図を描くためにも，過去の歴史に遡ることは意味があるだろう。

2. イギリスの産業革命と「世界の工場」

(1) 産業革命の展開過程

　資本主義の開幕宣言ともいえる産業革命。この産業革命を理解するため，その前提条件ができた産業革命の黎明期にまで少し遡って見ておこう。1つは，前述した資本の形成であり，もう1つは労働者層の創出である。

　まず，労働者の誕生メカニズムである。15世紀から16世紀まで（第1次エンクロージャー）と，1760年頃から1820年頃までの土地の囲い込み（第2次

エンクロージャー）は，毛織物需要増に伴う牧用地の獲得と農業経営の資本主義化の狙いがあったが，広大な土地を所有する地主が誕生した。換言すれば，農作地を失った農民が大量発生した。この層が，仕事を求めて，都市部に流れ込んだのである。移農民が労働力の供給源となり，産業革命を支える労働者層を形成したのである。まさに，産業革命の前夜ともいえる労働者層を生み出したのは，「農業革命」と同時に行われた第1次，2次エンクロージャー運動であった。

　資本主義の本格的な幕開けである産業革命はイギリスから始まった。18世紀半，J.ワット（James Watt, 1736〜1891）によって発明された新方式の蒸気機関が出発点となった。[2]蒸気機関は，当時イギリスの主力産業だった綿工業に広く導入されるようになり，大きな変化をもたらした。[3]イギリスでは，インドの輸入品であるモスリンが洋毛糸を使った薄い平織毛織物に代替され，市場需要が拡大されつつあった。その結果，市場需要を満たすためには何より生産量の供給できる体制が必要とされていた。そのため，従来は家畜や人力に頼っていた動力源の代替案として，蒸気機関が急速な普及と進化を遂げるようになった。この蒸気機関の普及によって，生産体制は一変され，少人数のクラフト（職人）による手工業から，1か所に多くの人が集まって生産活動をする新しい生産組織，「工場制」が成立した。

　「工場制」は多数の労働者が雇用契約により，工場に集まり，作業ルールと規範に基づいて働く生産組織であり，経営者によって管理される組織である。また，工場制は，経営者によって職長や支配人などの職階を生み出し，労働作業を監視し，統制する管理体系とヒエラルキー組織構造を形成するようになり，製造業者の生産組織の出発点になった。

　一方，綿工業への蒸気機関の普及と時期を同じにして，他産業においても

2　実は，世界最初の蒸気機関はJ.ワットのものではない。リチャード・アークライトによって発明された水力紡績機（1771年）が最初のものである。当時，綿不足の中で，これまでの糸をつくる産業を様々な装置が発明された。代表的なものはミュール紡績機（1779年）であり，紡織機は手動から自動のものに改良されていった。

3　なぜ，産業革命はイギリスで起きたのか。科学への探求や自由な発想を尊重する雰囲気の中で，ジェニー，ミュールなどの新しい紡績機が発明されたことにより，イギリスでは綿糸不足が一部解消された。しかし綿糸の供給能力の向上の鍵となったのが，動力源であった。

図表1.2　アイアンブリッジ（1781年開通）

出所：https://worldheritagesite.xyz/contents/iron-bridge/

様々な技術イノベーションが起こり，相乗（シナジー）効果をもたらした。河川を利用した水上輸送に蒸気船が登場した。また，コークスを製鉄に利用するコークス製鉄法が開発され，この製法を用い，鉄の大量生産が可能な製鉄所が多く建設された。そこで生産された鉄が多様な用途で使われた。世界遺産であるイギリスの「アイアンブリッジ（図表1.2)」はそれを象徴する[4]。さらに，炭鉱で用いられた鉄線路に蒸気機関車の採用・普及が続いた。

　このように，綿工業から始まった産業革命は，鉄道及び蒸気機関車をはじめ，蒸気船の発明につながり，物資や人の移動を促すことになった。1825年に実用化された蒸気機関車式の鉄道は，瞬く間にヨーロッパや米国諸国へと伝播され，輸送システムを一変させた。馬車とは比べられない輸送量と距離は，市場拡大という結果をもたらし，さらに供給側（企業）の生産活動を刺激するようになった。

4　フランスパリのシンボルであるエッフェル塔もその典型的な例である。エッフェル塔は1889年の万国博覧会用として金属産業の象徴物として計画され，1887年1月に起工式を行い，1889年3月に竣工，完成された。塔本体に使われた錬鉄の重さは7,300トンで，総重量は約1万トンを超える。産業革命以後，鉄の利用可能性は無限に拡大した。鉄は鉄道だけではなく，社会インフラや工場，都市化に欠かせない材料となった。そのため，製鉄産業は，半導体産業の重要性が高まる1980年代前までは「産業の米」と呼ばれた。つまり，産業革命に成功したイギリス，米国，日本だけではなく，韓国や中国を見ても，製鉄技術は近代化・産業化に欠かせないものである。

より多くのものを売りたい企業にとって，輸送インフラの整備はより多くの投資と他の企業の参入を呼んだ。こうした企業の投資意欲を実現するためには，その資金を安定的に供給してくれる組織が必要になった。生産要素の1つである資本の円滑な供給は，近代的な銀行制度の登場と整備によって実現された。1694年にイングランド銀行が設立され，大規模融資が可能な基盤が形成された。こうした企業の投資と経営を支える社会制度・金融システムが確立され，産業革命と産業化社会への移行を支えたのである。このような過程の中で，多くの植民地を獲得していたイギリスは19世紀前半に「世界の工場」となったのである。

　他方，米国の展開過程は異なる道だった。奴隷の労働に依存していた綿花の輸出国から，南北戦争（1861～65年）後，本格的な工業国へ発展するようになった。奴隷解放（1862年宣言）により，工業化（industrialization）に十分な労働力を確保した。その上に，米国大陸を横断する鉄道事業の展開が，広範囲に至る市場形成と都市化，時間と距離の短縮による物流システムを一新させた。さらに，20世紀に入り，部品の互換性（interchangeable）が十分に担保できなかったアメリカンシステムが本格的な大量生産システムへ移行するようになる（Hounshell, 1984）。その典型がフォード自動車の歴史から確認できる。産業革命はイギリスから各国に伝播し，世界規模で工業化と経済活動を活性化させるようになった。実は，こうした波及効果や産業化の順序は，産業化を進めている現在の新興国でも類似な軌跡が確認できる。

　産業革命は，いったいどのような変化を引き起こしたのだろうか。「革命」と呼ぶのは，以前の社会の生産性と比べてあまりにも飛躍的なものであり，同時に，産業革命は生産組織，技術システム，社会制度，生活，社会規範を一変させるものであったからである。

（2）産業革命の「革命性」

　20世紀歴史学の巨匠ともいわれるトインビー（Toynbee, A. J., 1889～1975）は著書『英国産業革命史』で，産業革命の影響は「革命的」と評価した。なぜ革命的なのか，どのような変化やインパクトがあったから革命といえるのか。アシュトン（Ashton, 1968）は，産業革命を次のように説明している。

　産業革命では，煙突の林立に象徴されるように，数多くの工場ができ，町

出所：http://reuterjapannews.hatenablog.com/entry/2017/11/28/093459

の風景が一変した（図表1.3）。それだけではなく，蒸気機関を活用した蒸気船と蒸気機関車などの新しい乗り物が発明された。新しい乗り物は移動距離を伸ばし，人や物資の移動時間を短くした。同時に，以前よりも，より遠方の村と都市との交易・交流を活性化することができた。つまり，移動手段の革新につながり，その結果，市場が拡大されるようになり，それを促進させるためのインフラとしての公道や運河が多く整備され，商業の活性化につながったのだ。

　他方，産業革命期を前後に科学，とりわけ医学や生命科学の飛躍的な進歩があった。また，電機，蓄音機，電球，発電機，カメラ，セメント，缶詰[5]，ミシン，銃，自転車，自動車などの新しい工業製品などが発明され，様々な産業の形成と工業化の道を開いた。

3. 第1次・第2次世界大戦期：大量生産システムと科学の進歩

(1) 産業革命から帝国主義へ

5　食品の長期保存ができる缶詰はイギリスのデュランド（ Durand, P.）によって1810年に発明された。当初は探検者や軍事用として用いられたが，20世紀に入り，本格的な缶詰工場ができた。1つの例を挙げると，現在，豚肉の缶詰食の定番である「SPAM」である。SPAMはSpicy（スパイシー）とHam（ハム）の造語であるが，この商品は，1930年代後半に発売されたが，第2次世界大戦期に，軍事用として大量生産され，広く普及し，今に至っている。

19世紀末に至り，産業革命の影響は工業化にとどまらず，交通機関の発達と共に，人口の移動と往来を促し，都市化の進展にもつながった。例えば，ニューヨークの例を見ると，1800年の人口約6万人の1.5平方マイル都市が，1860年には，面積19平方マイル，人口100万人を超え，1890年には面積63平方マイルで，人口260万人を超える大都市に変貌した。[6] 都市の形態も変わった。本格的な高層ビルのスタートともいえるニューヨークワールドビル（106メートル）が完成したのも1890年であった。高層ビルの完成は単なる高さのすごさだけではなく，そのためのセメントやエレベーター，電力，製鐵などの関連産業と建築工法の発展があってこそ可能になることが推測できるだろう。こうした都市化はさらなる人口集中を促した。

　社会インフラの普及とそれに伴い，工業製品の普及と関連産業（電機，セメント，水道，電話，石油，電球など）の企業成長をもたらした。また，様々な機械と画期的な製品も多く登場した。代表的なものが自動車である。当初，自動車は「馬なし馬車（no horse carriage）」と呼ばれた。1800年代の終わり頃から蒸気，電気，ガソリンなどの自動車が登場し，1900年初頭は蒸気自動車が主流だったが，結果的にはベンツの開発した内燃機関のガソリン車が市場を席巻するに至った。それにより，以前はあまり価値のなかった石油が，最も重要なエネルギー源に変わったのである。

　自動車が貴族の遊びの道具から一般大衆にまで普及できたのはフォード自動車のお陰だと言っても過言ではない。フォード社（Ford Motor Company）は，T型車（Ford Model T）を開発し，大量生産体制を構築し，安価な自動車の生産に努め，市場に普及させた。大量生産体制の構築のためには，部品の規格化によって，互換性の確保がキーとなる。そのため，当時の工場の中では定規など様々な測定機器が大量に使われた。また，従業員の熟練や作業時間のバラつきをなくし，同じ時間で同じ作業を均質に実行させるために，時間研究と動作研究に基づいた科学的管理法（scientific management）を導入していた。さらには，なるべく熟練（クラフトマン的な要素）の要素を排除し，誰でも作業にすぐ適応させるため，生産工程を細分化した上，最終的

6　http://demographia.com/db-nyuza1800.htm

図表1.4 第1次世界大戦の風景(塹壕戦)

注:(左)ソンムの戦いでのイギリス軍塹壕(1916年)。(右)水びたしの塹壕で戦う米陸軍の兵士(1918年撮影)。
出所:https://www.jiji.com/jc/d4?p=wwl209-ustroop001&d=d4_mili

に機械の動きに人の労働・動作を合わせるベルトコンベア式生産ラインが導入され,大量生産システム(mass production system)を確立したのである。大量生産システムは製品単価を抑え,廉価なT型車を生産し供給・普及することができた。このシステムは様々な産業や企業に浸透するようになった。

産業革命は,それを成し遂げた国家を越えて,グローバル次元で影響を与えた。19世紀から20世紀にかけて,工業生産力向上は,販売先として,また,原材料の供給先としての海外植民地市場を求め,多くの国家が競争するようになった。こうしてアフリカ,アジア,南米などの諸国が植民地になった。いわゆる,植民地獲得をめぐり,産業革命の先発国(イギリス,フランス,米国)と後発国(ドイツ,イタリア,日本)間に対立が生まれ,その紛争の結果として,人類は2度の世界大戦を経験することになった。この時代を「帝国主義(imperialism)」という。

(2) 第1次世界大戦から第2次世界大戦まで

世界各国を対象にした先発国と後発国の植民地争奪戦の対立と矛盾は戦争という形で勃発した。第1次世界大戦(1914〜18年)は,オーストリア・ハンガリーの皇位継承者が妻と共に暗殺されるサラエヴォ事件がトリガーとなり,当時の様々な地域で起きていた局地紛争が一気にヨーロッパ全域を戦場

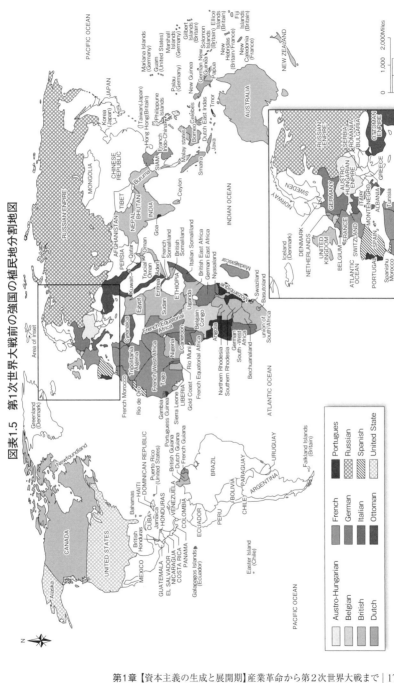

図表1.5　第1次世界大戦前の強国の植民地分割地図

出所：https://www.facinghistory.org/resource-library/image/empires-world-war-i

にするものとなった。人類歴史の中で，最も悲惨な戦争であったといわれれる。様々な映画でも描かれているように，戦場は泥沼と有刺鉄線の中で，当時までに発明された大砲，機関銃，手榴弾，飛行機，毒ガスなどの武器が大量に用いられた。また，長い塹壕戦は，不衛生だったため，あらゆる病原菌の温床となり，赤痢・発疹チフス・コレラなど感染症の蔓延も重なり，1,600万人の戦死者，2,000万人以上の負傷者が犠牲となった。

　第1次世界大戦後，ベルサイユ条約により，敗戦国ドイツに課せられた賠償金と制裁は，ドイツ国民の生活を苦しめた。1923年の貨幣供給は2,000倍まで増加し，一般物価水準が2万5,000倍まで上昇するハイパー・インフレーションとなった。さらに，1929年の世界恐慌は再びドイツの経済を厳しくし，1933年の失業率が44％にまで達した。こうした状況の中で政治は国民の信頼を失い，ヒトラー（Hitler, A.）によるナチス労働党がヴェルサイユ体制打破を掲げて，政権を奪い，その後，ヨーロッパは再び戦場（第2次世界大戦：1939〜1945年）と化した。

　一方，中国を含むアジア地域においても列強（イギリス，フランス，ロシア，米国）の植民地争奪戦が広まった。そうした中，日本は，明治維新（1868年）を断行し，産業革命と近代化に拍車を掛けた。その過程の中で，日清戦争（1895年）と日露戦争（1905年）に勝利し，列強の仲間入りを果たした。日本は，日清戦争の対価として台湾を植民地化し，賠償金で八幡製鉄所を建設し，工業化の基盤を固めることができた。日露戦争後は，日本は朝鮮を植民地化（1910年）し，軍国化が進み，続いて満州国の設立（1932年）などを行い，中国での影響力を強化しようとした。ところが，日中戦争（1937年勃発）をきっかけに，米国との対立の中で，東南アジア諸国まで戦線を拡大し，ハワイ真珠湾攻撃（1941年）により，太平洋戦争が勃発した。

　戦線は広がり，相互大きな被害を受ける中，既存戦争の概念が一変し，空中戦と空母が重視された。その背後で軍事物資の調達と生産システム間の戦いともいえるものがあった。その結果，1945年8月15日，戦争は日本の敗戦で終わった。第2次世界大戦は米英仏中ソなどの連合国が勝利し，逆にドイツ，日本，イタリアの敗戦で終わった。終戦後，世界は新しい世界システムの構築に邁進することになったのである（第3章参照）。

（3）皮肉な成果と脱植民地化

　歴史の出来事としての「戦争」という特殊な状況は，同時期や戦後に，大量の負傷者や病人への対策のため，整形手術を含め，病理学，生物学，細菌学，免疫学などの医学の発展を著しく促進させた。また，服，食料，武器など，大量の物資が要求されるため，そうした大量需要に応じるためには，大量供給能力が企業に求められた。さらに，当時まで民間用として使われていたものが軍事用として改良・転換された[7]。逆の場合もあった。例えば，第1次世界大戦期に，寒冷地での戦いのために開発されたトレンチコート（トレンチ；塹壕の意味）はバーバリー社（Burberry Group plc：1891年創業）のシンボル製品となり，今までも使われるファッション商品になった。同様なことが第2次世界大戦期にも繰り返して発生した。軍事用として発明されたミサイル，潜水艦，コンピュータ，戦闘（動力）機，レーダーなどが，戦後に民需用として転換されたのである。

　他方，社会的には，軍需物資の生産や関連業務に不足していた労働力を女性が担うようになり，女性の社会進出や男女平等意識が早く広がるきっかけとなった。特に，米国ではそうだった。女性の政治への参加権利（女性参政権）も20世紀前半で，社会運動や労働運動の中で広がった。女性参政権はイギリスでは1918年に，米国では1920年に認められたが，日本では戦後1945年12月の改正選挙法によって，20歳以上の男女に対して，男女平等な選挙制度が制定されたのである。

　第2次世界大戦後，インドをはじめとして東南アジア，アフリカ（1960年フランス植民地だった13か国を含めて17か国が独立）など多くの植民地が独立した。世界は，戦争の被害が相対的に甚大ではなかった米国が主導権を握り，新しい秩序と政治・経済的枠組みを模索することになった。他方では，ロシア革命（1905〜17年）を起点とする社会主義陣営（ソ連，中国，東欧諸国など）と資本主義陣営との国々が対立する冷戦時代に突入することになった。

7　例えば，1860年代米国中部で家畜の保護と領地区分の目的で発明された有刺鉄線は，むしろ戦争で大いに活用された。

コラム 経営学から日本の敗戦理由を探求する[8]

　経営学は様々な組織が研究対象となる。経営学の誕生の頃は，軍隊や病院，学校などが研究対象になっていた。とりわけ，軍隊や関連機関の資料を用いたものが多かった。ここで，日本の第2次世界大戦敗戦の本質に関する興味深い研究を紹介しておこう。

　まず，日本軍の失敗の本質においては，リーダーシップの不在，プロフェッショナリズムの暴走，合理的な失敗，意思決定の構造と曖昧さの問題など，組織論的な観点からのアプローチが広く議論されているが，製品開発や生産システムの問題から問いかけるものもある。

　日本の産業革命後，短期間で様々な産業において工業化を進めながらキャッチアップを図った。短期間に技術的基盤を確立し，航空機産業まで自前でやるようになった。戦闘機による真珠湾攻撃はその象徴である。この襲撃により，戦争のパラダイムは戦艦による海戦から空中戦に変わった。真珠湾攻撃以後，米国は航空機生産とそれを運ぶための空母生産に拍車を掛けていた。しかし，日本は財政の悪化の中でも巨大戦艦「ヤマト」を建造する動きになった。完全に技術のトレンドの読み間違えともいえる行動であった。それがなぜ起きたのかについて組織論の側面からアプローチできよう。

　もう1つは，戦争という特殊な状況は，性能や耐久性の良いものが大量に必要とされる。すなわち，大量生産とその供給能力が求められる。しかしながら，日本は航空機生産台数を比較してみると一目瞭然に劣位であったことが分かる。さらに，米国が規模の経済性を活かし，航空機の開発と生産を行ったが，日本は多岐にわたる製品モデルを開発したことで，経済性を無視した多機種同時生産体制を取ったことが致命的だった。米国は重点機種を絞り，少数精鋭機種を選択と集中し，大量生産を行った。日本の場合は，13種類にわたる製品群全体において，基本型90種，改修型164種を開発・生産していたため，規模の経済性の享受が難しく，生産現場の混乱を招くこととなった。さらに，下請け企業との連携不足，統合技術の不足，品質問題，徴兵による熟練工の不足，資源不足による品質低下が重なっていた。こうした多機種同時生産体制の原因は，陸軍と海軍，空軍の組織的な軋轢と葛藤が背景にあった。

8　ここでは，防衛大学校教授を歴任した新治毅氏（新治，2011）を参考にしている。

各国の航空機生産数

（単位：機）

	1941年	1942年	1943年	1944年	4カ年計
日本	5,088	8,861	16,693	28,180	58,822
ドイツ	11.766	15,556	25,527	39,807	92,656
イギリス	20,100	23,600	26,200	26,500	96,400
米国	19,433	49,445	92,196	100,752	261,826

出所：United States Strategic Bombing Survey（USSBS）：The Japanese Aircraft Industry,
（Aircraft Division, May 1947）.
新治（2011）p.105 より引用。

　なお，太平洋戦争における「失敗の本質」を探る文献としては，『DIAMOND
ハーバード・ビジネス・レビュー』の2011年1月号と2012年1月号が参考に
なる。また，戸部他（1991）の『日本軍の失敗―日本軍の組織論敵研究』もお勧
めである。

4. 両大戦期の経済状況と大企業の形成

　両大戦前後の出来事は，現在までに至る様々な原因となることが多い。企
業活動を考える上で国際政治や制度などの要因が大きくかかわるため，この
点についての思考も必要となる。

　1つ目には，米国の外交戦略と大企業群の形成である。米国は，第1次世
界大戦中，不干渉主義の外交政策をとっていたため，直接に軍事的な行動に
は介入しなかったが，軍事物資の大量供給（輸出）を担った。ヨーロッパの
戦場が激しさを増す中，米国は，民需・軍事物資の提供にとどまったことが
大企業の成長，生産性の向上を図る機会となった。重工業への投資，安価な
T型車の普及（モータリゼーション），戦後のヨーロッパの疲弊と復興のため
の輸出増加によって，企業は一層生産規模を拡大することになり，大企業に
よる独占化が進んだ。また，投資信託の大衆化により，証券市場に投機資本
の流入も増えた。

　2つ目には，産業革命期と両大戦期に，米国大陸には工場制や鉄道の移転・

普及がなされ，工場制による近代企業の生産組織と企業組織が形成された。缶詰食品，タバコ，マッチ，朝食シリアル，石鹸，写真フィルム，農業機械，食肉加工，ミシン，タイプライター，事務機，エレベーター，電力などの重機械といった，様々な分野を牽引する大企業が生まれた。これらの大企業の成長には市場をつなぐ大規模の流通網の形成があった。その基盤を支えた核心的なことに鉄道の発展があった（Chandler, 1962）。大企業の形成は，経営学の誕生と深く関係する。これについては後述する。

　3つ目には，両大戦期に起きた経済危機である。先述したように，第1次世界大戦後に起きた，資本主義諸国を襲った史上最大規模のグレートクライシス（世界大恐慌：1929〜33年）であった。様々な要因が重なりながら相互作用の結果として，1929年ゼネラルモーターズ（GM）社の株の下落から始まり，ウォール街の株価大暴落が起こった。この余波は，米国からイギリス，フランス，ドイツ，イタリア，さらに日本まで影響を与え，前述したように，この余波は第2次世界大戦にも影響したのである。この出来事は経済や市場に対する価値観の変化をもたらした。アダム・スミス（Adam Smith, 1723〜90）の*An Inquiry into the Nature and Causes of the Wealth of Nations*（1773）で指摘した「神の見えざる手（invisible hand）」を疑うようになった。これまでの市場の価格原理に基づいた自由放任主義という経済観から脱却し，経済不況や大量失業問題などに政府が積極的に介入すべきであるケインズ主義（Keynesianism）[9]が誕生した。その打開策の一環としてルーズベルト大統領によって講じられたのが「ニューディール政策（New Deal：1933〜39年）」であった。例えば，テネシー川流域の治水管理，海運管理，ダム建設による大規模の土木事業を通じて失業者の雇用と関連産業の再建を行ったことが挙げられよう[10]。

9　1936年出版されたケインズ（Keynes, J. M.）の『雇用，利子及び貨幣の一般理論』が理論的な根拠を提供している。市場（Market）か政府の介入かという論争は，経済の状況の中で少し論点を変えながらも今でも続いている。

10　今や眠らない街，カジノやエンターテイメントの町で象徴されるラスベガス（Las Vegas）の誕生は大恐慌と深く関係する。金鉱山採掘しかまともな産業がなかったネバダ州が，大恐慌により財政的なダメージを受け，その影響を緩和し，税収確保する策として1931年ギャンブルを合法化したことがきっかけとなった。

5. 日本の産業革命と経済・企業の発展と変貌

　こうした激変期に日本はどのような取り組みをしていたのだろうか。その概略を見ておこう。まずは明治維新が1つの分岐点となる。

　1853年，米国ペリー提督が率いる艦船4隻が横須賀の沖に現れた。黒船来航である。イギリスやフランスがインドと東南アジアなどの植民地獲得政策を先に展開していたことに比べ，米国は出遅れていた。米国は，内戦である南北戦争の後，米墨戦争（1846～48年）の勝利によってカリフォルニアを獲得し，アジアとの貿易，とりわけ中国との貿易海路確保と補給地が必要だったことが来航の理由であった。

　ペリー来航以後，日本は明治維新（1868年）を断行し，従来の身分制度を撤廃し，積極的に西洋文明，近代科学を受け入れた。「富国強兵」「殖産興業」をスローガンに，「上からの革命」を通じて近代化を図った。まずは，人材供給先としての近代的教育制度が1872年に整備されたのである。また，西欧からの技術移転を受け，日本という異なる環境や制約条件の中で試行錯誤しながら技術の自立化を図った。他に，中央官僚制，法政，地方行政，文化，教育，外交，思想，金融，産業，経済など広範囲にわたって改革が行われた。19世

図表1.6　殖産興業を代表する富岡製糸場の様子（撮影者年代不明）

写真提供：イマジンネット画廊所蔵／共同通信イメージズ）

紀末，日清戦争（1894〜95年）後，大量に存在していた安い労働力に，すでに形成していた商業資本（例：伊勢・近江商人），これらに西欧からの技術導入と学習が結合し，本格的に産業革命への道を切り開いていた。主に在来産業との親和性の高い製糸業や紡績業を中心にまずは進んだ。イギリスから輸入した綿製品を加工し，中国や朝鮮へ輸出すると同時に，米国への製糸輸出も始まった。それに国家の支援と計画の上に，民間資本を呼び寄せて民官共同企業や官営企業が生まれた。世界遺産となった富岡製糸場も官営である。

　次は，製糸業や紡績業から徐々に鉱山業，鉄道に広がり，さらには輸送（海運会社），銀行，電気，機械，商業などの産業が形成されていく中，近代企業が多く誕生した。時期的には，日清戦争と日露戦争，第1次世界大戦期に急速に工業化が進んだ。八幡製鉄所をはじめ，川崎造船所，神戸製鋼所，住友鋳鋼所，日本製鋼所などの近代製鉄所が設立され，当時の海軍戦艦や造船の鋼板，鉄道のレールなどの需要増加に対応した。こうした産業の形成と工場制を基盤とする企業の誕生は，当然ながら労務管理をはじめ，様々な経営管理課題に直面しながら成長することになった。また，その産業化の過程で三井，三菱，住友，安田などの財閥（コンツェルン：Konzern）が形成され，のちに大企業群に成長し，日本経済を支える中核企業となっていく。

　さらに，制度やインフラ面でも産業革命を促す体制が整った。1893年の商法施行によって株式会社制度が定着し，近代的な大企業や意思決定構造などもできた。銀行が企業の資金調達をバックアップし，保険企業がリスクヘッジを支援する体制ができたが，第2次世界大戦後の復興期において護送船団方式開発はこの時期にすでに芽はできていたのである。一方，電力企業が1883年に東京で誕生し，徐々に地方にも電力会社と（火力・水力）発電所が多く設立された。

　しかし，第1次世界大戦後から世界大恐慌期まで，不況が続いた。慢性不況から抜けられたきっかけは，1931年の「満州事変」と金輸出再禁止に伴う円貨の下落による好転であった。[11]その後，日中戦争や太平洋戦争の勃発と共に，企業活動もその影響を受けるようになったのである。

11　経営史学会編（2004）『日本経営史の基礎知識』有斐閣，p.4より。

この時期に，米国で見られるような大企業化も日本で成立していた。輸送ニーズの増加の中で，日産が自動車生産に乗り出した（1933年）。紡織機メーカーとして出発したトヨタが自動車事業（1937年）を展開したのもこの時期である。自動車のように，輸入製品に代替するような動きは他の産業分野でも起き，新しい企業の誕生につながった。電線（古河電工など）やレーヨン（帝人），ゴム製品，タイヤ（日本タイヤ，現ブリヂストン）に対する民間需要はさらに増すことになった。また，1930年代には重工業には消極的だった三大財閥（三井，住友，三菱）が重工業に参入し，さらに大きく成長するようになった。第2次世界大戦に突入すると，国家による戦時統制が強まり，企業もその統制下に置かれ，軍需向けの製品開発をはじめ，様々な事業と意思決定に制約を受けるようになった。

以上のように，日本の産業革命は，イギリスに比べると，やや不十分な環境条件の中で進んだが，技術導入と学習などを通じて短期間で工業化，産業化を進めながら，金融面と制度面の資本主義化が行われた。同時に，軍国化にもとづく帝国主義へ進んだのである。その過程において大企業群が形成された。その企業群の一部は現在まで日本経済を支える企業となった。

戦後，米国中心の新しい覇権時代になると，日本経済や企業は朝鮮戦争（1950年）をきっかけに戦後復興期を迎えつつ，新たな課題に直面することになる。

6. 企業の課題解決の基盤となる「マネジメント」

（1）経営学，経営管理論の登場

工場制の導入により，実践的な意味で「管理（management）」の重要性が浮上した。学問的にも，組織における「管理」の問題が大きな焦点となった。工場制や大量生産システムの構築は，同一場所に多くの人が集まることになる。それぞれ異なる人をどのように規律にあった仕事にさせるかが重要となる。その点，まずは社会学の分野で様々な組織に適用できる管理組織の性質として，官僚制（bureaucracy）組織がドイツの社会学者ウェーバー（Weber,

M.）によって提唱された。官僚制組織とは，合理的・合法的権威の基礎に基づいて，規律，厳格性，信頼性，正確性，恒常性を有する大規模組織の支配システムである。

　また，フランスの実業家であったファヨール（Fayol, H.）は，*Administration industrielle et generale* を雑誌に掲載し，1917年に出版した。ここで，経営を，技術的な業務（生産，製造），営業的業務（購買，販売，取引），財務的業務（資金の調達と運用），保全的業務（財と人間の保護），会計的業務（棚卸，貸借対照表，原価計算，統計）に加えて，管理的業務（計画，組織化，命令，調整，統制）を入れて，6つの活動で成り立つと述べた。

　さらに，当時の電話会社AT&T社（旧社名：The American Telephone & Telegraph Campany の略）での勤務経験とユージャージー・ベル社の社長を務めたバーナードは，*The Functions of the Executives*（Barnard, 1938）で，組織の定義や組織の諸要素，意思決定過程，実行等に関する重要性を提唱した。

（2）科学的管理法とヒトの本質及びモチベーションに関する議論

　大量生産システム構築に伴い，テイラー（Taylor, F. W., 1856〜1915）の「科学的管理法（Scientific management）」が導入された。科学的管理法とは，時間研究と動作研究を通じて，多様な人の仕事の手順ややり方の標準を決め，作業の標準化を行い，1日の課業管理を決める管理法である。これに加えて作業に用いる道具や工具などの標準も決め，標準原価の決定と管理組織の形態を模索するために提唱・導入された。科学的管理法は経営管理論や生産管理論の基礎になっている。

　他方，長時間の労働による問題や弊害も浮き彫りとなり，従業員のモチベーション（やる気）に関する研究や実験が行われた。人間そのものの本質に関する議論も盛んになった。19世紀末から20世紀前半まで，すなわちフォードシステムの時代までは，人間は合理的な経済人であり，金銭的な動機付けが有効であるという観点が支配的だった。その後，人間は関係性や多様な欲求を有する存在として認識しはじめた。ヒトのモチベーション研究と動機付けに関する研究が台頭し，現在までミクロ組織論の重要なテーマになっている。

（3）大企業の形成と事業部制

　銀行や証券取引所の設立といった金融システムの発展の中，先述した通りに，石油，化学，自動車，鉄道，流通などの巨大な企業が出現した。これらに関しては1960年代にチャンドラー（Chandler, 1962）の研究で明らかになった。彼によれば，デュポン，ゼネラル・モーターズ（GM），スタンダード石油ニュージャージー，シアーズ・ローバックの4社の経営史を調べ，組織の規模（量的拡大，地理的拡大，垂直統合，製品多角化）が大きくなるにつれて，製品別や地域別の事業運営に関する責任と権限を本社から事業部に委譲した事業部制が導入されることを指摘する。[12]

（4）イノベーション論の誕生

　資本主義の発展と経済変動を考察する中，イノベーション論が生まれた。イノベーションを最初に理論的に体系化したのがシュンペーター（Schumpeter, J. A.）である。彼は「イノベーション」を著書『経済発展の理論』の中で「新しいものを生産する，あるいは既存のものを新しい方法で生産すること」であると定義した上，「生産」を拡張するために，様々な資源の新しい結合（経済的結合と技術的結合）を行う必要があるとした。また，彼はいくら馬車を並べても「（蒸気）機関車」にはならないとし，イノベーションの重要性と協調した。ここが，現在，注目されているイノベーション論に関する議論の土台になっているのである。

　さらに，この時期の経済や企業，製品に動きに注目したイノベーションに関する代表的な研究を1つ紹介すると，「ドミナントデザイン（dominant design）」という概念と，「製品イノベーション（product innovation）」と「工程イノベーション（production innovation）」の関係に関するものである。「馬なし馬車」から「自動車」に変わる時代に着目したアバナシー（Abernathy, 1978）は，産業の形成期におけるイノベーションの特徴について分析を行った。彼によれば，これまでになかった新しい製品（初期の自動車産業）を分析対象にし，産業の生成期には製品イノベーションが盛んになり，市場で争

12　また，後述するが，米国大企業の形成プロセスに関する丹念な研究調査から，「組織は企業の戦略に従う」という命題を提唱した。

うことになる。後に，その製品に関するコンセプトや性能，機能が市場で共有された製品コンセプト，いわゆるドミナントデザインが確立されると，イノベーションの焦点は製品そのものから，いかに安くて効率的につくるかという工程イノベーションに移ることを明らかにした。

7. まとめ

　本章で考察した時代は，経営学及び経営管理論の台頭と密接な関係がある。経営学を理解する上で，また現在の企業システムや行き先を知る上で，非常に重要な観点と視点を当てくれる時期である。そのため，われわれは歴史を学ぶ意義があるのである。以下ではその内容を簡単にまとめておくことにする。

　産業革命の「革命性」とその影響である。単純化による誤解のリスクを恐れずに一言で言えば，この時期は激変の時代であった。中世が終わり，産業革命を通じて，様々な産業が隆盛し，人々の往来が活発になり，科学知識や技術の移転・普及のスピードも速く，文化の交流も盛んになってきた。イギリスから始まった産業革命は，蒸気機関が動力源の代替と，製鉄技術の革新につながり，様々な産業技術の形成を促した。家内制手工業から工場制へ生産組織を変化させた。

　また，産業革命は大西洋をわたり，米国でさらに進化を遂げた。その核心は鉄道だった。鉄道の普及は遠隔地も販売先となり，市場拡大（消費地と消費者数の増加）となった。企業はより多くの商品を大量生産（mass production）し，大量供給のため，ベルトコンベア式ラインを導入し大量生産システムの構築を図った。大量生産を実現するには，部品の標準化が必須であった。部品の互換性問題を解消するため，厳密な測定が不可欠となり，測定機器の発展があった（Hounshell, 1984）。こうした努力によって部品間の互換性が確立したのは，ミシンや銃の発展を経てフォード社のT型車生産が進んだ1910年代半ばからようやく可能となった。

　日本の場合，明治維新後，産業革命を通じて，イギリスや米国と同様な道を圧縮した形態で進み，短期間に技術をキャッチアップし，軽工業から重工業

図表1.7　19世紀〜20世紀前半における主要な発明品の例

1834年：冷蔵庫	1877年：蓄音機	1903年：旅客機
1835年：白熱電球	1876年：スピーカー	1908年：セロファン
1852年：エレベーター	1884年：ボールペン	1913年：ラジオ受信機
1858年：海底ケーブル	1886年：コーラ	1913年：ブラジャー
1845年：空気入りタイヤ[13]	1892年：エスカレーター	1917年：ソナー
1863年：地下鉄	1902年：エアコン	1922年：レーダー
1866年：ダイナマイト	1904年：トラクター	1924年：自動織機
1873年：グラム発電機	1905年：真空管	1935年：ナイロン
1876年：電話機	1907年：電気洗濯機	1945年：電子レンジ

注：本文紹介のものは除く。

まで産業形成を果たそうとした。この過程で，三井，住友，三菱といった財閥，大企業群の形成にも成功したが，太平洋戦争という戦時経済体制により新しい局面を迎えるようになった。

　一方で，19世紀から20世紀前半は，科学技術の時代でもあった。蒸気機関や蒸気機関車（1804年），蒸気船（1807年）だけではなく，多くの発明品が産業革命の中で商品化された。また，それが戦争，大量生産システム，都市化プロセスの中で産業化していった。現在でも使っている製品の原型がこの時期に多く生まれた（図表1.7）。

　また，医学の世界でも大きな進展があった。例えば，聴診器の発明（1816年），麻酔（1842年），結核菌発見（1882年），アドレナリン（1895年），X線の発見（1895年），世界初の合成医薬品であるアスピリンの誕生（1897年），抗生物質の発見（1928年），結核ワクチンの開発（1927年）などが挙げられる。これらは，現代医学の基礎となった。

　以上のように，こうした歴史的な背景の中で，マネジメントの必要性が台

13　1845年にイギリスの発明家ロバート・ウィリアム・トムソンが空気入りタイヤを発明したが，実用化されたのは約40年後の1888年，スコットランドの獣医師ジョン・ボイド・ダンロップによって自転車用として改良したものである。このように，発明から製品化，実用化までにタイムラグが大きいものが多い。

頭し，組織や工場の生産管理，労務管理，イノベーションに関する議論が生まれたのである。これらの学問分野は，第2次世界大戦後，1950年代に入り継続的に発展した分野もあれば，時間が経過してから再び注目された議論も少なくない。例えば，シュンペーターのイノベーション論と，数学者ノイマン（Von, Neumann, J.）と経済学者モルゲンシュテルン（Morgenstern, O.）が提唱した *Theory of Games and Economic Behavior*（1944）が代表的であろう。ゲーム理論は経済学の分野で1980年代より盛んになり，経営学の戦略論の分野でも応用される理論の1つとなった。

● **必須用語集** ···

・**工場制**

　蒸気機関による動力の革新によって始まった産業革命によって発生。多数の労働者が雇用契約により，工場に集まり，作業ルールと規範に基づいて働く生産組織であり，経営者によって管理される組織である。

・**イノベーション**

　イノベーションは様々な資源の新しい結合（経済的結合と技術的結合）を行うことであり，生産技術の変化だけでなく，新市場や新製品の開発，新資源の獲得，生産組織の改革あるいは新制度の導入なども含む概念である。イノベーションにより，新しい投資と需要が創造され，主導的な経済発展を牽引する要因となる。

・**科学的管理法**

　生産ラインの工程別に，課業にかかった時間研究（time study）と動作研究（motion study）を通じて，多様な人に対する仕事の手順ややり方のルールを決め，作業の標準化を行い，1日の課業管理を行う方法。生産計画と原価管理の基盤になる。

> 　✅ **学んだことをチェック**
>
> 1．産業革命は，労働と資本，2つの生産要素がどのような経緯で生まれ形成されたのか。その際，銀行制度はどのような役割を果たしたのかについて説明してみよう。
>
> 2．科学的管理法の誕生が工場制の「管理」に与えた正の側面と負の影響について考えてみよう。

3. 産業革命と植民地主義形成の関係について必然的な関係性について
フローチャートを用いて因果関係について説明してみよう。

4. Gapminder（https://www.gapminder.org/tools-offline/）や One Data
in World（https://ourworldindata.org/）のウェブサイトを利用して，
産業革命と植民地開拓に成功した，イギリス，フランス，ロシア，米
国，ドイツ，イタリア，日本のGDP 及び人口推移を時系列（1840年代
から現在）で調べ，後発国と比較してみよう。

より進んだ学習のために

・映画『モダン・タイムス』（*Modern Times*）.
　大量生産システムの構築期にあたる1936年の作品でチャップリン（Chaplin, C.）が監
督・主演を務めた作品。大量生産システムの問題を戯画化した代表作。
・NHK ドラマ『坂の上の雲』.
　司馬良太郎作の小説『坂の上の雲』をドラマ化したもので，明治維新から日露戦争ま
での日本の開化期がうかがえる作品である。
・映画『A TIME OF WAR（戦場の十字架）』（*Passchendaele*），『ザ・トレンチ（塹壕）』
（*The Trench*）.
　第1次世界大戦期の塹壕戦の悲惨な状況が間接的に分かる題材，第1次世界大戦100周
年記念作品として2008年に発表され，数々の賞を受賞した作品 *Passchendaele* を推奨す
る。1917年7月末から同年11月まで続いた西部戦線のパッシェンデールの戦いを題材にし
ている。1999年の映画『ザ・トレンチ（塹壕）』もリアルに第1次世界大戦の悲惨な戦争
生活の様子を描いている。イギリスの作家ボイド（Boyd, W.）が監督を務めた作品である。
・映画『イミテーション・ゲーム / エニグマと天才数学者の秘密』（*Imitation Game*）.
　2015年発表された作品で，ベネディクト・カンバーバッチが主演を務めた映画で実話
に基づいた内容である。第2次世界大戦期にドイツの暗号機エニグマ（Enigma）の解読
のために，イギリス政府が行った国家プロジェクトの中で生まれたコンピュータの原型
をつくった天才数学者に関する物語が興味深い。
・世界の植民地支配領土の変化については
　https://www.youtube.com/watch?v=ihD3__Nm8qA
　が参考になる。
・戸部良一他（1991）『失敗の本質』中公文庫.
　太平洋戦争における日本軍の失敗の原因を組織論，戦略論の観点から探った研究書の傑作。

【参考文献】

新治毅（2011）「航空決戦と「航空機産業」の崩壊」『DIAMONDハーバード・ビジネス・レビュー』1月号，pp.102-114.

戸部良一・寺本義也・鎌田伸一・杉之尾孝生・村井友秀・野中郁次郎（1991）『失敗の本質―日本軍の組織論敵研究』中央文庫.

Abernathy, W.（1978）*The Productivity Dilemma: Roadback to Innovation in the Automobile Industry*, Johns Hopkins University Press.

Ashton, T. S.（1968）*The Industrial Revolution: 1760-1830*, Oxford University Press.（中川教一郎訳『産業革命』岩波文庫, 1973年）

Chandler, A. D.（1962）*Strategy and Structure*, MIT Press.（有賀裕子訳『組織は戦略に従う』ダイヤモンド社，2004年）

Chandler, A. D.（1977）*The Visible Hand: The Managerial Revolution in American Business*, Belknap Press.（鳥羽欽一郎・小林袈裟治訳『経営者の時代―アメリカ産業における近代企業の成立（上）』東洋経済新報社，1979年）

Fayol, H.（1917）*Administration industrielle et generale*, Dunod.（都筑栄訳『産業並びに一般の管理』風間書房，1958年）

Ferguson, N.（2011）*Civilization: The West and the Rest*, Penguin Books.（仙名紀訳『文明―西洋が覇権をとれた6つの真因』勁草書房，2012年）

Hounshell, D. A.（1985）*From the American System to Mass Production, 1800-1932: Development of Manufacturing Technology in the United States*, Johns Hopkins University Press.（和田一夫訳『アメリカン・システムから大量生産へ 1800-1932』名古屋大学出版会，1998年）

Keynes, J. M.（1936）*The General Theory of Employment, Interest and Money*, Palgrave Macmillan.（塩野谷裕一訳『雇用，利子及び貨幣の一般理論』東洋経済新報社，1995年）

Liker, J. K.（2004）The Toyota Way, McGraw-Hill.（稲垣公夫訳『ザ・トヨタウェイ（上・下）』日経PB，2004年）

Maddison, A.（2007）*Contours of the World Economy, 1-2030 AD: Essays in Macro-Economic History*, Oxford University Press.（政治経営研究所監訳『世界経済史概観―紀元1年-2030年』岩波書店，2015年）

Schumpeter, J. A.（1934）*The Theary of Economic Development*, Harvard University Press.（塩野谷祐一・中山伊知郎・東畑精一訳『経済発展の理論（1912年ドイツ語版）―企業者利潤・資本・信用・利子および景気の回転に関する一研究（上）（下）』岩波書店，1977年）

Smith, A.（1776）*An Inquiry into the Nature and Causes of The Wealth of Nations*, Methuen.（山岡洋一訳『国富論―国の豊かさの本質と原因についての研究』日本経済新聞社，2007年）

Von, Neumann, J., and Morgenstern. O.（1944）*Theory of Game and Economic Behavior*, Princeton University Press.（銀林浩・橋本和美・宮本敏雄・阿部修訳『ゲームの理論と経済行動』筑摩書房，2009年）

第 2 章

【資本主義の高度化期】
革新がもたらす多様化への挑戦
─1950年代〜1960年代

この章で学ぶこと

　本章では，第2次世界大戦後の1950年代から1960年代における，「歴史的環境の変化・変遷」「企業（組織）の課題や取り組み」「企業の様々な課題や問題の解決の基盤となる考え方や理論」における諸関係について学習する。その成果として，多様化への挑戦として"革新"の態様を把握する。

キーワード

- ブレトン・ウッズ体制
- 日本における高度経済成長
- 製品の多角化と市場との関係
- 事業部制組織の位置付け
- スピン - オフと製品開発競争
- 多角化と企業成長

1. 「ブレトン・ウッズ体制」と日本における高度経済成長

(1) Pax Americana（パックス・アメリカーナ：米国による覇権）と American Dream（アメリカン・ドリーム）

　第2次世界大戦終了後，1945年10月，米国・イギリス・ソ連の3か国の協議を中心として，新たな世界体制の構築に向けて，国際連合が発足する。特に，戦後唯一最大の債権国となった米国は，強大な軍事力を有し，金の保有量を背景に兌換紙幣ドルを国際通貨として位置付けたのである。国際通貨ドルをもとにして，国際間の為替の安定化を目的に固定相場制度を導入し，貨幣の国際流通を管理する「国際通貨基金（International Momentary Fond：IMF）」（1945年設立）及び「世界銀行（国際復興開発銀行：International Bank for Reconstruction and Development：IBRD）」（1945年設立））と，国家間

図表2.1　1955 〜 70年における各国の平均経済成長率（名目，GNPベース）

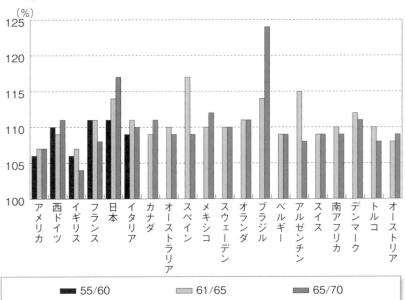

注1：米・西独・英・仏・日・伊における成長率（55/60）は，自国通貨ベース。
注2：成長率61/65・65/70はドル・ベース。
出所：内閣府『世界経済白書（年次世界経済報告）』より作成。

における商品の輸出入を管理する「関税と貿易に関する一般協定（General Agreement on Tariffs and Trade：GATT）」（1947年設立）により，自由貿易にかかる国際協力を志向する「ブレトン・ウッズ体制（Bretton Woods system）」を構築したのである。このような状況下にあって，米国における1950年代は「Pax Americana」を謳歌し，いわゆる「American Dream」の名の下に，生活環境の改善がもたらされ，耐久消費財等の普及が格段に進展したのである。

　このような状況の一方で，米国と並び，圧倒的な経済力と軍事力を持つソ連もまた，東欧諸国を衛星国としてその傘下に組み込み，戦後世界体制に影響力を行使していく。戦後世界体制に対する米国・ソ連という「超大国」がもたらした影響が，西欧列強の支配下にあった植民地の独立運動（民族解放運動）にまで及んだ結果，「東西対立・冷戦」といった構造的な相互不信や利害対立を生起させたのである。

(2) 米国主導による戦後日本の民主化政策と戦後復興

　当然のことながら，敗戦国である日本においても，両超大国の影響が及んだことは言うまでもない。戦前における日本の領土については，南樺太・北方4島等をソ連が，また，沖縄を中心とする南西諸島等を米国が，それぞれ直接統治した他，主要4島等は「連合国司令官総司令部（General Headquarters, the Supreme Commander for the Allied Powers：GHQ/SCAP）」の間接統治を受けることになり，1951年，「日米講和条約」が締結されるまで，事実上米国軍による占領下に置かれたのである。

　したがって，GHQ/SCAPの民主化政策による日本社会の改造を目的として，米国主導の政治的経済的占領政策が広範にわたって立案・実施されたのである。特に経済的民主化（＝戦前における経済体制の改造）政策の中心課題として，早くも1945年11月には「財閥解体」が，1946年12月には「農地改革（第1次）」が，1947年4月には「独占禁止法（私的独占の禁止及び公正取引の確保に関する法律）」が，同年12月には「経済集中排除法」が矢継ぎ早に断行されるに至ったのである。GHQ/SCAPの占領政策はこれらにとどまることはなく，労働政策にまで及んだ。いわゆる「労働三法」と称せられる「労

働組合法」（1945年），「労働関係調整法」（1946年），「労働基準法」（1947年）が相次いで制定され，労使・雇用関係の再構築が図られたのである。

　しかしながら，日本における経済的社会的復興は，遅々として進展せず，ようやく，1950年6月に勃発した朝鮮戦争に起因する「特需」を契機として，景気回復がもたらされたのである。いわゆる，「神武景気（1954年12月〜1957年6月）」や「岩戸景気（1958年7月〜1961年12月）」と称せられる景気回復期であり，「三種の神器」に象徴される耐久消費財の普及が顕著に見られ，1960年代における高度経済成長時代の先駆けともいうべき経済成長がもたらされたのである。

　もっとも，自然発生的にこのような景気回復期が訪れたわけではなく，米国，日本政府，日本企業の積極的な政治・経済活動の成果を否定することはできない。1952年，日本はIMF及びIBRDへの加盟に伴い，為替相場は1ドル＝360円に固定された他，多額の融資の受け入れによって，国内市場の成長と輸出の振興に向けた経済成長の基盤形成がなされたのである。

　一方，1955年，「財団法人：日本生産性本部」が，海外視察団の派遣と科

図表2.2　通商産業省による主な産業振興策（1950年代から1960年代を中心に）

1951年：鉄鋼業第1次合理化計画
1952年：綿紡合理化計画
1953年：合成繊維工業育成主力年計画 　　　　硫安工業第1次合理化計画
1955年：石油化学工業育成対策
1956年：鉄鋼業第2次合理化計画 　　　　「機械工業振興臨時措置法」と同法に基づく工作機械工業合理化基本計画および自動車部品工業合理化基本計画 　　　　「繊維工業設備臨時措置法」
1957年：「電子工業振興臨時措置法」と同法に基づく電子工業合理化基本計画
1958年：「航空機工業振興法」と同法に基づく航空機工業合理化基本計画
1961年：「第2次機械工業振興臨時措置法」（機械工業振興臨時措置法の改正・延長）
1964年：「電子工業振興臨時措置法」の延長
1966年：「第3次機械工業振興臨時措置法」（機械工業振興臨時措置法の改正・延長）
1971年：「特定電子工業および特定機械工業振興臨時措置法」（電子工業振興臨時措置法の廃止に伴う）

出所：小林正人（1984）「戦後日本の産業政策と高度経済成長—産業政策の有効性と評価に関する考察」『経済論叢』11・12月号，pp. 45-46，一部加筆修正。

学的管理方式の導入を主軸とした生産性向上を図る組織として設立され，その活動成果は多岐にわたったのである。特に米国からの革新的技術導入等の成果が，生産過程，品質管理，労務管理，マーケティング等の分野にもたらされ，大量生産・大量流通体制の確立と輸出の拡大による経済成長の一翼を担ったのである。

とりわけ，日本政府における産業振興策は，重要産業として電力・造船・鉄鋼に対し税制優遇措置を講じただけではなく，1950年代から1960年代にかけて，通商産業省（現：経済産業省）による多様な産業振興計画・政策を実施したのである。このような振興策の結果，第2次・第3次産業を中心とする産業構造の高度化が図られたのである。

2.「ブレトン・ウッズ体制」における光と影

（1）1960年代における東西対立・冷戦構造の混迷

東西対立・冷戦構造は，米ソ両国間における核開発競争と宇宙開発競争による「覇権」をめぐる競争だけではなく，中国の核実験の成功（1964年）や文化大革命の断行（1966年）により，ますます混迷の度を深めて行く。さらに，戦争による荒廃から復興を遂げつつあった西欧各国は，米国依存の復興からの自立を図ろうとし，「ヨーロッパ経済共同体（European Economic Community：EEC）（1957年設立）を母体とする「ヨーロッパ共同体（European Community：EC）」（1967年設立）が組織化され，西ドイツ・フランス両国を中心とした経済統合の展開を企図するまでになったのである。[1]

一方，西欧列強の植民地から逐次独立を果たしたアフリカ・アジア諸国は，中国・インドを中心に1955年「アジア・アフリカ会議（AA会議）」を開催し，新興国国家の組織化が図られ，1960年代には，国連加盟国の過半を占める勢

---

1 この間，1948年，欧州経済復興を目的として設立された「欧州経済協力機構（Organization for Economic Co-operation：OEEC）」の改組に伴い，1961年，「経済協力開発機構（Organization for Economic Co-operation and Development：OECD）が設立された。日本は，1964年，OECDに加盟している。

力として，国際的発言力の強化を図ろうとしたのである。また，東南アジア諸国においても，「東南アジア諸国連合（ASEAN）」（1967年設立）によって，国際的発言力を有するようになったのである。

　こうした状況のもと，1960年代には，目覚ましい経済発展を遂げた日本と西ドイツが，「American Dream」から目覚めさせるがごとく，米国経済と産業にとって脅威（＝輸入超過による貿易赤字の増加）となったのである。その上，核開発と宇宙開発（アポロ計画）に要した莫大な費用の他，ベトナム戦争（1965年における「北爆」の開始）による多大な軍事費用と人的損害，そして医療支出を中心とする社会保障費の増加等に耐え切れず，米国財政基盤は貧窮の度を増して行く。その結果，1971年8月，「ドル・ショック（ニクソン・ショック：ニクソン大統領によるドルと金の交換の一時停止宣言）」により，「ブレトン・ウッズ体制」は終焉を迎えることとなったのである（第3章に続く）。

(2)「ブレトン・ウッズ体制」がもたらした日本における高度成長

　「ブレトン・ウッズ体制」が，引き続き1960年代における未曽有の経済成長をもたらしたことは言うまでもない。とはいえ，日本における産業全体が一様に成長期を迎えたわけではなかったのである。いわゆる「エネルギー革命」による石油エネルギーへの転換に伴い，通商産業省による産業振興策（図表2.3）を背景として，技術革新の積極的導入を図った鉄鋼・造船・自動車・電気機械・化学薬品・石油化学・化学繊維といった産業部門を中心に，大量生産体制の整備（＝オートメーション化）によって低コスト・高品質の製品を輩出し，高度経済成長を牽引したのである。

　こうして，国内市場の成長だけではなく，輸出が増加し貿易黒字が続く中，日本は，いわゆる開放経済体制を余儀なくされたため，1960年，日本政府の「貿易為替自由化促進閣僚会議」は「貿易・為替自由化計画大綱」を決定したのである。その内容は，1959年の実績で40％であった「自由化率」を，3年後におおむね80％に引き上げることを骨子とした計画であった[2]。こうして，

2　経済企画庁『年次経済報告』（昭和36年版）。

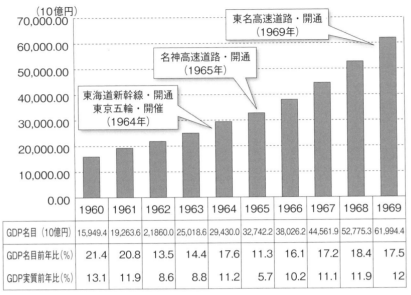

図表2.3　日本における国内総生産（GDP）の推移（1960年代）

	1960	1961	1962	1963	1964	1965	1966	1967	1968	1969
GDP名目（10億円）	15,949.4	19,263.6	2,1860.0	25,018.6	29,430.0	32,742.2	38,026.2	44,561.9	52,775.3	61,994.4
GDP名目前年比(%)	21.4	20.8	13.5	14.4	17.6	11.3	16.1	17.2	18.4	17.5
GDP実質前年比(%)	13.1	11.9	8.6	8.8	11.2	5.7	10.2	11.1	11.9	12

出所：内閣府「長期経済統計」より筆者作成。

図表2.4　耐久消費財の普及率（「三種の神器」と「3C」を中心に）

（単位：％）

	洗濯機	冷蔵庫	テレビ（白黒）	テレビ（カラー）	クーラー（エアコン）	乗用車
1957	20.2	2.8	7.8			
1958	24.6	3.2	10.4			
1959	33	5.7	23.6			
1960	40.6	10.1	44.7			
1961	50.2	17.2	62.5		0.4	2.8
1962	58.1	28	79.4		0.7	5.1
1963	66.4	39.1	88.7		1.3	6.1
1964	61.4	38.2	87.8		1.7	6
1965	68.5	51.4	90		2	9.2
1966	75.5	61.6	94.4	0.3	2	12.1
1967	79.8	69.7	96.2	1.6	2.8	9.5
1968	84.8	77.6	96.4	5.4	3.9	13.1
1969	88.3	84.6	94.7	13.9	4.7	17.3

出所：内閣府「消費動向調査」より筆者一部抜粋。

日本は，1950年代では経験することもなかった国際経済競争に直面する事態となったのである。このような国際競争の激化に対して，各企業は，産業の再編（＝企業の合併）によって競争力を強化しようとし，旧財閥系の銀行を中心とした「企業集団」が形成されるに至ったのである。

　この高度経済成長期（1955〜73年）は，年平均経済成長率が10％を超えるというものであり，1968年には，GNPが米国に次いで2位となるまでに至ったのである。そして，「三種の神器（電気洗濯機・電気冷蔵庫・テレビ）」から「3Cの時代（カラーテレビ・クーラー・乗用車）」へと，大量生産体制だけではなく，大量流通体制の成立（＝流通革命）と相まって，「消費革命」と称せられるほど耐久消費財の普及を中心とした大量消費社会へと変貌を遂げたのである。こうして，高度経済成長は，「消費生活の充実」を牽引しただけではなく，生活様式と消費者意識を変化させ，「消費は美徳」「総中流社会」と認識されるようになったのである。

コラム 日本型スーパーの登場と流通革命

　1953年，東京・青山に，青果物食料品店「紀ノ国屋」が開店した。売り場面積が110㎡（現在のコンビニ程度の面積）であり，わが国最初のスーパー・マーケット（SM）といわれている。SMの起源は，1930年（大恐慌：1929年），米国食料品チェーンの従業員であったマイケル・カレンが，同チェーン社長のクローガーに宛てた手紙（「マイケル・カレンの手紙」）に書かれた「アイディア」にまで遡る。

　手紙には，①値付け（販売価格の設定）方法と②セルフ・サービスによる「集中レジ」の導入を柱とする改善策（「スーパー方式」）が書かれていた。ただ，同社長は，仕入れ原価で販売する商品「ロス・リーダ（現在の目玉商品，特売商品）」や，低い粗利益で設定した販売価格を訴えるカレンに同意せず，カレンは仕方なく自分で食料品店を開業し，大成功を収めた。米国では，この「スーパー方式」を，次々に食料品チェーンが導入した結果，SMが普及したのである。

　翻って，わが国では，1950年代前半に開店したSMの大半は失敗したのである。その理由として，生鮮食料品を中心とするSMに対する消費者の評価が低かったからである。当時，生鮮食料品の販売（例えば，曲がったキュウリ，不揃いのトマト，大きさが違う魚等）には，セルフ・サービス方式は馴染まず，八百屋や魚

屋における対面販売の方が，合理的であり効率的であったのである。生鮮食料品のセルフ・サービスには，商品の標準化・規格化（あの「発泡スチロールのトレイ」に包装できること）が大前提になるからであった。

　その後，1950年代半ばから1960年代初頭にかけて，雑貨品や衣料品（これらは大量生産された標準化商品・規格化商品であり，セルフ・サービスに適していた）を中心に品揃えをした，わが国特有の「総合スーパー（＝日本型スーパー）」が登場したのである。この「総合スーパー」が，「流通革命」の波に乗り，1960年代以降，わが国を代表する小売企業に成長していくのである。その後，農産物の生産技術改良に伴い，「発泡スチロールのトレイ」に包装可能な「真っすぐな？キュウリ」や「味・形状の揃ったトマト」等が生産されるようになり，さらには，1980年代に入り，POSシステムと連動可能な「自動値付け機」が開発され，野菜・果物をはじめ，魚類・肉類・総菜類に至るまで，「トレイ」で販売可能（商品の価格ラベルでよく見るバーコードと共に，「100g当たり〇〇〇円」の表示）となったのである。

【参考文献】

「マイケル・カレンの手紙」については，
＊R.S.テドロー著，近藤文雄監訳（1993）『マス・マーケティング史』「補遺B」所収，ミネルヴァ書房．
流通革命に関する文献は，
＊林周二（1962）『流通革命—製品・経路・及び消費者』中公新書．
＊林周二（1964）『流通革命新論』中公新書．
＊林周二（1971）『システム時代の流通—ハードからソフトへ』中公新書．
＊佐藤肇（1974）『日本の流通機構—流通問題分析の基礎』有斐閣．
＊矢作敏行（1981）『現代小売業の革新』日本経済新聞社．
また，流通革命で「問屋無用論」が叫ばれたが，「問屋無用論」の反論の根拠となった文献は，
＊M.ホール著，片岡一郎訳（1957）『商業の経済理論』東洋経済新報社．

3. 1950年代〜1960年代における企業の課題：技術革新の態様と革新的製品の輩出

(1) スピン・オフ (spin-off) と小型軽量化をめぐる製品開発競争

　一方，米国を中心に，第2次世界大戦中に開発された軍事技術の民生用製品への転用（スピン・オフ：spin-off）を志向する企業においては，これを契機として，革新的製品の輩出に傾倒するに至ったのである。「スピン・オフ」として挙げられる革新的製品は多岐にわたる。例えば，軍用機／旅客機，化学兵器／化学薬品・農薬，及び合成繊維・合成樹脂，核兵器／原子力等である。このような革新的製品にあって，まず挙げられるのが，コンピュータである。コンピュータの開発競争に伴って，今日に至る電子製品・家電製品の多様化の裾野が格段に拡大したのからである。少し詳細に見てみよう。[3]

　大戦中におけるコンピュータの開発は，「弾道計算機」や「暗号解読機」といった軍用機器開発に端を発したものであった。最初のコンピュータとして知られるABC（Atanasoff Berry Computer）は，アイオワ州立大学のアタナソフ（Atanasoff, J. V.）が，水素の電子軌道を計算するため，1940年ごろ開発を試みた専用計算機である。また，ENIAC（Electronic Numerical Integrator and Calculator）は，1943年から1945年にかけてペンシルバニア大学でエッカート（Eckert, J. P.）とモークリー（Mauchly, J. W.）が設計製作したものであり，当初の用途は砲弾の弾道計算であったが，完成後は原爆の引き金の爆薬に関するシミュレーションなどに55年まで使用されたといわれている。

　しかしながら，このような軍用機器の部品として使用されたのが「真空管」

3　コンピュータにかかわる記述は，Cent Japan「ENIAC誕生60周年—2人の科学者がつくった怪物コンピュータ」（2006年2月17日付）https://japan.cnet.com/article/20096729/。綿貫理明・大曽根匡（2012）「計算の原理と情報技術の進歩—ENIACからユビキタス時代へ」『情報科学研究所・所報』第79号。「Webで学ぶ 情報処理概論」http://www.infonet.co.jp/ueyama/ip/index.html。新井光吉（1996）「日・米のコンピュータ産業」『商経論叢』第31巻第3号。Texas Instruments社HP「Jack Kilbyが発明した世界初の集積回路」http://newscenter-jp.ti.com/index.hp?s=34129&item=12を参考にした。

（「2極真空管（フレミング：1904年），「3極真空管」（フォレスト：1906年）
であった。例えば，ENIACでは，総計約1万8,000本の真空管，1,500のリレー，6,000のスイッチからなる装置は40の筐体（きょうたい）に納められ，10
×17メートルの部屋の壁にコの字に配置され，全重量は約30トンに達したと
いわれている。

　また，データとプログラム（処理命令の列）を同じ表現形式を用いて記憶
装置に記憶するプログラム内蔵型コンピュータの考え方が，1945年にノイマン（Neumann, J.）によって発表されて以降，このいわゆるノイマン型コンピュータが設計の主流となったのである。これらノイマン型コンピュータ
（EDSAC：Electronic Delay Storage Automatic Calculator, 1949 年），
EDVAC（Electronic Discrete Variable Automatic Computer, 1950年）にお
いても，数多くの真空管が使用されていた。1940年代から1950年代にかけて，
このようなコンピュータ開発をめぐる試みが進展し，電子技術の応用が急速
に進み，商用コンピュータが開発されるにつれて，コンピュータ各社間の開
発競争における激化の様相が顕在化したのである。

　例えば，1950年に完成し，1951年にレミントンランド社（現Unisys：ユニ
シス）が発売したUNIVAC-1（Universal Automatic Computer：万能自動計
算機）は，世界初の事務処理向けコンピュータであった。これに対して，翌
1952年，IBM社（International Business Machines Corporation）は，科学技
術計算用大型コンピュータIBM-701 を皮切りに，商用向けコンピュータIBM-
702（1953年），IBM-705（1955年）を相次いで開発し，特に，同社が1964年
に開発したIBM-650は大量生産された最初の機種であった。一方，レミント
ンランド社においても，IBM-701の対抗製品として，1953年，UNIVAC-1103
を開発するなど，この時期における両社の開発競争は激しいものとなったの
である。

　このような開発競争に拍車をかけたのが，トランジスタ，ダイオードやプロ
グラミング言語の相次ぐ開発であった。1947年，米国ベル研究所のバーディー
ン（Bardeen, J.）とブラッテン（Brattain, W. H.）による「点接触トランジ
スタ」の発明を端緒として，翌1948年，同研究所のショックレー（Shockley
Jr., W. B.）による「接合型トランジスタ」の発明が，宇宙開発競争とも相ま

って，各種米国軍事機器の小型化に多大な影響を与えたのである。その結果，1958年，IBM社がトランジスタを使用したIBM-7000シリーズを開発すると，コンピュータの小型軽量化が推進されるに至ったのである。

こうした状況の中，さらなるコンピュータの小型軽量化への開発競争を推進したのが，1958年，テキサス・インスツルメント社（Texas Instruments：TI）のキルビー（Kilby, J.）による「集積回路（integrated circuit：IC）」の開発であった。この「集積回路」の開発は，電子回路の設計に大きな影響を与えたことは言うまでもなかった。いわゆる「プリント基板」として，コンピュータだけではなく，多くの電子製品や家電製品に多用され，一層の小型軽量化への開発競争に拍車がかかったのであった。

「集積回路」が1964年に，IBM-360シリーズに使用され，演算処理の高速化と小型化に拍車がかかり，翌1965年にはデジタル・イクイップメント・コーポレーション社（Digital Equipment Corporation：DEC）が「CPU（Central Processing Unit：中央演算処理装置）」の開発に成功した。さらには，プログラムや周辺装置の動作管理を行う「OS（オペレーティング・システム）」の出現（1964年発表のIBM-360シリーズに搭載された）により，世界初の「ミニ・コンピュータ」が登場し，1980年代における「PC（パーソナル・コンピュータ）」の先駆けとなったのである。

(2)「スピン・オフ」のもう一つ成果：家電製品の開発・製造をめぐる競争

「スピン・オフ」は，コンピュータの開発（＝性能向上と小型軽量化）だけではなかったといえる。特に，米国のように軍事機器の開発ができなかった大戦後の日本にあっては，コンピュータ用電子部品として開発されたトランジスタやダイオードの使用領域として，民生用機器である耐久消費財，とりわけ家電製品の開発・製造に目が向けられたのである。もちろん，大戦前の日本においても，電気洗濯機，電気冷蔵庫といった家電製品が開発・製造されていたことは事実であるが，一部の中産階級といわれる高所得者向けの製品であり，一般の家庭については，「真空管ラジオ」や「電気アイロン」が数少ない家電製品であったといえよう。

ラジオ，電気洗濯機，電気冷蔵庫，テレビ，テープレコーダーといった家

電製品においてもコンピュータの小型軽量化と同様，トランジスタやダイオードだけでは開発・製造できるものではない。周辺電子部品・機器ともいうべき，抵抗器，コンデンサ，コイル，スイッチ，コネクタ及びスピーカ，チューナ，磁気ヘッド，磁気テープといった様々な民生用電子部品・機器の品質向上と小型軽量化が必要とされたのである。要するに，1950年代から1960年代にかけて，相次いで開発・製造されたこれらの家電製品は，膨大な数の民生用電子部品で構成され，したがって，家電製品の量産化（少品種大量生産）においても当該電子部品や周辺電子部品・機器の品質向上と量産体制の確立が不可欠であったのである[4]。

　日本において，こうした民生用電子部品の開発と量産体制を確立した企業に，村田製作所，立石電機（現：オムロン），京都セラミック（現：京セラ），東洋電具製作所（現：ローム）等が挙げられるが，これらの企業が京都市（及びその近郊）に集積していることも特徴的であった。こうした企業は，通商産業省による様々な産業振興政策のもと（図表2.3），総合家電メーカーに成長した国内家電企業への販売だけではなく，海外に向けて積極的な輸出活動（特に米国）を行い，今日に至っているのである。

(3) 1950年代〜1960年代における企業の課題

　こうして，トランジスタ，集積回路をはじめとする電子部品と，周辺電子部品の開発・量産化が様々な「プリント基板」を生み出し，その成果として，生産設備のオートメーション化と電子機器や家電製品の少品種大量生産を生み出す原動力となったのである。こうした革新的製品をめぐる状況において，企業に新たに多様な課題の解決を強いるようになる。

　まず第1に，「技術革新」の位置付けである。技術革新の導入は部品や材料の高度化（＝部品の軽薄短小化や材質の高品質化）だけではなく，製品自体の耐久性の強化をもたらす。製品の耐久性の強化は，製品自体の買い替え頻度を減少させ，いわゆる買い替え需要のサイクルを長期化させる意味を持つ。こうした結果，製品の計画的陳腐化（planned obsolescence）を前提とした

4　高橋雄造（1992）「戦後日本における電子部品工業史」『技術と文明』第9巻第1号，pp.63-95。

モデル・チェンジの必要性と新製品の導入・既存製品の撤退のタイミングの判断を企業の課題として浮かび上がらせたのである。

　第1の課題に伴い，第2の課題として，企業の成長には，部品・材料や製品の量産化を確立するための設備投資とその回収問題をはじめとする企業の内部問題の解決という課題が生起する。換言すれば，この企業内部の課題を乗り越えた企業が成長するということになり，企業成長が文字通り企業の課題となったのである。一方で，高度経済成長が陰りを見せ始めた1960年代後半以降，環境の不確実性が増す状況下において，自社の課業環境の不確実性に直面した企業は，いかにして企業業績の向上を図るかが課題として浮上してきたのである。

　そしてまた，第1の課題は，新製品と既存製品の関係を市場の視点から位置付けることを企業に強いることになる。部品や材料の多様化は，たとえ少品種大量生産であっても，「製品あるいは事業の多角化」として，自社の製品ラインの拡充を伴う。このことは，日々大規模化を志向する企業組織の再構築（＝機能別組織から事業部制組織へ）と運営のあり様にまで波及するという，1950年代から1960年代にかけて最も重要な第3の課題を生み出すことになるのである。

　このような課題の克服のために，「マネジメント」の必要性が唱えられたのであった。

4. 企業の課題解決の基盤となる「マネジメント」

（1）技術革新と製品差別化の位置付け

　上述した第1の課題においては，3つの論点（issue）を含んでいる。1つには，技術革新と製品差別化（＝マーケティング）との関係の理解である。この点について着目した業績として，まず挙げられるものに，ドラッカーの *The Practice of Management*（Druker, 1954）がある。彼は，いち早く，技術革新とマーケティングとの関係について，「事業の機能（＝事業の創造と顧客の創造）」を枠組みとして，これら2つの機能に起因した「顧客満足」の実

現にあることを指摘したのである。

　第2の点では，マーケティングの中核行動としての製品差別化の領域を，明示的に提示したマッカーシーの*Basic Marketing*（McCarthy, 1960）の業績がある。彼は，製品差別化の領域として4P's（product・price・promotion・place）という要素を挙げ，標的顧客層に対する4P'sの最適組み合わせを「Marketing-Mix」とする概念を提示したのである。彼の概念は，以後の企業におけるマーケティング行動の分析に多大な影響を与えたものとして特筆される[5]。

　第3の点については，1950年代初頭から，新製品の市場導入と既存製品の撤退の最適化をPLC（Product Life Cycle）として概念化の試みがなされてきたが，その精緻化が希求されていた。その一方で，革新的新製品の普及の態様を明らかにする普及理論として，農業社会学者であるロジャーズの*Diffusion of Innovations*（Rogers, 1962）が挙げられる。彼は，農薬（スピン・オフによる革新的製品）における新製品の購入について，その購入時期の速度によって異なった顧客層が顕在化することに着目し，革新とその普及の態様を明示しようとしたのである。

　従来のPLC概念を精緻化のために，ロジャーズの普及理論が援用され，以後，導入期・成長期・成熟期・衰退期として区分されるモデルが長期にわたって利用されたのである。

(2) 企業組織と企業成長の位置付け

　第2の課題は，企業成長と企業の内部問題の解決の関係を明らかにすることであるが，ペンローズの*The Theory of the Growth of the Firm*（Penrose, 1959）は，企業内部（内側）に焦点を当て，会社成長の包括的モデルの構築を試みようとしたのである。彼女は，企業を定義する際に，「生産資源（物的資源・人的資源）」に着目し，企業の内外の境界（企業・市場）は諸々の管理

5　4P'sとMarketing-Mixの概念は，その後 コトラー（Philip Kotler）に影響を与えた。コトラーによる代表的著書である，*Marketing Management: Analysis, Planning, and Control*, Prentice-Hall, 1967.（野々口格三他訳『マーケティング マネジメント（上・下）』鹿島研究所出版会，1971年）及び，*Principles of Marketing*, Prentice-Hall, 1980.（村田昭治監修，和田充夫・上原征彦訳『マーケティング原理―戦略的アプローチ』ダイヤモンド社，1983年）は，以後，版を重ねるに至ったのである。

上の統制と調整の範囲によって決定することとし，企業の定義には，企業形態とは直接的な関係性はないとした。

　彼女はその上で，企業成長には，生産資源を有効に活用するサービス（Managerial Service）の活用が，生産資源と共に，生産それ自体に投入されることの必要性を論じたのである。このような彼女の思考は，必然的に事業の多角化やM&Aが，企業成長に大きく関与することを明らかにしている。そのような思考が，以後の経営資源（Resource）対する管理（経営資源の内部化と外部化等をも含めて）の多様性と重要性を指摘するものとなったのである。

　一方，外部環境の不確実性と組織の適応に着目した，いわゆる「条件適応理論：コンテンジェンシー・セオリー（contingency theory）」が，ローレンスとロッシュの *Organization and Environment*（Lowrence and Lorsch, 1967）である。彼らは，オープン・システムとして（企業）組織を捉え，企業成長に伴い，組織としてのシステムが大きくなれば，いくつかの部分機能システムとして分化し，全体システムとして機能するには，そのように分化した部分機能を統合する必要があるとした。

　このように，組織をシステムとして認識する以上，外部環境もまた当該組織の上位システムとして認識する必要性があり，したがって，企業組織とその上位システムである外部環境を適応させるという課題を新たに生起させる。このような認識が，組織の分化と統合において外部環境とどのように適合していくか，また環境が組織の分化と統合にどのような影響を与えるかを，具体的に明らかにしたのである。

(3) 製品の多角化と事業部制組織の位置付け

　第3の課題として，この時期における最も重要な課題は，経営戦略における製品や事業の多角化の位置付けであったことは確かである。経営戦略における多角化戦略と事業部制組織の関係の精緻化に寄与した業績として，「組織は戦略に従う」という命題を提示したチャンドラーの *Strategy and Structure*（Chandler, 1962）が挙げられる。彼は，1920年代以降における大規模企業に関する膨大な資料を読み解き，事業部制組織を採用した先駆的企業の態様を

明らかにし，事業部制組織を今日における企業の代表的組織形態として位置付けたのである。

　他方，多角化戦略の位置付けを「成長ベクトル」として概念化したのが，アンゾフの*Corporate Strategy*（Ansoff, 1965）である。彼は，多角化戦略を「製品−市場の選択」と位置付け，多角化した事業ミックスにおける「シナジー（synergy）効果」の有効性を，「成長マトリクス」として概念化したのである。

5. まとめ

　大戦後の「スピン・オフ」から派生した技術革新は，「ブレトン・ウッズ体制」のもと，日・米・欧の各国の経済成長に多大な寄与をもたらしたといえる。したがって，技術革新の成果をいかに自国産業に採り入れ，自国企業の成長につなげるか，に焦点が絞られたと言ってよいだろう。

　しかしながら，このような状況は，高度経済成長をもたらすと同時に，「負の側面」をも顕在化させるに至ったのである。このような「負の側面」は，1960年代後半になると，欠陥商品問題，公害問題，ひいては国家の財政問題にまで，幅広い領域にまで及んだのである。とりわけ，欠陥商品問題や公害問題における企業の対策にかかるコスト問題と，さらには製品の多様化に伴う設備投資額の増大といったコスト問題が，徐々に企業活動を圧迫していったのである。

　このような「負の側面」が，一挙に顕在化するのが1970年代である。

●必須用語集 ···

・ブレトン・ウッズ体制（Bretton Woods system）
　　国際通貨ドルをもとにして，国際間の為替の安定化を目的に固定相場制度を導入し，貨幣の国際流通を管理する「国際通貨基金（International Momentary Fond：IMF）」（1945年設立）及び「世界銀行（国際復興開発銀行：International

Bank for Reconstruction and Development：IBRD)」（1945 年 設 立）） と，国家間における商品の輸出入を管理する「関税と貿易に関する一般協定（General Agreement on Tariffs and Trade：GATT)」（1947年設立）により，国際協力を志向する自由貿易体制。

・スピン・オフ（spin-off）

　本書では，米国を中心に，第2次世界大戦中に開発された軍事技術の民生用製品への転用を意味する。志向する企業においては，スピン・オフを契機として，多岐にわたる革新的製品の輩出に傾倒するに至ったのである。

・日本における民生用電子部品の開発と量産体制

　上記スピン・オフによる革新的製品の輩出には，多様な民生用電子部品・機器（抵抗器，コンデンサ，コイル，スイッチ，コネクタ及びスピーカ，チューナ，磁気ヘッド，磁気テープ等）の品質向上と小型軽量化が必要とされる。1950年代から1960年代にかけて，家電製品が相次いで開発・製造された背景には，膨大な数の民生用電子部品で構成された家電製品の量産化（＝少品種大量生産）と共に，当該電子部品や周辺電子部品・機器の品質向上と量産体制の確立があった。

✅ 学んだことをチェック

1．1950年代〜1960年代を取り巻く「歴史的環境の変化・変遷」と「企業（組織）の課題や取り組み」の関係について検討してみよう。

2．1950年代〜1960年代を取り巻く「企業（組織）の課題や取り組み」と「企業の様々な課題や問題の解決の基盤となる考え方や理論」の関係について検討してみよう。

3．1，2，で検討したことをもとにして，「企業の様々な課題や問題の解決の基盤となる考え方や理論」と「歴史的環境の変化・変遷」の関係について検討してみよう。

4．1，2，3，で検討したことをもとにして，「"革新"がもたらした多様化への挑戦」について考えてみよう。

より進んだ学習のために

・NHK総合テレビ『プロジェクトX—挑戦者たち』.

　2000年3月28日から2005年12月28日まで放映されたドキュメンタリー番組であり，その作品数は191本にものぼる。戦後，とりわけ，1960年代から1990年代にかけて，日本企業が輩出した革新的製品にまつわる製品開発や販売をめぐる企業組織の運用や苦難，解決だけではなく，当時の日本社会の風景が見られ，第Ⅱ部（第2・3・4章）を理解する上で非常に役に立つと思う。

　例えば，トランジスタ・ラジオ，電気釜，新幹線，VTR，ウォークマン，自動改集札機，オートフォーカス・カメラ，セブン-イレブンの日本展開，液晶ディスプレイ，ミニ・コンピュータ，冷凍食品，超音波エコー診断装置などが取り上げられている。

【参考文献】

Ansoff, H. I. (1965) *Corporate Strategy: An Analytic Approach to Business policy for Growth and Expansion*, McGraw-Hill. (広田寿亮訳『企業戦略論』産業能率大学出版部，1969年；田中英之・青木孝一・雀大龍訳『新訳 アンゾフ戦略経営論』中央経済社，2007年)

Chandler, A. D., Jr. (1962) *Strategy and Structure: Chapters in the History of the American Industrial Enterprise*, MIT Press. (三菱経済研究所訳『経営戦略と組織』実業之日本社，1967年)

Drucker, P. F. (1954) *The Practice of Management*, Harper & Brothers. (野田一夫監修，現代経営研究会訳『現代の経営（上・下）』ダイヤモンド社，1965年)

Kotler, P. (1967) *Marketing Management: Analysis, Planning, and Control*, Prentice-Hall. (野々口格三他訳『マーケティング マネジメント（上・下）』鹿島研究所出版会，1971年)

Lowrence, P. R., and Lorsch, J. W. (1967) *Organization and Environment:Managing Differentiation and Integration*, Harvard University Press. (吉田博訳『組織の条件適合理論—コンテンジェンシー・セオリー』産業能率大学出版部，1968年)

McCarthy, E. J. (1960) *Basic Marketing: A Managerial Approach*, R. D. Irwin. (浦郷義郎・粟屋義純訳『ベーシック・マーケティング』東京教学社，1978年)

Penrose, E. T. (1959) *The Theory of the Growth of the Firm*, Basil Blackwell. (末松玄六監訳『会社成長の理論』ダイヤモンド社，1962年；末松玄六訳『会社成長の理論（第2版）』ダイヤモンド社，1980年)

Rogers, E. M. (1962) *Diffusion of Innovations*, The Free Press. (藤竹暁訳『技術革新の普及過程』培風館，1966年)

第3章

【資本主義の高度化期】
革新がもたらす多様化への深化
―1970年代

> ### この章で学ぶこと
>
> 　本章では，1970年代における，「歴史的環境の変化・変遷」「企業（組織）の課題や取り組み」「企業の様々な課題や問題の解決の基盤となる考え方や理論」における諸関係について学習する。その成果として，多様化が深化を遂げる契機となる"革新"の態様を把握する。

キーワード

- 高度経済成長期の終焉
- 世界同時不況への対応
- 経験曲線効果と市場シェア
- 戦略事業単位
- 効率的な投資の実現
- 競争優位性

1. 高度経済成長期の終焉と世界同時不況への対応

（1）「ドル・ショック」と「石油ショック」：高度経済成長期の終焉

1960年代後半になると，第2章の最後で触れたように，米国を中心とした西側先進諸国の経済的繁栄に陰り（負の側面）が顕在化する。特に米国では，ベトナム戦争による軍事費と宇宙開発費に加え，西側諸国への経済支援の継続による負担が財政を圧迫し，さらには，これら西側先進諸国からの対米輸出が急増するという結果が，この「負の側面」に拍車をかけたのである。

このような米国を取り巻く政治的・経済的状況が，米国における国際収支の悪化と金準備高減少の引き金となり，「ブレトン・ウッズ体制」と「IMF体制」自体の弱体化へとつながった。1971年8月，ニクソン大統領は，米国における国際収支の悪化とインフレを抑制することを目的として，金とドルの交換の一時停止を基本とする新たな経済政策を発表し，あわせて，西ドイツ・日本を中心とする国際収支黒字諸国の為替レートの引き上げを要求したのである。

これにより，「IMF体制」における基軸通貨としてのドルの地位は大きく揺らぐことになった。これが「ドル・ショック」である。そして，1971年末に開催された10か国蔵相会議では，例えば，固定為替相場であった1ドル＝360円が308円に切り上げられるといった調整（「スミソニアン合意」）を見たのち，1973年2月，各国は変動為替相場制への移行を余儀なくされた。（図表3.2）このような状況のもと，1973年10月，「第4次中東戦争」が勃発する。「アラブ石油輸出国機構（Organization of the Arab Petroleum Exporting Countries：OAPEC）」は，欧米諸国や日本に対して石油輸出制限を実施し，「石油輸出国機構（Organization of the Petroleum Exporting Countries：OPEC）」も，これに呼応する姿勢から，原油価格を4倍に引き上げたのである。これが「第1次石油ショック」である。

「ドル・ショック」と「石油ショック」が，第2次世界大戦後20年以上にわたって，資本主義経済のもとで経済的繁栄を謳歌してきた西側先進諸国において，世界同時不況ともいうべき長期経済不況の時代（＝高度経済成長の終焉）突入の契機となった。もはや，西側先進諸国の経済は，自国だけでは

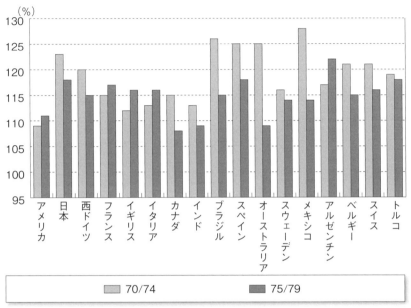

図表3.1　1970年代における各国平均経済成長率（名目，GNPベース）

70/74　　　75/79

出所：内閣府『世界経済白書（年次世界経済報告）』より筆者作成。

対応し難い状況に陥ったため，仏国ディスカール・デスタン大統領が「主要国首脳会議（サミット）」の開催を提唱するに至ったのである。1975年，米・日・西独・英・仏・伊の6か国（翌年からカナダが参加）によって，この世界同時不況への対応策の協議と経済政策の調整が毎年行われることとなり，「主要国首脳会議（G6・G7）」として今日を迎えている。

　しかしながら，1970年代は，西側先進諸国（米・欧・日の3極化）[1]だけではなく，他の諸地域における新興国の経済成長の上昇も見られ，世界経済の多極化が進んだ時期でもあった（図表3.1）。このような世界経済の多極化が進展する中，1979年，いわゆる「イラン革命」を契機とした「第2次石油ショック」に見舞われた。アラブ産油諸国によって原油価格は3倍に引き上げられ，世界経済は混迷の度を深めていく。このような状況において，いち早

1　ヨーロッパではすでに1967年，ヨーロッパ共同体（EC）による経済共同体が成立している。

く不況を乗り切り，「経済大国」として成熟社会の実現を試みたのが1980年代の日本であった。（第4章に続く）。

（2）日本における世界同時不況への対応

　「ドル・ショック」（1971年）と「第1次石油ショック」（1973年）を契機とする世界同時不況の波は，西側先進諸国の経済を翻弄したが，日本経済を例に述べようと思う。日本では，この世界同時不況に拍車をかけたのが，1972年政権に就いた田中内閣の「日本列島改造論」に起因する積極的財政・金融政策であった。「列島改造論」の影響は土地投機を生み出し，インフレ傾向が一段と強まりを見せた。こうして，日本経済は，地価をはじめとした物価上昇，円高による輸出不振，失業者の増加という局面に陥ったのである。

　このような状況に対して，政府は当初，財政支出の抑制と公定歩合の引き上げ（1973年：9％）を柱とする総需要抑制政策を打ち出したが，翌年には2兆円の所得税減税策を実施することで内需拡大を図ろうとした。一方，このような地価と物価の上昇は「狂乱物価」の様相を呈し，消費者はこぞって生活用品（例えば，灯油，トイレットペーパー，洗剤等）の買いだめに殺到

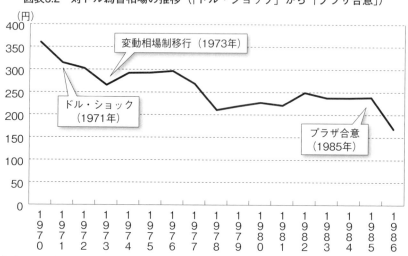

図表3.2　対ドル為替相場の推移（「ドル・ショック」から「プラザ合意」）

出所：IMF「統計月報」（内閣府『世界経済白書（年次世界経済報告）』より筆者作成）。

するといった状況を引き起こしたのである。

　円高と原油価格の高騰の影響により，消費者の生活だけにとどまらず，日本における企業収益は悪化の途をたどった。その結果，繊維をはじめとする労働集約型産業では，東南アジア諸国への生産拠点の移転が急速に拡大する一方，鉄鋼，石油化学といった，いわゆる素材型産業や，自動車，電機といった加工組立型産業においても，コストに占める原燃料の高騰だけではなく，高度経済成長期から続く人件費の上昇が重くのしかかる状況となったのである。各企業では，「減量経営」を旗印に，省エネ・省資源，人員削減，パート労働への切り替え，赤字事業からの撤退といったコスト削減策を講じることが急務とされた（この点については，本章第2節で詳述する）。このような経済不況にあって，1974年に入ると日本における実質GDPは下落し，戦後初の「マイナス成長（－1.2％）」となったが，1975年以降も3％から5％程度の低成長（「安定成長」）にとどまったのである（図表3.4）。

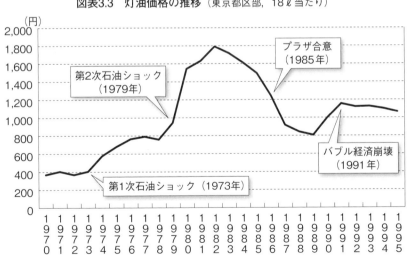

図表3.3　灯油価格の推移（東京都区部，18ℓ当たり）

出所：総務省「小売物価統計調査（動向編）調査結果」（総務省統計局『主要品目の東京都区部小売価格』より筆者作成）。

図表3.4　1970年代における日本の経済成長の態様（GDPベース）

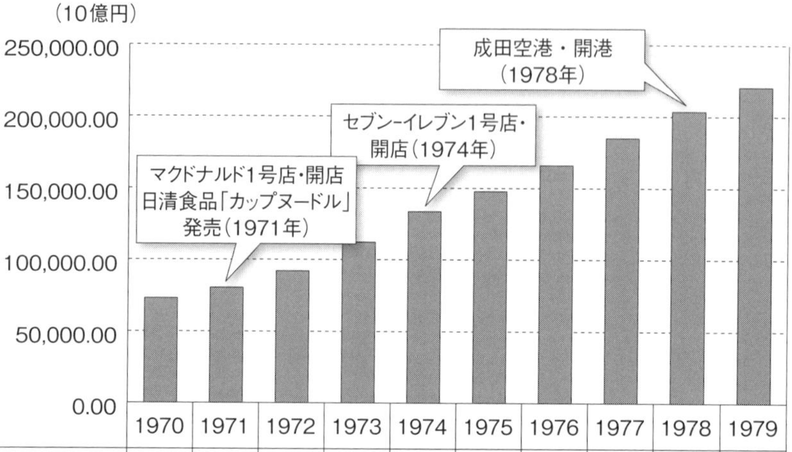

（10億円）

	1970	1971	1972	1973	1974	1975	1976	1977	1978	1979
GDP名目（10億円）	73,068.5	80,397.2	92,046.2	112,074.2	133,737.9	147,768.2	165,945.6	184,922.5	203,633.9	220,711.8
GDP名目前年比(%)	17.9	10	14.5	21.8	19.3	10.5	12.3	11.4	10.1	8.4
GDP実質前年比(%)	10.3	4.4	8.4	8	-1.2	3.1	4	4.4	5.3	5.5

出所：内閣府「長期経済統計」より筆者作成。

（3）消費者意識の変容

　高度経済成長期における「消費は美徳」といった消費者意識は，1950年代半ばから，「人口のドーナツ化現象」として象徴的に呼ばれた「都市化」との関連が深い。中核都市（例えば，東京，名古屋，大阪）で働く「都市生活者」とその家庭（「核家族」）が，中核都市とを結ぶ鉄道沿線の中小都市や近郊地域に集住した結果，「衛星都市」が形成されたのである。　したがって，彼らや彼女らの家庭自体が消費の単位となり，所得の上昇と相まって，「三種の神器」や「３Ｃの時代」と称せられた大量消費社会を構築したのであった。このような大量消費社会が「消費は美徳」という消費者意識を生み出した。しかし，上述したような経済不況に直面し，消費者意識の変容を余儀なくされるに至ったのである。

　しかも，高度経済成長期がもたらした「負の側面」も同様，消費者意識の変容に多大な影響を与えたのである。大気汚染，水質汚濁，自然破壊，新幹

図表3.5　1970年代における耐久消費財の普及

(単位：%)

	洗濯機	冷蔵庫	テレビ (白黒)	テレビ (カラー)	クーラー (エアコン)	乗用車
1970	91.4	89.1	90.2	26.3	5.9	22.1
1971	93.6	91.2	82.3	42.3	7.7	26.8
1972	96.1	91.6	75.1	61.1	9.3	30.1
1973	97.5	94.7	65.4	75.8	12.9	36.7
1974	97.5	96.5	55.7	85.9	12.4	39.8
1975	97.6	96.7	48.7	90.3	17.2	41.2
1976	98.1	97.9	42.2	93.7	19.5	44
1977	97.8	98.4	38.3	95.4	25.7	48.7
1978	98.7	99.4	29.7	97.7	29.9	51.7
1979	99	99.1	26.9	97.8	35.5	54.6

出所：内閣府『消費動向調査』より筆者一部抜粋。

線等による騒音・振動などの問題が衆目を集め，1967年には，いわゆる「4
大公害病訴訟（イタイイタイ病，水俣病，新潟水俣病，四日市ぜんそく）」を
受け，同年「公害対策基本法」が，1968年には「大気汚染防止法」が制定さ
れ，1971年には環境庁が設置されるに至った。また，廃棄物処理問題に起因
した「リサイクル問題」，欠陥商品問題に起因した「製造物責任問題」等への
対応策[2]の必要性が徐々に叫ばれるようになり，商品に対する消費（＝購買）
重視から生活（＝購買＋使用＋廃棄処理）を重視する認識の広がりが見られ
るようになったのである。
　しかしながら，消費者の耐久消費財に対する根強い希求は衰えを見ず，テ
レビについては白黒テレビからカラーテレビへの買い替えによる普及が，ま
た，エアコンや自家用自動車の普及に進展が見られたのである。このような
製品では，洗濯機，冷蔵庫をはじめとして，省エネ（消費電力の低減）製品

2　各種リサイクル法は，名称を「再生資源の利用の促進に関する法律」（1991年）として，容器包
　装・家電・自動車・食品等，多岐にわたり，また欠陥商品に関しては，「製造物責任法」（1997年）
　として今日に至っている。

や低燃費・排気ガス規制対応自動車[3]，さらには，製品の小型軽量化を製品差別化の主眼とした製品が輩出されるに至ったのである。

> ### コラム　チェーン・オペレーション（chain-operation）の普及
>
> 　日本では，1960年代末から1970年代にかけて，ファースト・フード（fast-food），コンビニ（コンビニエンス・ストア：convenience-store：C.V.S.），外食チェーンといった，チェーン・ストアの勃興が見られた時代でもある。ファースト・フードでは，「ケンタッキー・フライド・チキン」（1970年），「マクドナルド」（1971年）が，コンビニでは，「セブン-イレブン」が，1974年，東京都豊島区で第1号店を開店し，その後の成長より，コンビニ業界のリーダ的存在となっている。しかしながら，日本におけるコンビニは，1968年，大阪の菓子卸売業者である「橘高」が，自社取扱商品の販売向上を目的に，ヴォランタリー・チェーン（自由（任意）連鎖店）として運営した「Kマート」が，嚆矢的存在であった。外食チェーンでは，例えば，「餃子の王将」（1967年），「すかいらーく」が1970年に，それぞれ第1号店を開店している。
>
> 　これら企業のマネジメントの根底にあるのが，チェーン・オペレーション（chain-operation）である。特に，小売業においては，通常，商品の仕入と販売が，経営活動の核となる。チェーン・オペレーションは，小売業における「革新」の一つであり，19世紀半ば，都市化（人口の都市集中）に伴い，英国の牛乳販売店から始まったといわれるものである。これら2つの機能を分離管理する手法が，チェーン・オペレーションであり，実践する店舗がチェーン・ストア（chain-store）である。もう一つの「革新」は，同様に19世紀半ばに登場した「ボン・マルシェ（Le Bon Marché：フランス，パリ）」が嚆矢とされているマネジメント方式である。これは，商品部門（例えば，婦人服，紳士服といった商品部門）別に，仕入機能と販売機能を統合管理する手法である。日本で言うところの「デパート/百貨店（department-store）」である。コンビニ，ファースト・フード，外食チェーンといった企業は，このチェーン・オペレーションに創意工夫を凝らし，その独自性を発揮し発展してきたのである。

3　例えば，低燃費・排気ガス規制対応自動車においては，1970年，米国で厳しい基準を定めた「マスキー法」が制定（同法における排ガス規制基準が，欧米諸国の自動車メーカーにとって，厳しい基準であったため，達成が不可能だとして反対を訴え1974年に廃案となった）され，各国の自動車メーカーは自社製品の排気ガス対策を余儀なくされた。このような規制に対して，1972年，ホンダ社は同法の規制に適合する「CVCCエンジン」を発表し，さらには，圧倒的に燃費の効率化を図った日本製小型車が米国市場を席巻していくのである。

特に，コンビニについては，

* 村田昭治監修（1981）『コンビニエンスの時代ー小売業成長戦略と発想』ダイヤモンド社.
* 川辺信雄（1994）『セブンーイレブンの経営史ー日米企業・経営力の逆転』有斐閣.
* 矢作敏行（1997）『小売りイノベーションの源泉ー経営交流と流通近代化』日本経済新聞社.

をはじめとした著作がある。

2. 1970年代における企業の課題：
「重厚長大」から「軽薄短小」へ

（1）経営資源の有限性の認知・事業の再編・効率的投資の実現

　先進諸国の企業は，「ドル・ショック」と「石油ショック」により，1950年代から1960年代にかけての経営戦略（製品・事業の多角化）の再考を余儀なくされる。無尽蔵である経営資源の存在を前提にして，製品の多角化，あるいは事業の多角化を推進してきた結果，たとえ不採算製品や赤字部門（事業）があったとしても，これに顧みることなく，企業規模の拡大に邁進できた経営環境が一変したのである。もはや，企業にとって経営資源は無限ではなく，有限であることを痛感せざるを得なくなった。その結果，前述したように，労働集約型・素材型・加工組立型産業は言うに及ばず，各企業は，人員削減・コスト軽減のみならず，不採算製品や事業の見直しに迫られ，「事業の再編」[4]が急務となったのである。

　すなわち，「重厚長大型産業から軽薄短小型産業への転換」を意味する「知識集約型産業への転換」と共に，GDPにおける比重が第2次産業から第3次産業へと移行する，いわゆる「産業構造の転換と高度化」が一層顕在化する

4　この頃，不採算製品・事業整理，及び成長事業や高収益事業へ経営資源の集中を意味する「事業の再構築（restructuring）」や日本語である「リストラ（人員整理を柱とする事業の縮小）」という言葉は一般的には使用されていなかった。

5　例えば，日本では，1970年代半ばにはGDPに占める第3次産業の割合が50％を超え，「経済のサービス化」と呼ばれる現象が生まれた。このような社会をダニエル・ベルは「脱工業社会」と呼

に至った。特に，人員削減とコスト軽減を目的とする「知識集約型産業」への転換では，生産・製造現場においてME（マイクロ・エレクトロニクス）技術を基盤とする，コンピュータや産業用ロボットの導入による工場やオフィスの自動化の必要性（＝投資の拡大）が，とりわけ認識されることになったのである。

　このことだけではない。各企業は，消極的な課題解決策として，人員削減やコスト軽減を目指しただけではなかった。限られた経営資源をいかに効率的に投資できるかが，1970年代以降の経営戦略の鍵となることを認識するに至ったのである。省エネ製品をはじめとする革新的製品を輩出するために，製品に対する一層の小型軽量化が製品差別化の主眼となり，製品の小型軽量化への希求が，これまでにはなかった製品の生産・製造に向けた投資（＝コンピュータや産業用ロボットの導入を背景とした投資）を必要としたのである。それには，大規模集積回路（LSI）の開発・生産が必要不可欠であったのである。

(2) 集積回路（IC）の高度化に向けた技術革新の成果

　1970年代における集積回路の中核となったものは「大規模集積回路（Large Scale IC：LSI）[6]」であった。LSIは，1971年，インテル社（Intel）[7]が，日本のビジコム社の電卓用に開発した「マイクロ・プロセッサ（microprocessor）：1個の半導体チップで基本的な演算処理を行うもの」であるIntel4004（4ビット，トランジスタ数：2300個）の生産を開始したのを嚆矢とする。その後，

んだ（Bell, D.（1973）*The Coming of Post-Industrial Society*, Basic Books.（内田忠夫他訳『脱工業社会の到来（上・下）』ダイヤモンド社，1975年））。

6　言うまでもなく，集積回路（Integrated Circuit：IC）は，シリコン・ウェハーと呼ばれるチップ（十数ミリ角）上に，トランジスタやダイオード，抵抗等の回路素子を多数集積することで，一定の機能を充足する電子回路である。このような回路素子の数により，一般的に，小規模集積回路（SSI：素子数100以下），中規模集積回路（MSI：同100〜1,000以下），大規模集積回路（LSI：同1,000以上），超大規模集積回路（VLSI：同100万以上），超々大規模集積回路（ULSI：同1,000万以上）に分類される。

7　同社は1968年設立。1970年，半導体メモリーである商用DRAM1103（1 K bits）を発表した。設立者の1人が「ムーアの法則」で知られるゴードン・ムーアである。なお，本文にある「Intel8088」が，1981年IBM社初のPCのCPU（中央演算処理装置）に採用されたことが，同社の発展の契機となった。

Intel4004の導入によって，電卓の軽量化と低価格化が進展しただけではな[8]く，ゲーム機等への採用が模索された。同社は，1970年代を通じて，「マイクロ・プロセッサ」の高度化に焦点を当て，1978年には，Intel8086（16ビット，トランジスタ数：2万9,000個）を発表し，翌1979年，Intel8086の低価格化に成功したIntel8088を発表するに至ったのである。

このようなLSIの技術基盤となったのがMOS（Metal Oxide Semiconductor）技術であった。MOS技術は，バイポーラ（bipolar：演算速度に優れている）技術を基盤とするICと比較して，電力消費・素子集積性・量産性に優れており，電卓・電子時計をはじめ，コンピュータ等民生用電子機器に利用が拡大されるに至ったのである。低価格で量産されたICが普及した結果，コンピュータ市場における参入障壁は格段に低くなり，大型コンピュータの性能に匹敵する「ミニ・コンピュータ」をめぐって競争が激化し，1970年代の成長市場となった。特に，日本の家電メーカーは，こぞって，ICの製造・生産に注力し，米国半導体メーカーを凌駕するまでに至ったのである。もはやコンピュータは「スピン・オフ」の成果物ではなく，コンピュータ市場は独自市場（1980年代以降における「パソコン（PC）市場」）として発展に向かう足掛かりを得たのである。

このようなICの高度化は，家電製品における部品点数の削減・消費電力の低減・品質の向上にとどまらず，家電製品の生産工程の自動化（電子部品自動挿入装置の導入によるプリント基板の量産化）にまで及んだ。この結果，家電製品自体の小型軽量化だけではなく，家電製品の多様化を一層促進させたのである。特に，家電製品の生産工程における製造技術の進展には，家電メーカーのみならず，工作機械メーカーや測定機器メーカーをも巻き込んだ製造技術の革新を生み出したのである。[9]

こうした製造技術の革新に関して，日本家電メーカーが欧米諸国を凌駕していたと言ってよい。製品機能・品質・価格といった点を製品差別化の焦点とし，しかも大量生産を可能としたからである。このような家電製品の競争

---

8 電卓の小型軽量化と低価格化の道程については，「電卓戦争」として語り継がれている。
『Webで学ぶ 情報処理概論』http://www.infonet.co.jp/ueyama/ip/index.html
9 西田稔（1987）『日本の技術進歩と産業組織—習熟効果の夜寡占市場の分析』名古屋大学出版会。

優位性は，日本製品の国際競争力を決定的なものとし，海外家電製品市場を席巻したのである。このような状況下において，新たな家電製品が輩出される[10]。このような新製品の輩出に伴い，松下電器産業・日立・三菱電機・シャープ・東芝・三洋電機といった日本の家電メーカーが次々と参入し，自動車メーカーと共に，1980年代の世界経済を牽引していくのであった。

(3) 1970年代における企業の課題

1970年代における企業の課題は，1960年代後半期から1970年代前半期と1970年代後半期に分けて考える必要がある。前半期では，繰り返し述べてきたように，1960年代後半期からの「負の側面」に始まり「ドル・ショック」と「石油ショック」に見舞われ，疲弊した企業（特に米国家電メーカー）をいかに回復すればよいのか。換言すれば，「事業の再編」（＝各企業が抱えた不採算事業（赤字部門）からの撤退と，有限と認識されるに至った経営資源の成長事業・高収益事業への投入）が，企業の課題であった。

後半期においては，「事業の再編」を果たした企業が，いかにして成長を維持していくかが課題となる。1950年代から1960年代における企業成長と同質的な（あるいは同次元での）成長は望むべくもなく，上述したICの高度化に伴い，新製品（例えば「ラジカセ」のように，ラジオとテープレコーダーの複合機能製品）が輩出されるに至った。こうした状況下において，製品技術と製造技術における革新が相次ぎ，製品の多様化が進展する中，これまでとは異なった成長（異質的あるいは異次元的）の方策の策定，すなわち経営戦略の策定の必要性と共に，不況期にあっても企業が自社事業の競争優位性（competitive advantage）を維持あるいは確保するための戦略自体を必要としていたのである。

しかしながら，前半期・後半期とでは課題の内容は異なるが相互に関連しており，各企業においても，1970年代を通じて，いわゆる「パラダイム・チ

10　1960年代末から1970年代にかけて，多様な新製品の輩出を見た。例えば，携帯音楽家電として，「ラジカセ」（1968年：アイワ）を経て「ウォークマン」（1979年：ソニー）が，また，家庭用VTRでは，ベータ方式VTR（1975年：ソニー）・VHS方式VTR（1976年：日本ビクター）が，そして，パソコン（PC）では，「PC-8001」（1979年：NEC）が，それぞれ発売されるに至っている。なお，アップル（Apple）社が「Macintosh（Mac）」を発売したのは1984年のことである。

ェンジ」[11]を余儀なくされたのであった。

コラム ソーシャル・マーケティングの登場

　ソーシャル・マーケティングには2つの系譜がある。1つは，社会問題をマーケティングの視点から解明・解決しようとするものであり，他の一つは，非営利組織（non-profit organization）の行動をマーケティングの視点から言及するものである。

　前者は，1960年代に入り，V.パッカード（Vance Packard）著，南博・石川弘道訳『浪費を作り出す人々』（ダイヤモンド社，1961年）における利益追求のマーケティングの在り方に対する批判や，1965年，欠陥自動車の存在を告発した米国法律家ラルフ・ネーダー（Ralph Nader）の『どんなスピードでも自動車は危険だ』（原著は，*Unsafe at Any Speed: The Designed-In Dangers of the American Automobile*,1965年）を契機とした，社会問題とマーケティングの在り方の議論（企業利益と社会利益におけるトレード・オフ（trade-off）関係をめぐる議論）が相次いだ。

　後者については，1960年代から1970年代にかけて，米国における財政悪化とそれに伴う公共サービスの低下を契機とした，政府・学校・教会・図書館・博物館・美術館等の「非営利組織」の行動の改善を論点（issues）に，マーケティングの手法を援用する視点から言及しものである。

　残念ながら，これらの基本的文献の和訳はなく，前者では，W.レイザーとE.ケリーが*Social Marketing: Perspectives and Viewpoints*（Richard D. I rwin，1973年）で包括的に言及した。

　後者では，P.コトラーが，*Marketing for Nonprofit Organization*（Prentice-Hall,1971年）で，コマーシャル・マーケティング（従来の利益志向マーケティング）手法を援用することによって，解決に迫ろうとした。

　ただし，コトラーの著作（和訳）については，E.ロベルトとの共著『ソーシャル・マーケティング──行動変革のための戦略』（井関利明監訳，ダイヤモンド社，1995年），A.アンドリーセンとの共著『非営利組織のマーケティング戦略（第6版）』（井関利明監訳，第一法規，2005年）がある。

11　「パラダイム」に関しては，Kuhn, T. S., (1962) *The Structure of Scientific Revolutions*, Univ. of Chicago Press.（中山茂訳『科学革命の構造』みすず書房，1971年）を参照のこと。

3. 企業の課題解決の基盤となる「マネジメント」

(1) 事業の再編：PIMSとPPM

　1970年代前半期における企業の課題について，1970年代初頭から「PIMS（Profit Impact of Market Strategy）Project」と呼称する研究プロジェクトが，ハーバード大学の研究者を中心として行われていた。このPIMSプロジェクトでは，様々な事業単位（business unit）における「経験（empirical evidence）」を収集し，統計的手法を駆使して，投資収益率（ratio of return on investment：ROI）とキャシュ・フローを代表とする利益や業績に影響を及ぼす要因を，実証的に明らかにすることを目的とされたのである。PIMSプロジェクトによる一連の成果が，シュフラ，バゼル，ヒァニの "Impact of Strategic Planning on Profit Performance"（Schoeffler, Buzzel and Heany, 1974），バゼル，ゲイル，サルタンの "Market Share-Key to Profitability"（Buzzel, Gale and Sultan, 1975），エイベル，ハモンドの *Strategic Market Planning: Problems and Analytical Approaches*（Abell and Hammond, 1979），そして，ケイシェル三世の *Lords of Strategy*（Kiechel, 2010）第3章である。

　PIMSでは，ある事業単位の相対的市場シェア（上位3社の市場シェアに対する自社シェア）が高くなるほど，当該事業単位のROIは高くなるという関係が，「経験（曲線）効果」に基づいていること，また，この「経験（曲線）効果」と「累積アウトプット量」との関係から，「累積アウトプット量」が増加すれば，当該アウトプットの平均コストが一定の割合で低下することが実証的に指摘されたのである。

　しかしながら，不採算（赤字）事業からの撤退と経営資源の成長事業・高

12　元々このプロジェクトは，1960年にゼネラル・エレクトリック社（General Electric Company：GE）の内部プロジェクトから始まっている。

13　PIMSはProfit Impact of Market Strategyの略語とされるが，*Strategic Market Planning: Problems and Analytical Approaches*（p.271）では，Profit Impact of Marketing Strategyと表示されている。MarketとMarketingでは，その意味は違ってくる。些末なことであるが，1字違いで大違いである。

14　この「経験」の収集はSBU（Strategic Business Unit：戦略事業単位）をもとに行われた。ここでいうSBUとは，社内の事業部や製品ラインといったプロフィット・センター（Profit Center：利益を生み出す部門）である。

収益事業への効果的な投入という課題が残されていた。この点に関して，GE社の課題を解決しようとしたのが，BCG（ボストン・コンサルティング・グループ：Boston Consulting Group）によるPPM（プロダクト・ポートフォリオ・マネジメント：Product Portfolio Management）分析であった。PPMの内容と策定プロセスに関する詳細は，前述のAbell and Hammond（1979）とKiechel（2010）の第4章に記載されている。

　PPMにおいて特徴とされているものが，「成長率―市場シェア率マトリクス（The Growth Share Matrix）」である。縦軸に市場成長率を，横軸に相対的市場シェアをとり，「花形（stars）」「金の生る木（cash cows）」「問題児（problem children/question marks）」「負け犬（dogs）」と表示されたマトリクスである。「成長率―市場シェア率マトリクス」では，「負け犬」に分類された製品（あるいは事業）からの撤退を示唆しており，あわせて，市場成長率と相対的シェアの組み合わせによって，キャッシュ・フローの態様も異なってくることを明示したものである。さらにいえば，プロダクト・ライフ・サイクルの各段階と製品の位置付けの関連性を含意していると理解されたのである。

（2）事業の多角化と新たな事業単位の構築

　とはいえ，世界同時不況期においても，企業の成長には事業の多角化が欠かせないことは自明であろう。事業間における経営資源の関連性に着目し，事業の業績との関係を明らかにしたのがルメルトの *Strategy, Structure, and Economic Performance*（Rumelt, 1974）である。彼は，関連事業への多角化を図った企業の業績は高く，他方，非関連事業への多角化を図った企業の業績は低いことに言及したのである。このことは，有限であり希少性の高い経営資源の共有が企業業績の鍵となることを意味している。一般的には，その後（1980年代に入り）この経営資源の共有がもたらすシナジー効果を「範囲の経済（Economies of Scope）」と呼んでいる（第4章参照）。

　したがって，多角化した事業間で経営資源を共有し調整しうる事業単位の

15　すなわち，導入期－問題児，成長期－花形，成熟期－金の成る木，衰退期－負け犬という関連である。

構築のためには，これまでの（製品別）事業部制組織に代わる新たな組織形態の必要性が叫ばれたことは，容易に想像できる。このような必要性と1960年代末のコンテンジェンシー・セオリーの影響により，新たな組織形態に関する考え方が生起する。「マトリクス組織（matrix organization）」である。

　マトリクス組織に関する代表的な業績には，ガブルレイスの *Designing Complex Organization*（Galbraith, 1973），デイビス，ローレンスの *Matrix*（Davis and Lawrence, 1977），及び，ガルブレイス，ナサンソンの *Strategy Implementation: The Role of Structure and Process*（Galbraith and Nathanson, 1978）がある。マトリクス組織が意味することは，外部環境と内部環境の適合という課題に対して，技術・課業環境における不確実性を軽減し排除する組織デザインであったのである。

　さらにいえば，ICの高度化の基盤となる技術の日進月歩の進展は，製品の小型軽量化だけではなく，例えば，「ラジカセ」といった複合機能を有する製品や「VTR」といった録画機能と画質機能の融合が要請される製品等では，技術（製品技術と製造技術）の共有化と調整が必要不可欠となったのである。その上，このように多様化した製品に対する市場（多様な顧客層）情報の共有化と調整への対応等と相まって，様々な課業環境において不確実性を生起させた結果，組織における諸々の課題を解決するための組織デザインの提供であったともいえるのである。

（3）戦略論の展開と競争優位性

　こうした「マネジメント」への対応が，1970年代半ば以降，環境変化が生み出すチャンスとリスクが渦巻く市場に対応すべく，中長期的な経営計画に基づいて，企業成長に寄与する経営戦略が必要とされた。

　多角化戦略における製品・事業ミックスを「成長ベクトル」という概念から，製品−市場の関係を明らかにしたアンゾフの知見を踏まえ，経営戦略策定過程の公式化の必要性を問うたのがホファーとシェンデルの *Strategy Formulation: Analytical Concepts*（Hofer and Schendel, 1978）である。彼らは，経営戦略を全社レベル（企業戦略）と事業単位レベル（事業戦略）に分類し，それぞれのレベルでの戦略策定の過程の公式化を試みたのである。

しかしながら，製品技術と製造技術の革新がもたらす環境下において，競争優位性については，これまでの戦略論では言及されなかった。この競争優位性に言及したのが，ポーターの "How Competitive Forces Shape Strategy" (Porter, 1979) と題する論文である。

また，1980年の刊行された *Competitive Strategy* (Porter, 1980) では，産業組織論における議論をもとに，産業構造における競争を5つの要因（5 Forces）から明示し，競争優位性の源泉を明らかにしようとしたのである。そして，これら5つの要因が影響を与える「コスト・リーダーシップ」「差別化」「集中」の3つを基本戦略とする競争戦略論を提示したのである。

1970年代において，このような戦略策定における直面すべき問題解決のために，事業定義と競争すべき市場の定義に関する理論概念を提示したのが，エーベルの *Defining the Business : The Starting Point of Strategic Planning* (Abell, 1980) である。彼は，既存の理論枠組みである「製品—市場の2次元枠組」を批判・検討し，「顧客層—顧客機能—技術の3次元枠組」を導き出したのである。このような戦略策定の前提となる，「事業定義」の考え方は，以後の戦略論に多大な影響をもたらしたのである。

4. まとめ

1960年代後半における高度経済成長期における「負の側面」に続き，1970年代初頭からの世界同時不況は，世界規模における各国の政策・企業行動だけではなく，われわれの生活自体の変容の大きく影響したと言えよう。要するに，「マネジメント・リテラシー」における基本的な考え方を構成する要素が，1970年代にあるといっても差し支えはないであろう。

換言すれば，環境の不確実性に起因する諸々の課題は，もはや一国一企業だけの課題ではなくなり，世界規模で伝播する社会が到来したのである。様々な課題が顕在化し，1980年代に入ると，伝播の速度はますます加速化し，したがって，影響の程度も広範囲にわたるようになる。1980年代は，また，世界における社会的経済的影響力を有する「経済大国」として日本の成長が顕

著に現れた時代でもあったのである。

● **必須用語集** ....

・**知識集約型産業への転換**

　　GDPにおける比重が第2次産業から第3次産業へと移行する，いわゆる「産業構造の転換と高度化」の顕在化により，人員削減とコスト軽減を目的とする「知識集約型産業」は，生産・製造現場おけるME（マイクロ・エレクトロニクス）技術を基盤とする，コンピュータや産業用ロボットの導入による工場やオフィスの自動化の必要性（投資の拡大）が，とりわけ認識された。

・**関連多角化と非関連多角化**

　　事業間における経営資源の関連性において，有限であり希少性の高い経営資源の共有の程度によって，シナジー効果の程度も規定される。したがって，関連多角化はシナジー効果が期待されるのに対して，非関連多角化はその効果が希薄である。

・**ポーターの"5 Forces"**

　　彼は，産業内における競争の態様を，当該企業の収益性に焦点を当て，「既存企業同士のポジションをめぐる競争」に影響を与える4つの要因（「サプライヤーの交渉力」「顧客の交渉力」「代替製品・代替サービスの脅威」「新規参集の脅威」）から明らかにした。

✅ 学んだことをチェック

1．1970年代を取り巻く「歴史的環境の変化・変遷」と「企業（組織）の課題や取り組み」の関係について検討してみよう。

2．1970年代を取り巻く「企業（組織）の課題や取り組み」と「企業の様々な課題や問題の解決の基盤となる考え方や理論」の関係について検討してみよう。

3．1，2，で検討したことをもとにして，「企業の様々な課題や問題の解決の基盤となる考え方や理論」と「歴史的環境の変化・変遷」の関係について検討してみよう。

4．1，2，3，で検討したことをもとにして，「"革新"がもたらした多様化の深化」について考えてみよう。

【参考文献】

Abell, D. F.（1980）*Defining the Business: The Starting Point of Strategic Planning,* Prentice-Hall.（石井淳蔵訳『事業の定義』千倉書房，1984年）

Abell, D. F., and Hammond, J. S.（1979）*Strategic Market Planning: Problems and Analytical Approaches,* Prentice-Hall, chs.4&6.（片岡一郎他訳『戦略市場計画』，ダイヤモンド社，1982年，第4章・第6章）

Buzzel, R. D., Gale, B.T., and Sultan, R.M.（1975）"Market Share-Key to Profitability," *Harvard Business Review,* January-February.（DIAMONDハーバード・ビジネス・レビュー編集部訳「PIMS：ROIは市場シェアに従う」『DIAMONDハーバード・ビジネス・レビュー』2008年11月号）

Davis, S. M., and Lawrence, P.R.（1977）*Matrix,* Addison-Wesley.（津田達男・梅津祐良訳『マトリックス経営―柔構造組織の設計と運用』ダイヤモンド社，1980年）

Galbraith, J. R.（1973）*Designing Complex Organization,* Addison-Wesley.（梅津祐良訳『横断組織の設計―マトリクス組織の調整機能と効果的運用』ダイヤモンド社，1973年）

Galbraith, J. R., and Nathanson, D.A.（1978）*Strategy Implementation: The Role of Structure and Process,* West Publishing.（岸田民樹訳『経営戦略と組織デザイン』白桃書房，1989年）

Hofer. C., and Schendel, D.（1978）*Strategy Formulation: Analytical Concepts.* West Publishing.（奥村昭博・榊原清則・野中郁次郎訳『戦略策定―その理論と手法』千倉書房，1981年）

Kiechel, W., Ⅲ（2010）*Lords of Strategy,* The Robbin Office, ch.3.（藤井清美訳『経営戦略の巨人たち』日本経済新聞社，2010年，第3章・第4章）

Schoeffler, S., Buzzel, R. D. and Heany, D. F.（1974）"Impact of Strategic Planning on Profit Performance," *Harvard Business Review*, March-April.（DIAMONDハーバード・ビジネス・レビュー編集部訳「収益のカギを握るマーケットシェア」『DIAMONDハーバード・ビジネス・レビュー』1974年1月号）

Porter, M. E.（1979）"How Competitive Forces Shape Strategy," *Harvard Business Review*, March-April.（DIAMONDハーバード・ビジネス・レビュー編集部訳「競争の戦略」『DIAMONDハーバード・ビジネス・レビュー』2007年2月号）

Porter, M. E.（1980）*Competitive Strategy,* The Free Press.（土岐坤他訳『競争の戦略』ダイヤモンド社，1980年）

Rumelt, R. P.（1974）*Strategy, Structure, and Economic Performance,* Harvard University Press.（鳥羽欽一郎他訳『多角化戦略と経済成果』東洋経済新報社，1977年）

第**4**章

【資本主義の高度化期】
革新がもたらす多様化への新展開
―1980年代

この章で学ぶこと

　本章では，1980年代を取り巻く「歴史的環境の変化・変遷」「企業
（組織）の課題や取り組み」「企業の様々な課題や問題の解決の基盤と
なる考え方や理論」における諸関係について学習する。その成果として，
"革新"が新たな多様化への展開をもたらしたことを把握する。

キーワード

- 冷戦の終結
- プラザ合意
- 日本・NEIs の躍進
- 規制緩和・貿易摩擦

- 多国籍企業
- 日本製造業の競争優位性
- 範囲の経済

1. 「冷戦の終結」と「プラザ合意」

(1) 緊張緩和と「冷戦」の終結

　第2次世界大戦後における東西冷戦下にあった米国・ソ連（ソビエト連邦）の関係が，1970年代半ばには，緊張緩和（いわゆる「デタント：Détente」）へと向かいつつあった。しかしながら，1979年，ソ連によるアフガニスタン侵攻によって，「デタント」は崩壊し，1980年代に入ると，米国レーガン大統領の就任（1980年）と共に，「新冷戦」時代の幕開けとなったのである。

　レーガン大統領は，軍備拡大を行う一方，「第2次石油ショック」（1979年）による経済不振克服のために，減税・規制緩和・インフレ抑制を柱とする経済政策（レーガノミクス：Reaganomics）を断行したのである。その結果，米国においては，金利高による米国への資金流入とドル高がもたらされたのである。その反面，国内産業の空洞化（＝米国企業の海外移転）と共に，国家財政と国際収支の「双子の赤字」に苦しみながらも，米国経済回復の途を開こうとしたのである。

　一方，「計画経済」が機能不全に陥り，深刻な経済危機に見舞われたソ連では，「市場経済」の導入を図り，政治的・経済的・社会的自由化を推進するゴルバチョフ書記長（1985年）が，ソ連の国内体制の立て直しを図ろうとしたのである。これが「ペレストロイカ（再構築・再改革）」である。彼は，積極的に米ソ間の関係改善を図り，1988年にはアフガニスタンからの撤兵を開始し，ついに，1989年12月に，マルタ島で米国ブッシュ大統領（父ブッシュ）と会談し，「米ソ共同宣言」において「冷戦の終結」を実現したのであった。

　当然のことながら，「冷戦の終結」の影響は多岐に及んだ。ソ連における自由化は，社会主義体制を放棄し，いわゆる「東側」からの離脱をしようとする東欧諸国の国民を刺激し，1989年11月には，「ベルリンの壁」が壊され，翌年，東西ドイツの統一が実現した他，1991年11月にはソ連が解体し，旧ソ連邦諸国はロシア共和国を中心とする「独立国家共同体」を形成するに至ったのである。このソ連の解体により，米国による国際的影響力が再び高まりを見せることとなったのである。その反面，米国の経済的不振は一向に回復の兆しを見せず，特に，1980年代後半に至っては，日本からの輸入品（自動

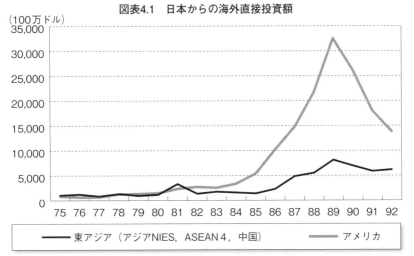

図表4.1　日本からの海外直接投資額

（100万ドル）

注：ASEAN4は，インドネシア，タイ，フィリピン，マレーシアの4か国。
出所：JETRO「日本の国・地域別対外直接投資（金額）」『直接投資統計』より一部抜粋し筆者作成。

車・家電製品等）だけではなく，海外直接投資額も急増しており，その額は東アジア諸国と比較しても格段に多額であったのである[1]（図表4.1）。

(2) 東アジア諸国の経済発展と「プラザ合意」

　第2次世界大戦後，相次いで独立を果たしたアジア・アフリカ諸国であったが，新興諸国として経済発展は容易に進展せず，1960年代以降，いわゆる「南北問題」として，先進工業諸国との経済格差や累積債務問題が未解決のままの状態であった。発展途上にあったこれら新興諸国・地域の中で，1970年代後半以降，韓国・シンガポール・台湾・香港（アジアNIEs）といった東（南）アジア諸国・地域では，海外からの資本と技術の導入をもとに，輸出志向を目指した工業化により，世界的には不況期であったにもかかわらず，新興工業経済地域（Newly Industrializing Economies：NIEs）として，急激な経済成長を遂げたのである。　特に，前述の4か国・地域（アジアNIEs）は，

1　1989年，三菱地所よる「ロックフェラー・ビル」やソニーによる「コロンビア映画」の買収に伴う米国国民感情とも相まって，日米経済摩擦は切迫した状況を生んだのである。

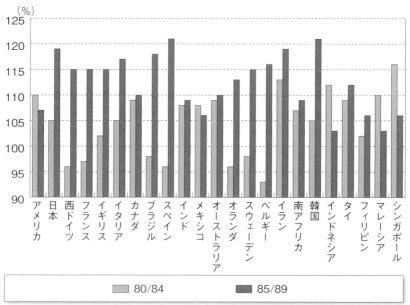

図表4.2　各国の平均経済成長率（名目，GNPベース）

注：米国はGDPベース。
出所：内閣府『世界経済白書（年次世界報告書）』より筆者作成。

日本と共に，工業生産基地を構成する経済圏を構築（生産ネットワークの形成）し，世界経済の牽引的役割を果たすまでに至った。こうした経済発展の影響は，1980年代以降，ASEAN（アセアン）諸国のみならず，中国における経済開放政策[2]にまで及び，以後の東アジアの経済発展をもたらしたのである（図表4.2）。

　このような状況の中，1985年9月，先進5か国（米・日・西独・仏・英：G5）蔵相・中央銀行総裁会議[3]により，為替レート安定化に向けて協調介入する旨，合意がなされたのである。これが「プラザ合意」である。この合意

2　中国では，1979年以降，鄧小平による「改革開放」の一環として経済開放政策がとられ，深圳等の5都市に「経済特区」が，上海等の14の都市が「経済技術開発区」に指定され，今日の経済発展の基礎となったのである。

3　米国ニューヨーク州にある「プラザホテル」で開催。翌年から，イタリア・カナダが加わり，7か国蔵相・中央銀行総裁会議（G7）となった。

（ドル高是正＝円高容認）により，急速に円高が進行し（第Ⅱ部 図表3.2），日本輸出関連産業中心に，一時不況が深刻化したため，自動車・電機・電子関連企業を中心として，東アジア各国への直接投資が急増したのである。

2. 「経済大国・日本」の栄枯盛衰

（1）日米貿易摩擦と日本のおける規制緩和

　1973年，日本における輸出・輸入額が共に10兆円を超えたが，1980年代に入り，貿易収支は黒字基調となったのである。1980年代前半はドル高円安傾向が続き，日本の輸出産業は自動車・家電製品のみならず，各種機械工業製品を中心に，価格競争力を一段と強めたため，黒字は拡大傾向となったのである。

　このような輸出額急増は1985年にピークを迎えたが，日米間をはじめとする貿易摩擦が問題点として俎上に上ることは必至であったといえる。[4]中曽根内閣は，同年7月，関税の引き下げ・撤廃（製品輸入等の拡大）と輸入促進の体制整備を柱とする「市場アクセス改善のためのアクション・プログラム」を策定・公表し，「第2次石油ショック」以後に台頭した，米国をはじめとした各国の保護主義（貿易制限措置）を回避しようとしたのである。[5]しかしながら，上述したように，「プラザ合意」に基づくドル安・円高基調にあっても，貿易収支の黒字基調は改善されず，日本の経済成長が，輸出に依存したままにあり，内需拡大への転換が急務とされたのである。

4　例えば，レーガン大統領は，1981年，「自動車産業救済策」を公表し，日本に対して日本車の輸出自主規制を要求した。これに対して，日本通産省は，1984年以降4年間にわたり輸出自主規制（当初168万台）を行うことを決定し，その後，日本車の輸出自主規制は1994年まで続いた。また，農産物については，牛肉・オレンジの輸入自由化（1988年決定，1991年実施）やコメ市場の部分的開放（1993年）といった措置がとられたのである。

5　これより以前，1983年11月，日本政府は，ガット（GATT）において「新ラウンド（新たな多角的貿易交渉）」を提唱し，「新ラウンド」の開始についての国際的なコンセンサスの形成に向けて「ボン・サミット（第11回：1985年）」をはじめ，国際会議において，活発な動きを見せたのである。その後，1986年，「ガット・ウルグアイ・ラウンド」において「多角的貿易交渉」が開始されたのである。（外務省『外交青書―わが外交の近況』1986年版（第30号），1987年度版（第31号））

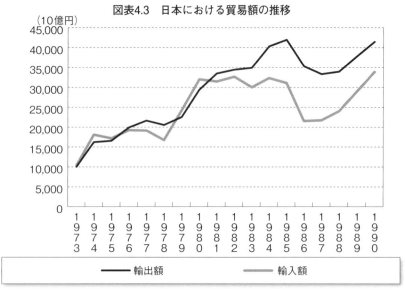

図表4.3　日本における貿易額の推移

（10億円）

出所：「財務省貿易統計」より筆者作成。

　このように，1980年代は日本経済が貿易摩擦への対応を迫られた一方で，世界経済においては規制緩和の波[6]が押し寄せたのである。日本においても例外ではなく，中曽根内閣期（1982〜87年）においては，例えば，NTTグループ（日本電信電話公社：1985年[7]），日本たばこ産業株式会社（JT）（日本専売公社：1985年），JR各社（日本国有鉄道（国鉄）：1987年）といった公営企業の相次ぐ民営化が規制緩和の対象となったのである。

　言うまでもなく，1980年代における貿易摩擦や規制緩和の潮流は，日本が

6　1979年，イギリスでは，いわゆる「英国病」の克服を掲げ，首相に就任したサッチャーが，国営企業（水道・ガス・電気・通信・鉄道・航空等）の民営化，「（ロンドン・）シティ」における金融機関の外国企業の参入認可（金融ビッグバン）等を柱とする政策「サッチャリズム」を断行したのである。

7　1985年「電気通信事業法」の施行に伴い，通信事業が民間企業に開放され，「技術基準適合認定」を受けた通信機器であれば自由に利用できることとなった。これを機に，多種多様な機能を有する電話機（プッシュフォン・コードレス機・留守番電話・ファクシミリ等）の普及が進展したのである。さらには，付加価値通信網（VAN：Value-Added Network）の整備により，例えば，金融用端末機器「現金自動払い機（CD：cash dispenser）」「現金自動預払い機（ATM：automatic teller machine）」の普及が進んだのである。

図表4.4　日本おける国内総生産（GDP）の推移（1980年代）

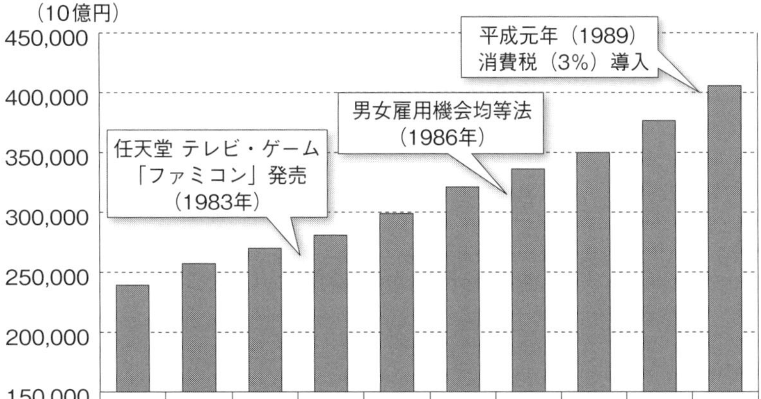

（10億円）

平成元年（1989）
消費税（3%）導入

男女雇用機会均等法
（1986年）

任天堂 テレビ・ゲーム
「ファミコン」発売
（1983年）

	1980	1981	1982	1983	1984	1985	1986	1987	1988	1989
GDP名目（10億円）	239,271	257,208	269,972	280,810	298,820	321,261	336,287	350,045	376,578	405,655
GDP名目前年比（%）	8.4	7.5	5	4	6.4	7.5	4.7	4.1	7.6	7.7
GDP実質前年比（%）	2.8	2.9	2.8	1.6	3.1	5.1	3	3.8	6.8	5.3

出所：内閣府「長期経済統計」より筆者作成。

　欧米先進諸国に「追いつき・追い越した（キャッチ・アップ）」こととは無関係ではなかったのである。欧米先進諸国から見れば，日本の経済的繁栄は，政府・監督官庁による許認可権や諸政策を行使した結果であり，したがって，欧米先進諸国が日本における内需拡大に向けた市場開放を阻む要因の帰着点として，日本経済における不公正な慣行や制度（日本の経済構造）に言及したのである。特に，日米間においては，経常収支不均衡・貿易不均衡が歴然と存在しており，ついには，1989・1990両年にわたり5回の「日米構造協議[8]」が開催されるに至ったのである。

8　「日米構造協議」における協議事項は多岐にわたっている。その中で，特に注目された事項が「大規模小売店舗法」の廃法（＝米国大規模小売企業の日本市場への進出）であった。この協議の開催意図は，日本トイザらス社の第2号店（奈良・樫原店）の開店前日である1992年1月7日に，米国ブッシュ大統領（父ブッシュ）が視察に訪れたことが象徴的に物語っている。なお，協議内容は『日米構造問題協議最終報告』（通商産業調査会編，1990年）で示されている。

(2) 消費意欲の高揚と「バブル経済」

「プラザ合意」以降の円高基調の影響は，日本における消費意欲の高揚にまで及んだ。円高不況対策のため，公定歩合は6回にわたり引き下げられ，1987年2月には2.5%にまで低下し，実質所得も増加したため，大型カラーテレビ・高級自動車をはじめ，多様化した耐久消費財や旅行・飲食サービスに至るまでの需要拡大が顕著になり，消費意欲の高揚につながったのである（図表4.5）。

図表4.5　耐久消費財の多様化とその普及

	電子レンジ	電気洗たく機			ルームエアコン			電気カーペット
			全自動	その他		冷房用	冷暖房用	
1970	2.1	91.4			5.9			
1971	3.0	93.6			7.7			
1972	5.0	96.1			9.3			
1973	7.5	97.5			12.9			
1974	11.3	97.5			12.4			
1975	15.8	97.6			17.2			
1976	20.8	98.1			19.5			
1977	22.3	97.8			25.7			
1978	27.3	98.7			29.9			
1979	30.6	99.0			35.5			
1980	33.6	98.8			39.2			
1981	37.4	99.2			41.2			
1982	39.9	99.3			42.2			
1983	37.2	98.2	32.3	68.9	49.6	42.3	11.7	
1984	40.8	98.4	33.4	68.4	49.3	41	14.1	
1985	42.8	98.1	34	67.3	52.3	41.9	17	
1986	45.3	99.6	33.9	68	54.6	43.8	20	
1987	52.2	99.2	34.8	66.9	57	44.2	22.8	
1988	57	99	36.7	65.6	59.3	44.7	25.4	32.8
1989 (平成元年)	64.3	99.3	37.3	65.4	63.3	46.6	29.4	40

出所：内閣府『消費動向調査』より一部抜粋し筆者作成。

特に，海外旅行（渡航）者数は1986年以降，短期滞在者（10日以内）を中心に着実に増加したのである（図表4.6）。彼ら／彼女らの多くは，欧米諸国で「高級ブランド商品」を購入しただけではなく，いわゆる「内外価格差」の存在も認識するようになった。日本の正規代理店（総代理店契約者）を経由して販売されている高級ブランド商品（衣服や酒類）の価格が，海外における価格よりもはるかに高額であったため，海外で直接購入し輸入する「並行輸入」が多く見られるようになったのである。もはや，海外旅行や高級ブ

（単位：%）

VTR	ビデオカメラ	ステレオ	CDプレーヤー	パソコン	プッシュホン	乗用車		
							新車	中古車
		27.3				17.3		
		31.2				22.1		
		33.9				26.8		
		40.4				30.1		
	7.1	44.4				36.7		
	7.9	47.0				39.8		
	9.0	52.1				41.2		
	10.1	53.8				44.0		
1.3	8.6	54.9				48.7		
2.0	9.3	56.3				51.7		
2.4	8.6	56.5				54.6		
5.1	9	58.5				58.5		
7.5	8.8	61.5				62		
11.8	8.2	59				62.9	31	36.2
18.7	8.8	58				64.8	33.8	36.2
27.8	8.4	59.9				67.4	37.5	35.4
33.5	8.5	60.5				67.4	38.5	34.2
43	10.4	58.9	10	11.7	20.1	70.6	40.5	36.3
53	11.3	58.9	16.1	9.7	25.9	71.9	40.5	38.2
63.7	14.9	61.2	26.8	11.6	34.5	76	45.5	39.2

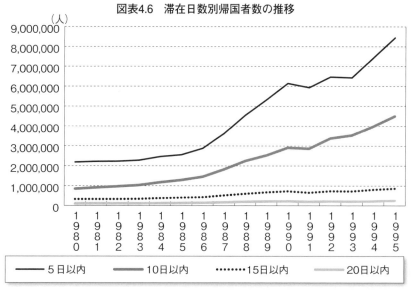

図表4.6 滞在日数別帰国者数の推移

出所：法務省「出入国管理統計表」より一部抜粋し筆者作成。

ランド商品は，一部の高額所得者だけの商品ではなく，大多数の国民にとっ
て，一般的な商品として認知されるに至ったのであった。こうして，「日米構
造協議」以後，外資系小売企業の日本進出と共に，高級ブランドの直営店が，
東京を中心とした大都市に集中することになるのである。

　「プラザ合意」による円高と超低金利の影響は，消費意欲の高揚にとどま
らず，金融機関や企業が抱えた「だぶついた資金」が向かう対象にまで及ん
だ。そのような資金が，1987年頃から株式市場や不動産市場に流入した結果，
実体経済から乖離した投機的高騰の様相を呈し，株価や地価は未曽有の高値
となったのである。株価は，1989年12月29日に最高値（日経平均株価：3万
8,957円）を更新し，地価は1991年にピークを迎えたのである。これが「バ
ブル経済」である（図表4.7）。

　「バブル経済」は，文字通り，「泡」となって消えていく。「バブル経済崩
壊」である。1990年当初に株価が，翌年には地価の急速な下落が始まり，大
量の不良債権を抱え込んだ金融機関や企業（そして個人投資家）は対応しき

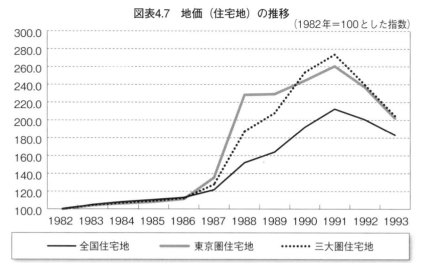

図表4.7　地価（住宅地）の推移

（1982年＝100とした指数）

凡例：
全国住宅地 ／ 東京圏住宅地 ／ 三大圏住宅地

出所：国土交通省「地価公示」より一部抜粋し筆者作成。

れず，急速な経営悪化に見舞われたのである[9]。企業では，これまでも，従業員に長時間労働を強いることが常態化しており，「過労死」が問題視されていた矢先のことでもあり，この急速な経営悪化に対応すべく，否応もなく，事業の整理や海外展開（＝生産拠点の欧米・アジア移転の迅速化）と人員削減（リストラ）に邁進していったのである。平成（1989年）の始まりと共に，世にいう「失われた10年（あるいは20年）」の始まりでもあったのである。

コラム　グローバル輸送とドメスティック輸送のシステム化

　港湾施設の風景を思い浮かべてみよう。輸送用船舶に積み込まれた貨物が，次々と，クレーンに吊り下げられ，船舶に荷積みされ，また，次々と荷揚げされている…。貨物は，波板でできた鋼板製の箱に収められている「輸送用コンテナ（shipping-containers）」である。そして，専用の輸送用船舶が「コンテナ船」であり，クレ

9　「バブル経済崩壊」後の1990年代後半，大量の不良債権の処理に追われた金融機関が，損失補填，利益供与，巨額損失の隠蔽等で経営悪化の一途をたどり，北海道拓殖銀行，日本長期信用銀行，日本債券信用銀行，山一證券，三洋証券等の大手金融機関の倒産が相次ぎ，また，「住宅金融専門会社（住専）」を筆頭に，多くの企業においても，大量の不良債権の処理に追われたのである。

ーンは，コンテナ専用である「ガントリー・クレーン（gantry crane）」である。また，陸上輸送においても「コンテナ・トラック」が利用されている。要するに，グローバル経済（輸出・輸入）の現場では，この「コンテナ輸送」を中心として作業が行われているのである。

　この「コンテナ輸送」は，したがって，コンテナの規格（大きさ）にそって，船舶・クレーン・トラック等がシステム化されてこそ，大量輸送にかかわる効率性と生産性が決定するといっても過言ではないのである。このコンテナを開発し，グローバル経済における輸送システム化にまい進したのが，米国のトラック運転手，マルコム・マクリーン（Malcom McLean）である（マルク・レビンソン著，村井章子訳（2007）『コンテナ物語』日経PB社）。

　一方，ドメスティックにおける輸送システムの普及は，郵便小包以外に，家庭への小荷物を輸送する手段がなかった1976年，クロネコヤマト社の「宅急便」の登場からはじまる。1980年代，「スキー宅急便（1983年）」，「ゴルフ宅急便（1984年）」，「クール宅急便（1988年）」の商品化に成功し，現在においては，通信販売（カタログ販売・ネット通販）ビジネスにおいて不可欠な輸送サービスを提供するに至っていることは周知のことである（クロネコヤマト社長　小倉正男著（1999）『小倉正男経営学』日経PB社）。

3. 1980年代における企業の課題：生産性をめぐる課題

（1）生産拠点の海外展開：生産ネットワークの構築

　上述したように，日本の製造業（自動車，家電，各種機械）を中心に，1980年代前半においては，継続的円安傾向により，輸出が大きく伸びたものの，後半においては，急速な円高により，輸出品価格上昇と貿易摩擦の影響もあって，海外現地生産の積極的な展開を余儀なくされていたのである。海外現地生産の地域別特徴としては，おおむね，北米地域では加工組み立て関連企業が現地生産を展開し，アジアNEIsやアセアン諸国においては1970年代から引き続き部品・中間製品の生産をはじめ，円高による人件費削減を目的とした労働集約型企業の展開が見られたのである。

　このような状況は，日本に特徴的に現れたものではなく，先進諸国においても，共通して見られたことであったといえる。海外直接投資（Foreign Direct

Investment：FDI）による生産拠点の海外展開は，単なる資本の移転という課題だけではなく，部品・中間製品，及び完成品の移動と管理者・労働者の移動と共に，技術（生産技術・製品技術）・各種経営管理に関する知識ノウハウの移転等，多岐にわたる課題を有していたのである。さらにいえば，本国（企業）と海外（現地）における，経済・社会・文化・政治・法律といった環境への対応の課題も内包していたのである。

　日本だけではなく，先進諸国やNIEsにあっても，自国内だけでは生産・販売の推進は不可能であり，複数の海外（現地）子会社の設置に伴い，国際的な生産・販売ネットワークの構築が各国企業の課題となったのである。このことは，多国籍企業（Multinational Corporation：MNC）が解決しなければならない戦略課題であり，本国（本社）と海外（現地）との間だけではなく，海外（現地）子会社間における調整問題が課題となったのである。

(2) 競争優位性の獲得と維持

　1980年代，とりわけ，「プラザ合意」後の円高に見舞われた後半期において，輸出品に対する価格競争力を以て，日本製造業の競争優位性を説明することはできない。繰り返し述べることになるが，生産拠点の海外展開は，日本に特徴的に現れたことではないということである。

　図表4.8は，G7における生産性を比較したものである。明らかに，日本の生産性は他国に比して最も高く，米国のそれは最も低い。この生産性が日本の競争優位性を物語っていたことは確かだといえる。しかしながら，論点（issue）は「なぜ，日本の生産性がこれほど高かったか」である。この論点に関して，象徴的に認識されたシステムが，部品調達システムと生産システムの融合を図った「トヨタ・プロダクション・システム（Toyota Production System：TPS）」であったといえる。そして，日本における生産性の高さ以上に注目されたのが，「日本企業の競争優位性の源泉とは何か」であったのである。

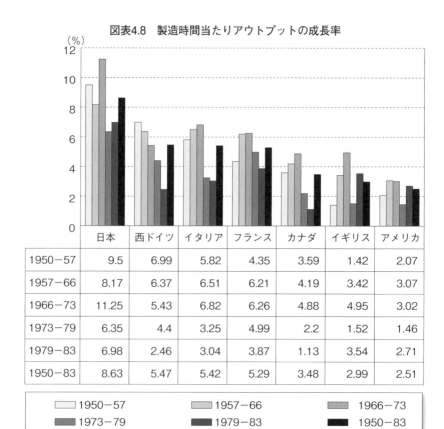

図表4.8　製造時間当たりアウトプットの成長率

(%)

	日本	西ドイツ	イタリア	フランス	カナダ	イギリス	アメリカ
1950−57	9.5	6.99	5.82	4.35	3.59	1.42	2.07
1957−66	8.17	6.37	6.51	6.21	4.19	3.42	3.07
1966−73	11.25	5.43	6.82	6.26	4.88	4.95	3.02
1973−79	6.35	4.4	3.25	4.99	2.2	1.52	1.46
1979−83	6.98	2.46	3.04	3.87	1.13	3.54	2.71
1950−83	8.63	5.47	5.42	5.29	3.48	2.99	2.51

凡例：1950−57 / 1957−66 / 1966−73 / 1973−79 / 1979−83 / 1950−83

出所：U.S.Bureau of Labor Statistics（1985）.
　　　D. J.ティース編著，石井淳蔵他訳（1988）『競争への挑戦―革新と再生の戦略』白桃書房，p.3。

4. 企業の課題解決の基盤となる「マネジメント」

(1) 多国籍企業論の展開

　実のところ，海外直接投資に関しては，第2次世界大戦後も米国が先行していたのである[10]。したがって，海外直接投資に伴う「多国籍企業」に関する研究は，1960年代から行われてきた経緯を持つ[11]。例えば，ハイマーの *The International Operations of National Firms: A Study of Direct Foreign Investment*（Hymer, 1960）は，集権的統合組織の認識に立って，所有の優位性の観点から言及し，また，ラグマンは，*Inside the Multinationals: The Economics of Internal Markets*（Rugman, 1981）で，「なぜ多国籍企業は，海外で，生産を中心とした内部化を進めるのか。そこにはどんな優位性が生まれるのか」を問題意識に，「内部化」（internalization）理論の検討を行ったのである。

　このような多国籍企業論から，グローバル企業論への転換を図ったのが，ポーターの *Competition in Global Industries*（Porter, 1986）である。企業における活動が国際的に分散化すればするほど，各国に配置された子会社間での調整が必要になり，その調整の度合いが強くなるほど「グローバル企業」の出現へと向かうことを指摘したのである。まさに，多国籍企業論からグローバル企業論への展開が始まったのである。

(2) TPSへの理解

　一方，TPSの研究では，実際にTPSの実現の当事者でもある大野耐一（1978年）の『トヨタ生産方式－脱規模の経営をめざして－』が，TPSの詳細な記述を行ったのに対し，ライカーは，*The Toyota Way*（Liker, 2004）で，米国

10　1970年以来，世界の直接投資総額に占める米国の比率が著しく低下する一方，日本や西ドイツ，イギリスの比率が高まっていたことである。米国の比率は，1968～72年では58.5％に達していたものが，78～83年には29.4％にまで下がっていた。この間に，イギリスでは，12.3％から16.7％に，西ドイツでは，8.1％から9.9％に，日本では，3％から9％にまで高まっていたのである（経済企画庁『年次世界経済報告－持続的成長への国際協調を求めて』1985年版）。

11　日本においては，1970年代における「ドル・ショック」「石油ショック」を契機とした生産拠点の海外展開に伴い，多国籍企業に関する研究が進んだ。

におけるトヨタ車の躍進の源泉の解明を主眼において，20年にわたってTPS
の分析を行ったのである。

(3) 日本企業の競争優位性の特質と米国の研究

　そして，日本の競争優位性の特質については，日本の研究者が，日米企
業の比較研究を盛んに行った。これらの研究は理論研究というよりもむしろ，
日本企業の特質の分析的解明を主眼としていたのである。多角化戦略や環
境適合の視点から，経営環境，経営目標，経営戦略，組織構造，生産技
術，経営者の特性等々，多岐にわたって詳細な分析を行ったものに，吉原・
佐久間・伊丹・加護野（1981）の『日米企業の多角化戦略—経営資源アプ
ローチ』，加護野・野中・榊原・奥村（1983）の『日米企業の経営比較—戦
略的環境適応の理論』が，また，マーケティング行動の視点から，外部環境
（市場・技術）と内部環境（戦略・経営資源・組織）の適応の程度と企業の
成果（企業業績）との関係を明らかにした研究に，石井（1984）の『日本企
業のマーケティング行動』があり，いずれも，日本企業の競争優位性の特質
の源泉を解明しようとしたのである。これらの研究から，「日本的経営」ある
いは「日本企業システム」と呼ばれる日本企業の特質[12]が浮き彫りにされたの
である。

　他方，米国においても，日本企業の競争優位性を視野にして，米国企業の
再生の要因に言及した研究を輩出した。例えば，ティースの *The Competitive*
Challenge: Strategies for Industrial Innovation and Renewal（Teece, 1987），と
デトーゾスの *Made in America*（Detouzos, 1989）を挙げることができる。ま
た，日本をはじめとする特定国の産業や企業の躍進と衰退の要因を探るべく，
主要10か国の比較研究を行ったのが，ポーターの *The Competitive Advantage*
of Nations（Porter, 1990）である。

　しかしながら，日本の経済は，1990年を境として，突如として混迷を極め
ることになる。「バブル経済崩壊」である。この点に関して，賃金体系・終身

12　その特質として，長期雇用における技術開発・製品開発上の優位性，長期的収益と成長の重視
　に起因する優位性，長期的・継続的取引に起因する優位性，部品・材料メーカーと完成品メーカ
　ーとの取引関係に起因する優位性等が指摘されたのである。

雇用・年功序列といった日本型経済・市場・経営システムの構造的特質の崩壊に起因する諸々の課題に言及したのが、吉川（1994）の『メイド・イン・ジャパン』である。同書は、*Made in America*にならい、日本の産業が抱える課題の解明し、「バブル経済崩壊」後の日本経済・企業の再生への知見を示した研究である。

5. まとめ

1980年代は、1970年代における世界同時不況をめぐる諸々の課題に対応した日本が、「経済大国」として世界的飛躍を成しえた時代であった。それは、大量生産・流通の枠組みを前提とした、多品種少量生産・流通の実現に結実したともいえる。換言すれば、製品の高付加価値化（＝部品・素材の高度化による軽薄短小化の実現）を基盤として、製品のシステム化（＝制御機能とセンサー機能による製品機能の複合化）及び、製品の多機能化を実現したのである。

その結果、製品は多様化の一途をたどると共に、同業種企業（顕在的競合他社）をめぐる閉鎖的市場環境での競争だけではなく、異業種企業（潜在的競合他社）の市場への参入を想定した開放的市場環境での競争が生起することを意味する。すなわち、製品の多様化が、製品の代替性を生み出し、さらなる競争激化の状況を生起させたのである。

日本が「バブル経済崩壊」に見舞われる直前、画期的な研究が発表される。それが、チャンドラーの *Scale and Scope: The Dynamics of Industrial Capitalism*（Chandler, 1990）である。彼は、1977年に出版された著書 *The Visible Hand: The Managerial Revolution in American Business* において「経営者資本主義（managerial capitalism）」の到来について言及した後、*Scale and Scope* において「範囲の経済」の成立と発展について、米・英・西独の3か国にわたって言及したのである。

彼は、「規模の経済」を、単一製品の生産と流通という単一業務単位の規模拡大によって、単位コストが引き下げられことに起因する経済性とし、「範囲

の経済[13]」については，「結合生産・結合流通（単一業務単位内における諸過程を複数製品の生産・流通に用いること）」に起因するシナジー効果をめぐる経済性としたのである。そして，新技術が規模と範囲におけるコスト優位性をもたらし，その結果，「経営者資本主義」と呼ぶシステムを運営するようになったとしたのである。

　まさに，1950年代～1980年代は，「多様化に伴う生産と流通におけるシナジー効果」を理解し，実現する時代（範囲の経済の追求）であったのである。

● **必須用語集** ....

・**生産拠点の海外展開の課題**

　生産拠点の海外展開は，単なる資本の移転（海外直接投資）という課題だけではなく，部品・中間製品，及び完成品の移動と管理者・労働者の移動と共に，技術（生産技術・製品技術）・各種経営管理に関する知識ノウハウの移転，及び，本国（企業）と海外（現地）における，経済・社会・文化・政治・法律といった環境への対応等，多岐にわたる課題を有している。

・**日本をめぐる貿易摩擦や規制緩和**

　「キャッチ・アップ（日本が欧米先進諸国に追いつき・追い越したこと）」による日本の経済的繁栄は，欧米先進諸国から見れば，日本政府及び監督官庁による許認可権や諸政策を行使した結果であると認識された。したがって，日本における内需拡大に向けた市場開放を阻む要因が，日本経済における不公正な慣行や制度（日本の経済構造の問題）にあると認識されたことが，日本をめぐる貿易摩擦の激化と規制緩和の要求につながった。

13　彼は，「範囲の経済」という用語を，David J. Teece の論文（"Economics of Scope and the Scope of the Enterprise," *Journal of Economic Behavior and Organization*, Sept. 1980）等から用いているが，これらの論文では，生産における範囲の経済を強調しているとしており，チャンドラーは，生産だけではなく，流通における範囲の経済にまで言及したのである。

【参考文献】

石井淳蔵（1984）『日本企業のマーケティング行動』日本経済新聞社.

大野耐一（1978）『トヨタ生産方式―脱規模の経営をめざして』ダイヤモンド社.

加護野忠男・野中郁次郎・榊原清則・奥村昭博（1983）『日米企業の経営比較―戦略的環境適応の理論』日本経済新聞社.

吉川弘之監修, JCIP編（1994）『メイド・イン・ジャパン』ダイヤモンド社。

吉原英樹・佐久間昭光・伊丹敬之・加護野忠男（1981）『日米企業の多角化戦略―経営資源アプローチ』日本経済新聞社.

Chandler, A. D., Jr.（1977）*The Visible Hand: The Managerial Revolution in American Business,* Belknap Press of Harvard University Press.（鳥羽欽一郎・小林袈裟治訳『経営者の時代―アメリカ産業における近代企業の成立（上・下）』東洋経済新報社, 1979年）

Chandler, A. D., Jr.（1990）*Scale and Scope: The Dynamics of Industrial Capitalism,* Belknap Press of Harvard University Press.（安部悦生他訳『スケール アンド スコープ―経営力発展の国際比較』有斐閣, 1993年）

Detouzos, M. L., Lester, R. K., and Solow, R. M.（1989）*Made in America,* MIT Press.（依田直也訳『Made in America―アメリカ再生のための日米欧産業比較』草思社, 1990年）

Hymer, S.（1960）*The International Operations of National Firms: A Study of Direct Foreign Investment,* Doctoral Dissertation, MIT ; published, by MIT Press, 1976.（宮崎義一編訳『多国籍企業』岩波書店, 1978年）

Liker, J.（2004）*The Toyota Way: 14 Management Principles from the World's Greatest*

Manufacturer, McGraw Hill Professional.（稲垣公夫訳『ザ・トヨタウェイ（上・下）』日経BP，2004年）

Porter, M. E.（1986）*Competition in Global Industries,* Harvard Business School Press.（土岐坤他訳『グローバル企業の競争戦略』ダイヤモンド社，1989年）

Porter, M. E.（1990）*The Competitive Advantage of Nations,* Free Press.（土岐坤他訳『国の競争優位（上・下）』ダイヤモンド社，1992年）

Rugman, A. M.（1981）*Inside the Multinationals: The Economics of Internal Markets,* Columbia University Press.（江夏健一・中島潤・有沢孝義・藤沢武史訳『多国籍企業と内部化理論』ミネルヴァ書房，1983年）

Teece, D. J.（1987）*The Competitive Challenge: Strategies for Industrial Innovation and Renewal,* University of California Press.（石井淳蔵他訳『競争への挑戦―革新と再生の戦略』白桃書房，1988年）

第 **5** 章

【資本主義の再構築期】
世界経済の多極化と
ICT時代の幕開け　—1990年代

この章で学ぶこと

　東西冷戦時代の終焉という政治インパクトがもたらした企業活動への影響とグローバル化の関係について考える。これに加えて，インターネットをはじめとする情報通信革命が生活や企業活動にもたらした影響と現在における意味について考えたい。最後に，バブル崩壊後，日本企業の行動の連鎖と現在への影響について考察する。

キーワード

- グローバル化
- 地域経済圏
- アジア通貨危機
- 情報通信技術
- リーン生産システム
- プロセスイノベーション
- リソースベースビュー

1. 冷戦時代の終焉とグローバル時代の幕開け

(1) 冷戦終焉：ドイツの統一とソ連の崩壊，その余波

　前章で考察したように，1980年代末の冷戦終結という政治の変化は，企業活動とその範囲を変える大きな出来事であった。ここでは1990年代に大きく影響を与えたソ連崩壊とドイツ統一といった2つのことについて少し詳細に見ることから始めよう。

　第2次世界大戦の敗戦国であったドイツ。敗戦の遺産で，ドイツ分断の象徴であったベルリンの壁が1989年11月に崩れ，翌年，正式に再統一された。ドイツ統一の兆候として，1989年のハンガリーやポーランドなどの東ヨーロッパ諸国の民主化運動があった。東ドイツは市民の大量出国に直面し，その対策として旅行及び国外移住に関して大幅な規制緩和の法令を発表したが，それが市民には事実上旅行自由化として受け止められた。その結果ベルリン市民が両国の境界線であった壁に殺到し，国境が開放されるようになった。その翌日の11月9日，ベルリンの壁の撤去が始まった（図表5.1）。翌年，東ドイツにて自由選挙後，東西ドイツの通貨統一に合意し，第2次世界大戦後，分断されていたドイツが再統一した。突然ともいえる出来事だった。

　全世界を驚かせたドイツの再統一をきっかけに，ドミノのように民主化の波が東ヨーロッパ諸国に押し寄せた。改革政策（ペレストロイカ）を進めて

図表5.1　ドイツの統一

出所：www.ladiplomatie.fr より。　　　出所：www.haber7.com より。

いたソ連が国民の経済的な不満により，共産主義あるいは社会主義の象徴であったレーニンの像の破壊に象徴されるように，ソ連の崩壊が起きたのである。続いて，共産主義陣営の主従国であったソ連の崩壊は，政治的パワーの空白化と抑制されていた民族主義の高揚の中で，ソ連連邦国が15か国と旧東ヨーロッパが独立分裂するという結果になった。この地域の国家を「移行経済（圏）（transition economies）」と呼ぶ。

マルクス・レーニン主義に基づき，計画経済，集団農場を核とする経済システムを営んできた共産主義の実験は失敗に終わったことを意味した。こうした一連の流れは，政治理念や思想，社会主義と資本主義に分断されていた東西の冷戦時代の終焉を告げ，世界各国は理念よりも経済論理をより重視する流れとなった。

ヨーロッパにおける冷戦終焉が，西ヨーロッパにとって，旧東欧州圏は最も近い距離に位置し，相対的に安い賃金と資源が利活用できることから，新しい交易相手国（市場）になった。その結果，欧米から東ヨーロッパへの企業投資や生産拠点の移転が増えるようになった。

(2) アジア諸国の社会主義からの脱却

このような動きに一層拍車を掛けたのがアジアの中国とインドの変化であった。2つの国は人口大国であるため，その動きには目を配る価値があるだろう。

まず，中国の変化について見ておこう。1970年代初，米国の外交政策の変化と容認で，1978年より部分的な開放政策を通じて市場経済への移行を図ってきた中国が1992年以後，本格的に社会主義市場経済への転換を打ち出し，市場改革開放政策が推し進められた。中国の経済成長は一気に加速したのである。また，帝国主義時代に勃発した最も卑劣な戦争ともいえるアヘン戦争（1839〜42年）の対価として，1841年から植民地とされたイギリス領の香港が，1997年に中国へ返還された。中国はこれまでの政治社会システムを維持しながらも香港が有する世界金融の中心としての機能を生かす方針で，「一国二体制」を打ち出した。この制度は，開放政策後，製造拠点となった広東省一帯の製造クラスター（cluster）の維持と継続的に外国資本の投資誘引のため，政治リスクを低減させる効果があったと思われる。

次に，インドの変化を見てみよう。1947年，インドは，18世紀の半ばから
のイギリス東インド会社の支配と，19世紀半ばからのイギリス植民地から独
立した。その後，インドは，社会主義の影響を受け，自国重視の保護貿易政
策と計画経済を志向してきた。しかし，1991年より本格的に改革開放政策に
舵を切り，徐々に経済成長を図るようになった。1980年代の規制緩和などを
軸とする経済自由化によって経済は少し回復したが，最大貿易国となったソ
連の崩壊と，また湾岸戦争[1]による原油・物価の高騰が重なり，インドの国際
収支は悪化してきた。この状況を打開しようと，インド政府は輸入ライセン
スの廃止，労働法・農業への補助期削減，外国企業の直接投資の誘引策など
を打ち出し，経済の自由化の動きを強化・実施した。その過程で，インドは
様々な社会問題を露呈しながらも持続的な経済成長を見せた。

　さらに，ベトナム戦争（1962〜76年）後，社会主義体制を樹立・維持して
きたベトナムが，1990年代に入ると，長く自国の植民地統治をしていたフ
ランスと1992年に和解した。続いてベトナム戦争の敵国であった米国とも
1995年7月に和解し，7番目のASEAN加盟国となった。また，1986年より
実施された「ドイモイ」政策の延長線で，1998年にはアジア太平洋経済協力
（APEC）に参加し，自由貿易と市場開放政策を鮮明に打ち出したのである。

（3）クロスボーダーM&AとFDIの増加

　以上で述べたように，旧社会主義国家における政治情勢の変化と出来事は，
単に共産主義や社会主義政治体制の終焉にとどまらず，新しい貿易環境の創
出と市場のダイナミズムを生み出すこととなった。世界は言葉通りに「全地
球規模（global）」を対象とした経済活動が活発になった。そのうち，多くは
民間企業によるものであり，国境を越える企業間取引や貿易量が急増するこ
とになった。

　実際に，1990年代には西ヨーロッパ企業の東欧州国への海外直接投資

1　1991年に米国を中心とする多国籍軍とイラクがペルシア湾で戦った戦争である。湾岸戦争の原
　因は，長い歴史の中で積み重なった宗教的な対立が根底にあるものの，石油の争奪戦の側面が強
　い。この戦争は最新鋭のミサイル武器などを投入しながら，戦争の様子がテレビ中継されたこと
　で有名である。

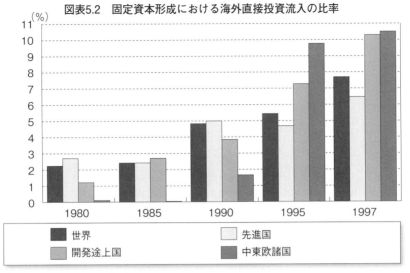

図表5.2　固定資本形成における海外直接投資流入の比率

凡例：
- 世界
- 先進国
- 開発途上国
- 中東欧諸国

注: UNCTAD, FDI/TNC database.
出所: UNCTAD（1999）*World Investment Report 1999*, p.12.

（Foreign Direct Investment：FDI）が増え，2000年代に入ると本格的に移行経済圏や新たな市場開放国家で増加し，多国籍企業の生産活動はより広範囲で行われるようになった。換言すれば，FDIの受入国はこれらの資金が経済成長の重要な基盤となった（図表5.2）。また，国境を越える企業間合併（Merger and Acquisitions：M&A）も増えた（図表5.3）のである。すなわち，政治情勢の変化が市場開放体制への移行を促し，多国籍企業の戦略や行動にも影響を与えた。これまでに交易がなかった国家のメリット（低賃金，市場接近など）を活用しようとする動きは，2000年代に入り一層強まることになる。特に，1990年代後半には，アジア通貨危機による不安定要因があったものの，FDIと関連産業の「クロスボーダーM&A（Cross-border M&A）」が世界的に増加した。しかしながら，FDIやクロスボーダーM&Aは，新興国地域にも徐々に増えたものの，金額面においては依然として米国や西ヨーロッパなどの先進国を中心に行われていたことにも注意すべきである。

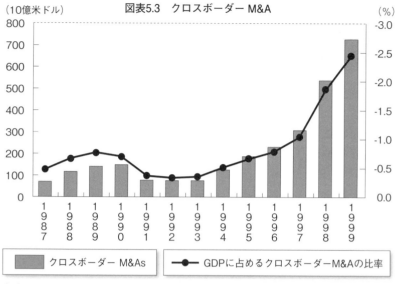

図表5.3　クロスボーダー M&A

（10億米ドル）

凡例	
クロスボーダー M&As	GDPに占めるクロスボーダーM&Aの比率

出所：OECD（2000）*World Investment Report 2000*, p.15.

2. 地域経済圏の形成と企業活動

　前述したように，新しい地域への資本の移動，生産拠点の移転・新設をはじめとする投資活動は，世界経済のグローバル統合を進展させることになった。同時に，地理的に隣接する国家間で地域経済圏（Regional Economic Zone）を形成する動きが活発化し，世界の多極化が進行された。域内国家間の相互合意に基づいた関税の引き上げ，貿易障壁の撤廃，非関税障壁（数量制限，課徴金など）などといった政策制度づくりと，国家間で貿易の活性化を通じて，域内国家の相互経済発展を目的とした国家間の連盟体結成を目指す動きがより本格的になった。その代表的な地域経済圏がEU，ASEAN，NAFTAなどである。

　まず，EU（European Union：欧州連合）について見てみよう。ヨーロッパ諸国は1992年2月欧州連合条約が調印され，1993年11月1日に発足を果たした。ヨーロッパ統一を図る動きは第2次世界大戦後からあった。米国の助力を得て，エネルギーや経済，軍事面において国家間で協力し，共同管理する目的で，欧州経済協力機構（OEEC），北大西洋条約機構（NATO），欧

州審議会（Council of Europe）などが組織化された。1957年には欧州経済共同体（ECC）が発足し，その後，1967年にヨーロッパ共同体（EC）に組織が代わり，さらに共同市場設立を掲げて，ついに1993年にヨーロッパ連合（EU）が誕生した。EU誕生によって，労働力の移動が自由となり，単一市場圏を目指し，非関税障壁の撤廃と通貨の単一化（EURO）まで図るようになった。現在は，EUには28か国が加盟している。その規模は，2017年現在人口5億1,000万人，GDP17兆3,000億米ドルの市場まで成長し，グローバル経済への影響力も高まっている。しかしながら，各国の経済状況や産業競争力，社会保障の格差などにより，しばしば離脱（例：イギリスのEU離脱〈Brexit〉）が政治経済的問題になる。

　一方，東南アジアでは，インドネシア，マレーシア，フィリピン，シンガポール，タイの5か国は，1967年の「バンコク宣言」に基づいて社会・政治・安全保障などの協力を目的に，地域共同体であるASEAN（Association of Southeast Asian Nations：東南アジア諸国連合）を結成した。現在，ASEANにはインドネシア，マレーシア，タイ，フィリピン，シンガポール，ラオス，ベトナム，ミャンマー，ブルネイの10か国が加盟している[2]（図表5.4）。2017年現在の経済状況を見ると，人口が約6億5,000万人（世界人口の約10%），GDPが2兆8億米ドル，貿易規模が2兆6,000億米ドルを有する地域共同経済圏である。同地域は，2000年代に入り，さらに経済成長を遂げるようになる。この地域は日系企業との関わりが深い。

　もう1つの地域経済圏が1994年に発足したNAFTA（North America Free Trade Agreement：北米自由貿易協定）である。北米の米国，カナダ，メキシコによって構成されるNAFTAは，人口約4億規模の市場で，加盟国間の関税の引き下げ，金融・投資の自由化，知的所有権の保護などを取り決め，国家間の貿易障壁を取り除き，経済活動の活性化・円滑化を目的としている。2000年代に日系企業のメキシコ進出が多くなったのは，生産活動の一部や組み立てをメキシコの低賃金を活用して行うことができ，陸や鉄道などを通じ

2　アセアン諸国の概要については，国際機関日本アセアンセンターが発行し，WEBに公開している『ASEAN情報マップ』が非常に参考になる。各国の歴史，人口，面積，GDP，文化，言語，経済状況，主要産業などの概要だけではなく，日本との貿易関係なども含め，グローバル物流に不可欠な道路や港湾などのグローバルロジスティクスに関する社会インフラ情報も載っている。

図表5.4 アセアン諸国の概要 (2017年)

	人口 (万人)	名目GDP (億米ドル)	1人当たりGDP (米ドル)	面積 (km²)
ブルネイ	43	121	28,291	5,765
カンボジア	1,601	222	1,384	181,035
インドネシア	29,399	10,155	3,847	1,910,93
ラオス	686	169	2,457	236,800
マレーシア	3,162	3,145	9,945	330,396
ミャンマー	5,337	693	1,299	676,577
フィリピン	10,492	3,136	2,989	300,000
シンガポール	561	3,239	57,714	718
タイ	6,904	4,552	6,594	513,120
ベトナム	9,554	2,239	2,343	330,967
ASEAN	64,739	27,671	4274	2,575,378
日本	12,979	48,721	38,428	378,000
中国	138,640	122,377	8,827	9,597,000
世界	753,036	806,838	10,715	148,940,000

出所：World Bank, World Development Indicators database.
アジア大洋州局地域政策参事官室 (2018)『目で見る ASEAN—ASEAN経済統計基礎資料』
などをもとに筆者作成。

て完成品市場としての米国が隣接しているからである。しかし，トランプ政権以後，自国における雇用損失と製造業の移転を恐れ，NAFTAの見直しを図るような動きも出ている。

　前述のように，これらの3つの地域経済圏の結成は域内国家間で比較優位性のある資源を活用し，域内の分業と経済連携の緊密化を通じて，貿易拡大と経済成長を共に図ろうとしたものである。多国籍企業は，地域経済共同体による非関税障壁の撤廃や関税の引き下げなどの魅力ある制度仕組みを活用し，海外直接投資国や投資規模に関する意思決定をしようとする。また，複数国家間の資源・物資の移動が容易になる仕組みを活かし，域内資源活用，地域内産業及び工程分業などの企業の戦略的活動を行う。

　特に，グローバル生産活動が活発になればなるほど，ロジスティクス問題を

タイ
- ディーゼルエンジン
- ボディパーツ
- 電装部品

ボディパーツ →

トランスミッション ←

フィリピン
- トランスミッション

ディーゼル
エンジン
ボディパーツ
電装部品

ボディパーツ

トランスミッション

トランスミッション

トランス
ミッション

ガソリン
エンジン

ステアリング
ギア

ステアリングギア

ステアリングギア

ボディパーツ

マレーシア
- ステアリングギア

ステアリングギア →

ガソリンエンジン ←

インドネシア
- ガソリンエンジン
- ボディパーツ

出所：トヨタ自動車株式会社渉外調査部（1996）『自動車の国際展開の現状と将来』，p.12。

考慮し，サプライチェーン（supply chain）全体の効率性向上を図らなければならなくなる。代表的な事例は，日本の自動車企業で見られるASEAN地域の部品間相互補完システムがある（加茂，2006）。これは，主な自動車メーカーの最終組立生産拠点がタイとインドネシアに立地する際に，ASEAN域内に部品別に分散，集中生産し，利活用するために構築された制度枠組みである。これはまさにASEAN域内の関税の引き下げのメリットを享受しようとする戦略的行動として捉えることができる（図表5.5）。

3　BBCスキームとは1987年に始まったもので，Brand to Brand Complementation体制である。このスキームは，1990年代に入り本格化し，ASEAN工業協力協定（ASEAN Industrial Cooperation Scheme：AICO）に進展した。その背景には，1992年シンガポールで開催されたASEAN首脳会談でASEAN自由貿易協定（ASEAN Free Trade Agreement：AFTA）設立が決定されたことがある。1993年から2008年までの15年で実現するという計画で，これによって域内貿易の活性化のため，共通有効特恵関税（Common Effective Preferential Tariff：CEPT）の最終関税率（0～5％）の実現目標年を前倒しして，新加盟国でも2015年までに関税協定を実現することとなった。

3. NIEsとアジア通貨危機

　1980年代半ば，急速な工業化と経済成長を達成したNIEs（Newly Industrializing Economies）と呼ばれる国が年7％以上の高度経済成長を遂げた。アジアにおいてはシンガポール，台湾，香港，韓国のアジアNIEsがあった。この4か国はアジアの「四龍（Four Asian Dragons）」または「四頭の虎（Four Asian Tigers）」とも呼ばれた。

　これらの国は，1960年代に労働集約的輸出産業から始まり，1970年には重化学工業へ，さらに80年代後半からはハイテク産業を中心に発展を遂げてきた。良質の豊富な労働力（高い教育歴と勤勉さ）の活用をベースに，これらの国は先進国からの技術移転とその模倣からキャッチアップを始めた。1990年代には輸入代替産業から技術を習得・学習し，徐々に製鉄，造船，自動車，電化製品から，半導体，精密機械などの先端製品にまで輸出するようになった。日本の経済成長期と同様に，輸入代替産業から輸出志向戦略をとっていた，これらの国の工業化及び高度成長の成功要因や特徴としては，強力な軍・政治エリート，技術官僚などが権力を持ち，資源動員と配分を主体的に行う，「開発独裁」という政治システムが多く見られる。

　しかし，1997年6月，タイが震源地とされるアジア通貨危機（Asian Financial Crisis）が起こった。多くの東南アジア諸国と韓国に急激な通貨下落が起き，各国の経済は大きなダメージを受けた。図表5.6に示すように，タイ，韓国，インドネシアの為替が暴落した。その原因は米国のヘッジファンドを中心とする機関投資家による通貨空売りによって引き起こされたとされる。韓国，タイ，インドネシアは外貨（外貨準備高）不足に陥り，IMF（International Monetary Fund：国際通貨基金）による緊急管理に入り，財閥解体と産業構造調整が余儀なくされた。また，アジア通貨危機によって，マレーシア，フィリピン，香港も打撃を受け，アジア全体の成長率はマイナスとなり，その後にはロシアやブラジルの経済混乱を招く要因となった。

　日本はアジア通貨危機による直接的な影響はなかったものの，同時期に行われた政策金利引き下げ（1998年9月），10月の円高，消費税増が重なり，日本長期信用銀行の破綻と国有化といった金融危機を誘発させたのである。そ

（92年1月＝100）　　　　　　　　　　通貨危機発生　　　　　　　（92年1月＝100）

（左目盛）
━━━ ドル名目実効レート　　━━━ タイバーツ名目レート
━━━ 韓国ウォン名目レート　•••• 香港ドル名目レート

（右目盛）
----- インドネシア
　　　ルピア名目レート

出所：ブルームバーグより作成。
　　　内閣府（https://www5.cao.go.jp/j-j/sekai_chouryuu/sa12-02/s2_12_2_3.html）（2019.5.1閲覧）

れによって，台湾も，日系企業の投資減少や生産拠点の見直しと移転などに
より，徐々にその影響を受けるようになり，経済不況に陥った。2000年代前
半より新しい成長として中国大陸への投資と中国企業との連携を強めるきっ
かけになったのがこの「アジア通貨危機」である。

4. 日本バブル経済の崩壊と日本企業の新しい取り組み

（1）バブルの崩壊と円高；高度成長期から低成長期へ

　1970〜80年代，高度成長期を謳歌してきた日本経済は，1989年末に日経平
均株価は3万8,915円（85年1万2,000円の約3倍）の最高値を更新した（図
表5.7）。銀行の借入金で，異常ともいえる不動産投機ブームによって地価も急
速に上がり，日本全土の地価は米国全土の4倍に匹敵するものとなった。本

図表5.7　バブル経済の崩壊・株価推移

1980年代の終わりには日経平均株価は現在の3倍に

業よりも，銀行からの借入金で不動産投機に走った暴慢な企業も数多く見られた。

　ところが，株価や不動産等に対する投機によって，資産価値が本来の資産価値から離れた経済状態（バブル経済）となった。政府は投機資本の抑制のため，金融機関に対して「総量規制[4]」を通達した。しかし，1990年10月をピークに低下し，1991年3月より，株価の暴落から始まり，地価は急低下した。それにより，暴慢な経営をしていた企業や不良債権を抱えていた銀行が，連鎖的に大きなダメージを受けた。1989年に285件だった倒産件数は，1991年に1,156件，1992年に1,169件と4倍に急増した。さらに，阪神淡路大地震（1995年1月），消費税5％増税（1997年4月）による消費心理の萎縮，円高の進行がさらに重なり，景気はさらに低迷し始まった。1997年11月に，北海

4　その内容は，①不動産向け融資の前年比伸び率を総貸出の前年比伸び率以下に抑える，②不動産業，建設業，ノンバンクへの融資実態の報告を求め，規制に違反した金融機関には是正を指導するものだった。通達後，金融機関は一気に不動産関連の融資に慎重になり，急速に信用収縮が進んだ。（東京商工リサーチ，https://www.tsr-net.co.jp/news/analysis/20190424_04.html）（2019.5.1閲覧）

道拓殖銀行と山一証券が破産し，日本長期信用銀行と日本債券信用銀行の特別公的管理に入った。バブル経済崩壊後，日本経済は「失われた10年」または「失われた20年」といわれる，低成長期に入った。

(2) 日本企業の新たな動き：海外移転，国際化，製販統合

バブル経済の崩壊と慢性的な円高の進行によって，日本企業の行動も徐々に変化せざる得なくなった。海外進出の本格化であった。1985年のプラザ合意後の円高の波は，輸出志向の日本企業の大きな圧力となった。そして，1980年末以後，日本企業は1980年代に輸出産業を軸とし急速な工業化を図っていた東アジアのNIEsとASEANへの投資が増え，より緊密な経済相互依存関係を形成するようになった。持続的な円高の波（特に，1995年には一時期1ドル79円まで高値を記録）は日本の製造業のあり方を変えるきっかけとなった。多くの日本企業は製造拠点を含み，海外法人をASEANへ設立することになった。図表5.8に示すように，1990年代円高が進む中，アジア，とりわけ中国とアセアン地域における海外法人が急速に増えたことが分かる。電機産業関連企業を筆頭にして，自動車及び同部品，化学，一般機械，繊維などの企業の海外進出が多かった。1980年代の貿易摩擦による北米進出とは異なる理

図表5.8　日本企業の地域別海外法人数の推移

(単位：社)

	1990	1991	1992	1993	1994	1995	1996	1997	1998	1999
アジア	2,928	3,156	2,597	3,906	4,862	4,600	5,820	6,231	6,213	6,762
中国	150	184	179	491	780	908	1,249	1,395	2,141	2,353
ASEAN4	1,121	1,194	993	1,435	1,711	1,609	2,035	2,133	2,152	2,327
NIEs3	1,591	1,693	1,343	1,892	2,243	1,965	2,339	2,454	1,651	1,790
北米	2,287	2,399	2,064	2,790	2,986	2,586	3,039	3,122	3,002	3,082
中東	51	51	42	59	63	55	66	66	74	72
ヨーロッパ	1,673	1,785	1,461	2,053	2,208	1,958	2,303	2,373	2,259	2,452
オセアニア	382	407	334	433	458	444	512	513	534	533
アフリカ	119	123	105	118	144	151	163	105	126	150
全地域	7,986	8,505	7,108	10,005	11,443	10,416	12,657	13,166	13,017	13,939

出所：経済産業省（2000）『第30回海外事業活動基本調査』（1999年実績より作成）。

由で企業の国際化が進んだのである。

　景気低迷の中，国内では利益重視と原価低減の動きが一層高まった。その
１つが経営組織の変化であった。1994年，ソニーが日本ではじめて「カンパ
ニー制（in-house company system）」を導入した。このカンパニー制は，事
業部ごとに独立採算制をとり，明確な利益責任とキャッシュフローの管理，環
境変化に対して迅速な業務意思を図れる組織として見なされ，1990年代後半
から日本企業の中でブームとなった。[5]

　また，後述する情報通信技術のメリットを享受しながら，「製販統合」の
動きが生れた。アパレル業界とコンビニ業界を中心に，つくり過ぎや売れ残
りのリスクを低減させるために，小売企業とメーカーが連携した情報の共有
化の取り組みが行われた。この動きが2000年代以降，ユニクロに代表される
SPA（Specialty store retailer of Private label Apparel）につながるようにな
る。

　さらに，製造においては，よりコストダウンを図るため，大量生産大量消
費に基づいた生産体制としてのベルトコンベア方式から，市場の需要に柔軟
に対応できるとして，セル生産方式（cell production system）がソニーに導
入された。セル生産方式とは作業場（作業台）の近くに部品と工具などを備
え，１人または少数の作業チームが製品の組み立てを完結させるものである。
この生産方式は，多品種少量生産に適した生産方式で，仕掛り品（まだ完成
していない）の低減や生産量変動に対応するためのものであった。

5. 情報通信技術のインパクト：ICTと情報化の時代へ

（1）情報通信技術（Information Communication Technology）の普及

　1990代には今や当たり前になったPC，インターネット，携帯電話などの
情報通信技術（IT or ICT）の普及と進展があった時代である。最も注目す

5　この制度は一定の成果を上げたものの，カンパニーごとに縦割りの傾向が高まり，他のカンパニ
　ーや本社との連携が難しく，自部門の利益を優先しがちであったため，部分最適行動となりがち
　な弊害もしばしば発生した。

べき技術イノベーションは2つある。

　ひとつはインターネットの商業化とその普及である。情報通信技術革命の幕開けは1980年代にあった。1980年代ではパーソナル・コンピュータ（PC：Personal Computer）が普及し，1981年にマイクロソフトのOS（運用体系）であるMS-DOSを搭載したIBM-PCの互換機が登場した。これにより，文書処理や表計算，単純なゲームなどができるようになったが，MS-DOS搭載のPCが一般に普及するには時間がかかった。その理由は情報処理のためにはユーザーが命令をプログラムのようなものを作成する必要があったからである。そのOSが画期的な変化を遂げた。それはマウスを使い，画面で見れる操作命令を見ながら操作できるGUI（グラフィカル・ユーザ・インターフェース）を採用したWindows95の登場である。Windows95は周辺機器との接続・拡張性が優れていて，一般ユーザーも簡単に操作できるような設計だった。また，ネットワーク機能により，情報化を一層促すことになった。

　ネットワーク機能を強化させたのがインターネット登場である。そもそもインターネットは米国の軍事用として開発運用されたものである。インターネットの商業化の背景には米国製造業の競争力低下の中で新しい産業の立ち上げと競争力強化という狙いがあったといわれる。

　もう1つのイノベーションは，携帯電話の登場である。最初の携帯電話は，1996年フィンランドのノキア社（製品名：Nokia 9000 Communicator）が発売した。世界でいち早く携帯電話が開発されたのは，寒冷地のフィランドであったことは興味深い。以前は富裕層のみが使っていた自動車電話が持ち運べるものに変わり，普及し始めた。ノキア社はApple社のiphoneが出るまで携帯電話端末機産業の王座に君臨した。携帯電話の発明とインターネット，コンピュータ技術の共進化が2000年代にスマートフォンを生み出すことになるのである。このように，PCや携帯電話，インターネット環境に対応した新しいサービスや製品の企業が大きく参入し，IT産業は一躍脚光を浴びる産業となった。

　こうしたパラダイム転換ともいえる変化が，実は日本では世界の流れに遅れを取っていた。インターネットの利用者数は年々増え，1999年に1,694万

人（13.4％）にまで達したが，日本のインターネット利用者の大半はPCではなく，携帯電話を利用したものであった。普及率の側面で見ても，300人以上の企業でのインターネット普及率は88.6％に達していたものの，世代（家庭）普及率は19.1％に過ぎなかった。その理由として，高い料金，NTTのアナログISDNの使用などによる通信速度の遅さが考えられる。このことは光ファイバーを利用した高速インターネットの普及が遅れる要因にもなった。

(2) 情報通信技術の特徴と影響

　では，PCやインターネットなどの情報通信技術の進化は，どのような特徴を持っているのであろうか。また，どのようなインパクトをもたらしたのであろうか。ここでは，情報通信技術の性質や特徴を踏まえながら，いくつかの側面におけるインパクトについて簡単に紹介しよう。

　まず，PCとインターネットの普及は情報のやりとりやコミュニケーションのあり方を変えた。インターネットを通じて，個人や集団の意見と主張を発信しやすくなった。個人や集団が簡単にブログやホームページを作成したり，匿名性を利用し意見を言ったり，書き込みをしたりすることができた。こうした動きによって情報のオープン性が増す中，コミュニケーションの手段も徐々に変わるようになった。

　第2に，「情報の非対称性」が低減された。これまで供給側と需要側（消費者）との間にあった情報の不均衡状態が改善されるようになった。消費者が様々な情報に低コストでアクセスできるようになり，購入の際に，製品の価格や品質情報，評判などを参考にするようになった。1997年に設立された「価格.com」がその典型ともいえよう。こうした傾向は2000年代に入ると一層顕著になってくる。

　第3に，デジタル情報通信技術の特性は，短時間かつ低コストでデータの複製，修正，移転，蓄積，加工，伝達を可能にした。また，演算，グラフィカル，文書処理など複雑なものが簡単にできるようになった。こうしたデジタル技術の特徴により，情報を他の人に簡単に伝え，短時間で多くの人に伝達するようになった。知識の普及と連鎖は広がるようになった。活版印刷技術の普及による効果と同様なことがインターネットで起きたのである。

第4に，標準規格と互換性に基づくインターネットの拡張性が様々なフリーソフトの登場を促すと同時に，ボランティアによるサービスの増加を促した。例えば，インターネット上で，無料で自由に記載するインターネット百科辞書作成の構想がストールマン（Stallman, R. M.）氏によって提案された。のちに，「Wikipedia」は2001年に公開されるようになり，人々は定番の百科辞典であった英国のブリタニカを開くよりも，インターネット検索を通じた多様な情報にアクセスするようになった。当初は非専門家により，提供される情報には信頼性に問題があるといった批判も多かったが，多数のフリープログラマーとフリー執筆者の努力によって，その中身も充実化し，今は多言語百科辞典として大衆に認識されるようになった。他にも，フリー検索エンジンソフトとしては「ネットスケープ ナビゲーター」が広く利用されていた。それぞれの組織や個人が自発的に多様な情報提供と開示することよって，インターネットの情報は豊富となり，拡張され，「情報の海」ともいわれるように変貌を遂げたのである。

　さらに，情報通信技術の進展によって加入者が多い集団に入ればより大きな便益を得られるというネットワーク外部性（network externality）が重視されるビジネス形態へ変わっていく。顧客の利便性向上とサービスにつながるソフトや機器の互換性とネットワーク性が求められ，標準規格をめぐる争いが繰り広げられたのである。

（3）IT（ICT）時代の企業活動：ビジネスモデルの革新

　「IT革命」と呼ばれるように，情報通信技術の発展と普及は企業活動に大きな変化をもたらした。情報通信技術の進化は，従来の電話回線を代替するオープンなインターネットや携帯電話が地球上を結ぶことになった。これにとどまらず，ハードウェアやソフトウェアの発展によって，ICTは開発や製造現場，販売店に浸透し，現場の労働や技能を代替するようになった。また，銀行機関のATM（Automatic Teller Machine），販売現場のPOS（Point of Sales），バーコードなどがインターネットを通じてネットワーク化されたり，融合されたりするようになり，企業の業務プロセスも変化した。

　1980年代まで進展した情報システムにインターネットが融合されることに

なり，在庫管理，生産計画，購買計画，生産状況を把握できる様々な情報システムが開発され，幅広い領域で用いられるようになった。さらには，ITの利活用は，従来の知識とスキルが通用しないことも想定されるため，企業能力に差を生み出すこともあり得る。企業にとってIT能力構築が必須となった。

　一方，インターネットは新しいビジネス形態を生み出した。PCの普及に伴い，PCメーカーの競争も激しくなる中，部品間の互換性を生かし，顧客のニーズをカスタマイズし，早い納期を達成したデル（Dell）社のダイレクト販売手法が注目を集めた。ダイレクト販売とは，WEBを通じて，PC機能・仕様を顧客が選ぶようにし，卸小売りの中間段階を経ずに，メーカーがダイレクトに顧客に届ける仕組みである。これによって，余計な機能を搭載せず，顧客ニーズに対応しつつ，早い納期を実現したのである。また，インターネットの普及は従来にはなかった電子商取引などが生まれる機会を提供した。例えば，アマゾン（Amazon.com）が世界の書籍情報のデータベースをつくり，電子商取引に乗り出したのもこの時期である。

　この時期のITの普及と進化は，2000年代以後，更なる進化を遂げるようになり，電子商取引の隆盛と消費者主権の向上，コミュニケーション手段の変化，金融取引のリアルタイム化とグローバル化を促進するものとなった。

　他方，ITの利活用の幅の拡大は，インターネットを中心とする新しい情報システムと支援ソフトを生み出す新しい産業の形成につながるため，多くのベンチャー企業が登場するきっかけとなった。また，情報化時代には，インターネットの弊害を含め，知的財産権，個人情報管理，セキュリティなどへの関心が一層高まることになった。

6. 企業の課題解決の基盤となる「マネジメント」

　冷戦時代の終焉，バブル崩壊，情報通信技術の発達・普及が起きた1990年代。実社会の企業の動きや重点も変わった。また，この時期には，1970年代〜1980年代における日本企業の競争力の強化と米国製造業の競争力の衰退という局面で，米国企業の競争力の再構築のための議論が行われた。

（1）日本の製造業の競争優位性への探求：経営戦略論領域

　同時期に，最も広く知られているのが，ハマーとチャンピーのリエンジニアリング論（Hammer and Champy, 1993）である。コスト，品質，サービス，スピードのような重大なパフォーマンスの劇的な改善のためには，ビジネスプロセスの根本的なデザインを変える必要があることを主張した。この議論は日本企業の競争力強化要因は企業の内部にあるということに影響を受けているようである。

　このような考え方は，戦略論の分野でもあった。それは，外部環境要因よりも，企業内部の資源の重要性に着目する資源ベース理論（resource based view：RBV）である。企業の内部資源の重要性に着目した議論は，ペンローズの *The Theary of the Growth of the Firm*（Penrose, 1959）であるが，その後，1980年代半ば頃から1990年代に入り，本格的に議論が盛んになってきた。代表的な研究にバーニーの *Gaining and Sustaining Competitive Advantage*（Barney, 1996）がある。企業の競争力要因を外部においていた競争戦略論の観点とは異なり，企業内の資源の力量や能力の向上が競争力の根幹であるとする考え方である。類似した考え方に，日本企業に対する研究から生まれた，ハメルとプラハラードの *Competing for the Future*（Hamel and Prahalad, 1994）で議論されたコア・コアコンピダンス（Core Competence）論がある。これらの研究は，組織の内部能力（ケイパビリティ：capability）を重視する考え方，すなわちRBV（Resource Based View）と呼ぶ。企業の競争優位性の源泉は資源にあり，その資源が価値（Value）のあるものか，希少性（Rare）があるか，模倣困難性（Inimitability）の度合いが高い，そうした資源を戦略として有効にかつ効率的に活用できる組織（Organization）なのかに焦点を当てて企業戦略を考えることでもあった（Collis and Montgomery, 1998）。これを「VRIOモデル」という。

　また，日本企業の生産現場の強みを探る研究も米国の国家プロジェクトとして遂行された。特に，マサチューセッツ工科大学（MIT）のプロジェクトの研究成果として，1990年に出版された *The Machine That Changed The World*（Womack, Jones, and Roos, 1990）の著者ウォマック，ジョーンズ，ルースによって提唱された「リーン生産システム（Lean Production System）」

がある。リーン生産システムとは，大量生産方式とは違って，多品種少量生産を柔軟に対応できる生産システムで，無駄な作業時間や在庫量の削減などを通じて，生産プロセスの効率化を図れるシステムである。こうしたシステムを徹底的に具現化した企業はトヨタが代表的であったため，TPS（Toyota Production System）に関する研究が内外で盛んに行われた。この研究成果は，世界の自動車メーカーや他産業の企業にも広く学習されるようになった。

　ところが，外部環境が一変する中，プロセス戦略論の提唱で有名なH.ミンツバークらは，*Strategy Safari*（Mintzberg, Ahlstand, and Lampel, 1998）でこれまでとは異なる観点を提示する。彼は，1970〜80年代に形成され，M.ポーター（Porter, M. E.）によって集大成されたポジショニングアプローチやRBVのケイパビリティ（組織内部の資源の能力）の議論に対して，企業は発展段階（発展→安定→適応→模索→革命）に応じて，戦略や組織のあり方，その組み合わせ方を変えるべきであるとした。成長段階や環境条件によって必要とされるものは違ってくることを指摘した。このような視点の議論は実は1970年代にもあった。しかし，1990年代に，ミンツバークが改めて強調した理由は，グローバル化の進展や情報通信技術革命といった外部環境の変化や新しいタイプの企業の登場を背景に，企業戦略を考える上で外部環境要因への適応（コンフィギュレーション：configuration）がより重要なものになったからである。

　他方，管理会計分野では，1970年代後半から関心が高まっていた財務価値や財務指標中心の視点から，21世紀の環境にふさわしい視点としてキャプランとノートンは*Balanced Scorecard*（Kaplan and Norton, 1996；通称BSCと呼ぶ）という戦略の実現のための分析枠組とツールを提唱した。BSCは既存の「財務の視点」に加え，「顧客の視点」「内部業務プロセスの視点」「イノベーションと学習の視点」の4つの視点で，企業の経営を評価すべきであるという考え方である。

（2）日本企業の企業間関係論と効率的な製品開発論に関する研究

　1970〜80年代の日本企業の成長を背景に，米国企業を超える競争力要因と

して，その根底にあるものづくりの優位性に関する探究が広く行われた。主に自動車産業や電子産業が対象となった。1つが取引構造や取引慣行に関するもので，もう1つが前述した生産システムに加えて製品開発論に関するものである。

　1980年代末より現在に至るまで，日本企業の取引構造や企業間関係，系列（keiretsu）に関する議論が日本だけではなく，海外でも大きく注目を浴びるようになり，系列の経済的有意義性についての議論が制度経済学の分野で盛んになってきた。日本企業の場合，欧米企業と違って短期的取引よりも，取引企業間（自動車メーカーと部品企業間）の相互信頼関係に基づき，長期取引を通じて，品質とコスト，納期をより改善する協力的な企業間関係を構築していること，そしてそのメカニズムに関する研究が広く行われた。また，生産現場の従業員の熟練の形成や協力的労使関係などにも光が当てられた。

　さらには，生産プロセスだけではなく，より大きな観点から見て，製品の企画から生産，販売までの一連の製品開発プロセスの仕組みやマネジメントのあり方，企業間関係の仕組み，効率的な開発プロセス・組織管理，そして開発のコアとなる知識をどのようにマネジメント（knowledge management）するかなどに関する研究が幅広く行われた。代表的な研究としては，世界の自動車企業を対象にした，*Product Development Performance*（Clark and Fujimoto, 1991）がある。こうした日本の生産現場及び製品開発プロセスの効率性と競争力に関する議論は一層深くなり，2000年代まで続くことになったのである。

(3) グローバル経営に関する研究

　日本企業を含めて世界の多国籍企業のグローバル化が進展する中，企業のグローバル化の諸問題や組織形態に関する研究が注目を集めた。例えば，バートレットとゴシャールの著書*Managing Across Borders*（Bartlett and Ghoshal, 1989）が代表的な研究である。

　一方，日本企業が国際経営を本格的に展開する中，異なる文化と宗教，価値観を持つ現地の従業員を束ねながら円滑かつ効率的にマネジメントできるかが実践的な課題であった。国内で形成された現場管理のやり方や日本的生

産方式が海外の現地生産にも通じるかどうかが国際経営分野のホットな話題となった。安保ら（1988）の日本的経営システムの国際化の可能性を探った。その延長線で，1990年代に入り，日本企業の本格的な海外進出を背景に，海外進出が本格化していた電機（家電，半導体など）と自動車産業を中心に，日本的経営を現地進出国の状況に「適応」すべきか，あるいは「適用」させるべきかが実務的かつ学問的な課題となった。というのも，日本とは異なる文化，商習慣，価値観，制度，従業員のスキル，賃金水準，産業基盤及びインフラの状況の中で，加速化する海外進出（取引先の開拓，販売拠点の新設，生産拠点の移転と増設など）をどのように実行するかは企業の懸案だったからである。さらにそこには，グローバル経営人材と国際経営経験の不足による不安要因を多くの企業が抱えていたからである。

（4）情報通信技術に関する研究

　情報通信技術の特徴，その可能性，情報システム，経営組織，業務プロセスに関する議論も盛んになった。多くの大学で情報システム論や情報管理論などの分野が開講され始まったのも1990年後半である。

　デジタル技術の進展により，企業活動全般にわたるプロセスにおいて，イノベーションの可能性が模索されるようになった。代表的な議論としては，ダベンポートの*Process Innovation*（Davenport, 1993）が挙げられよう。彼は，情報通信技術は自動的，情報的，順序的，追跡的，分析的，地理的，統合的，知識的，直接的な特徴を有しているため，これらを活用し，ビジネスプロセスのイノベーション可能性を主張した。

　一方，前述したように，企業が情報通信技術の特徴を理解し，ネットワークの外部性を最大化し，顧客を囲い込み，顧客が他の製品や技術に切り替え・代替・変換（switching）することを拒む状況をつくり出せば（ロックイン），市場維持と長期的な企業利益を追求できることが注目された。企業の自社製品同士を意識的につなぐことで，新しい価値を顧客に提供する動きが活発になったのもこの時期からである。例えば，PCや関連機器，ゲーム機，メディアをつなぐことを意識した製品企画・設計が重要視されるようになったのである。この議論は，現在でも製品開発論や技術管理に関する分野において重

要なテーマとなり，プラットフォーム・ビジネス（platform business）あるいはプラットフォーム戦略論に発展していく。

7. まとめ

　1990年代に入り，世界は大きな変化に直面した。政治，経済，技術などの側面で大きな変化があり，再び危機が訪れた。企業を取り巻く外部環境（国際情勢，政治，制度，景気，為替，技術，市場など）が一変する中，企業によってはどのように適応していくかが重要となってきたのである。

　日本経済は史上初の証券企業の倒産を経験することになった。経営学においては，1980年代の日本企業の成長要因を内部から見ようとする視点に注目が集まった。また，新しい情報通信技術と経営との関わりに関心が高まった時期であった。本章の議論は以下のようにまとめられよう。

　1つ目は，冷戦の終焉とグローバル化の幕開けである。第2次世界大戦以後，政治・経済理念による東西対立の冷戦時代が終わり，分断されていた貿易・交易の障壁がなくなったことである。

　2つ目は，グローバル化と共に，経済のブロック化が進展したことである。世界貿易のグローバル化と同時に展開された，EUやASEAN，NAFTAのような地域経済圏のブロック化ないし経済共同体が強化される動きが高まったことである。

　3つ目は，バブル崩壊による日本企業の海外進出の加速化とアジア通貨危機である。前章で考察したように，1980年前半の日米貿易摩擦やプラザ合意後，日本経済はバブル時代を迎えたが，のちに不動産価格の暴落と株価の暴落により，経済は長い低成長期に入るようになった。それによって，日本企業の海外進出が一層加速化するようになった。一方，アジア通貨危機（1997〜98年）が起こり，その影響はアジアのNIEs国家をはじめ，日本経済にも大きなダメージを与えた。

　4つ目は，インターネットの商業化と「Window95」の普及によるIT革命時代の幕開けとなり，さらにノキアの携帯電話の発売・普及によるパラダイ

ム転換ともいえる情報通信革命時代に突入したことである。デジタル技術の進展により，一般人の生活の変化だけではなく，企業活動全般にわたったプロセス・イノベーションの可能性が模索されるようになった。

　以上のような1990年代の動きは，2000年代に入ると，情報通信技術の発展と深化が一層強化されると同時に，政治・市場状況の変化から新しいイノベーション時代に突入していくことになる。

●必須用語集 ⋯⋯⋯

・クロスボーダーM&A（cross boarder merger and acquisition）
　　2つ以上の企業が1つになったり，買ったりすることをM&Aというが，国境を越えて行われることを指す。
・情報の非対称性（information asymmetry）
　　取引の当事者，売り手と買い手との間に有する情報の量や質などに格差があることを指す。例えば，需要側と供給側，取引相手間，組織と個人，個人と個人との間で，価格，品質，評判，市場状況，取引遂行等に関する情報の差によって，様々な不一致や誤解，コミュニケーションミスなどが起こり得る。

> **✔ 学んだことをチェック**
>
> 1．東西冷戦終焉とバブル崩壊によって加速されたグローバル化の具体的な企業の取り組みや行動について説明してみよう。
>
> 2．グローバル化と情報通信革命が経営学分野にもたらした影響について考えてみよう。

・映画『マトリックス』(*The Matrix*).

　1999年に発表された米国映画でデジタル世界（ヴァーチャル）とリアルの世界を往復しながら問題を解決しようとするSF映画。デジタル技術による架空空間への侵入が人間の脳によって行われている。実際の世界のデジタル技術の進化の中から着想に至った映画と見なすことができよう。

・映画『ジュラシック・パーク』(*Jurassic Park*).

　原作は，1990年に出版されたクライトン（Crichton, M.）の小説である。1993年に製作され，多くの人にショックを与えた。というのも当時の遺伝子工学の進展が映画の出発点になっているからである。DNA構造を化石から発見し，絶滅した古代生物の複製が可能になるというものだからである。このことは生命工学の発展の中で，生命倫理問題を世界に突きつけたものとしても捉えることができる。実際に，1997年2月イギリスのロスリン研究所でクローン羊を複製したことは世界に激震が走った出来事だった。

・マイケル・A.クスマノ，リチャード・W.セルビー著，山岡洋一訳（1996）『マイクロソフト シークレット』日本経済新聞社.

　1990年代に，最も話題性のあった書籍。マイクロソフト社がWindowsがOSを標準規格化していくなかで，1996年に出版された。この本にはどのようなソフト開発組織の仕組みをつくり，また，どのような開発方針の下でつくることで互換性の高いOS（operation system）となり，デファクトスタンダード（de facto Standard）を取れるようになったのかが書かれている。

【参考文献】

アジア大洋州局地域政策参事官室（2018）『目で見るASEAN—ASEAN経済統計基礎資料』.

安保哲夫編著（1988）『日本企業のアメリカ現地生産—自動車・電機：日本的経営の「適用」と「適応」』東洋経済新報社.

加茂紀子子（2006）『東アジアと日本の自動車産業』唯学書房.

Barney, J. B.（1996）*Gaining and Sustaining Competitive Advantage*, Addison-Wesley.

Bartlett, C. A., and Ghoshal, S.（1989）*Managing Across Borders: The Transnational Solution*, Business School Press.（吉原英樹監訳『球市場時代の企業戦略—トランスナショナル・マネジメントの構築』日本経済新聞社，1990年）

Clark, K. B., and Fujimoto, T.（1991）*Product Development Performance: Strategy, Organization, and Management in the World Auto Industry*, Harvard Business School Press.（田村明比古訳『製品開発力』ダイヤモンド社，1993年）

Collis, D., and Montgomery, C.（1998）*Corporate Strategy: A Resource-Based Approach*, Irwin/Mc Graw-Hill.（根来龍之・蛭田啓・久保亮一訳『資源ベースの経営戦略論』東洋経済新報者，2004年）

Cusumano, M. A., and Selby, R. W. (1995) *Microsoft Secrets: How the World's Most Powerful Software Company Creates Technology, Shapes Markets, and Manages People*, Touchstone.（山岡洋一訳『マイクロソフト シークレット―勝ち続ける驚異の経営』日本経済新聞社，1996年）

Davenport, T. H. (1993) *Process Innovation: Reengineering Work through Information Technology*, Harvard Business School press.（卜部正夫・伊藤俊彦・杉野周・松島桂樹訳 (1994)『プロセスイノベーション―情報技術と組織変革によるリエンジニアリング実践』日経BP出版センター）

Hammer, M., and Champy, J. (1993) *Reengineering the Corporation: A Manifesto for Business Revolution*, Nicholas Brealey.（野中郁次郎監訳『リエンジニアリング革命―企業を根本から変える業務革新』日本経済新聞社，1993年）

Hamel, G., and Prahalad, C. K. (1994) *Competing for the Future*, Harvard Business Press.（一條和生訳『コア・コンピタンス経営―大競争時代を勝ち抜く戦略』日本経済新聞社，1995年）

Kaplan, R. S., and Norton, D. P. (1996) *Balanced Scorecard: Translating Strategy into Action*, Harvard Business Review Press.（吉川武男訳『バランススコアカード―新しい経営指標による企業変革』生産性出版，1997年）

Mintzberg, H., B. Ahlstand, B. and Lampel, J. (1998) *Strategy Safari: A Guided Tour through the Wilds of Strategic Managiment*, Free Press.（斎藤嘉則他訳『戦略サファリ―戦略マネジメント・ガイドブック』東洋経済新報社，1999年）

Penrose, E. T. (1959, 1995, 2009) *The Theory of the Growth of the Firm*. Oxford University Press.（日高千景訳『企業成長の理論　第3版』ダイヤモンド社，2010年）

Womack, J. P., Jones, D. T., and Roos, D. (1990) *The Machine That Changed the World: The Story of Lean Production*, Rawson Associates.（沢田 博訳『リーン生産方式が，世界の自動車産業をこう変える―最強の日本車メーカーを欧米が追い越す日』経済界，1990年）

山根康宏「閉じると携帯，開くとキーボード付きスマートフォン―Nokia Communicator の進化を振り返る」
https://www.itmedia.co.jp/mobile/articles/0708/14/news030.html（2019.5.1閲覧）
じぶん銀行
https://www.jibunbank.co.jp/guidance/basic_of_exchange/05/（2019.5.1閲覧）

第**6**章

【資本主義の再構築期】
中国と新興国市場の浮上，
情報化・標準規格競争の時代
—2000年代

この章で学ぶこと

　中国のWTO加盟の意味とその後の経済状況を把握しつつ，グローバル経済の進展と企業競争力の転換について，日本経済・企業との関係という観点から考える。また，2007年の米国発「世界経済危機（リーマンショック）」以後，新しい産業の登場，失われた20年という日本の状況を踏まえて時代の特徴を究明する。さらに，発展に伴う新しい社会課題の登場と連鎖について考えたい。

キーワード

- 中国
- 社会資本主義経済
- リーマンショック
- 標準規格競争
- BOP ビジネス
- 新興国市場
- ネットワーク外部性
- シェール革命
- デジタル化
- SNS

281

1. 中国の世界経済への復帰と世界の工場としての中国

(1) 中国のWTO加盟：社会資本主義経済へ，国際貿易舞台へ

　鄧小平主席によって1980年代から部分的に開放政策を行ってきた中国が，2001年，世界貿易機関（WTO：World Trade Organization）に加盟した。WTOは現在159か国が加盟している国際機関で，多国間の貿易自由化を促進し，世界経済の成長に貢献することを目的とする国際組織である。世界貿易ルールに，世界最大の人口を誇る中国が編入した。高い成長潜在力を有する中国が加盟したことは，2000年以後の世界経済や企業活動にとって大きな出来事であった。1990年代初以後，世界貿易は増え，世界の総生産量も急増した（図表6.1）。では中国のWTO加盟はどのような意味を持つのだろうか。

　巨大な人口大国が資本主義的な要素を取り入れた「社会資本主義経済」への転換を宣言するということは，WTOが掲げている自由貿易ルールに基づき，世界の国々と経済活動を行い，世界経済活動に加わることを意味するのである。中国のWTO加盟と市場開放政策を他国の多国籍企業の立場から考えてみると，非常に安価な労働力が魅力であり，それが多国籍企業にとって

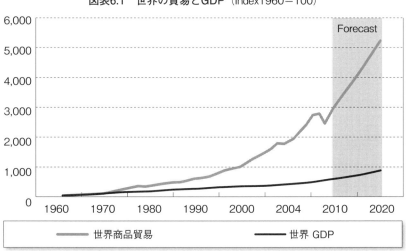

図表6.1　世界の貿易とGDP（Index1960＝100）

出所：WTO, Oxford Economics.

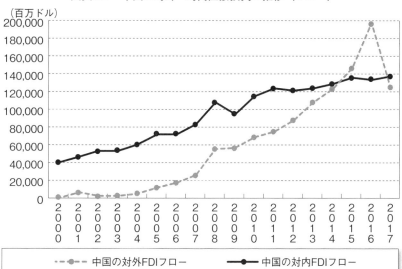

図表6.2 中国の対外・対内直接投資の推移（フロー）

（百万ドル）

凡例：
- - - - 中国の対外FDIフロー
──●── 中国の対内FDIフロー

出　所：UNCTAD "World Investment Report" か ら 経 済 産 業 省 作 成 資 料。
https://www.meti.go.jp/report/tsuhaku2018/2018honbun/i2330000.html

は投資意欲の向上につながる。WTO加盟以後，実際に中国の沿岸地域・都市部を中心に，多くの多国籍企業が中国の政治的な不確実性を懸念しながらも，中国向けのFDIを徐々に増やしてきた。米国発リーマンショックという金融不況期を除けば，中国向けFDI継続的に増えていることが分かる（図表6.2）。2000〜2008年までのGDP成長率は10.7％であった。

　また，経済成長と中国企業の躍進の中，中国企業は開発途上国と移行経済圏（transition economies：旧ソ連から独立した国）を中心に，対外投資を増やしていくことになる。このような動きは2010年代に入るとさらに強化されるようになる（図表6.2）。

(2) 中国の市場開放政策と外資の直接投資

　2000年代に中国経済成長の資本源のトリガーとなったのはFDIである。FDIは投資を受ける国（host country；inward FDI）と出資する国（home country；outward FDI）に分けて見ることができるが，とりわけFDI受入国は，FDI

により，新しい事業体の誘致，それによる雇用増加と経済成長を図ることができる。

　図表6.3はFDIの推移を表したものだが，持続的に増えているのが見て取れる。WTO加盟直後の中国へのFDI流入先を概観してみると，少し意外な点に気付く。投資国の内訳を見ると，先進国から29％，香港，台湾，マカオを含めて韓国などの開発途上国から31％，日本は米国に匹敵する金額の投資があった。先進国からのFDIが多いかと想像しがちだが，実は開発途上国からの投資が7割弱を占めており，特に1997年中国に返還された香港企業の資本が全体の36％を占めているのは注目すべきである。つまり，全体のFDI流入の中で，WTO加盟直後は，先進国からの投資だけではなく，アヘン戦争によって100年間イギリスの植民地統治から1997年に返還された香港の資本，また台湾，マカオなどの中国系投資がテコになった（図表6.3）。いわゆる中国政府が打ち出した開放政策の原動力になったのは，チャイナマネーであり，中国政府の戦略策定時にそれを盛り込んで実施したように見える。

　本格的な開放政策を打ち出す際に，中国政府は戦略的狙いの下で実行された。投資資本が十分ではない環境下で，豊富な労働力と安価な賃金の魅力を感じた多国籍企業から，投資を誘致し，仕事と雇用を増やし，所得向上を通じて工業化と経済成長を遂げようとしていた。この時期の輸出の5～6割は

図表6.3　対中国海外直接投資の国家別・地域別流入推移

(単位：百万ドル)

	2001	2002	2003	2004	2005	2006	2007	2008	2009	2010	2011
世界	46,878	52,743	53,505	60,630	72,406	72,715	83,521	108,312	94,065	114,734	123,985
先進国計	13,406	13,912	13,747	14,245	15,239	13,623	10,547	12,255	12,644	12,670	14,434
ＥＵ計	4,183	3,710	3,930	4,239	5,194	5,439	3,945	5,115	5,122	5,569	5,267
北米	4,875	6,012	4,763	4,555	3,515	3,424	3,013	3,488	3,417	3,017	2,838
日本	4,348	4,190	5,054	5,452	6,530	4,759	3,589	3,652	4,105	4,084	6,330
途上国計	31,753	36,398	35,479	41,721	41,128	47,072	60,420	74,900	72,780	87,466	98,122
香港	16,717	17,861	17,700	18,998	17,949	21,307	27,703	41,036	46,075	60,567	70,500
韓国	2,152	2,721	4,489	6,248	5,168	3,895	3,678	3,135	2,700	2,692	2,551
台湾	2,980	3,971	3,377	3,117	2,152	2,230	1,774	1,899	1,881	2,476	2,183

出所：OECD.

進出した外資企業によるものであった（図表6.4）。実に，この戦略は2010年代にはその成果を上げた。こうした工業化政策によって，中国では様々な製造業が形成でき，開発途上国がよくとっていた輸出主導型産業の育成などを通じて，「世界の工場」の地位を確立しつつ，巨大な貿易収支（輸出額─輸入額）の黒字を記録した（図表6.5）。

　また，中国政府は，外資企業の投資の際，完成品メーカーの場合，中国企業との合弁企業（JV：Joint Venture）の事業形態ではないと許認可しないことを制度化して推し進めた。合弁企業とは，複数の企業が共同で事業を行う組織体を指すが，中国は「中外合弁企業法」に基づいて，産業によって外資の出資比率に定め，外資を呼び込んだ。つまり，外資の誘致，それによる技

図表6.4　中国総輸出入額に占める外資系企業の割合（1996 ～ 2009年）

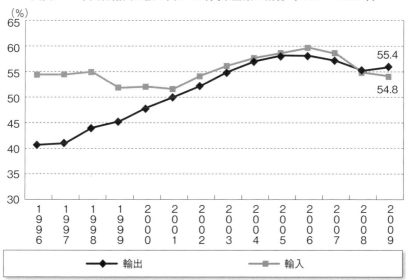

出所：経済産業省『通商白書2010』p.181より。

1　例えば，自動車完成車，専用自動車，農業用輸送車，オートバイの中外合弁メーカーの中国側株式比率（50％以上）と最低投資金額を定めている。また，自国産業の保護・育成のため，外資の出資を禁止した業種が多かったが，近年，中外合弁企業法の改正により，禁止業種の縮小，外資の出資比率も50％以上を認めつつ，これまで厳しく投資規制をしていた証券や生保などの金融出資規制も徐々に緩め，2021年まで廃止すると発表した（日本経済新聞，2018年6月29日付）。

図表6.5　中国の輸出・輸入・貿易収支・実質GDP成長率

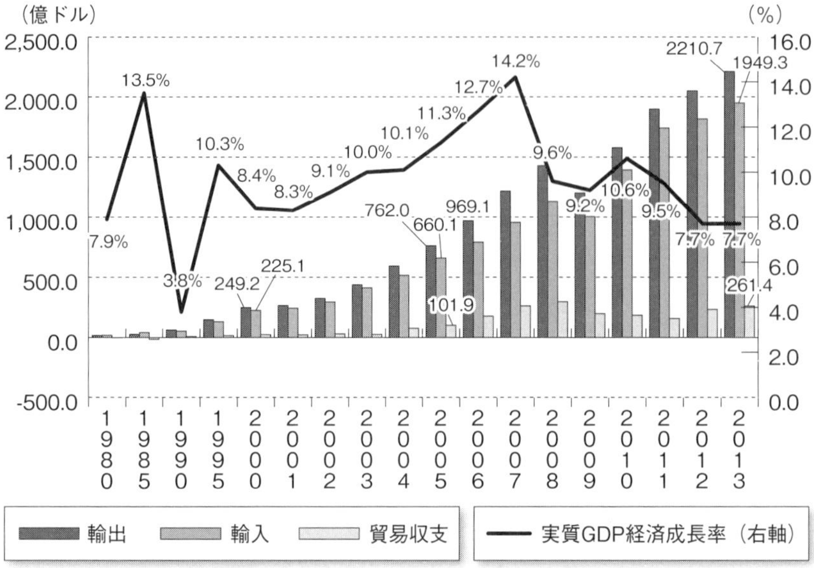

出所：IMF, and Chinese National Bureau of Statistics. Global Trade Atlas and China's Customs Administration. をもとに筆者作成。

術や管理ノウハウの習得，経営利益の回収・確保を狙ったものであった。こうした政策は技術人材の流動化（外資企業から中国系ナショナル企業への移籍）の中で，技術キャッチアップを狙うものであった。同時に，中国政府は，エネルギーや国策とかかわりの薄い国営企業を徐々に民営化し，効率性を高める方向で政策を実施した。一方で，経済成長の果実を享受しようと，チャレンジ精神に満ち溢れた企業が続々と登場した。2000年代後半になると，多くの民間企業が海外企業をベンチマークしたり，模倣したりしながら成長するようになった。

(3) 世界の工場から消費大国へ

　2008年の北京オリンピックと2007年の上海博覧会に象徴されるように，中国の経済発展は目覚しいものだった。2000年代前半は非常に安価な労働力をベースに，製造業を誘致し，2桁の目覚ましい経済成長を遂げ，「世界の工

図表6.6 中国の平均賃金推移と前年対比増加率（2000年代）

凡例：
- 平均賃金
- 前年同期比（右軸）

出所：中国国歌統計局，CEIC Databaseから作成。
http://www.meti.go.jp/report/tsuhaku2011/2011honbun/html/i1130000.html

場」と呼ばれるようになった。中国国民のGDP（国内総生産）は2000年の1兆2,140.92億米ドルから2007年に3兆5,710.45億米ドルと約3倍にまで成長し，米中のG2（Group of Two）の時代といわれるようになった（図表6.5）。

　一方，中国の平均賃金は経済成長と共に絶対金額面の上昇だけではなく，前年対比2桁の上昇していた（図表6.6）。そのため，進出企業にとって上場に負担を感じるようになった。その反面，年々上昇した賃金は国民の購買力の上昇につながり，国内消費額も増えるようになった。こうした仕組みは，経済成長により，所得水準の向上はより豊かさを求める一般消費者のニーズをつくることになり，「世界の工場」にとどまらず，「世界の消費大国」へ転換されるようになった。また，それを支えた労働力の多くは，農村部から都市部に出稼ぎにきた「農民工」が占めていた。

2. 経済成長の新しい動力源：中国と新興国の浮上

(1) BRICs, ASEAN 地域国家の浮上と世界貿易構造の変化

　前述したように，2000年代の世界経済の牽引役となったのはBRICs（ブラジル，ロシア，インド，中国）やASEAN地域のタイやインドネシアなどを含む新興国であった。2000〜07年の世界経済の平均伸び率は14.8％だったが，新興国の成長率は15.8％にまで上った。

　BRICs[2]は，豊富な資源と人口をベースに，目覚ましい経済成長とその潜在的な市場価値が大いに期待された。BRICsは人口ボーナスを有する国が多く，それによる労働賃金の比較優位を活かすと同時に，潜在的な市場規模と成長を見込み，多国籍企業の投資が盛んになった。この4か国の購買力（2014年基準）は，EU（16.6％）や米国（15.9％）よりも大きい30.2％で，世界経済で占める割合も増えた。その代表格である中国の場合，1980年代の開放政策以後，飛躍的に2桁成長を遂げてきた。1980年代平均9.8％，1990年代平均10％，2000年代平均10.3％の経済成長を遂げた。当然ながら，成長地域において，膨張していく市場のニーズを取り入れたグローバル競争が激しく展開した。そこで，重要な課題になったのが，新興国地域のニーズをどのように製品化するかということである。

　ASEAN地域経済圏は，より域内貿易と経済の活性化を図る制度に変わり，加盟国家間の結束を強めた。このことは，戦後，米国を中心とする先進国主導の経済や覇権から徐々に中国を中心とする多様な国家に分散，シフトすることを意味する。その反面，こうした動きは今後の軋轢を生むことになる。

　他方，EUは2002年1月1日を起点に共通通貨「ユーロ（euro）」を発行することになり，ヨーロッパ地域経済の単一化が一層進むことになった。その結果，関税障壁は低くなり，域内のモノやヒトの往来がより自由となった。それに伴い，企業活動の空間的な広がりやつながりもより深くなった。とりわけ製造企業の活動は域内の国家間で加工や組立工程などの分業が進められるようになったのである。

2　投資銀行ゴールドマン・サックスのオニール（O'Neil, J.）によって書かれたレポート "Building Better Global Economic BRICs"（2001年11月30日）ではじめて使われた。

(2) 新興国と日本企業のかかわり

　ところが，中国とASEAN地域は，経済成長の中，当初比較優位だった賃金が継続的に上昇された。特に，中国の場合，沿岸部や都市部の賃金上昇率が目立った。2000年代はじめ頃は日本の20分の1といわれていたが，徐々にそのギャップは埋まるようになった。

　多国籍企業は，進出当初とは異なる環境，制度に適応しなければならなくなった。前述したように，こうした賃金の上昇・上昇率（図表6.6）は進出企業の経営を圧迫する要因にもなり，他国へ生産拠点を移転したりする企業も増えてきた。日本企業は，従来から関係を持っていたタイをはじめとするASEAN地域への生産拠点の移転や海外法人の設立が中国の次に多くなった（図表6.7）。また，一国家単位を超えた「地域（region）」を中心とした競争力が重視されるようになったのである。

　一方，日本企業にとって，最も重要な貿易相手国・地域経済圏は，2000年の米国から，徐々に中国やASEANとの交易が増えており，その経済の緊密度も高まっていることが分かる。図表6.7に示すように，日系企業の海外法人

図表6.7　日系企業の海外法人数（2010年）

| | 全地域 | 北米 | アジア | | | EU |
			合計	中国	ASEAN	
合計	**18,599** (100%)	2,860 (15.4%)	**11,497** **(61.8)**	**5,565** **(29.9)**	**4,247** **(22.8)**	2,536 (13.6)
製造業	**8,412** (100.0)	1,063 (12.6)	**6,189** **(73.6)**	**3,078** **(36.6)**	**2,326** **(27.7)**	762 (9.1)
化学	1,020	149	703	283	267	123
生産用機械	530	75	387	190	127	54
電気機械	526	53	414	246	124	43
情報通信機械	985	76	801	389	315	85
輸送機械	1659	312	1,058	425	470	175
非製造業	**10,187** (100.0)	1,797 (17.6)	**5,308** **(52.1)**	2,487 (24.4)	1,921 (18.9)	1,774 (17.4)

出所：経済産業省（2012）『通商白書』。

数は，1990年度の7,986か所，1999年度1万3,939か所（前章参照）から2010年の1万8,599か所（1999年度対比1.3倍）まで増えた。進出国の内訳を見ると，中国やASEANのアジア法人数が全体の61.8%，北米が15.4%，EUが13.6%を占める。産業別に見ると，製造業が45%，非製造業が55%を占めており，

図表6.8　世界の主要地域間の貿易フロー図（上：2000年，下：2010年）

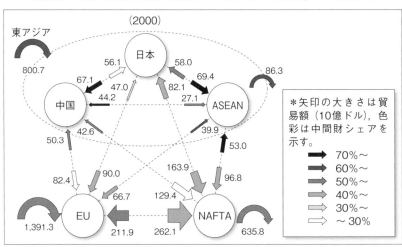

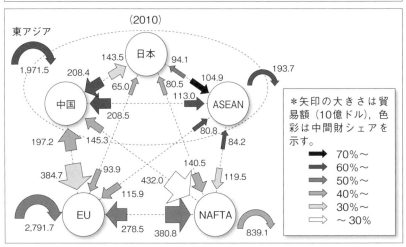

出所：経済産業省。
　　　http://www.meti.go.jp/report/tsuhaku2012/2012honbun/html/i2210000.html

製造業の中で，輸送機器と情報通信機器，化学産業の割合が高く占めている状況である。

　以上のような日本企業の海外法人数の変化及び産業別の動向は，貿易構造にも反映されている。日本を中心に世界貿易状況の変化を示したのが図表6.8である。2000年と2010年の貿易構造を見ると，日本とEU，NATFAの貿易はそれほど大きな変化は見えないが，ASEANと中国への輸出と輸入共に増加していることが分かる。また，中国を中心にみると，NATFA，EUへの輸出入が非常に増えていることが見て取れる。さらにASEANと中国への輸出入も約5倍増加していることが分かる。まとめていえば，ここ10年で中国の存在感が向上しており，日本の貿易相手国も米国中心から中国とASEANへシフトしつつあることがいえる。

(3) 世界金融危機と副作用

　順調に成長をしてきた世界経済は，2008年に訪れた米国発の金融危機により，経済や市場の状況は変わった。「百年に1回の危機」といわれる，「リーマンショック」が起きたのである。その象徴的な出来事は米国のアイコンとも言えるゼネラル・モーターズ（GM）社が2009年6月1日に経営破綻したことである。リーマンショックは住宅バブル崩壊（サブプライム住宅ローン）が導火線となり，2008年9月米国大手証券会社リーマン・ブラザーズが破綻したことが発端だといわれる。

　しかし，原因はそれだけではない。戦後，米ドルが基軸通貨体制になったことを思い出して考えてみよう。2000年代前半，米国の金融緩和政策によって発行された多額の米ドルが世界の新興国に投資されていた。そのため，米国発経済の破綻は，新興国からドル撤収が続くこととなり，新興国にも大きな景気沈滞を引き起こした。基軸通貨の無分別な発行，流通が問題の根底にある。世界貿易は30％近く減少した。米国経済の低迷により，失業率が数年間高くなった。

　世界経済の低迷の中，中国政府は4兆元（当時のレートで約57兆円）の財政出動に踏み切り，地方のインフラ整備と公共投資を図った。中国の大規模の量的緩和策により，世界経済は予想よりも早く回復することができた。2010

年11月には金融危機前（2008年4月）のレベルに回復したのである。しかし，その影響は2010年代にシャドーバンキング（shadow banking）や不良債権問題として現れるようになる。要するにグローバル化された経済環境は，地球の反対側で起きた政治や経済の出来事が影響する中，迅速に対応できる組織体制が必要となる。

3. イノベーションの時代：
情報通信技術の革新とビジネスモデル・イノベーション

（1）情報通信技術の進化とスマートフォンの登場

2000年代に入り，情報通信技術（ICT）は本格的な進展を遂げるようになった。ICTの発展は，様々な関連産業の進化があったからこそ可能だった。例えば，半導体，ハードディスク，メモリの小型化・高性能化，処理速度の向上，ネットワーク技術の向上と高速化，電池，無線技術などの飛躍的な進化があった。それによって，安価で高性能なPCが企業や一般家庭にも広く普及するようになった。まさしく情報社会化の扉が開いた。アナログ時代からデジタル時代へ押し進めることとなったのである。例えば，ゲーム産業にも変化があった。ソフトとハードが分離されていた形から，地球の反対側の見知らぬ人とのゲームを楽しめるインターネットゲーム時代へ移行するようになった。特にインターネットの普及が早かった米国や韓国でその傾向は顕著であった。

この動きにさらに拍車を掛けたのは，Apple社に帰ってきたスティブ・ジョブズ（Steven Jobs, 1955〜2011）が2007年1月に発表したスマートフォン「iPhone」である。携帯電話，インターネット，デジタルオーディオプレイヤー（ipod），電子メール機能を統合した画期的な製品であった。顧客はマルチタッチパネルを使って多様なことができる，持ち歩くパソコンのコンセプトの製品だった。のちに，Apple社のiOSに対応するGoogleが開発したオープンソースであるアンドロイド（Android）基盤のスマートフォンが発売された。新しい産業の台頭であった。以後，スマートフォンは我々の生活を一変

させるものとなった。様々なアプリケーションが登場し，一部は無料となった。2010年代に入ると，スマートフォンは我々にとってなくてはならないものとなった。

　ところが，iPhoneの登場とそれに対する認識の違いは，同業界の明暗を分けるようになった。前章で見たノキアは王座を譲らざる得なくなった。Apple社とサムスン電子（Samsung Electronics），2代メーカーが世界を席巻するようになった。その一方で，多くの日本企業は新しい製品イノベーションに対応できず，競争力を失い始めた。

　一方，情報通信技術の進展はわれわれのコミュニケーションのあり方を変えた。それまでには企業のホームページや個人のブログを通じて情報や意見を発信したり，通信手段としてのメールを交換したりすることにとどまっていた。それが2006年に米国の一部の大学で使われていたフェイスブック（Facebook）が一般公開されることによって，地球規模で知らない人とお互いにつながる，SNS（Social Networking Service）コミュニケーションが広まった。以後，日本でもスマートフォンの普及と共に，LINEをはじめとする多様なSNSアプリが広まるようになった。

(2) 標準規格競争：DVDプレイヤーと薄型TV市場

　2000年代はPCの普及と家電製品のデジタル化によって，ネットワーク効果（ネットワーク外部性）を重視した製品企画・戦略が鍵となってきた。その代表的なものが家庭用VTRを代替するDVDプレイヤー（次世代DVD）であった。2006年，サムスン電子が米国ではじめてBlu-rayディスクを発売した以来，日本ではDVDプレイヤーの光ディスク規格をめぐって，ソニーとパナソニック，シャープが推進するBlu-rayと，東芝のHD DVD規格（初代HD DVDプレイヤー「HD-XA1」を2006年3月31日に発売）が争う状態となった。1970年代のVTRの規格争いの再現ともいえることが起きた。DVDの特徴上，映画やゲームソフトが媒体になるため，技術的な特色だけではなく映画産業やレンタル事業などの関連プレイヤーとの連携が標準規格の決め手になる。ゲーム機「PS3」や米国映画製作社との連携を図ったソニーを中心とする陣営が有利となり，ついに2008年に東芝がHD DVD事業から撤退

を宣言することで幕は下りた。

　家電製品の代表格であるTVは，既存ブラウン管から液晶とプラズマに代替された。当初，液晶は大型化が困難といわれており，液晶は小型TVに，プラズマは30インチ以上の大型TVに向いているとされ，市場は棲み分けされた状態で競争が始まった。そのため，家電メーカーは2つの技術に分かれていた。しかしながら，液晶TVの大型化が技術的に可能となり，軽量化，薄型化，画質向上をめぐる競争が繰り広げられた。シャープ，パナソニック，ソニー，日立などの日本企業だけではなく，韓国のサムスン電子やLGなどが加わり，グローバル競争が激しくなった。のちに，プラズマTVの代表格であった日立が2012年より薄型TV事業の運営体制を変更し，国内生産を中止することを発表し，中国や台湾メーカーに全面外部委託生産に切り替えることで，薄型TV市場における液晶とプラズマの争いは液晶TVに収斂されるようになったのである。この規格競争によって，日立をはじめ多くの日本企業は多額の赤字を抱え，採算性が悪化していた。

(3) エネルギー資源と環境規制の強化

　経済成長に伴う都市化や消費水準の向上は，必ずエネルギー消費の増加を伴うことになる。中国や新興国の経済発展は，社会インフラ（電気，水道，交通など）の整備や自動車，電化製品の普及を促し，エネルギー需要も急速に増え，エネルギー資源の確保は不可欠な問題となってきた。その中でも石油の安定供給は，インフラや物価水準の維持，生活に不可欠である。その点で，中東産油国との関係はしばしば政治や外交の中心的な課題として位置付けられる。最近まで資源最大消費国であった米国にとっても，中東は当然ながら重要な利害地域である。言い方を変えれば，政治や外交的な問題によって石油価格の不確実性が高くなるにつれ，中東地域はいつもホットな地域となるのである。

　現代社会の主要なエネルギー源である石油（原油）の価格推移を示したものが図表6.9である。これを見ると分かるように，2000年代に入り，急速に原油価格が高騰した。リーマンショック期は急落したものの，再び上昇し，また下落した。その背後には米国発の「シェール（shale）革命」がある。

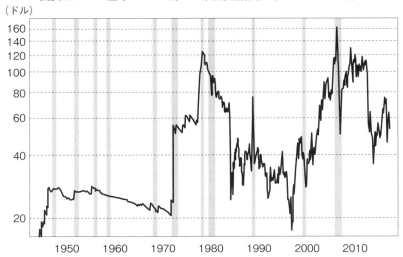

図表6.9　WTI基準1バレル当りの原油価格推移（1946 〜 2019年）

（ドル）

注：インフレーション調整値（Log Scale）。
出所：https://www.macrotrends.net/1369/crude-oil-price-history-chart（2019年4月15日閲覧）

　リーマンショック期と重なるシェール革命によって，米国は最大の原油輸入国から脱却すると同時に，輸出に乗り出すことができた。今までシェール地層から採掘が技術的に困難だったシェールガス・オイルの採掘が可能となったのである。2008年より，米国全地域に埋蔵されているシェールガス・オイルの採掘量を増やし，従来の石油を代替するようになったのである。その結果，原油価格の暴落につながった。2010年代に入ると，採掘に乗り出す国も出ており，日本も2018年にはシェールガスを輸入した。中国は，エネルギーや資源確保のため，アフリカや南米などに勢力を拡大することになった。こうした中国の動きによって2010年代に入り，国際的な政治対立がより際立つことになる。

　他方，2001年には米国同時多発テロが起きて，難民問題の深刻化と共に中東情勢がより不透明になってきた。

　一方，1997年に調印された京都議定書により，温室ガス防止のための取り組みが2000年代に入り本格化してきた。各国は，競争するようにCO_2やNOx規制を行った（第Ⅰ部第3章を参照）。環境規制を受け，各々の企業は環境に

配慮した製品づくりや循環型社会実現のための取り組み，活動報告が強いら
れた。特に，その影響が大きかったのが，自動車産業である。他社に比べて，
トヨタ自動車が一歩先にハイブリッドカー「プリウス」（1997年）を発売し
た。製品の機能や品質，デザインだけではなく，環境への影響を考慮した製
品づくりや生産プロセスがより厳しく実行する取り組みであった。要するに，
環境規制が技術革新を促す格好となったのである。

4. 失われた10年から失われた20年へ

(1) 日本企業の競争力の低下への懸念

　2000年代は，中国のWTO加盟，新興国の目覚しい経済発展，ICT技術の進
化とデジタル化が同時に起きた時代であった。デジタル化の扉は過去の技術
の蓄積や縛りのない中国や後発国，開発途上国がより積極的に導入した。ま
た，ICT時代により，情報関連産業分野の発展と新しい投資が世界的に行わ
れた。日本はその普及にやや出遅れをとった。投資も国内より新興国や中国
などの海外に対するものが多かった。しなしながら，ビジネスが拡大する新
興国地域，とりわけインドと中国市場においては，日本企業は競争国の企業
に比べて市場占有率を思うように伸ばすことができず，苦戦が続いた。

　企業の競争力を端的に比較できるため，よく使われるものは，フォーチュ
ン（FORTUNE）社が毎年発表する「Global 500（グローバル・フォーチュ
ン500)」である。様々な指標があるが，最もよく使われるのが売上高である。
バブル崩壊直後の1993年の日本企業は，その上位100社に23社がランクイン
した。[3]同年，100社の中に，韓国企業と中国企業は1社もなかった。しかし，
2010年には100社以内の日本企業数は10社まで減った。韓国企業からはサム

3　トヨタ（5位），日立製作所（6位），松下電器産業（8位：現，パナソニック），日産（12位），
　　東芝（20位），ホンダ（24位），ソニー（27位），日本電気（29位），富士通（36位），三菱電機（37
　　位），三菱自動車（41位），三菱重工業（43位），新日本製鐵（45位），マツダ（57位），日本石油
　　（60位），キャノン（69位），NKK（78位），ブリチストン（85位），三洋電機（95位），シャープ
　　（96位），ジャパンエナジー（97位），いすゞ自動車（98位），住友金属工業（100位）の順である
　　（1993年）。

> **コラム** 日本企業の競争力低下の原因
>
> 　日本企業の競争力低下の原因は何だろうか。様々なことが考えられるが，①デジタルを中心とする技術変化のスピードに遅れをとったこと，②市場が多様化しているものの，従来通りのやり方にとらわれて，新興国という新しい市場のニーズに適していない（過剰）品質と価格設定にしたこと，③製品のコモディティ化（commodity），④日本企業の意思決定のスピードの遅さ，⑤後発国のキャッチアップなどが挙げられる。こうした要因が重なって，日本企業の競争力は徐々に低下したと思われる。
>
> 　日本企業の売上は伸びているものの，拡大していく中国やインド市場の成長テンポに合わせた市場シェアを獲得できずに苦戦した。相対的に他国の企業はうまく現地の状況を把握し，それに適した戦略展開をしたが，日本企業は「適応」できなかったものと解釈できる。日本企業の競争力の低下に関する研究書としては，武石・青島（2010）が参考になる。また，日本の製造業のガラパゴス化を警告する宮崎（2008）も大いに役立つ。
>
> 　反面，新興国ビジネスに成功した企業として評価される企業は，インドのスズキ自動車，エアコンのダイキン，ユニクロ，無印良品などが挙げられる。

スン電子，LG，現代自動車の３社がランクインした。トップ500社では，中国企業の場合，０社から46社まで増えた。当時，新興国の経済成長の波に乗り，売上高と市場シェアを伸ばした後発国企業，例えば韓国のサムスン電子がスマートフォンや半導体産業などにおいて市場シェアを伸ばしていることに，多くの日本企業は危機感を覚えていた。

　ところで，後発国企業が早いキャッチアップが可能だった原因は何か。その一因として，デジタル技術の属性がある。低い模倣コスト，複製の容易さ，短い時間，情報・知識移転の容易さなどが，製品開発をめぐるマネジメントに要求される知識や技術情報の修得・移転の方法が一新され，そのメリットがキャッチアップを容易にした要因であった。また，ICTの普及は関連産業の発展と産業構造の変化をもたらした。

　要するに2000年代，情報通信技術はあらゆる製品や管理分野に浸透し，多くの製品はデジタル化した。それによって技術の複雑性も増した。また，様々な部品や要素技術が変化するスピードや不確実性に素早く対応することが求

められる時代となったが，日本企業の競争力は低下した。

(2) その他の産業の動向：銀行，エアライン産業など

　企業の生産拠点の海外移転とICT化は金融業界にも大きな影響を与えた。1990年代に商業化されたインターネットやATMの普及が活発化し，金融取引にかかった時間とコストが低くなった。ほぼリアルタイムで取引ができるまでに世界金融システムのネットワーク化が進んだ。また，日本では2001年の中央省庁再編を機に，金融と財政の分離により，金融の自由化へ舵を取った。これらを受け，銀行業では，事業統合やグループ化などが急速に進む中，インターネットバンキングという新しい銀行の参入も多くなった。また，事業統合プロセスにおいて情報システムの統合トラブル（例：みずほ銀行）も多発した。

　また，中国及び新興国の生産拠点の増加の中，デザインや開発業務は自社が行い，生産委託をし，情報システムを活用し，市場ニーズの変化を迅速にキャッチし，グローバル・ロジスティックの効率化を図った企業の成長が目覚ましかった。例えば，ZARA，ユニクロがこれにあたる。

　一方，米国同時多発テロと石油の高騰により，世界的に主要航空会社の採算性が悪化される中，アジア諸国の需要増もあり，米国のサウスウエスト航空（1970年代開始）が成功を収めたローコストキャリア（Low-cost carrier：LCC）のビジネスモデルが広く普及した。このような世界の動きに影響を受け，日本でも，2012年にLCC 3社（エアアジア・ジャパン：現バニラエア），ジェットスター・ジャパン，ピーチ・アビエーション：バニラエアと統合）が就航し，需要拡大と共に競争が激しくなった。

5. 企業の課題解決の基盤となる「マネジメント」

　以上のように，この時代の変化は，フリーマン（Freeman, 2005）が指摘するようにグローバリゼーションの進展，情報通信技術の発達とインターネット普及，ソフトウェアの発展による，新しいネットワーキングと共同作

業の可能性，自由なコミュニティの結成，流通の変革，知識・情報へのアクセスの容易さが地球をフラットにするといわれるようになった。

（1）経営戦略論に関する議論：新しい市場の開拓

　先進国経済が緩む中，中国と新興国が世界経済を牽引している事実から，新興国ビジネスに関する研究が注目を浴びた。特に，プラハラード（Prahalad, 2004）が「ボトム・オブ・ザ・ピラミッド（bottom of the pyramid：BOP）」を提唱し，世界人口の72％（約40億人）を占める低所得者層が，新たな市場（購買力換算で5兆ドル）としての可能性を持つと主張した。いわば，「貧困層の顧客化」である。地域別市場規模に見ると，アジアが3兆4,700億ドル，南米が5,090億ドル，東欧が4,580億ドル，アフリカが4,290億ドル，その他地域が1,340億ドルと推定される（塚越，2009）。

　一方，国際経営戦略分野においては，競争の激しい既存市場（レッド・オーシャン：red ocean）ではなく，競争のない未開拓市場や地域を開拓する *Blue Ocean Strategy*（Kim and Mauborgne, 2015）が注目された。サムスン電子や任天堂がこの戦略を実現させた例とされる。ここでいうブルー・オーシャンは，競争密度が低い新しい市場（中央アジアや中東，アフリカなど）を指すが，著者が指摘するように，ブルー・オーシャンの地域が継続するわけではない。企業やその行動による相互作用，影響が時間と共に変化することを念頭に置く必要がある。

（2）イノベーション関連領域研究

　2000年代の経営学は，市場の多様性・規模拡大技術の複雑性増大に伴う管理範囲の拡大による国際経営分野とイノベーション論に関心が高まった。

　ICT時代のイノベーションを先駆的に果たしたのは，米国の企業が多かったので，アップル，グーグル，アマゾン，フェースブック，マイクロソフトなどのIT企業の影響力が色濃くなった。米国の産業構造は製造業から脱却し，ICT産業にその中心が移ったことが実感される時代となった。

　ところで，誰もが使って誰もが知る，競争力のある米国発のICT企業が続々と生まれる理由は何だろう。起業家精神や挑戦意識などももちろん関係する

が，シリコンバレー（Silicon Valley）生まれの企業が多いことに注目したい。

　シリコンバレーはカリフォニア州のサンフランシスコ南部地域にICT企業が集積したところを指す。この地域にはそもそも軍事用武器開発に携わってきた大学研究所などがあったが，第2次世界大戦後，再びスタンフォード大学周辺にベンチャー企業を支援するベンチャーキャピタルが生まれ，多くのベンチャー企業が生まれる土壌ができていた。このような地理的近接性が，多様な研究テーマを有する企業間の交流やコミュニケーションを促すことになったのである。そこに新しいアイディアや技術の融合がしやすい環境がつくられ，多くのICT企業の発祥地となったのがシリコンバレーである。ICT企業の競争力の根幹もこうした環境にあり，それによって新しい事業や産業が生まれたのである。そのやり方は「オープンイノベーション（open innovation）」という形態である。

　このように，様々な企業がイノベーションを引き起こす方法や産業リーダーの機能と特徴に対する関心も高まった。これまでの自前主義に基づき，自社内で閉じられたイノベーション活動ではなく，企業，大学，研究所，関連企業などが相互アイディアを持ち出し，交換し，事業化を図るチェスブロウ（Chesbrough, 2003）のオープンイノベーションに注目が集まった。

　また，ICT時代には，産業全体を構成する様々なプレイヤー（主体）間の協力的な関係の重要性に着目した経営戦略及びイノベーションの議論としては，「ビジネスエコシステム論（business ecosystem）」や，産業全体の方向性を示すリーダーの存在（プラットフォーム・リーダーシップ）やその要件に関する研究が生まれた。例えば，インテル，マイクロソフト，シスコなどに注目した，ガワー，クスマノの*Platform Leadership*（Gawer and Cusumsno, 2002）やイアンシティ，レビーンの*The Keystone Advantage*（Iansiti and Levien, 2004）が代表的な研究である。

　製造業からICT産業への大きなシフトは，主力産業の交代・代替を意味するものであり，グローバル次元で企業競争力の転換が起きた。既存産業を軸とする大企業の影響力が低くなり，新しい新興企業の飛躍が珍しくないものとなった。なぜ，このようなことが引き起こされるのか。その答えを求めて戦略論やイノベーション論の領域で議論が起きた。その重要な研究としてク

リステンセンによって提唱された *The Innovator's Dilemma*（Christensen, 1997）がある。彼の研究は1997年に発表されたが，日本においては日本企業の競争力低下が懸念される中で大きな話題となった。簡単にその内容を紹介すると，大企業が新興国市場への参入に遅れて競争力の逆転を許してしまう理由について論じたものである。既存企業は，自社の既存製品の改良に集中してしまい，時間の経過と共に，当初は劣位の新しい事業や技術に目が届かない。その後，新興企業の技術は顧客の需要変化に適し発展していくものの，既存企業は，顧客のニーズから大きくかけ離れてしまい，既存の大企業は競争力を喪失しまう，という議論である。

　他方，日本企業の競争力の衰退の要因に関する議論もあった（武石・青島，2010）。また，グローバル化とデジタル化という流れの中で，これまでの日本企業の企業間関係や系列の優位性に疑問を投げかけ，日本企業の行動やイノベーションプロセスの「ガラパゴス化」（宮崎，2008）について懸念する議論も活発化された。

(3) 複雑性への対処とその他

　デジタル化による製品の電子化とソフトウェアの比重の増加によって，製品開発プロセスや管理の複雑性（complexity）が増してきた。なるべく複雑性を低減できる分業単位（製品単位）に切り離す，「モジュール化（modularization）」に注目が浴び，自動車，IT，PC産業などから高い関心が寄せられた。簡単に言えば，モジュール化戦略はレゴブロックのようなモジュール構造を事前につくることで，多様な市場ニーズに対応できるようにする製品戦略である。また，デジタル家電を中心に，市場価値が低下し，品質や機能の差を感じない一般的な日常品のようになるコモディティ（commodity）化が進み，日本企業の競争力はさらに低下するようになった。

　そこで，他社とは違う次元での競争力を確保するマネジメント手段として，差別化戦略，ブランド化，製品デザイン革新，組織変革等に関する議論が広く行われた。ICT時代の新しい産業に適した企業の活性化に向けて，ベンチャー企業の育成や発展などに関して多く議論されるようになった。

6. まとめ

　中国の世界経済秩序への編入と新興国の浮上が，日本企業を含め，企業の
グローバリゼーションを一層強化することになった。企業には，グローバル
化への対応と，新しい市場開拓をめぐる組織能力が問われた。同時に，スマ
ートフォンの登場とICT技術の進展といった市場・技術環境の変化に対応で
きる能力構築が企業に求められた。従来のものを代替する規格競争，環境配
慮型製品創造，新市場開拓，そしてイノベーションをめぐる企業間競争はグ
ローバル次元で行われた。こうした動きは2010年代に入り，より激しくなる
のである。

● **必須用語集** ⋯⋯

・**ボトム・オブ・ザ・ピラミッド（bottom of the pyramid：BOP）**

　世界人口ピラミッドで人口の72％（約40億人）を占める低所得者層を新たな
市場（購買力換算で5兆ドル）対象にしたビジネス。そのため，低所得者向けで，
最低限の機能性かつ廉価な商品を開発し提供するビジネスの可能性について議論
された。

・**標準規格競争**

　業界の標準を決める企業間争い。例えば，DVD，PCなどの情報機器産業では特
に重要であり，国際標準規格を業界が事前に決めるもの（デジュアルスタンダド：
de jure standard）もあれば，VTRのVHS規格のように，年月を掛けて市場で標
準規格が決まる場合（デファクト・スタンダード：de facto standard）もある。なお，
国際標準化機関としては，ISO（国際標準化機構），IEC（国際電気標準会議），ITU
（国際電気通信連合）などがある。

🗸 学んだことをチェック

1．2000年代を取り巻く「歴史的環境の変化・変遷」と「企業（組織）の課題や取り組み」の関係について検討してみよう。

2．2000年代を取り巻く「企業（組織）の課題や取り組み」と「企業の様々な問題の解決の基盤となる考え方や理論」の関係について検討してみよう。

3．1，2で検討したことをもとにして，「企業の様々な課題や問題の解決の基盤となる考え方や理論」と「歴史的環境の変化・変遷」の関係について検討してみよう。

4．1，2，3，で検討したことをもとにして，「中国の世界経済への復帰と世界の工場としての中国」について考えてみよう。

より進んだ学習のために

・政府の統計データはこちらから閲覧することができる。https://www.e-stat.go.jp/
・フォーチュン・グローバル500（http://fortune.com/global500/）．
　　米国経済誌『フォーチュン』が世界の企業を対象に収入（売上高），利益，成長率などの基準で毎年発表する企業ランキングである。国の企業競争力を測る指標としてよく使われる。
・ASEAN地域経済圏に関する概略については以下の資料が参考になる。
　　https://www.mofa.go.jp/mofaj/files/000127169.pdf
　　日本アセアンセンター，https://www.asean.or.jp/ja/asean/asean-information-map/
　　（ASEAN情報マップ）

【参考文献】

武石彰・青島矢一（2010）『メイドインジャパンは終わったのか――「奇跡」と「終焉」の先にあるもの』東洋経済新報社．

塚越由郁（2009）「今月のキー・ワード――BOP」『みずほリサーチ』瑞穂総合研究所政策調査部，12月号．

宮崎智彦（2008）『ガラパゴス化する日本の製造業――産業構造を壊滅するアジア企業の脅威』東洋経済新聞社．

Chesbrough, H. W. (2003) *Open Innovation: The New Imperative for Creating and*

Profiting from Technology, Harvard Business School Press.（大前恵一朗訳『OPEN INNOVATION—ハーバード流イノベーション戦略のすべて』産能大出版部，2004年）

Christensen, C. M.(1997) *The Innovator's Dilemma: When New Technologies Cause Great Firms to Fail*, Harvard Business School Press.（玉田俊平太監修，伊豆原弓訳『イノベーションのジレンマ—技術革新が巨大企業を滅ぼすとき　増補改訂版』翔泳社，2001年）

Freeman, T.(2005) *The World Is Flat: A Brief History of the Twenty-first Century*, Farrar Straus & Giroux.（伏見威蕃訳『フラット化する世界—経済の大転換と人間の未来（上・下）』日本経済新聞社，2007年；訳はFurther updated and expanded ed.）

Gawer, A. and Cusumano, M. A.(2002) *Platform Leadership: How Intel, Microsoft, and Cisco Drive Industry Innovation*, Harvard Business School Press.（小林敏男監訳『プラットフォームリーダッシップ—イノベーションを導く新しい経営戦略』有斐閣，2005年）

Iansiti, M. and Levin, R.(2004) *The Keystone Advantage: What the New Dynamics of Business Ecosytems Mean for Strategy, Innovation, and Sustainability*, Harvard Business School Press.（杉本幸太郎訳『キーストーン戦略—イノベーションを持続させるビジネス・エコシステム』風工舎，2007年）

Kim, W. C., and Mauborgne, R.(2015) *Blue Ocean Strategy, Expanded Edition: How to Create Uncontested Market Space and Make the Competition Irrelevant*, Harvard Business Review Press（1st ed., 2005).（有賀裕子訳『［新版］ブルー・オーシャン戦略—競争のない世界を創造する』ダイヤモンド社，2015年）

Prahalad, C. K.(2004) *The Fortune at the Bottom of the Pyramid: Eradicating Poverty Through Profits*, Wharton School Publishing.（スカイライトコンサルティング訳『ネクスト・マーケット—「貧困層」を「顧客」に変える次世代ビジネス戦略』英治出版，2005年）

第 **7** 章

【資本主義の再構築期】
デジタル経済時代の覇権争い
をめぐる競争と革新 —2010年代

■ この章で学ぶこと

　本章では，現在，われわれが生きている時代について見る。産業革命以後，様々な出来事が複雑に相互影響し合って，企業活動に影響している。バブル崩壊後から現在は，ICTの発展と普及，グローバリゼーションの延長線上にあり，その成果と進化，矛盾が，社会経済，市場，企業の取り組み，製品などに凝縮されて現れる時代であることを把握する。

🔑 キーワード

- デジタル経済
- チャイナプラスワン
- 第4次産業革命
- 電子商取引
- CASE 革命

- シェアリングエコノミー
- リバース・イノベーション
- プラットフォームビジネス
- 一帯一路構想
- SCM

1. 世界経済の変貌と巨大国家中国の浮上，混乱，軋轢

（1）世界経済の低迷と政治的な対立

　リーマンショックの影響は全世界に及んだ。中国の4兆元の財政出動もあり，経済は収拾を迎えたものの，イタリアやスペイン，ギリシャなどは金融危機に追われ，世界は再び浮き沈みを繰り返すことになった。2010年代半ば以後，中国の経済成長率も減速される中，米中の対立も加わり，世界経済の行き先は不安定で，かつ不確実性が増すことになった。

　政治的側面で見ると，1990年代の東ヨーロッパの民主化以後，長期間にわたり，独裁政権に統治されていた中東・北アフリカ地域で，非暴力民主化運動が起きた。2011年に北アフリカと中東地域に起きた民主化運動を「アラブの春」と呼ぶ。しかし，アラブの春が新しい国づくりや新時代の到来を告げることはなく，再びこの地域は混乱に陥った。政治パワーの均衡が崩れ，権力の空白状態が生じ，そこに「IS（イスラム国）」をはじめ，様々な分派が勢力を集め，世界は再びテロや紛争に巻き込まれた。これらによって，北アフリカ諸国や紛争地域のシリアなどから，地中海沿海を中心に，歴史上最大の難民脱出が続出する事態となった[1]。また，アフガニスタン（戦争，内戦），南スーダン（2011年スーダンから独立），ソマリア（内戦），コンゴ（内戦），ミャンマー（2016年ロヒンギャ族掃討策），メキシコ，ベネズエラなど，世界各地で絶えず難民が発生する事態となった。こうした中，中東情勢が不安定となり，石油供給問題が再び注目されるようになった。

　地理的に接する多くのEU諸国や米国などでは，大量の難民を受け入れるか否かが政治問題の焦点となってきた。移民や難民に対するケア，医療保障，雇用などにかかる社会的諸費用の自国負担がネックになった。結局，難民・移民問題は様々な国においてナショナリズムが強化，支持される局面に入り，理念対立の様子を見せている。同様に，米国においてもメキシコや中南米か

1　UNHCRの『Global Trends 2017』によれば，世界では約5万人の難民がいるとされる。そのうち，シリア6.3百万人，アフガニスタン2.6百万人，南スーダン2.4百万，ミャンマー1.2百万，ソマリア98.6万人が占める。戦争，紛争，宗教対立，人種問題，少数民族への虐待，経済問題などが発生原とされる。また，難民の約5割は子どもであり，十分な食事と学校教育を受けていないのが現状であり，多くの国際支援団体やNPO，NGOが支援活動を行っている。

らの移民や難民に対する問題が政治イシューとなり，2015年のトランプ政権の誕生につながった。

　世界各国においてトランプ政権への期待と失望が錯綜する中，トランプ政権は80年代前半のレーガン大統領時代のように，自国中心の産業政策と対外戦略に転じることになり，これまでの米国政策とは相反する形になった。自由貿易重視から自国産業保護策への転換，軍事同盟国への負担強化，政情不安などが重なり，世界実情維持の懸念が高まる一方，経済力を中心に政治，外交プレゼンスを高めてきた中国とのパワー対立と衝突が一層激しさを増し，より政治や経済の不確実性は高まる時代になってきた。自国保護主義に基づく経済論理による「新しい冷戦時代」と思われることが起きている。こうした問題は，日本企業にも多様な形で関わってくるのである。

(2) 巨大国家中国の浮上とその軋轢（あつれき）[2]

　2010年代前半より，世界経済はアジア新興国を中心に堅調な成長を維持した中国経済は減速し始めた。そこで，中国政府は様々な社会問題と経済矛盾を解決するため，内需中心となる経済成長に切り替えた。その中心的な政策が「中国製造2025」と「一帯一路」構想である。

　世界経済を牽引してきた中国の変化と動きについて見ておこう。

　2010年代に入り，中国経済成長率は10％（2000年代）から6〜7％にまで鈍化した（図表7.1）が，経済規模を見ると，国内GDPが13兆4,070.4億ドルまで上昇しており，世界の購買力指数は2014年に米国を抜いて世界トップとなった。[3]中国政府はこれまでの輸出志向型経済成長から，沿岸部と内陸部の所得格差の是正のため，内需重視型へ変えた。

　産業構造や主力産業も大きく変貌した（図表7.2）。1次産業の割合は急速に落ち，3次産業の比重が飛躍的に増加した。資源配分・ルールメーカーとして中国政府の役割が効果を発揮するだけではなく，模倣から技術学習とキ

2　中国経済の仕組みや変動を把握するには，長年の間，中国で金融・経済アナリストを活動したグローバーの『チャイナ・エコノミー』が役に立つ。

3　2018年時点の購買力指数を見ると，中国が25,270.07（10億ドル），米国が20,494.05（10億ドル）である。もちろん，この数字は国レベルの数字である。

図表7.1　中国の長期的実質GDP成長率の推移

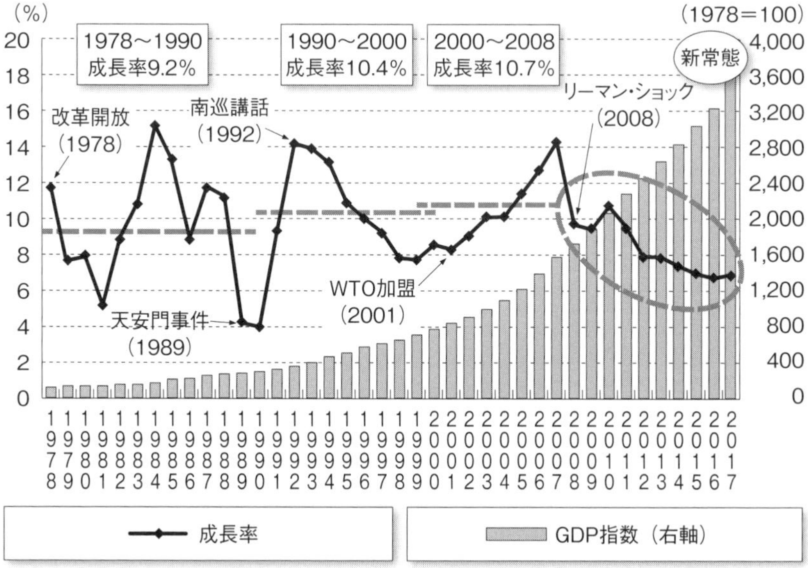

出所：中国国歌統計局，CEIC Databaceから作成。
　　　経済産業省『通商白書2018年版』（第3章より）。

図表7.2　中国の産業構造の変化

（単位：％）

産業区分	1980	1990	1995	2000	2010	2015	2017
1次産業	29.57	26.55	19.58	14.71	9.49	8.78	7.89
2次産業	48.16	41.12	46.85	45.65	46.55	41.02	40.56
3次産業	22.27	32.33	33.57	39.64	43.96	50.2	51.55

出所：経済産業省（2019）『通商白書2018年版』。

ャッチアップを通じて能力を高めてきた中国企業が多くなった。しかしながら，高付加価値産業において依然として先進国の多国籍企業に対応できない領域もあった。例えば，自動車，半導体，航空機産業などが挙げられる。それで，中国政府は，政治体制の継続性を打ち出しつつ，2010年代の外国資本と技術に依存してきたものから脱却を図る政策が講じられた。様々なデジタル・イノベーションが盛んになった状況の中で，次世代の製造強国を掲げ，

- 次世代情報通信技術（半導体，次世代通信規格「5G」）
- 高度なデジタル制御の工作機械・ロボット
- 航空・宇宙設備（大型航空機，有人宇宙飛行）
- 海洋エンジニアリング・ハイテク船舶
- 先端的鉄道設備
- 省エネ・新エネルギー自動車
- 電力設備（大型水力発電，電子力発電）
- 農業用機材（大型トラクター）
- 新素材（超電導素材，ナノ素材）
- バイオ医薬・高性能医療機械

出所：日本経済新聞（2018年12月7日）。
　　　https://www.nikkei.com/article/DGXKZO38656320X01C18A2EA2000/

「中国製造2025」を打ち出し，10の重点分野と23の品目を設定し，国家イノベーション体制を構築し，取り組んでいる（図表7.3）。また，2014年に「アジアインフラ投資銀行（AIIB：Asian Infrastructure Investment Bank）」を設立した。これに加えて，中国は2014年に「一帯一路」構想を世界に打ち出し，様々な国家の参加を促している。

　こうした中国の旗振りに困惑する国も多いものの，中国の潜在的な成長力と世界における政治ポジションが強まる中，アジアインフラ投資銀行に加盟した国家が少なくないのも事実である。ただし，加盟した国々の思惑と経済状況，投資制約が異なるため，「一帯一路」構想が簡単にかつ順調に進むとは思いにくい。

　これらの動きから，以前よりは中国のプレゼンスが高まっていることが裏付けられるが，「一帯一路」構想は軍事力強化も伴うことになり，米国覇権への挑戦とも捉えられる。すなわち，米中間での対立や軋轢が生じる可能性が内包されている。そうした問題の1つが米中貿易紛争である。米中貿易戦争は，単なる貿易収支の是正を超えて，次世代の技術リーダーシップ，さらには世界のリーダーシップをめぐる対立と軋轢として捉えることができる。

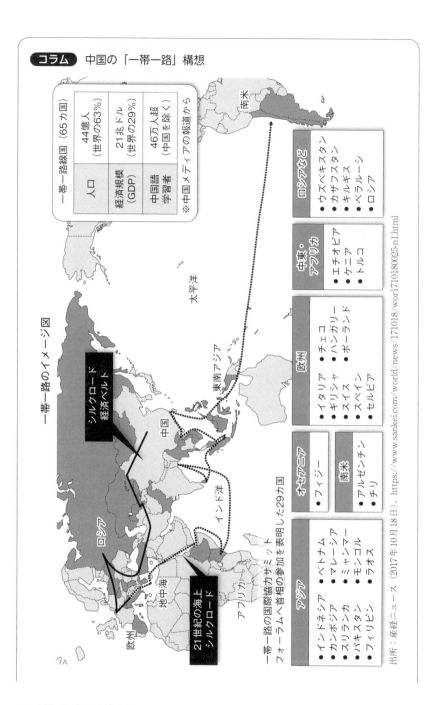

コラム 中国の「一帯一路」構想

一帯一路のイメージ図

一帯一路線国 (65カ国)		
人口	44億人 (世界の63%)	
経済規模 (GDP)	21兆ドル (世界の29%)	
中国語 学習者	46万人超 (中国を除く)	

※中国メディアの報道から

シルクロード 経済ベルト

21世紀の海上 シルクロード

南米

太平洋

インド洋

地中海

中国

ロシア

アフリカ

欧州

東南アジア

一帯一路の国際協力サミット フォーラムへ首相の参加を表明した29カ国

アジア
● インドネシア ● ベトナム
● カンボジア ● マレーシア
● スリランカ ● ミャンマー
● パキスタン ● モンゴル
● フィリピン ● ラオス

オセアニア
● フィジー

南米
● アルゼンチン
● チリ

欧州
● イタリア ● チェコ
● ギリシャ ● ハンガリー
● スイス ● ポーランド
● スペイン
● セルビア

中東・ アフリカ
● エチオピア
● ケニア
● トルコ

ロシアなど
● ウズベキスタン
● カザフスタン
● キルギス
● ベラルーシ
● ロシア

出所：産経ニュース（2017年10月18日）。https://www.sankei.com/world/news/171018/wor1710180025-n1.html

この構想は，中央アジアと西アジア，さらにはヨーロッパまでにつながる地域（一帯：シルクロード経済ベルト）と，東南アジアと南アジア，アフリカの東をつなぐ一路，つまり海上のシルクロード（真珠の首飾り戦略：String of Pearls）を構築し，アジア地域の諸国家のインフラ構築に中国をはじめ，アジアインフラ投資銀行（AIIB）[4]が，港湾，鉄道，道路などを中心とするインフラ建設に投資し，それによって中国を中心としたアジア諸国，さらにはヨーロッパとの間でロジスティクス基盤をつくり上げ，市場拡大と国際貿易の活性化を狙った構想である。

この構想はシルクロードを通じて世界貿易の中心だった唐の時代や，明の時代，1405年から1433年までに7度にわたり南アジアとアラビア半島，アフリカまで海上遠征（大航海）を行った武将の鄭和（Zhèng Hé, 1371〜1434）を連想させるような国家戦略である。この構想は単なる国際貿易振興を狙いとするが，持続的な経済成長を牽引するためには，市場や貿易ルートの確保，さらには石油やガスなどのエネルギー資源の確保が不可欠となる中国の内部事情がある。

(3) 中国経済成長の弊害と影

中国の経済成長は目覚ましいものだったが，2010年代に入ると，高度成長期の弊害が浮き彫りになってきた。例えば，内陸部と沿岸部の地域間不均衡，所得格差，公害問題，エネルギー，公害問題，不良債権問題，知的財産問題，食品安全問題などが挙げられる。

① 所得格差問題：中国の経済成長過程において，主な労働力は内陸部や農村部の農民工によって支えられた。無制限供給に近い農民工の都市部移動が低賃金構造をつくると同時に，都市の貧困層を形成した。社会における所得分配の不平等さの指標であるジニ係数（Gini coefficient）を見ると，中国の場合，2008年に可処分所得ベースで0.491をピークに低下しているものの，2016年0.465で依然として高い水準である。

② 大気汚染・水質汚染問題：最も問題になっているのが，PM2.5である。PM2.5問題は，冬により深刻化する。主な原因は中央集中管理式の暖房システムの燃料として，大量の石炭が使用されることにある。第13次5

4　アジアインフラ投資銀行（AIIB）には設立準備に57か国が加入した。

か年計画終了年の2020年までに石炭消費の比率を58％以下に引き下げるとしているが，2016年時点で未だに62％を占めている。また，大気汚染には自動車の普及率も大きく影響している。そのため，化石燃料から脱却する電気自動車（EV）への切り替え（代替）を通じて，公害問題と自国産業の競争力強化を狙う意図で，電気自動車の普及を進めている（具，2017）。

③ 高齢化問題：2018年の出生数は57年ぶりの低水準であり，65歳以上の高齢者は2018年末で1億6,658万人とされる[5]。日本よりも速いスピードで高齢化が進んでおり，人口ボーナスの優位性は消滅しつつあり，インドがその座を代替する可能性が高い。

④ 不良債権問題：商業銀行が抱える不良債権は2019年3月末で2兆1,571億元（約34兆5,000億円）に上り，前年に比べ7％近く増えた。これまでの銀行融資に頼ってきた企業が徐々に整理されると同時に，景気が後退していく可能性がある。

以上の問題が浮き彫りになっているが，中国政府は様々な対策を講じている。しかし，世界GDPの1/3を占める不透明な超大国だからこそ，今後その動きに世界中の企業は注目せざる得ない構図になっているのも事実である。

5　日本経済新聞（2019年1月22日）。
　https://www.nikkei.com/article/DGXMZO40261740R20C19 A 1 E A1000/（2019.5.15閲覧）

中国の都市化とインフラ整備，エネルギー問題

　中国経済の目覚ましい成長の背後には，インフラの整備による部分が大きい。公共事業としてのインフラ整備が，2000年以後の都市化の進行を支えている。

　中国の都市化率は，工業化と共に急速に進展してきた。産業化の通り道でもある都市化率は，2010年を起点に，都市部の人口が農村部を超え，2017年時点で57.9%となり，右肩上がりで上昇している。また，重慶（3,048万人）や上海（2,400万人），北京（2,170万人）などといった1,000万人を超える都市が14都市もある。しかし，他の開発途上国と比べると，中国の都市化率はまだ2/3の水準で，都市化の途上にある。

　次に，社会インフラを見てみよう。鉄道，高速道路，空港，港（コンテナターミナル）などを中心に示したものが下の表である。鉄道の長さは米国に続き，世界2位であり，最新の高速鉄道を完備している。高速道路は2020年に130千キロを予定している。港湾取り扱い貨物量を見ると，上海が647,446千トンで世界1位にランクしている[6]。このようなインフラの整備は，人の往来と物資の移動，ロジスティクスの効率化を円滑にするだけではなく，内陸部への市場アクセスを容易にするものとなる。しかし，過度ともいえる投資とスピードは様々な問題を露呈することになった。

中国の主要インフラの推移

インフラ（単位）	2007	2010	2020	比較
鉄道（千km）	78	91	120 （2015年値）	日本（27.182） 米国（257.722）
高速道路（千km）	54	74	130	日本（9.318）
空港（箇所）	148	175	240	日本（62） 米国（296）
コンテナターミナル港 （百万TEU，20フィート）	102	137	237	日本（17.5） 米国（不明）

注1：中国データはMcKinsey。
注2：国土交通省に基づく。
注3：コンテナターミナル港の貨物取扱量は，日本港湾協会「数字でみる港湾2012」に基づく。
出所：http://knowledge.ckgsb.edu.cn/2014/07/02/technology/the-business-of-urbanization-in-china/

6　他に広州（3位，544,374千トン），寧波（ニンボウ：5位，469,025千トン），青島（7位，443,978千トン），天津（8位，428,098千トン），大連（10位，318,413千トン）が世界10位にランクしている。他のところは，東南アジアのハブポートであるシンガポールが2位（593,297千トン），ポートヘッドランド（4位，484,510千トン），ロッテルダム（6位，461,177千トン），釜山（9位，349,708千トン）と続く。日本の港としては名古屋が18位（193,257千トン）である。（国土交通省「港湾取り扱い貨物量ランキング」2016年基準）

最後に，エネルギー問題について見てみよう。所得増加と共に，必要エネルギーも増えてきた。とりわけ，電力は生活や製造基盤になるため極めて重要であり，安定供給のための発電能力の確保が必要とされる。中国の発展能力は，1990年621Twhだったが，2000年には1,356Twhに，2010年には4,208Twh，2017年に6,529Twhにまで上昇した。この数字は世界1位であるが，今後持続的な経済成長を支えるためには，より発電能力を向上させる必要がある。また2010年代に入り，自然エネルギー源を開拓しつつ，原子力発電能力を増強している（具，2017）。また，発電源も総発電585万9,958Gwhのうち，石油（70.1%），自然エネルギー（24.3%），原子力（2.9%）と多様化している[7]。中国にとっては，エネルギー源の確保が経済成長の死活問題となる。

2 デジタル化，モバイル時代へ：技術の融合化

2010年代前半はスマートフォンの普及に伴うビジネス生態系の変化があり，2015年以後はAIと人間の囲碁の対決から高い関心が集まった。2016年，スイスのダボスで開かれた世界経済フォーラムの年次会議（通称，ダボス会議）では「第4次産業革命の理解（Mastering the Fourth Industrial Revolution）」がテーマとなり，各国ではその取り組みが始まり，グローバル次元で産業全体のデジタル化への動きが加速化しつつある。まさにイノベーションの時代を実感できる時代である。

（1）技術の代替と新しいビジネスエコシステム

iPhoneの発売の時，それを買うために人々の長蛇の列があったが，性能としては不十分だった。それ以来，モデルチェンジのたびに，バッテリー容量と通信速度，画面の大きさ，画像度，カメラ性能，多様なAPPの登場によって，スマートフォンの性能は向上された。また，様々な技術がスマートフォンを基盤に改良，融合されるようになった。例えば，音声認知機や正確な位置情報が加わり，機能性はより向上した。人々は手のひらの中で簡単に操作

7　IEAデータによる。自然エネルギーの中では，水力（113万270Gwh），風力（18万5,766Gwh）が高い比率を占める。

することで，文字を入力することができ，絵も描くことができるメディアとなった。調べたいものがいつでも検索できたり，お店の予約ができたり，スケジュール管理したり，連絡を取り合うことができる，利便性の高い製品に利用者は魅了された。また，様々なSNSの登場は，スマートフォンをより魅力的なものにした。利用者はモバイルPCとしてスマートフォンを利用し，その数は0台の市場から年間約15億台の市場に変貌した。

　産業レベルでの変化を見ると，スマートフォンは，ほぼ同時に発売されたタブレットPCと兼用されながら，データの同期化，性能向上とAPPの充実化が進展するにつれ，これまでのフィーチャーフォン（ガラケー）の代替にとどまらず，デジタルカメラ，ゲーム産業，電話，デスクトップPCなど機能を吸収し，代替してしまった。これは産業の入れ替えや代替を意味し，その渦中で企業の競争力の転換もあった。日本企業の影は薄くなり，アップル社とサムスン電子が最大手となってきた。しかし，近年になり，後発の中国企業のキャッチアップもあり，スマートフォン市場の変化は激しく，新たな局面に差し掛かっている（図表7.4）。

　また，アップル社のiOSに基づいたiPhoneに対応し，オープンOSであるAndroidがグーグル社によって開発され，スマートフォン市場は2つのOSに分かれた。スマートフォンの頭脳ともいえるOSをめぐる競争が始まった。多くの新規参入機器メーカーはオープンOSのAndroidベースのスマートフォンを開発，競争に乗り出した。

　振り返ってみれば，通信・コミュニケーション手段は，肉声や旗などの信号から，ベル（Bell, A. G.）等による電話発明以来，機械式電話からファクス，携帯電話，そしてスマートフォンに進化してきており，スマートフォンは様々なコミュニケーションを統合するマルチメディア機器になりつつある。

　スマートフォンは個人と結びついているため，多くの企業はスマートフォンをベースに新しいビジネスを創造している。例えば，決済手段としても，モバイルバンキングとして利用されるようになり，その応用や利用範囲は年々拡大しつつある。

図表7.4　世界スマートフォン市場におけるメーカー別の市場シェア推移

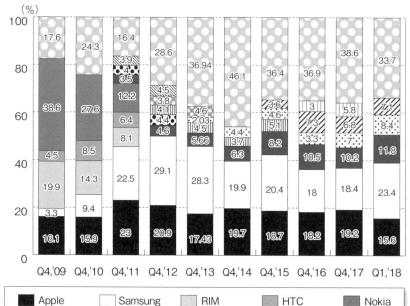

出所：statistaウェブページ（http://www.statista.com）。
Global market share held by leading smartphone vendors.

（2）スマートンの更なるインパクトとプラットフォームビジネス

　スマートフォンはわれわれの生活の一部分になり，様々なインパクトを与えている。

　まず，主たるコミュニケーション媒体がSNSとなったことである。世界の代表的SNSは，Facebook（米国，イギリスなど），Twitter，Youtube，Google plus，Whatsapp（米国），Kakaotalk（韓国），WeChat（中国），LINE（日本，タイ）などがあり，検索エンジンはGoogle，Bing，バイドゥ（Baidu：百度），Yahoo，Naverが挙げられる。代表的なSNSであるFacebookの世界利用者は，2018年末現在14.9億人を上回っている。日本におけるSNS利用者状況（2019年現在）を見ると，LINEが8,200万人，Twitterが4,500万人，instagramが

3,300万人である。

　次に，膨大な利用者増加の中，スマートフォンがビジネスの形態の進化と変化を促していることである。というのも，スマートフォンは個人と結びついている性質を持っているからである。この性質を利用し，既存のサービスが代替されたり，新しいビジネス形態が創造されたりしている。また，スマートフォンは利用者の位置情報，検索履歴，移動パターン，健康管理等に関する情報を利用し，企業は特定顧客の好みや行動に合う，カスタマイズされた広告ができる。さらに，利用APPや検索エンジンを運営管理する企業は，利用者の膨大なデータを収集でき，次のビジネス創造につなぐことができる。SNSや検索エンジンは日常的に使われる頻度が高いため，新しいビジネスもこれをベースにしたものになる可能性が高い。例えば，LINEが利用者数をベースにした新しいビジネスである電子マネー事業（LINE Pay）やLINE Musicなどを展開できるのも，このような文脈で理解できる。Amzaon.comの場合も，当初はインターネット本屋から出発したが，顧客の取引情報やネットワーク効果を利用し，今はファッション，食品，映画配信までも販売する「Everything's Store[8]」に進化しつつある。

　さらに，電子商取引ビジネスの発展である。グローバルウェブ取引額[9]は2018年約3兆米ドルにまで達しており，対前年比18％も成長した。そのうち，アマゾンや楽天のようなインターネットリテール（internet retail）が15.2％を占める。電子商取引市場規模が最も大きい国は中国であり，米国がその次である。中国のアリババ（Alibaba.com：阿里巴巴）と米国のアマゾン（Amazon.com）が代表的な企業である。これらの企業のビジネス形態は，自社のウェブ上に製品を掲載し，顧客が選ぶ取引形態であり，様々な外部企業や販売店（中古本屋や雑貨など）とのネットワークを構築し，事業を営んでいる。

　こうした取引ができる「場」として，様々な取引の土台となるウェブサイトを提供する企業は，そこに利用者のニーズを満たすことで，さらに多くの人が集まる「ネットワーク効果」を得ることができ，様々なビジネス展開の基盤となる地位を獲得している。こうしたビジネス形態を「プラットフォーム

8　Stone, B.（2013）を参照してほしい。

9　https://www.digitalcommerce360.com/article/global-ecommerce-sales/（2019.5.15閲覧）

ビジネス」と呼ぶ。そのため，21世紀の新しいビジネスの競争優位性は，ビジネスプラットフォームにあるとしている。例えば，クレジットカード業界ではVISAとMASTERが，B to C電子商取引ではアリババとアマゾンがその典型である。

　一方で，電子商取引の主体が「企業―消費者（B to C）」から「消費者―消費者（C to C）」で直接取引できるようになり，それを仲介するウェブサイトを提供する企業の利用者も増えている。PC時代にYahoo! オークションがそのサービスを出発させたが，今のスマートフォン時代にはメルカリがその好例であろう。こうした新しいビジネス形態の創造と消費者の主体的な参加は，遊休資源の利活用という側面で「シェアリングエコノミー（sharing economy）」を促すビジネスにもなっている。

（3）技術の融合とイノベーションの時代：AI, Big Data, Industry4.0, 5G, CASE

　2016年3月に，囲碁の韓国プロ棋士（李世ドル氏）とイギリスのDeep Mind社（2014年にGoogleが買収）の人工知能（AI）との間で世紀の戦いがあった。人間が考案した最も古くて複雑な遊びである囲碁で，AIが勝利を収めたのである。この出来事は，これまでのAIの限界を払拭し，世界がその可能性に注目することとなった。

　AIとは「人工的につくられた人間のような知能，ないしはそれをつくる技術」を指す[10]。人工知能の歴史は今始まったばかりではない。その歴史は意外に長い。1950年半ばから研究が始まり，2回のブーム期を経て現在は第3次AIブームといわれている（松尾，2015）。AIの可能性とその進化の背後にあるディープラーニング（deep learning：深層学習）に関心が集まっている[11]。

　また，新しいイノベーションの動きとして，2016年，スイスのダボスで開かれた世界経済フォーラムで「第4次産業革命（Industry 4.0)」というコン[12]

10　人工知能に関する定義は，専門家によっても少しバラつきがあるが，ここでは松尾氏の見解を採用する（松尾，2015）。
11　Deep Learningとは，特徴表現学習の1つであり，十分なデータ量（画像，音声など）をコンピュータに与えれば，人間の力なしに機械が自動的に，自ら高次の特徴量を獲得し，それをもとに画像を分類できるようになる学習のことをいう。
12　ちなみに，18世紀に機械化と高速輸送を実現した蒸気機関（第1次産業革命：1784年），19世

図表7.5　第4次産業革命

第1次産業革命	第2次産業革命	第3次産業革命	第4次産業革命 （第2次情報革命）
18世紀後半	19-20世紀初	20世紀後半	2015年〜 （21世紀前半）
● 蒸気機関基盤 ● 機械化革命	●電気エネルギー基盤 ●大量生産革命。 ●ベルトコンベヤ一式生産ライン	●コンピュータ ●インターネット ●自動化 ●知識情報の革命	● IoT，AI，ビッグデータ，AI，クラウド，CPSなど ● 超連結社会 ● 知能情報技術革命
繊維工業	自動車産業など	デジタル化 グローバルIT企業	技術融合 産業構造社会システム革新

出所：engineering.com

セプトが打ち出された。第4次産業革命は，これまでを，蒸気機関，電気，電子とITによる産業革命があったとし，今日の革命はCyber Physical System（サイバーフィジカルシステム），Internet of Things（IoT），ネットワークAIなどの技術を融合し製造革新を実現することである（図表7.5）。これは，多種多様なセンサーを使って，製造の状態をチェック，認識，データを収集し，インターネット経由で蓄積された大量のデータ（ビックデータ）を，AIを用いて分析し，最適化を導こうとするものである。生産，販売，消費といった企業活動に加え，健康，医療，公共サービス等の幅広い分野や，人々の働き方，ライフスタイルにも影響を与えると考えられる。そのため，各国は様々な視点から，また，様々な側面からその可能性に取り組んでおり，企業も同様である。もちろん，各々の社会と企業の制約条件が違うため，その内容や経路，方法などにおいては異なる点が多々ある。

　もう1つのイノベーション競争は次世代通信規格である。5Gをめぐる競

紀後半の電気（モーター）による大量生産（第2次産業革命：1870年），20世紀後半のコンピュータと電子部品におる自動化（第3次産業革命）に分類する。

図表7.6　世代別移動通信技術

1984年	1996年	2006年	2011年	2019年
1G	2G	3G	4G	5G
14.4Kbps	14.4Kbps	14.4Mbps	75Mbps-1Gbps	20Gbps以上
（アナログ）音声	（デジタル）音声，文字	マルチメディア，音声，映像通話，スマートフォン	音声，データ，リアルタイム動画	IoT，自律走行車，第4次産業革命など

出所：各種資料を参考に筆者作成。

争が加速化している。前述した第4次産業革命を支える中核技術である5Gという，次世代通信規格標準とその覇権をめぐって，中国や韓国，米国の企業が争っている。

　他方，分散型ネットワーク（distributed network）[13]技術を活用し，高度なセキュリティといつでも誰でも見られるパブリック性を備え，インターネット上の信頼ある取引を実現させるため，P2P（Peer to Peer）方式を応用して新しく考案された「ブロックチェーン（blockchain）」技術[14]が登場した。これに基づいたビットコインをはじめとする仮想貨幣の登場も続いている。これらのことによって，ブロックチェーン技術を利用した新しいサービスに世界が注目している。その反面，貨幣の発行機関（例：日本銀行）の発行していない貨幣がネット空間で価格が付いて取引されることに，いったい「貨幣とは何か」という疑問が投げかけられたのである。

　以上のように，2015年頃を境に，インターネット，スマートフォン，ICT，半導体技術の発展などの多様な技術的要素が融合され，新しいイノベーションの波が押し寄せてきている。例えば，日本の代表的な産業である自動車産業においても大きい革命に追われていた。「CASE革命」[15]と呼ばれるイノベーション競争が起きている。CASE革命は，デジタル革命の一貫でもあるため，

13　一般的に，1台のメインコンピュータが情報処理，記憶及び制御機能などを行うが，相互接続された複数のコンピュータによって処理するネットワークを指す。

14　Tapscott and Tapscott（2016）を参照されたい。

15　CASEとは，コネクティビティ（接続性）の「C」，オートノマス（自動運転）の「A」，シェアード（共有）の「S」，そしてエレクトリック（電動化）の「E」の頭文字をとったものであり，自動車産業においてはこれらの4つ領域の技術革命が同時に起こっていることを意味する。

世界の企業はソフトウェア人材獲得と養成が喫緊の課題となっており，また国境を越えた企業間連携と産業技術の融合が活発になっている。

　他にも3Dプリンターやドローン技術の発展も目覚しく，既存技術を代替する可能性が高まっている。この分野においても中国と米国企業の対立が鮮明になっている。

（4）各国企業の競争力と中国企業の躍進と挑戦

　2010年代，インターネットとスマートフォンの普及の中，米国のGAFA（Google，Apple，Facebook，Amazon）がプラットフォームビジネスの好例として，その競争優位性が注目されている。

　他方，中国企業の競争力や地位も高まっている。Global 500（2018年発表）にも中国企業は120社もランクインした。2000年代の経済成長期に，合併企業を通じて蓄えた技術やスキルと資金をベースに，単なる低賃金労働力供給国の模倣する国から，世界が注目するICT大国となりつつある。

　世界に名を知られる企業も成長しつつある。例えば，世界最大のEコマース企業であるアリババ（阿里巴巴），世界最大級の電池メーカーCATL（Contemporary Amperex Technology co. ltd），QQやWeChat（微信）で有名なテンセント（騰訊），WEB検索エンジンのバイドゥ（Baidu：百度），IBMのPC事業部を買収し成長したコンピュータメーカーであるレノボ（Lenovo：聯想），Bookin.comに対応するCrip.com，通信機器メーカーであるファーウェイ（Huawei），家電メーカーであるハイアル（Haier），などが挙げられよう。米国GAFAに対応できる企業群かもしれない。また，企業形態においても，インフラ関係企業を除いて，徐々に国営企業の民営化が図られつつある。

　他方，中国ではスマートフォンのAPP，電気自動車（EV），バッテリー産業，ディスプレイ産業などにおいても世界的な競争力をつけた企業が台頭している。成長するEV市場の覇権をめぐる競争も続いている。今後，これらの企業の行方に注目すべきであろう。

3 日本経済と企業の行動

(1) 経済状況と課題：自然災害とアベノミクス

　日本経済の状況はどうだったのか。日本は長い失われた20年のトンネルから，「アベノミクス」といわれる経済政策によって少し成長基調を取り戻すようになった。量的緩和，それによる円安，法人税の引き下げ，ゼロ金利などの政策を講じた。しかし，その目標水準までに至らない。経済は一時的に少し回復基調となってきたが，[16]まだ先行きは不透明である。また，米国発世界金融危機（リーマンショック）以後，一部の日本企業の海外法人は日本回帰を断行し始めた。この動きは，中国における賃金上昇，政治リスクの回避，為替の変動などを回避するためであった。

　他方，2010年代はじめ，日本と日本企業は大きな自然災害に苛まれた。2011年の東日本大地震（3.11）とメルトダウン，タイ洪水，2016年の熊本地震などが発生した。長期間にわたって多くの人が災難を受け，避難生活を強いられた。自然災害は企業にも甚大な被害を与えた。サプライチェーン（supply chain）の寸断により，生産活動の正常化には長い時間を要した。当時，グローバル企業は，円高，タイ洪水，3.11の大地震，電力不足といった4つの問題に追われていた。そのため，サプライチェーンマネジメント（Supply Chain Management：SCM）とロジスティクス（logistics）に関する関心が高まった。つまり，グローバル次元で製造プロセスに必要とされる部品や原材料の生産・供給において，時間通りに，決まった量を安定供給できる体制の構築が戦略的課題となった。市場の需要変動に敏感なアパレル産業においてもロジスティクスが戦略的課題であった。この問題に対してうまく実行しているスペインのZARAが注目されるようになった。

(2) 少子高齢化と人手不足

　今，日本経済は少子高齢化による労働力不足が目立つようになった。例えば，電子商取引の利用者の増加は宅配需要の増加につながり，それによる運

16　アベノミクスの成果については様々な議論がある。

転配達人員の不足が社会問題となった。少子高齢化による労働人口不足は慢性化状態に陥っている。多様な雇用形態と働き方によって，一定の労働コストを押さえることができたが，産業間の労働力不足にバラつきがあった。農業や漁業，輸送業，サービス業などで，特に中小企業の労働力不足が常に懸念されている。

　こうした中，長い労働時間を短縮しつつ，女性労働力の活用，外国人労働者の活用という政策が打ち出されている。同時に，自動化を含む第4次産業革命の推進を通じた生産性の向上が課題になっている。さらに，前述した第4次産業革命を遂行できる人材，ソフトウェア力を有する人材育成が喫緊課題である。2020年には約5万人が不足すると予想される。

4. 企業の課題解決の基盤となる「マネジメント」

(1) SDGsと所得格差問題

　2015年国連サミットで採択された持続的な開発目標（SDGs）を2030年にまで遂行することが，企業にも課せられた課題であった（第I部「社会思考」編参照）。その中で，貧富の格差問題が世界的な話題となっている。2013年，フランスの経済学者ピケッティ（Piketty, T.）は950ページを超える『21世紀の資本（*Le Capital au XXIe siècle: Capital in the Twenty-First Century*）』で，「資本収益率（r：利潤，配当金，利息，貸出料など）は経済成長率（g）より大きい」と主張した。つまり，落水効果（trickle-down effect）は一部分に過ぎず，長い時間にわたって，貧富の格差，所得不平等が依然として世界の多くの国で深刻化していると指摘した。2014年英語版の公刊以後，2015年1月現在10か国で発売され，100万部を超えるベストセラーになったことから推測されるように，彼の主張が全世界的な反響と議論，反論を巻き起こした。

　また，経済学者のミラノヴィッチの研究（Milanovic, 2011）も，グローバリゼーションで世界は不平等になったのかについて論じ，世界的な話題を提供した。彼によれば，グローバル化が進展してきた1998年〜2008年の期間中，世界の所得の伸び率を分析した結果，新興国の上位1％が最も高い伸び率を示しており，

図7.7 GNIの国家別差異（2010年）

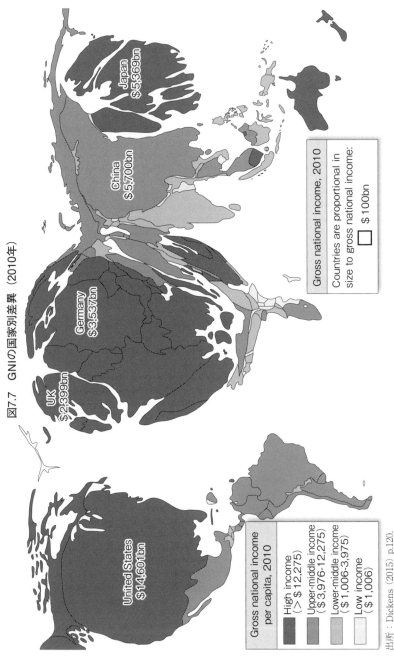

United States
$14,601bn

Gross national income
per capita, 2010

High income
(＞＄12,275)
Upper-middle income
(＄3,976-12,275)
Lower-middle income
(＄1,006-3,975)
Low income
(＄1,006)

UK
$2,399bn

Germany
$3,537bn

China
$5,700bn

Japan
$5,369bn

Gross national income, 2010

Countries are proportional in
size to gross national income:

☐ ＄100bn

出所：Dickens（2015）p.120.
World Bank 2012 data. Cartograms produced by Danny Dorling and Benjamin Hennig, School of Geography and the Environment, University of Oxford.

先進国の中低所得層の伸びはわずかで，先進国中間層の所得が停滞していることを明らかにした。こうした所得分布の形を「エレファントカーブ（elephant curve）」と呼ぶ。

フリードマン（Friedoman, 2005）は「世界はフラットだ」と言ったが，実はそうではなかった。図表7.7から分かるように，2010年時点で国家別所得格差は依然として顕著であることが見て取れる[17]。

(2) 国際経営における現地化問題とリーバス・イノベーション（reverse innovation）

前述したように，多様な部品や原材料を様々な国から調達している多国籍企業の場合，グローバルサプライチェーンマネジメントがより顕著な課題となる。そのため，新興国進出企業は，遠距離からの物流のデメリットを克服するため，現地調達（率）を増やすことが国際経営のホットな話題となった。

一方，イノベーション論においても新しい議論があった。従来のイノベーションは先進国から生まれ，後発国へ移転・普及するパターンが一般的だった。ところが，近年には新興国の生活，所得水準，市場状況に合った後発国発の製品並びにサービス・イノベーションが先進国市場に逆流して導入される，「リーバス・イノベーション」（Govindarajan and Trimble, 2012）に注目が集まっている。

5. まとめ

2010年代は，デジタル経済を中心とするイノベーションの時代といえよう。ICT技術とスマートフォンの普及によって連鎖的な相互作用があり，技術の融合と統合，多様なビジネスモデルのイノベーションが起こっている。また，

17　同様に，イギリスのケンブリッジ大学（University of Cambridge）の経済学者，Ha-Joon Chang（ハジュン チャン）教授の書物は，われわれが常識だと思っているものや資本主義に対して，広い視野からその課題と面白い解説，示唆を与えてくれる。彼の著者は全世界の39か国36言語に翻訳されている。日本語訳としては，『ケンブリッジ式 経済学ユーザーズガイド―経済学の95％はただの常識にすぎない』と『世界経済を破綻させる23の嘘』が一読に値する。

新技術標準規格をめぐる覇権争い，エネルギー資源をめぐる国家間対立，全地球規模の社会・環境問題の中で，新しいイノベーションへの挑戦と企業間競争，そして企業間協力と連携が今後も絶えず繰り広げられるだろう。

　しかし，これまでの歴史考察から，今日の世界状況を考えると，経済大国間の貿易・通商摩擦や難民流入問題，エネルギー資源確保をめぐる紛争と対立などは，経済及び産業政策にも大きく影響を与える。一見無関係に見える経済大国間の対立は，やがて世界中に「景気の不透明性」と「不確実性」をもたらすことになるだろう。また，これまで見てきたように，第2次世界大戦以後，世界基軸通貨国となり，その貨幣であるドルの発行権を持つ米国は，世界経済と企業活動に大きな影響力を駆使してきた。例えば，新興国へのFDIの多くの部分を占める米ドルの流入も，2000年代以後の米国の通貨及び金融政策に左右されるところが大きい（それは，米国国債発行算高を確認すればすぐ分かるはずである）。そのため，基軸通貨ドルに対する米国の金融政策が，為替の変動を通じて，その投資先である新興国や中国などの現地国の経済と企業だけではなく，多国籍企業の活動にも大きな影響を与えてしまう。換言すれば，2000年代以後，世界の経済を牽引した新興国経済は，米国経済状況や米国の金融・通貨政策に対する「貧弱性」を持っていることを失念してはならない。

　以上のように，今日は，われわれの生活や社会を変える活発なイノベーションの時代である反面，貿易・通商摩擦と自国保護主義によるグローバル経済の行き先の不透明性・不確実性が高まりつつある。その中，日本の企業は過去の経験と学びから未来を賢く切り開きながら，社会が抱えている問題に取り組みつつ，持続可能な発展の道を模索しなければならないことが課せられている課題である。

● **必須用語集** ···

・サプライチェーンマネジメント（supply chain management）：
　　企業（事業者）が製品や商品をつくり，消費者の手まで届く一連の流れの中には様々な企業が関わっている。この一連のプロセスにおける業務（注文，納入，在庫，輸送など）の仕組みや情報のやりとりの方法と状況把握を，効率かつ効果

的に行うためのマネジメント領域を指す。

・ビジネスエコシステム（business ecosystem）：

　企業の分類は標準産業分類に基づき，その分類を1つの括りとして把握することが多い。例えば，日本標準産業分類（Japan Standard Industrial Classification[18]）に沿って分類し，その括りで市場規模や競争相手を分析する。しかし，実際の事業（ビジネス）は企業間の争いだけではなく，協力と協調で成り立つものが多く，それは産業横断的に営まれることが多い。その視点で，ビジネスエコシステムとは，ビジネス生態系，すなわちビジネスを共にする企業群や共存共栄する仕組みを指す概念である。

✅ 学んだことをチェック

1．2010年代を取り巻く「歴史的環境の変化・変遷」と「企業（組織）の課題や取り組み」の関係について検討してみよう。

2．2010年代を取り巻く「企業（組織）の課題や取り組み」と「企業の様々な問題解決の基盤となる考え方や理論」の関係について検討してみよう。

3．1，2で検討したことをもとにして，「企業の様々な課題や問題の解決の基盤となる考え方や理論」と「歴史的環境の変化・変遷」の関係について検討してみよう。

4．1，2，3で検討したことをもとにして，「デジタル経済時代の覇権主義」について考えてみよう。

より進んだ学習のために

・グローバルエネルギー統計に関しては https://yearbook.enerdata.jp/electricity/world-electricity-production-statistics.html を参照してほしい。
・S. ギャロウェイ著，渡会圭子訳（2018）『the four GAFA 四騎士がつくり変えた世界』東洋経済新報社.
　デジタル革命の時代に中心的役割を果たしている4つの企業（Google，Amazon，Facebook，Apple Inc.：GAFAと呼ぶ）がどのようなところに着目し，何を重視しビジネスをデザインし，展開しているのかなどに関する物語で，デジタル企業の特徴を把握

18　日本標準産業分類は http://www.soumu.go.jp/toukei_toukatsu/index/seido/sangyo/02toukatsu01_03000044.html で確認できる（平成25年10月改訂）。

できる良い書籍である。

・J. リフキン著，柴田裕之訳（2015）『限界費用ゼロ社会』NHK出版.

　　The Third Industrial Revolution で有名な未来学者リフキンのもう1つの名作ともいえるもの。本書はRifkin（2014）の訳本である。デジタル経済ではモノやサービスを提供する企業が，追加的に生産・複製する際にかかるコスト（限界費用）がゼロに等しいほど低くなることを指摘する。また，これまでの資本主義を代替するのは「共有型社会・共有型経済」であると主張する。この点で，この書籍は今のデジタル経済，IoTの時代の経済論理，経済パラダイムの大転換の内容と本質が分かる興味深い本である。

・D. タプスコット，A. タプスコット著，高橋璃子訳（2016）『ブロックチェーン・レボリューション ―ビットコインを支える技術はどのようにビジネスと経済，そして世界を変えるのか』ダイヤモンド社.

　　本書はインターネット時代の匿名性による問題，すなわち信頼問題から入り，それを解決できる革命的な技術として，ブロックチェーンの可能性を探る。それによって，金融システム，企業のマネジメントのあり方，ビジネスモデルの革命が起こり得ること，また，デジタル経済における個人の問題や富の再分配問題，民主主義の問題に至るまで，幅広い話題を読者に問いかける，明快な入門書である。

【参考文献】

具承桓（2017）「EV市場をめぐるエコシステムの再編とイノベーション・ダイナミクス―エコシステムの再設定期の中国EV市場と政府の役割」『研究 技術 計画』第32巻第4号，360-379.

松尾豊（2015）『人工知能は人間を超えるか―ディープラーニングの先にあるもの』KADOKAWA.

Chang, Ha-Joon（2011）*23 Things They Don't Tell You About Capitalism*, Penguin.（田村源二訳『世界経済を破綻させる23の嘘』徳間書店，2010年）

Chang, Ha-Joon（2014）*Economics: The User's Guide*, Bloomsbury.（酒井泰介訳『ケンブリッジ式 経済学ユーザーズガイド―経済学の95％はただの常識にすぎない』東洋経済新報社，2015年）

Dicken, P.（2015）*Global Shift: Mapping the Changing Contours of the World Economy*, 7th ed., Guilford Press.

Friedman, T.（2005）*The World is Flat: A Brief History on the Twenty-First Century*, Farrar, Straus and Giroux.（伏見威蕃訳『フラット化する世界―経済の大転換と人間の未来（上・下）』日本経済新聞社，2006年）

Govindarajan, V., and Trimble, C.（2012）*Reverse Innovation: Create Far from Home, Win Everywhere*, Harvard Business Review Press.（渡部典子訳『リバース・イノベーション―新興国の名もない企業が世界市場を支配するとき』ダイヤモンド社，2012年）

Kroeber, A. R.（2016）*China's Economy: What Everyone Needs to Know*, Oxford University Press.（東方雅美訳『チャイナ・エコノミー―複雑で不透明な超大国　その

見取り図と地政学へのインパクト』白桃書房，2018年）

Milanovic, B.（2011）*The Haves and the Have-nots: A Brief and Idiosyncratic History of Global Inequality*, Basicc Books.（村上彩訳『不平等について―経済学と統計が語る26の話』みすず書房，2012年）

Piketty, T.（2014）*Capital in the Twenty-first Century*, Belknap Press of Harvard University Press.（山形浩生・守岡桜・森本正史訳『21世紀の資本』みすず書房，2014年）

Rifkin, J.（2014）*The Zero Marginal Cost Society: The Internet of Things, the Collaborative Commons, and the Eclipse of Capitalism*, Griffin, St. Martin's Press.（柴田裕之訳『限界費用ゼロ社会―〈モノのインターネット〉と共有型経済の台頭』NHK出版，2015年）

Stone, B.（2013）*The Everything Store: Jeff Bezos and the Age of Amazon*, Little, Brown and Company.（井口耕二訳『ジェフ・ベゾス 果てなき野望』日経BP，2014年）

Tapscott, D., and Tapscott, A.（2016）*Blockchain Revolution: How the Technology Behind Bitcoin Is Changing Money, Business, and the World*, Portfolio.

終 章
歴史思考に基づく経営学を
目指して

1. まとめ

　第Ⅱ部では，現在の人類，ホモサピエンス（homo sapiens）の広大な歴史を対象にしたわけではない。産業革命以後の経済，政治・制度，産業の変遷といった企業を取り巻く，様々な外部環境要因を理解しつつ，経営学のトピックがどのように生まれ変わってきたのかに焦点を当てて考察してきた。

　われわれが考察してきた18世紀半ばから21世紀の幕開けまでの時期は，経済的な変動だけではなく，科学・技術の進歩，社会制度の変貌，政治制度，思想の進歩を伴った変革期でもあった。また，戦争やテロ，貧困格差，環境汚染，人種差別や性差別，犯罪，地球温暖化などの様々な矛盾が浮き彫りとなり，それを解決しようとした動きや取り組みが行われている今日ともいえる。変革の時期に，経営学が注目する組織，とりわけ企業組織も大きな進化と変化が問われる時期であって，様々な課題をめぐる理論的，実践的取り組みが行われている。

　これまでその歴史を眺望しながら，現代の企業組織をはじめとする多様な組織体の課題を直視することができたと思われる。様々な出来事はいったいどのように現在まで形を変えながら影響しているのか。その渦中で，日本企業の行方はどのようなものであり，それがなぜ成功，あるいは失敗してきたのか。今後，経営学もしくは企業はどのような課題に逢着し，どのように乗

り越えていくのかに関する視点を持ちつつ，その渦中に置かれている個人は
どのような課題に直面しているのかを理解し，今を生きていくことが大事で
あろう。その点で，歴史を学ぶ価値があるのである。

2. 歴史思考：時間展開と相互作用，そして因果関係

　社会科学（social science）は，人間と人間との関係で起こる様々な社会現
象と人間の社会的な行動を探求する領域である。とりわけ，経営学またはマ
ネジメントは，人々の集まり，集団がそれぞれの目的を達成するために協働
し，競争する原因と結果，そしてそのプロセスにおける様々な主体（消費者，
企業，政府，その他組織など）の相互作用（協力，調整，葛藤，配慮など）
のプロセスがある。そこには偶然な出来事も加わり，予想もしなかったこと
が複雑に絡み合って，多様な領域・分野において影響を与えることになる。

　また，特定社会の外部要因として見なすことができる他の社会や自然環境
にも影響を受けながら，また影響を与えながら時間の経過と共に変化して行
く（図表終.1）。時間の経過（時間展開）に伴い，特定社会の出来事が歴史
を形成することになる。過去から現在，さらに未来まで，そして経済主体内，
主体間の相互作用（個人と個人，個人と組織，組織と組織，組織と市場，組
織と政府，市場と政府，これらと外部ファクター・要因）によって，想定外
のことも含めて，様々なダイナミズムが起こる。まさに，人間の歴史はそう
したプロセスであり，組織（企業）を学ぶ上でもこうした観点は非常に重要
である。

　歴史を学ぶことは，とりわけ，企業及び組織の変化，あるいは現在の状況
を診断し，未来を予測し，今後の行動計画を立案する上で様々な示唆を当え
てくれる。そのため，「現在」という結果や問題の原因，要因を考え，それら
の因果関係を把握し，その因果関係に影響しうる要因（変数）の考え方，思
考回路を持続的に学ぶことが，歴史思考の終着点かもしれない。例えば，第
Ⅱ部で論じた内容に基づき，いくつかの出来事についてどのような因果メカ
ニズムによって，どのような結果になるかを考えることが大事であろう。

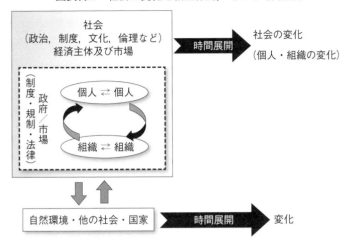

図表終.1　社会の変化と相互作用，そして時間展開

注：矢印は相互作用を表す。

　歴史的な出来事について，因果関係テキスチャーを用いてどのように認識できるか示してみよう。1980年代半ばに起きた日米貿易摩擦の原因と，それがもたらした日本企業への影響の連鎖を簡単に描いてみると，次のようになるだろう（図表終.2）。もちろん，下記より，より詳細な「因果テキスチャー」を書くことも可能だし，他の要因に着目することも可能であろう。このように，歴史を学ぶことは過去の出来事を単純に覚えることではなく，その出来事の背景や要因，その影響，様々な要因間の因果関係と連鎖を把握することである。そうすることによって，物事を客観的に把握し，現在を診断し，未来を描くことができるのである。経営学という学問領域においても同様なことがいえよう。

図表終.2　出来事A（80年代日米貿易摩擦）の因果テキスチャーの例

3. より広い視点に立ち，俯瞰図を描く

　われわれはマネジメントを学ぶ上で，その土台として歴史を学んできた。なぜ，歴史を学ぶのか。いや，なぜ歴史を学ばなければならないのだろうか。この問いの答えを見つけることはそう簡単ではない。

　イギリスの歴史家であるカー（Carr, E. H., 1892～1982）は1961年に出版された名著 *What Is History?*（『歴史とは何か』）で，「歴史とは現在と過去との絶え間ない対話である」と言った。つまり，歴史は過去のものではなく，「今」の理由を解読し，「将来」を描くためのものなのである。また，イギリスの歴史家トインビー（Toynbee, A. J., 1889～1975）は，名著 *A Study of History*（『歴史の研究』）で，人類の歴史を「挑戦と応戦の歴史」と言った。彼は様々な環境変化という挑戦に対し，どのように乗り越えるかという「応戦」の歴史として，

人類文明の盛衰を見つめている。

　人類の歴史はこれまでの人類文明史，大陸間の相互作用の歴史などに関してはピューリッツア賞を受賞したJ. ダイヤモンドの *Guns, Germs, and Steel*（『銃，病原菌，鉄』；Diamond, 1997）が大変参考になるであろう。また，近代文明の形成の要因を探ったN. ファガソンは，グローバルの中心国であり，不透明でかつ不確実性の高い中国を取り上げ，中国中心の世界に代わり，15世紀以後，ヨーロッパが他の地域に対する優位性を確立し，覇権を獲得した要因を，競争，科学，所有権，医学，消費社会，労働倫理の6つにあると，*Civilization*（『文明』；Ferguson, 2011）で明快に示している。さらに，近年世界的な反響を呼び起こした，ユヴァル・ノア・ハラリの *Sapiens*（『ホモサピエンス全史』；Harari, 2015）は，人類史を「ホモサピエンス」という種が他の動物とは違ってすべての動物の個体数を管理できるものまで成長することができたのか。またその原動力になった科学を用いて達成した「発展」は，人間にとって幸福だったのか。宗教や制度はどのような役割と機能を果たしてきているのか。さらに，人類は今後どのような道を歩んでいこうとしているのかについて彼は問いかけている。まさに歴史は今と未来のためのものとして振り返って見ている。

　2021年現在，世界人口は約78億人にまで達しており，世界はより相互依存するようになった。交通機関と通信手段の飛躍的な発展によって，グローバル収縮（global shrinkage）[1] が起き近くなってきた。

　また，「現代」は，目まぐるしい変化とイノベーションの渦中にあり，様々な問題を抱えている。未来はより多様な領域で，産業間の壁を越えて，国境を超えて，企業間の競争と協力，協働が進展していくことになる。自分自身と社会の多様な組織が明るい未来を迎えるため，参考文献に挙げる書籍などを活用し，「現在」を理解し，「未来」を設計する知恵を是非得てもらいたい。

1　グローバル産業の変化に与えた交通機関の発達を時代別に見ると，1500～1840年に馬車と帆船の平均速度が10mph（マイル毎時）だったが，1850～1930年に蒸気機関車が65mph, 蒸気船が36mphとなり，1950年代にはプロペラ飛行機が300～1,400mphまで向上し，1960年代にはジェット旅客機が500～1,700mphとなった（Dicken, 2007）。その後，継続的に交通手段の発展は，物理的な距離を縮めると同時に，移動コストも低くなってきた。

【参考文献】

Carr, E. H.（1961）*What Is History?: The George Macaulay Trevelyan Lectures Delivered in the University of Cambridge, January-March,* Macmillan.（清水幾太郎訳『歴史とは何か』岩波新書，1962年）

Emery, F. E., and Trist, E. L.（1965）"The Causal Texture of Organizational Environments," *Human Relations,* 18(1), pp.21-32.

Diamond, J.（1997）*Guns, Germs, and Steel: The Fates of Human Societies,* W.W. Norton.（倉骨彰訳『銃，病原菌，鉄―1万3000年にわたる人類史の謎（上・下）』草思社，2000年）

Dicken, P.（2007）*Global Shift: Mapping the Changing Contours of the World Economy,* 5th ed., Guilford Press.

Ferguson, N.（2011）*Civilization: The West and the Rest,* Penguin.（仙名紀訳『文明―西洋が覇権をとれた6つの真因』勁草書房，2012年）

Harari, Y. N.（2015）*Sapiens: A Brief History of Humankind,* Harper.（柴田裕之訳『ホモサピエンス全史―文明の構造と人類の幸福（上・下）』河出書房新社，2016年）

Toynbee, A. J.（1894）*Lectures on the Industrial Revolution in England,* Longmans, Green and Co.（塚谷晃弘訳『英国産業革命史』邦光堂，1951年）https://archive.org/details/LecturesOnTheIndustrialRevolutionOfThe18thCenturyInEngland/page/ n 4

Toynbee, A. J.（1946）*A Study of History: Abridgement of vols. I-VI,* Oxford University Press.（長谷川松治訳『歴史の研究1』『歴史の研究2』『歴史の研究3』社会思想社，1969年）

Toynbee, A. J.（1946-1957）*A Study of History,* I-VI, Oxford University Press.（下島連他訳『歴史の研究』経済往来社，全25巻，1966年-1972年）

第 **III** 部

「論理思考」編

　第III部では，「論理思考」と題して，社会科学における問いの立て方を学んでもらう。「教科書が答えを教えてくれる」学習ではなく，自ら問いを立てて自らその答えを探る，その答えの根拠となるデータを自ら集める，といった社会科学の基本的な思考について学ぶ機会をつくる。ある企業行動をなぜ研究するのか，ある消費者の研究はどういう意味があるのかなど，普遍的な発見をもたらすための思考法についても解説する。

　人や組織は社会的に存在していて，その人・その組織なりの歴史がある。ある出来事や社会現象の背景には，様々な人や組織の行動の歴史的な積み重ねがあるといえる。社会思考・歴史思考と合わせて，論理思考のトレーニングをすることで，こうした「積み重ね」を，言い換えれば「因果関係の連鎖」を根拠やデータを用いて表現できるような力を育んでもらいたい。

序 章
論理思考の方法論と実習編

1. 社会科学における「問い」とは

　私たちの身の周りでは，いろいろな出来事・現象や大小様々な問題が目ま
ぐるしく起こり続けている。いや，身の周りだけではない。世界中の様々な
人や多様な組織が相互にかかわり合って，日々歴史が積み重ねられ，更新さ
れていることを，社会思考や歴史思考の学習を通じて理解したはずである。
経営学・商学をはじめとした社会科学の問い，すなわち社会科学が追い求め
るものは，様々な思惑や行動が複雑に絡み合った社会現象を題材とした，問
題の本質とその解決策の普遍的な探究と発見である。イメージや先入観，短
絡的な思いつきや感情で社会現象を見据えるのではなく，物事の原因を考え，
問題や論点を整理し，科学的に説明するという論理思考を身につけてもらい
たい。第Ⅲ部「論理思考」編は皆さんの説明力・説得力・表現力を養うため
の教材である。

2. 複雑なものを単純に

　第Ⅲ部の第1章と第2章では，論理思考の「方法論」について学ぶ。複雑
な社会現象の中から何らかの普遍性や法則性（一般化できるような発見）を
見つけ出すために必要なことは，実は抽象化や単純化である。そのために概

念が必要となり，その概念を測定するための変数や尺度が必要になる。そしてその発見が本当に普遍的なものなのかをテストをするためには，仮説が必要となり，データによる例証が不可欠となる。仮説は文字通り「仮の」説明であるから，最初から完璧なものができるわけではない。仮説をつくり直し，例証を続けることそれ自体が，とても大事な論理思考であるし，それはまた社会科学の進歩ともいえる。学問の進歩，と聞いてピンと来ないのであれば，あなたが大学生として，駆け出しの社会科学の探究者として順調にレベルを上げている，と考えてくれるとよい。仮説が正しくても，正しくなくても，なぜその仮説が正しかったのか・正しくなかったのか，を検討することが次に求められる。すると改めて，社会現象の「複雑さ」を丁寧に説明することが求められるのである。

3. 単純なものを改めて複雑に

　第3章から第5章では，論理思考の「実習編」として，データの扱い方，表現の仕方，現状と経緯を把握するために必要な因果関係の連鎖を丁寧に説明するためのトレーニングを行う。例えば企業の「業績」を測るためのデータにはいくつもの種類がある。いくつものデータを集める，というだけで，すでに十分複雑といえるかもしれない。とはいえ，複数のデータを使ってもなお確認できる発見は，より確からしい発見ということができる。より確からしい発見は，それだけ人を納得させる力がある。人を納得させるためにはそのデータが信頼できる情報源からもたらされたものでなくてはならない。データを根拠として説得力のある表現の仕方についても学んでいく。

　発見をシンプル（単純）に表現することには大きな意義がある。シンプルな発見の方が説得力も高いし，誤解も招きにくい。しかし，だからといって，社会現象の背景にある複雑な思惑や行動・行為の連鎖を省略してよいわけではない。前提や想定や例外や条件なども十分に検討する価値がある。発見はシンプルに，背景は詳細に，という態度が最もふさわしいだろう。皆さんが自ら「問い」を発見し，言い換えれば何らかの因果関係について注目し，そのメカニズムを丁寧に説明できるようになることを期待している。

第 1 章

論理的に思考する

この章で学ぶこと

　本章では，論理思考を導く方法論として演繹思考法と帰納思考法について解説する。論理思考を身につけることによって，私たちの言葉はより明快で，より説得力を持つものとなる。何らかの問題を解決する方法を探る時には，矛盾のない論理思考が必要である。演繹思考法と帰納思考法は，普遍的な物事と個別的な物事との関係を扱う論理思考である。この普遍性は，複雑な社会現象を単純化して表現されるものであり，現実を明確に解釈し予測することに役立つ。

キーワード

- 演繹思考法
- 帰納思考法
- メタ
- 普遍性
- 一般化
- 確率
- 分布

文系・理系にかかわらず，科学や研究は何らかの「普遍性」を探究するものである。この普遍性とは一般に，理論や定理，原理，原則，法則，ルール，規範などと呼ばれるものである。例えば自然科学（理系）の分野において「光の速さは一定である」という普遍性のある原理について，多くの研究者がこの原理を確かめるための実験を繰り返してきた。世界各地で，様々な条件設定の下で行われたこれら「個別的」な実験は普遍的な原理をより確からしいものとしている。論理思考あるいは論理的な思考法とは，まさにこの「普遍的な物事に対する視点」と「個別的な物事に対する視点」とを適切に組み合わせる思考法といえる。第1節から，社会科学（文系）の文脈を用いて，論理思考の方法論について述べていこう。

1. 普遍性と個別性

　まず，簡単な例を考えてみよう。「織田信長は死ぬ」という個別的な事実は，「人間はいつか死ぬ」という普遍的な事実の1つの具体例であるといえる。また「豊臣秀吉は死ぬ」，「徳川家康は死ぬ」といったこれらの個別的な事実もまた同じである。ここで注目してほしいのは，普遍的な事実は個別的な事実よりも一般性が高い，ということである。いいかえると「人間はいつか死ぬ」という事実は「織田信長が死ぬ」という事実よりも抽象度やメタ・レベルが高い。さらにメタなレベルを上げて表現するならば，「人間はいつか死ぬ」という事実は「生きとし生けるものはいつか死ぬ」という普遍的な事実の個別的な一例であるといえる。

　論理的な思考法のためにまず重要なことの1つは，事実や知見，考えにはメタ・レベルの違いがあり，普遍的な物事と個別的な物事との使い分けをしなければならないことである。図表1.1において，個別的な物事をX_1，X_2…として，普遍的で一般的な物事をY，さらに普遍的で一般的な物事をZとして図示している。織田信長や豊臣秀吉がX_1，X_2にあたり，人間をY，あらゆる生きものをZとして理解するとよいだろう。

　この使い分けは日常生活から無縁なわけではない。例えば「身体に気をつけてね」という一言は抽象度の高い表現だが，この言葉をかけられた皆さん

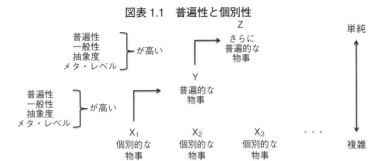

図表 1.1　普遍性と個別性

が想像するのは,「早寝早起きをする」とか「暴飲暴食をしない」とか「手洗いうがいを丁寧にする」とかいった具体的で個別的なことが勧められているのだと理解できるだろう。さらにいえば「早寝早起き」は具体的に何時に就寝し何時に起床するか, 睡眠時間は何時間か, などと抽象度の違う物事を使い分け, 組み合わせて理解することができる。普遍性を探究する科学にも研究にも決して難しい思考法が求められているわけではない。

　しかし, 世の中には論理的な人と論理的でない人がいることもまた事実である。例えばたった一度の成功体験（X_1）をもとに「自分は絶対に失敗しない」（Y）と努力を怠って油断したり, たった一度の失敗（X_1）から「自分は必ず失敗する」（Y）として今後の挑戦を一切あきらめたり, といったことは非論理的でもったいないことでもあるが, これもまた現実的な人間の姿であろう。ただし, 人に理解してもらうため, あるいは人と建設的な議論をするためには論理的な思考法が不可欠である。もしあなたが非論理的なことばかりを主張していれば, 大半の人々はあなたの言葉に耳を傾けなくなるだろう。説得力のある主張をするためにも論理的な思考法を身につけていただきたい。

　本節の最後に, 普遍性・一般性があり, 抽象度やメタ・レベルの高い表現は「単純化」された表現であることを確認しよう。織田信長や豊臣秀吉や徳川家康をはじめ, あらゆる人物はそれぞれの人生をそれぞれに歩んでいて, 個々の生き様は「複雑」なものであるが,「人間はいつか死ぬ」という表現は単純化されている。また, 人間も犬も猫も鶏も牛も微生物も…地球にはあらゆる生命がそれぞれ個別の一生を複雑に過ごしているが,「生きとし生けるもの

はいつか死ぬ」という表現は単純化されている。論理思考にはこうした「複雑」と「単純」の使い分け，すなわちマネジメントが求められるのである。

コラム 論理的な人と論理的でない人

　このコラムでは，論理的な人とそうでない人の違いについて，あまり形式にはこだわらず，論理思考をする時の失敗についていくつかの例を挙げる。

　第1には，本文中に挙げた通り，一度きりの経験や事例（X_1）を普遍的な結論（Y）として「過度に一般化してしまう」ことである。簡単にいえば偏見やステレオタイプであるから，論理思考にはふさわしくない。これは説得力にも影響をしていて，例えばベテランの意見と新入社員の意見が異なる場合，「私の経験によると…」と言い出して説得力を持つのはベテランの意見である。X_1, X_2, X_3…といった経験の数の少ない新入社員が説得力を持つためには，ベテランの経験則の普遍性に問題があることを示す根拠が必要になるだろう。

　第2には，「感情や感想や個人的な見解から結論を導き出す」ことである。（生物学的）男性は○○すべきだ，（生物学的）女性は○○すべきだ，○○は好き，○○は嫌い，○○は良かった，○○は悪かった，などを出発点として結論を出そうとすれば，この出発点となる「普遍的」な規範意識は当人や意を同じくする人たちだけに共有される意識であり，論理的な議論を展開することはできない。演繹的には矛盾のない論理を展開したとしても出発点（Y）に問題がある。

　第3にはいま挙げた「矛盾」がある。例えば売上向上のためにTVCMを全国放送しようとしても，当該企業の製品・商品が一部の地域でしか販売・入手できないものであれば，多額の広告費は矛盾のある論理に基づいた出費と言わざるを得ない。一方，地域の企業があえて全国にCM放送することで知名度を向上し，従業員のモチベーションを高める，という目的であるならば矛盾はない。

　第4に，事実や物事に「誤認がある」場合である。例えば「アイドルはトイレに行かない」という普遍性のある物言いは事実とはいえない。食事や睡眠や排泄は世界保健機関も定義する，人間の営みである。さらにいえば大半の生物の営みでもある。ただ，こうした「誤認」は起こりうる。ある人からみれば事実であることが別な人からみれば事実でない場合がある。事実か事実誤認かを確かめるのにも根拠がいる。

　第5には，「意味や定義が明確でない表現・誤用された表現」がある。例えば「明日は20分に○○が生じる」といった表現だけでは，明日の何時20分が指定されているのかも分からないし，別な何かが生じてから20分後なのか，どの標準時

なのか，などといった様々な情報が不足している。不確かな物事に基づくと結論も導き出せないし，説得力も持ちえない。また「あの人は今年のクリスマスパーティの創始者である」といった表現について，「創始者」というのは提唱したり主催したりする人のことを指さないので意味や表現の誤用がみられる。

　最後に，これまでの失敗例のいくつかにも共通する問題として，「根拠のなさ・薄弱さ」，「説得力を持つデータや事例のなさ」を挙げておこう。もちろんこの他にも論理思考の失敗はあるだろう。事実をあらわすデータが，信頼できる情報源からえられていてはじめて，人に理解され，説得力のある論理思考ができるものと期待する。

2. 演繹思考法

　論理思考には二通りの思考法があり，それぞれ「複雑」と「単純」の扱い方が異なる。本節で紹介するのは演繹思考法（deduction）であり，普遍的な物事から個別的で具体的な物事を導いていく思考法である。前節の図表1.1を参照するならば，ZからYを導き，YからX₁やX₂を導く思考法である。

　前節で確認した通り，事実や知見，考えには普遍性，一般性，抽象度，メタ・レベルの違いがある。そして理論や定理，原理，原則，ルールなどを普遍性の代表として挙げた。ある物事が「理論から演繹される」といった表現が研究論文などで用いられる。この普遍性は，必ずしも100％現実的なものでなくともよい。様々な理論も特定の前提条件を設定していることが多い。例えば「人は経済合理的に行動する」という，経済学でよく用いられる前提から人間の行動を論理的に推論してみよう。

　人間の「経済合理性」を普遍的なこととして演繹的に思考してみよう。ここでいう経済合理性が前提とするのは，「普遍的に人は所得と余暇を最大にしようと行動する」ことである。ゆえに，例えば時給が1,200円のアルバイトと1,000円のアルバイトがあり，どちらも職務内容やしんどさが同じであるならば，人は必ず1,200円のアルバイトに就く。あるいは，時給1,200円のアルバイトの求人が2件あったとして，一方の職務内容やしんどさが他方と比べて

小さいのであれば，人は必ず楽な方のアルバイトに就く。人がどのアルバイトに就くのか，という個別的な物事が，普遍的な経済合理性とその前提から演繹的に導き出されているのである。

　しかし，この普遍性や前提が100％現実的なわけではない，と述べた理由は，世の中には薄給だとしても仕事に意義を感じている人もいるし，給料は安いけれども居心地のよい職場を見つけた人もいることからもわかるだろう。つまり，経済合理性や「人が所得と余暇を最大にしようと行動する」前提が当てはまらないケースも現実には当然存在する。とはいえ，注意をしてほしいのは，100％現実的な前提でなかったとしても，経済合理性を普遍的なこととして論理的に思考するのであれば，人は最も高給な仕事に就こうとし，最も楽な仕事を選ぼうとする，という結論が演繹的に導き出されることである。

　このように，演繹思考法とは「既知」であり普遍的な物事（Y。この例では経済合理性）を出発点として「未知」である個別の物事（X_1, X_2, X_3…。人々の職業選択行動）を明らかにする思考法である。

3. 帰納思考法

　もう１つの論理思考法は帰納思考法（induction）である。演繹思考法とは逆に，個別的で具体的な物事から普遍的な物事を見つけ出そうとする思考法である。「理論から演繹される」演繹思考法と対照的に扱われることがあることは「経験から帰納される」といった表現にみられる。文字通り「経験則」のような普遍的な考えは個別的な「経験」の積み重ねによって帰納的に生み出されている。重大な事故や事件が起きた時，それを経験として，個々の事例が再発しないような危機管理体制や対応マニュアルがつくられるような管理手法は帰納的な思考法に基づく実践である。

　前節の例を再び挙げるならば，経済合理性を出発点として人々の職業選択行動を明らかにしようとした時，個別的にみれば，所得や余暇以外の物事を重要視する人の行動も現実にみられることが分かる。つまり経済合理性の前提自体が100％万能でないことが分かる。すると，人は所得や余暇以外に何

を重視して職業を選んでいるのか，といった個別的な物事に注目する必要が生じ，「人は人間関係やネットワークを重視する」とか「人は他人の目を気にする」とか「人はQOL（クオリティ・オブ・ライフ）を最優先にする」とか，人の職業選択行動を規定する普遍的な知見を得ようとする。こうした個別的な経験や事例を複雑に絡み合う現実から見出し，「既知」となった経験や事例の情報の積み重ね（X_1, X_2, X_3…）によって，「未知」であり普遍的な知見（Y）を得ようとするのが帰納思考法なのである。

　本節の冒頭にて，経験則もまた普遍的な考えであると述べた。経済合理性の前提もまた100％現実的でないことと同じように，誰かが主張する経験則もまた100％現実的でない可能性がある。しかし，帰納思考法に基づいて普遍的な知見を導き出すためには注意が必要である。「私の経験だと○○だ」とする主張は帰納思考法によって論理的に導き出されたものではあるが，経験や事例の「積み重ね」の証である「データ」の裏づけがないと逆に非論理的な思考法をさらけ出してしまう。経験則にそぐわない事例（X）が生じた時，その普遍性（Y）は失われる。そうだとすれば，個々の経験や事例はいったいどの程度（X_1からX_{200}まで確認できればよいのか，あるいはX_1からX_{10000}でも足りないのか）積み重ねればよいのだろうか。

> **コラム** 人々がよく使うのは帰納思考法
>
> 　演繹思考法は自然法則や物理定理などの普遍的な知見を出発点とするため，普段の生活で皆さんがよく使うのは帰納思考法である。帰納思考法は帰納推論や帰納論理とも呼ばれていて，皆さんがこれまでに経験してきた物事や経験から得られた知識を基にして，それに従う普遍的な法則性を探し，これから起こる出来事もその法則性によるものだと考える。感覚と経験から結論を導き出している，といってもよい。
>
> 　代表的な帰納思考法は空間的帰納と時間的帰納である。例えば，「ヨーロッパの白鳥は白色で，アジアもアフリカも白鳥は白色である。したがって世界の白鳥はすべて白色である」と結論づけるのは空間的帰納である。しかしこの結論は必ずしも正しくない。なぜなら，黒い白鳥がのちに発見されるからである。
>
> 　一方，「太陽はこれまでずっと東から上り，西に沈んでいる。したがって明日も

太陽は東から上るであろう。未来は過去と同じなのである」と結論づけるのは時間的帰納である。毎日餌を与えてくれる農家を善良な人と思っていたガチョウは感謝祭の日に殺されてしまう。未来は過去と同じ、と過去の経験から普遍的な結論を出す帰納思考法の危険性について警鐘を鳴らしたのはダビデ・ヒュームだった。18世紀のことである。同じ18世紀、未来が確実なものであるはずがなく、「死亡と税収を除けば何も確実なものはない」とベンジャミン・フランクリンは語った。

4. 確率や分布（補節として）

　個別的な経験や事例から普遍的な知見を導き出す帰納思考法には、その根拠となる「積み重ね」が必要である。前節の終わりに提起されたのは、しかしその「積み重ね」はいかほどであるべきなのか、という問題である。

　自然科学と違って社会科学においては、状況や条件を統制（コントロール）することが難しく、万能な法則性を見出すことは極めて困難である。例えば、実験をするにしても、水素分子には個性や自信やトラウマはないが、個々の人間には個性や自信やトラウマがある。水素分子を一定量使って実験をすることと人間を一定数集めて実験をすることには本質的な違いがある。社会科学が俎上とするのは、こうした人間や人間の集合体である組織が複雑に相互作用をして生じる社会現象である。

　ゆえに、X_1からX_∞に至るすべての個別的な経験や事例に適用することができるような普遍的で万能な知見Yをえることはあきらめざるをえない。帰納思考法に基づく結論は、今後反証される可能性があるという意味で、一時的なものとみなされる。それでもなお、社会現象は複雑な相互作用であるがゆえに、「確率」や「分布」に注目することで一定の普遍性を持った結論を見出すことができる。

　例えば、企業が成功する上で「組織は戦略に従うことが重要である」、といくつかの経験や事例から普遍的に結論づけようとする場合、「戦略に従う組織」と「組織に従う戦略」とを比較した結果として前者の成功「確率」が高い、と示すことができればよい。業績順に前者と後者を並べた時に、前者が

成功よりに「分布」し，後者が失敗よりに「分布」していることを示しても
よい。後者が成功する可能性は否定せず，「確率」の問題として扱えば，X_1
から$X_∞$までのあらゆる事例に適用できるような普遍性ではなくものの，一定
の普遍性を主張することはできる。

　もちろん「戦略に従う組織」が成功することもあるし，「組織に従う戦略」
が成功することもあろう。帰納思考法は一時的な結論を導き出すものである，
ということは，時間やタイミングや地域や規模や業界など，様々な条件がある
下での暫定的な結論といえる。すると，どういった条件下においてどういっ
た組織や戦略が成功や失敗をする確率が高いのか，探究を続けていくと，「こ
のような条件下においては「戦略に従う組織」の成功確率が高い」というよ
うに，より詳細で実践的で「普遍的」な知見がえられることにもなろう。

　以上の通り，科学や研究とは，普遍的な物事と個別的な物事との関わりを検
討することの繰り返しといえる。単純な法則性から複雑な社会現象が生じる
理由を導き出したり，複雑な物事から単純な普遍性を導き出したりする「使
い分け」こそが演繹思考法と帰納思考法という論理思考の両輪なのである。

コラム ▶ マネジャーの仕事　演繹思考法と帰納思考法の合わせ技

　このコラムでは，あなたがある店舗のマネジャーであると仮定して，日々の売
上データと論理思考を使って，普遍的な物事と個別的な物事との関わりを検討す
る。ある年2月の日別の売上データが表示されている。

2月の売上データ　　(単位・千円)

月	火	水	木	金	土	日	毎週平均
1	2	3	4	5	6	7	
100	110	90	110	100	170	160	120
8	9	10	11	12	13	14	
90	100	90	160	90	190	260	140
15	16	17	18	19	20	21	
130	100	90	80	90	130	150	110
22	23	24	25	26	27	28	
120	150	110	110	100	150	170	130
							月間平均
曜日平均							
110	115	95	115	95	160	185	125

まず「個別的」にわかることは，2月1日（月）の売上が10万円，2日（火）は11万円，というように日々把握できる売上データである。そして各週の平均値や曜日ごとの平均値をみて「普遍的」なことに気づくはずである。土日の売上高の平均が16万円，18万5,000円であることから，「帰納的」に「週末の売上が多い」と結論づけることができる。さらに11日（木・建国記念日）と23日（火・天皇誕生日）の売上が16万円，15万円であることから「帰納的」に「土日祝日の売上が多い」と気づくはずである。日々の売上はX_1, X_2, X_3…と続く個別的な経験・事例であり，そこから土日祝日の売上やこの店舗の売上の特徴（Y）が「帰納的」に確認されるのである。

　そしてマネジャーであるあなたは恐らく，3月も2月と同じような傾向がみられるのではないか，と「帰納的」に予測する。土日祝日は売上が多いと想定して人員を配置し，仕入れを行うであろう。

　一方，例えば3月の土日祝日の売上が平日並みだったとしよう。未来は過去と同じでないからである。するとあなたは恐らく，何か特殊な条件がはたらいたから3月の土日祝日の売上は伸びなかった，と原因を模索するであろう。もちろん何か特殊な条件がはたらいたから2月の土日祝日の売上が伸びた，という可能性も検討しなければならない。その上で，「帰納的」にえられた知見は4月に改めて確認できるかもしれないし，知見を改めることも必要になるかもしれない。

　ここまでは恐らく想像が容易な展開であると思われる。先のコラムでも述べた通り，帰納思考法は私たちにとってとても身近な思考法である。

　2月の売上データに話を戻すと，14日，バレンタインデーの売上が特に多い，ということに気づくはずである。日曜日であることからも多くの売上が予測できるわけだが，月間平均の2倍以上の売上がある。なぜ顧客はバレンタインデーにお金を多く費やすのか，という問いを考えた時，例えば「記念品やプレゼントをやりとりするイベント時には人々の出費が集中する（Y）」という「普遍的」なことから「演繹的」に売上の伸びを推測することができる。現実に日本の家電製品の売上はボーナスの前後に集中し（X_1），アメリカの玩具の売上はクリスマスシーズンに大半が集中する（X_2）。当然，プレゼントやイベント事に出費をしない人がいることも確かであり，ここで必要なことは出費をする確率であったり，出費をする人たちの分布であったりする。

　少し話がややこしいのは，この「イベント時の出費の集中」といった普遍性もそもそもは「帰納的」に見出された知見である可能性である。過去「帰納的」に見つかった普遍性から「演繹的」に売上の伸びを推察しているともいえる。演繹思考法と帰納思考法の「使い分け」というか「合わせ技」をして思考することが

論理思考のじっさいの姿かもしれない。

　最後に，あなたはあなたの店舗の売上を根拠として，2号店の経営に携わったり，あるいは他のマネジャーや経営者にアドバイスを送ることになったりするだろう。そしてその2号店や他店の売上が土日祝日もイベント時にも伸びなかった，とすると，何を考えるだろう。きっとそれは，時間や地域や業界などの違いにまつわることではないだろうか。

● **必須用語集** ....

・演繹思考法

　1つの普遍的な物事（理論や定理，原理，原則，法則，ルール，規範，前提など）を出発点とする論理展開。論理展開はより具体的で個別的な物事を解き明かしていく。

・帰納思考法

　多くの個別的な物事（経験，事例，観察事実など）の積み重ねによって，これらの共通点を見出し，より普遍的な知見をえようとする論理展開。反証される可能性があり一時的なものであるため，確率や分布の裏づけが必要。

> ✅ **学んだことをチェック**
>
> 1．「星占い」と「手相占い」には本質的な違いがある。一方はとても「演繹的」で他方はとても「帰納的」である。理由を考えよう。
>
> 2．「南向きの物件は家賃が高い」ことの原因を「演繹的」に解き明かしてみよう。
>
> 3．「経済合理性」から「演繹的」に説明できる，実際の社会現象を挙げてみよう。
>
> 4．「飛行機が飛ぶ」メカニズムについて調べてみよう。気体力学や航空力学といった研究の「帰納的」な特徴を見つけよう。
>
> 5．「テスラ」という会社がある。同社は年間100万台ほどの自動車しか

販売していないにもかかわらず，株価や時価総額が非常に高い。その
理由を「演繹的」「帰納的」両方の思考法を使って考えよう。

より進んだ学習のために

・沢田允茂（1962）『現代論理学入門』岩波書店.
　この本は論理学の視点から演繹法と帰納法を含む論理思考を解説している。
・エティエンヌ・ボノ・ド・コンディヤック著，山口裕之訳（2016）『論理学―考える技術
　の初歩』講談社.
　考える技術を学ぶための分かりやすい本である。初歩的な思考のための方法を理解し
　た上で，知的創造の方法論を身につけることができる。

第 2 章

仮説を考える

この章で学ぶこと

　本章は仮説づくりをテーマにしている。なぜ人は○○するのか，なぜ○○が起きるのか，といった問題意識に基づいて仮説を考える重要性をお伝えする。科学の目的である普遍性の探究は因果関係の探究でもある。理由（原因）と帰結（結果）との関係の普遍性が分かれば，個別的な問題がいつどのような条件で生じるのか，予測できるようになる。さらにその問題が生じないようにすることもできる。論理思考は問題解決に役立つ，とするゆえんである。ある変数とある変数との間に因果関係があるか，は仮説によって検証される。その仮説づくりには推論が必要で，世の中で起きる物事を把握し，言葉で表現するためには概念が必要である。

キーワード

- 仮説
- 推論
- 概念
- 変数
- 命題
- 記述と説明

1. 推論

　皆さんも「名探偵コナン」を見たことがあるだろう。賢いコナンはいつも事件の背後にある主謀と犯人を明らかにすることができる。それは彼が非常に強い論理展開の力を持っているからである。私たちも生活を送る中で，日々知識を学び，論理展開の力を発揮し，物事の背後にある原因を判断して生きている。こうした論理展開に不可欠なのが「順序だった推論」である。次のような例を想像してみよう。

　あなたはバス停で1人の男性を見た。彼は赤いカバンを背負い，カジュアルな服装で，サングラスをかけていた。しかもずっと時計を見ていて，時間はちょうど午前9時半だった。

　それでは，私たちはこの観察からどのような情報を得ることができるだろうか。演繹思考法を用いて推論してみよう。

　時間を気にするのは急用がある場合である。彼はずっと時計を見ていたので，きっと急用があって，できるだけ早くバスが来て欲しいと思っているに違いない。また，バスの運賃はタクシーより安い。彼はタクシーではなくバスを待っている。したがって彼はお金を節約したいに違いない。また，タクシーはバスよりも早く目的地に着く。したがって彼はまだ間に合うと考えており，目的地はそう遠くないはずだ。もちろんこの他にも推論できることがあるだろう。このように順序だった推論を私たちは日常的に行っている。

　帰納思考法を用いた推論も日常に溢れている。例えば，店員が味見をさせてくれたミカンが甘かったならば，売り場にある他のミカンもきっと甘いに違いない，と推測してミカンを購入する。観察対象の中の一部（味見したミカン）がある性質を持っている（甘い）ことから対象全体（売り場のミカン）を推論することを不完全帰納推論という。

　演繹的・帰納的のいずれにしても「きっと○○であるに違いない」と推論することは私たちの生活シーンにおいて多くある。「違いない」と推論したとしてもそれは「仮」の結論であって真実であるかどうかは確認されなければならない。検証されるべき「仮説」なのである。

2. 仮説

　仮説は英語の2つの言葉に由来している。1つが 'hypothesis'，もう1つが仮定とも訳される 'assumption' である。「仮定」は必ずしも検証されなくてもよく，議論や論議（argument）のために用いられる。英語には「仮説する（hypothesize）」という言葉もある。その「仮説」はそもそも自然科学的なもので，仮説を立てた後には実験で検証しなければならない。いわゆる仮説検証（hypothesis test）である。相互に関わり合う仮説が成立することが検証されるとその理論が生まれる。

　仮説をつくることは，方法論的に優れている。どんな研究分野の発展においても主観的・客観的な考察がなければ独自の理論は形成されない。例えば，人類学は歴史発展の中における仮説の発展ともいうべきものである。それでは，仮説，あるいは仮説分析とはどのようなものだろうか。

　仮説分析を一言でいうならば評価のプロセスである。純粋な知的好奇心や社会の要請，あるいは利潤の追求などに基づく「問題意識」を礎として，「仮

図表2.1　問題意識と仮説の関係図

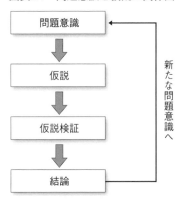

説」が構築（develop）される。その仮説が成立するかどうかの「検証」を経て，「結論」が導き出される。その結論こそが，例えば企業の意思決定の内容であったり，あるいは意思決定の成果として現れる指標であったり，私たちの主張の根幹であったりする。1つの仮説検証は再び新たな問題意識を醸成する。仮説分析は以下の通り，とても論理的な評価のプロセスである。問題意識に沿った仮説が立てられているか，仮説は適切に検証されたか，検証結果から何が結論として分かったか，この仮説の検証から導き出された結論には課題はないか・新しい課題が見つからないか，といった循環するプロセスなのである（図表2.1）。

コラム　問題発見の仮説と問題解決の仮説

　仮説を立てるときには，「問題発見」の仮説と「問題解決」の仮説とを区別する必要がある。例えばある家電メーカーが販売不振に陥っている時，以下のような「問題発見」の仮説が立てられた。

1　価格が原因で販売不振である
2　販売促進の問題で販売不振である
3　販売ルートの問題で販売不振である

　そしてこの問題発見の仮説が調査によって以下のように検証されたとしよう。当該企業製品の小売価格は競合他社と比べても問題はない。販売促進についても同

様である。だが，競合他社の製品は家電量販店での売上が高く，当該企業は小規模の小売店での販売のみが好調である。

　すると当該企業はどのようにして家電量販店での売上を促進できるか，という問題に対して「問題解決」の仮説を構築する。

1　卸売価格を下げ，量販店の利益を大きくすることで，より推奨されるようになる
2　量販店に担当者を派遣し，量販店の販売員を支援することで，より推奨されるようになる
3　異なる量販店ごとに独自の製品を開発すれば，より推奨されるようになる

　以上の通り，販売不振を問題意識として，3つの仮説が構築され，検証され，販売不振の原因を特定する結論が導き出されている。そしてその問題を解決する方法を探ることが新たな問題意識であり，3つの仮説が構築されている。図表2.1の関係図をイメージしていただけたであろうか。

コラム 母集団と標本の関係

　母集団と標本（サンプル）は統計的推定や検定を行う際，とても重要になる考え方である。母集団とは対象者全体を指し，標本とは母集団から抽出された対象者のことをいう。標本は母集団全体を代表できるものでなくてはならない。「無作為抽出」は適当に標本を抽出することではなく，対象者のすべてが標本に選ばれるチャンスが与えられなければならない。

---

3. 概念

　仮説は検証され，成立するのか・しないのか，の判断が下される。真（正しい）か偽（正しくない）か，を客観的に判断することのできる「文（sentence）」として表現されるものを「命題（proposition）」という。検証を待つ仮説のことを「仮の命題」とか「仮説命題」と呼ぶ。

　そしてこの仮説あるいは命題をつくる時に必要になるのが「概念（concept）」である。概念は仮説を考える時だけに用いるものではなく，私たちが日常的に用いているものであり，身の回りの物事や世界を把握するため自然に用いているものである。

まず概念とは言葉（語または句）で表現されるものである。「人」「国民」「日本国民」はそれぞれ1つの概念であり，その意味する範囲も概念によって異なる。一方，「先生」と「教員」というように言葉は異なるが同じ意味として用いられる概念もある。その他，同じ言葉が異なる意味を持つこともある。例えば「赤」は色を表す概念でもあるし，情熱を表す概念でもある。「健康」という概念は，身体的な健康を意味する場合もあるし，思想や言語の健康を意味する場合もある。

　これらのことから，概念とは，ある物事の本質的な属性（あるいはある物事に特有の属性）の表現であることが分かる。本質的な属性とは，ある物事を構成する多くの属性の中でもその物事を決定する役割を果たす属性である。例えば，「商品」の本質的な属性は「市場での交換（売買）に使う生産物」で，「三角形」の本質的な属性は「三辺閉鎖の平面図形」である。私たち人間は，物事の比較，分析，総合，抽象，要約などの方法を通じて，物事の本質的な認識を得る。この認識によって，ある物事について科学的な概念を形成する。すなわち，私たちは普段から概念を使って言葉を話しているし，様々な物事が起きるこの世界を認識するために概念を用いている。

　確かに日常会話でも私たちは概念を用いている。ただし，論理思考の次のステップは，概念に「変数」を用いることである。

4. 変数

　「変数（variable）」を導入し，変数と変数との間の関係を検討することで，因果関係を明らかにしようとすることは論理思考の重要な1ステップである。論理的であることとは，理由があって帰結があって，理由と帰結とがつながっていることを意味する。

　変数は変化する値を持つ。変数と対照となるのは「定数（constant）」（不変の数量フラグ）である。概念に変数を導入するためには，概念を分類（カテゴリー化）すればよい。しかし，変数の定義は比較的広く，研究背景によって異なる定義が用いられる。社会科学において変数は観察と測定ができるもので，その値は可変である。統計学では研究対象の属性や特徴である（可

変の数量フラグ）。

　例えば，一般的な研究では性別や年齢は変数（人間の属性）だが，子宮頸癌の研究対象は女性だけであるので，この場合性別は変数ではなく定数である。変数は言語によって記述される「定性的」なものでもよいし，数値によって表現される「定量的」なものでもよい。

　この定量変数はその連続性によって離散変数と連続変数に分けられる。離散変数は，例えば従業員数や企業数のように値と値との間を数えることのできる変数である。一方，連続変数は値と値との間に無限の数のある変数で，身長や体重は連続変数である。連続変数は小数点以下の数値を無限に増やすことができる。

　恐らく皆さんも耳にすることの多い「指標（indicator）」もまた変数である。指標は物事を判断したり評価するための目印で，社会経済学においては全体的な数量の特徴を表現する概念である。例えば産業調査では，すべての産業が全体を構成しており，企業の総数，企業従業員の総数，平均賃金，利潤の総額などが指標とされる。年度末の人口総数，年間国内総生産高，年度総成長率なども基本的な統計指標である。また指標は物事の全体的な数量の状況を表現する概念であり，具体的な数値としても理解され，利用される。例えば，2019年日本の総人口は約1億3,000万人であるとか，全社会の固定資産投資の増加率は8％であるといったように理解・利用される。

　そして指標は研究目的に基づいて定められる。例えばある研究の1つの統計指標は体重指数BMI（肥満度）であり，この指標は身長と体重という2つの変数を統合して算出されている。そしてこのBMIという指標もまた変数である。

5. 今後に向けてのまとめ

　本章では，推論，仮説，命題，概念，変数について述べてきた。これらのキーワードの関係性についてまとめよう。まず，皆さんは社会科学を学ぶ者として，世界で起こる様々な現象を把握する必要がある。ある物事が存在・生起していることを確認し，世界で何が起こっている（起こった）のか，を

「記述」しなければならない。記述とは，自然現象や社会現象に対してありのままの事実を具体的に述べることである。記述する時私たちは必ず「概念」を用いて表現する。その表現された「命題」が真か偽かを判断するためには根拠となるデータが必要となる。データとはつまり「変数」である。ある概念をどのような変数を用いて把握するのか，ある変数はどのような概念を測定しているのか，を検討することになる。次の第3章では主にこの測定をテーマとして学習を進める。

　また，科学や研究の目的とは普遍性や因果関係の探究である。ありのままの事実を記述することも重要だが，なぜその現象が結果として起こっている（起こった）のか，を検討する必要がある。そしてその原因を追究するため，論理的な「推論」に基づいて「仮説」を考え，仮説検証によって社会現象や世界の理解を進めることができるのである。そして「説明」とは客観的な記述に基づき主張や見解を述べることである。皆さんに求められているのは，事実の「記述」と因果関係の「説明」なのである。第4章と第5章で学習する。

　それではここで論理思考の方法論の解説を終え，後半の実習編へと移ろう。

● **必須用語集** ....

・概念

　物事の本質を表す言葉。客観的な物事を人々は概念を用いて認識している。

・変数

　概念を分類した結果であり，変化する値である。例えば，「天候」という概念は「良い天候」と「悪い天候」とに分類できる。

・命題

　真か偽かを客観的に判断することのできる文。

・仮説

　仮の命題であり，検証によって真か偽かが明らかにされる。例えば，「天候によって客数が変化する」という仮説は検証することが可能だが，「客数によって天候が左右される」という仮説は成立しない。

・因果関係

　理由（原因。独立変数とも）と帰結（結果。従属変数とも）とが存在し，両者がつながっている関係。原因は結果に先行し，両者には相関関係がある。論理思

考によって因果関係が明らかになれば，様々な問題の解決が期待される。社会科学のみならず科学は因果関係の探究を目的とする。第4章も参照。

✅ 学んだことをチェック

1. 身近な物事から「概念」を挙げて，その概念を測定する変数を考えてみよう。

2. 「良い天候」あるいは「悪い天候」というような分類，すなわち変数は「定性的」である。「天候」という概念を測定する「定量的」な変数を挙げてみよう。

3. 身近な物事を「結果」として設定し，その原因を推論してみよう。

4. 総務省の「国政選挙の年代別投票率」を調べると，衆参両院ともに20歳代の投票率はあらゆる年代と比べて最低を続けている（10歳代と比較してもなお）。「20歳代の投票率が低い」というように社会全体を対象とした問題意識でも構わないし，「20歳代の人は投票に行かない」というように個人を対象としても構わない。その「原因」を探る「仮説」を考えよう。そしてその仮説を「検証」するための調査を企画してみよう。

5. 証券会社のホームページにアクセスして「経済指標」にはどのようなものがあるか確認しよう。

より進んだ学習のために

・マックス・ウェーバー著，大塚久雄訳（1989）『プロテスタンティズムの倫理と資本主義』岩波文庫.
　　優れた事例研究。個々の企業家の経済的成功と宗教倫理との関係を検証した，ドイツの社会学者の著作。
・エミール・デュルケーム著，宮島喬訳（1985）『自殺論』中公文庫.
　　統計データを用いた，優れた定量的研究。社会規範との統合力の強弱と自殺率との関係を検証したフランスの社会学者の著作。数多の仮説が偽と検証され，独自の仮説が構築・検証されていく。

・大谷信介他（2013）『新・社会調査へのアプローチ—論理と方法』ミネルヴァ書房
　　社会調査の具体的な手順と手法を解説している。どのように仮説を立ててどのように検証すればよいのか，事例を用いるのか，統計データを用いるのか，詳しく教えてくれる。
・アレクシ・ド・トクヴィル著，松本礼二訳（2005）『アメリカのデモクラシー（上・下）』岩波文庫．および小山勉訳（1998）『旧体制と革命』ちくま学芸文庫．
　　この2冊はフランスの著述家アレクシ・ド・トクヴィルの著作。アメリカ社会とフランス社会を比較研究した優れた研究であり，因果関係を推論するお手本を提供している。

第**3**章

測定する

この章で学ぶこと

　論理思考のトレーニングは折り返し地点を過ぎ，本章から第5章までの3章では，身近な話題や経営学・商学になじみ深い話題を使って，実践的なトレーニングを行う。この章では，特にデータの取り扱いについて学ぶ。この章を終えた皆さんの到達目標は，信頼できる情報源からデータを入手し，そのデータを根拠として何らかの主張を行えるようになることである。また，誰かが用意したデータやその人の主張を理解し，その良し悪しを判断できるようになることも期待される。

🔑 キーワード

- 概念の操作化
- 尺度
- 粗利や純利益などの業績の指標
- 期待値
- 大数の法則
- 正規分布

- 分散
- 標準偏差
- 情報源の信頼性
- 原典
- 国勢調査
- 経済センサス

1. データが物を語る

はじめに，概念の操作化について学ぶ。難しい言葉を使わずにまずは身近な例を考えてみよう。恋愛を題材にするので，気に障るのであれば以下のコラムは読み飛ばすこと。

コラム 身近な例：キョロキョロしているＡさん

あなたはＡさんに好意を持っています。そのＡさんと２人で食事をする機会がありました。お店であなたとＡさんは向かい合わせに席につきました。Ａさんは店内のお客さんのことばかり見ています。新しいお客さんが入ってくると必ずＡさんはそちらに顔を向け，後ろ姿しか見えないお客さんが席を立つ時も必ずそちらが気になるようです。Ａさんはずっとキョロキョロしています。店内で過ごした１時間のうち，Ａさんは30人のお客さんに目を向けました。Ａさんは１分当たり0.5人のお客さんのことが気になり，２分に１度は他の人のことを気にしていました。

ここでいう「１時間で30人」，「１分当たり0.5人」，「２分に１度」といった数値で表現されるものがデータです。この，Ａさんのキョロキョロ・データを根拠として，あなたはＡさんの思いをどう判断しますか？　Ａさんはあなたと一緒にいることに「居心地の悪さ」を感じているのかもしれませんし，もしかしたら逆にＡさんはあなたと向かい合うことに「恥じらい」を感じていたのかもしれません。いずれにせよ，あなたに今学んでほしい言葉があります。「居心地の悪さ」や「恥じらい」といった概念が「キョロキョロ・データ」といった尺度（モノサシ）によって表現されている，ということです。何らかの概念を測定する尺度をつくることを「概念の操作化（operationalization）」といいます。

日常生活であれば，Ａさんのキョロキョロを厳密に測定することはないだろう。Ａさんの笑顔や話題，何となくその場で感じる雰囲気などからＡさんの「居心地」や「恥じらい」をあなたは理解することになるのだろうが，経営学や商学，あるいは社会科学を学ぶ上で必要なことは，何らかのデータを用い，そのデータを根拠として，人間の思いや組織（例えば企業）の置かれた状況を表現することである。次に，実践的な例を考えてみよう。

経営学や商学を学ぶ皆さんにとって「企業の業績」を評価しなければいけ

ない機会はこれから数多く訪れることだろう。社会人になれば，従業員とし
て，経営者として，あるいは投資家としてさらに様々な企業の業績を評価す
ることになる。「業績」という概念を測定する尺度は会計学で多くを学ぶこと
ができる。まずは財務情報を読み取るトレーニングから始めてみよう。

　企業の業績を測る上で，おそらく最も身近なのが「売上高」という尺度で
あろう。業界全体の売上高に占める自社の売上高を「マーケット・シェア」
という。日本のビール業界では，キリンとアサヒがマーケット・シェアの1
位をめぐって激しい競争を続けているし，自動車業界ではトヨタのようにマ
ーケット・シェア1位にこだわりを持つ企業もある。いささか古い研究だが，
「マーケット・シェアの高い企業は利益も多く上げている」ことを明らかにし
たPIMSという研究がある。このPIMS研究が教えてくれることはいったい何
なのだろうか。それは，「売上高」あるいは「マーケット・シェア」という尺
度が企業の業績を測定する上で適切なのか，売上高やマーケット・シェアの
高い企業が本当に高い「利益」をも誇っているのか，という問題を提起した
ことである。

　「薄利多売」，すなわち「利益」をごく小さくして価格を抑え，販売数を多
くすることで「売上高」を多くしようとする経営手法がある。こうした経営
手法を用いている企業の中には，売上高が多いわりに，利益の小さい企業も
含まれる。「売上高」だけで企業の業績を測定する，というのは必ずしも適切
なアプローチではない。それではこの「利益」の大きさをどのように測定す
ればよいのだろうか。

　「売上総利益」通称「粗利」と呼ばれる利益がある。売上総利益は，売上高
から売上原価を引いた値である。売上原価とは，製造業であれば原材料や製
造にかかるコストを，流通業であれば仕入れにかかるコストを指していると
考えよう。注意すべき点は従業員に支払われるお給料や広告宣伝にかかるコ
ストはまだ引かれていない点である。売上総利益から，これらの人件費や販
売費を差し引いたものが「営業利益（あるいは営業損失)」である。企業が従
業員を雇い，何らかの製品をつくり（あるいは仕入れ）それを販売すること
で得られた利益といえる。

　企業はその他にも株式を所有するなどして，営業（製品をつくり（仕入れ）

販売すること）以外のビジネスも行っている。こうした営業外のビジネスの損益を営業外利益，営業外費用としてカウントする。営業利益に営業外損益をプラスマイナスしたものを「経常利益（経常損失）」という。さらに特別利益・特別費用，といった一過性で例外的な収入や出費を差し引いて「税引き前利益」，さらにそこから法人税を差し引いたものが「純利益」と呼ばれるものである。

　企業の業績を測定する，いくつかの種類の「利益」を紹介したが，企業の業績を測定するための適切な尺度は「利益」だけではない。財務情報に限って言うならば，「持っている現金の量」，「借金の少なさ」といった尺度も適切な尺度と言えそうである。思い出してみよう，「キョロキョロ・データ」だけではＡさんの思いを適切に判断することはできないのである。何らかの「概念」を測定する「尺度」は一面的ではなく，多面的に準備するようにしたい。

　それではここで，有価証券報告書のデータベースや証券会社のウェブサービスなどを用いて，あなたの興味のある企業の財務情報を探してみよう。例として，文房具メーカーとして有名なキングジムの売上高の過去５年間の推移を以下に紹介する（図表3.1）。さて，何か気付くことはないだろうか。

　キングジムには売上高がぐっと伸びた時期（2014年度から2015年度）があ

図表3.1　キングジムの売上高（連結）推移

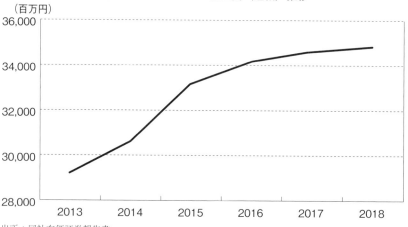

出所：同社有価証券報告書。

ることがすぐにうかがえよう。単純に業績が好転しているとも言えそうだが，こうした売上高の伸びの背景に何があったのか，突き止めようとすることを忘れないでおこう。キングジムの場合，家具部門の別会社を吸収合併したような出来事があり，文房具の売上高が必ずしも好調に推移したわけではないのである。こうした子会社・別会社の吸収や，分社化，持ち株会社の設立など，データに大きな影響を与えるようなイベントがなかったのかどうか，注目することが必要不可欠である。一過性のデータではダメなのである。

　一過性のデータがなぜよくないのか。陸上競技にも「追い風参考記録」というものがあるように，特殊な環境で得られたデータは特殊なものとしてしか扱うことができない。次に「大数の法則」について説明する。再び身近な例を用いて考えてみよう。

コラム 身近な例：ギャンブルする６人

　Ａさん〜Ｆさんの６名は今からカードを使ったギャンブル・ゲームをします（実際にこのゲームをしてはいけません，不法な賭博行為です）。数字の１〜６までが書かれたカードを準備して，１人１枚ずつ引いていきます。参加費は100円で，一番高いカードを引いた人がすべての参加費，すなわち600円をゲットします。１回目のゲームでＡさんが６のカードを引いて600円をゲットしました。600円のうち100円はＡさん自身の参加費ですので，500円のプラスということになります。下図の通り，この時点でＡさんの成績は+500円，ＢさんからＦさんまでは-100円です。

ギャンブル　１回目の結果

	Ａさん	Ｂさん	Ｃさん	Ｄさん	Ｅさん	Ｆさん
勝ち	1	0	0	0	0	0
負け	0	1	1	1	1	1
収支	500	− 100	− 100	− 100	− 100	− 100

　１回目の結果だけを見て，Ａさんが「ギャンブルに強い」といえますか？　決してそうはいえません。Ａさんの成績が+500というのはあくまでも一過性のデータに過ぎないからです。

ギャンブル　10回目の結果（不正を疑う）

	Aさん	Bさん	Cさん	Dさん	Eさん	Fさん
勝ち	10	0	0	0	0	0
負け	0	10	10	10	10	10
収支	5,000	−1,000	−1,000	−1,000	−1,000	−1,000

　さて，この6名が10回このゲームを繰り返したとします。Aさんの成績が+5,000円，その他の5名の成績が-1,000円ということがあり得ると思いますか？　Aさんが何らかの不正をしていない限り，こうした結果は出るはずがありません。このゲームの勝率は参加する全員が同じ6分の1の確率で500円のプラス，6分の5の確率で100円のマイナスです。10回ほどのこのゲームを繰り返したとすると，6人の成績は例えばこんな感じになるでしょう。100回目，500回目，5,000回目の成績もコンピュータで試験的に計算してみました。

　10回目の成績では，4勝6敗のEさんが1,400円のプラス，100回目の時点でも22勝のEさんが3,200円のプラスで首位，しかし500回目で81勝となり1,400円のマイナスに転落，5,000回目では9,800円のマイナスとなり最下位に転落しています。とはいえEさんは下位に転落してからずっとマイナスだったわけではありません。すべての参加者の成績もプラスになったりマイナスになったりを繰り返していることが分かります。このゲームを永遠に繰り返した時，彼・彼女たちの成績はプラスマイナス・ゼロへと収束していきます。参加者がこのゲームをすることによって得られる期待値は0円といえるのです。また1人ひとりの参加者の引くカードの数字の平均値は3.5に近づいていきます［(1＋2＋3＋4＋5＋6) /2］。この収束を大数の法則といいます。

　もしあなたが一過性のデータに注目するような過ちを犯したならば，Eさんはギャンブルに強い（10回目や100回目のデータ）といってしまったり，Eさんはギャンブルに弱い（5,000回目のデータ）といってしまうことでしょう。不正が行われていないのであれば，このゲームに参加している6名全員が同じ確率で勝利を収めるため，ギャンブルに強い人も弱い人もいない，というのが適切な結論です。

ギャンブル　10回目，100回目，500回目，5,000回目の結果

10回目	Aさん	Bさん	Cさん	Dさん	Eさん	Fさん
勝ち	1	0	1	2	4	2
負け	9	10	9	8	6	8

| 収支 | − 400 | − 1,000 | − 400 | 200 | 1400 | 200 |

100回目	Aさん	Bさん	Cさん	Dさん	Eさん	Fさん
勝ち	15	19	20	14	22	10
負け	85	81	80	86	78	90
収支	− 1,000	1,400	2,000	− 1,600	3,200	− 4,000

500回目	Aさん	Bさん	Cさん	Dさん	Eさん	Fさん
勝ち	88	79	88	86	81	78
負け	412	421	412	414	419	422
収支	2,800	− 2,600	2,800	1,600	− 1,400	− 3,200

5,000回目	Aさん	Bさん	Cさん	Dさん	Eさん	Fさん
勝ち	840	833	859	834	817	817
負け	4,160	4,167	4,141	4,166	4,183	4,183
収支	4,000	− 200	15,400	400	− 9,800	− 9,800

　一過性の結論を避けるためには，ある程度長い期間にわたって観察したり，（一過性の出来事なのか継続して発生する出来事なのか，その）確率を計算したりすることが重要である。また，複数の調査対象を比較することも必要である。キングジムの売上高はライバル企業や同一産業・他産業，日本企業内・世界企業内での比較を通じてはじめて，良し悪しを判断することができる。

　多くの社会現象や自然現象について，十分な数の調査対象を得た時，通常そのデータは正規分布という形をとる（図表3.2）。最も有名な例が身長データの分布であろう。成人男性の平均身長を便宜的に170cmとすると，170cmよりも少し低い人やちょうど170cmくらいの人，170cmよりも少し高い人は世の中にたくさん存在する。平均値の前後に大半の人が含まれているような分布を「普通」の分布（normal distribution），つまりは正規分布と呼ぶ。それでは次に，経営学・商学になじみ深い事例を使って，分布や分散について勉強してみよう。

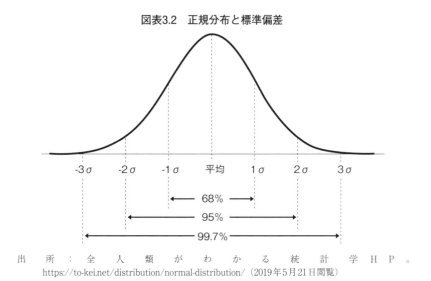

図表3.2　正規分布と標準偏差

-3σ　-2σ　-1σ　平均　1σ　2σ　3σ

68%
95%
99.7%

出　所：全　人　類　が　わ　か　る　統　計　学　Ｈ　Ｐ　。
https://to-kei.net/distribution/normal-distribution/（2019年5月21日閲覧）

2. データで物を語る

　皆さん，平均値の計算はたやすくできるだろう。例えば，大学生の1人暮らしの家賃について100人にアンケート調査をしたとしよう。100人の家賃データをもとに「1人暮らしの平均家賃は○○○円です！」というような結論には小学生でも到達できる。平均値の計算を学ぶのは小学5年生。皆さんは小学生レベルで止まっていてよいのだろうか。データの多様性を表現することのできる，分散について学んでみよう。

コラム　身近な例：平均身長が同じである3つのグループ

　Aさん，Bさん，Cさんのグループ，Pさん，Qさん，Rさんのグループ，XさんYさんZさんのグループがあります。これら3つのグループの平均身長は170cmです。図を見てください。各グループ・メンバーの身長だけを見た時，最も多様性があるのはどのグループでしょうか。答えはカンタン，第3グループです。も

しあなたが平均値しか計算できない小学生レベルだったならば，多様性のある・なしにかかわらず，これら3つのグループは皆同じ集団として扱われてしまいます。

平均身長の同じ3つのグループ

Aさん	Bさん	Cさん	Pさん	Qさん	Rさん	Xさん	Yさん	Zさん
170cm	170cm	170cm	168cm	170cm	172cm	160cm	170cm	180cm

　次に各メンバーの「平均身長との差」を見てください。Aさんのグループは全員が170cmですので全員がプラスマイナス・ゼロ。Pさんは平均よりも2cm低く，Qさんはプラスマイナス・ゼロ，Rさんは平均よりも2cm高いです。Xさんは平均から－10cm，Yさんはプラスマイナス・ゼロ，Zさんは平均から+10cmです。Aさんのグループは3人合わせて平均身長との差が±0cm，Pさんのグループは4cm（－2cmの人と＋2cmの人），Xさんのグループは20cm（－10cmと+10cm）です。それぞれ，0，4，20といった数値が「多様性」を表すものだと理解できます。したがって，Xさんのグループが最も多様性の高いグループであるといえます。

　「分散」は，Aさんグループの場合，平均身長との差が0cm，0cm，0cm。それぞれを二乗したものを足し合わせ，調査対象数，すなわち人数（3）で割ると計算できます（したがって分散は0）。また，一般的な表計算ソフトや統計分析ソフトを使った場合，調査対象数から1を差し引いたもの（自由度という。3－1＝2）で割り，不偏分散というものを計算することが一般的です。Pさんグループの場合，平均身長との差が－2cm，0cm，＋2cm。それぞれを二乗して4，0，4。これらを合計した8を自由度（人数（3）から1を引いたもの（2））で割ると不偏分散は4，と計算できます。いずれにせよ，分散の大きいグループが「多様性」があるといえることを覚えておきましょう。

図表3.3　従業員数10名，平均年収400万円の2社の年収

（単位：万円）

A社	B社
380	250
380	330
400	330
400	350
400	360
400	380
400	380
400	400
420	420
420	800
平均年収400万円	平均年収400万円

　次に，より経営学・商学になじみ深いテーマで平均と分散の問題を考えて
みよう。A社とB社，2つの企業があり，それぞれ10名の従業員のいる企業
で，平均年収は400万円である（図表3.3）。平均値だけを見れば，A社もB社
も待遇面ではまったく同じといえるが，10名の「全社員がそれなりに稼いで
いる企業」と「稼ぐ人は稼ぐけれども稼がない人は稼がない企業」とは性格
が異なると思わないだろうか？

　この例では，両社ともに従業員が10名だから，表を見れば「A社のお給料
はみんな同じくらいで，B社は1人だけ800万円稼いでいる人がいるけれども
他の人のお給料は低めだ」ということが分かるだろう。しかし，データの数
が増えると共にこうした目視は役に立たなくなってくるし，あなたの主観的
な判断で結論を述べることは不適切である。A社とB社の年収の分散を計算
してみよう。割り算をする時に，「自由度，すなわち人数から1を引いたもの
（9）」を使用すると，A社の年収の分散は177.78（万），B社は21955.56（万）
と計算できる。B社の年収の方が多様であることを，根拠となる分散のデー
タを用いて主張することができる。

　この分散の値の平方根を標準偏差という。今回の例ではA社の標準偏差は

13.33（万），B社は148.17（万）である。データの数が多く，その分布が正規分布をしている場合，「平均値から標準偏差を引いた数値」から「平均値に標準偏差を足した数値」の間に，およそ68%の調査対象が含まれると想定される。データ（従業員）数が10名であるような今回の例では無意味だが，仮にA社でこれらの値を計算してみると，386.67（万）から413.33（万）の間，と計算できる。

　この範囲に68%の調査対象が含まれるわけだから，この範囲に収まらない調査対象は大多数の調査対象と違って特徴的な性格・性質を持っていると表現することができる。B社の例では，800万円稼いでいる従業員（と250万円しか稼いでいない従業員）は際立って給料が高い（低い）といえる。この例ではデータ数が少ないのであくまでも参考値だが，分散や標準偏差の使い方や表現の仕方をマスターできれば，小学生レベルの発表と批判されることはなくなるであろう。

3. データの物語

　第1節と第2節では，概念の操作化（データや尺度に基づいて表現すること），データの表現の仕方（一過性のものかどうか評価すること，平均値だけではない表現をすること）について学んだ。皆さんの次の目標は，自分でデータを集め，そのデータを理解し，何らかの主張や表現をすることである。この最終節では，データがどのようにつくられるのか，誰がデータをつくるのか，といった問題から考えてみよう。

　まずはシンプルに，「情報源（データの出所）の信頼性（source reliability）」に留意することが必要である。一般に，公開している情報に対して責任を負うことのできる組織がつくっているデータを信頼するとよい。もちろん，信頼できる組織と信頼できない組織がある。例えば新聞社であっても誤報や憶測記事を公開する場合があるが，誤りが認められた場合，新聞社は訂正情報・記事を公開するし，また，あなたが仮に誤ったデータを利用してしまったとしても，そのデータをつくった責任は新聞社にある。責任の所在を明確にす

ることはデータを利用する上でとても大切なことである。

　ウェブ検索や例えばWikipediaのようなサイトも十分に活用できる。しかし，インターネット上には発言や内容に責任を負わない人たちによるデータがあふれている。また，内容に責任を負う人もいなければ，インターネット上の情報は随時書き換えられたり，消去されたりする意味で脆弱な情報源といえる。Wikipediaも匿名の人たちが複数寄り集まって内容を投稿していて，情報収集をする上でとても頼りになるが，公開されている内容に責任を負う組織を見つけるまでは，安易にデータを借用することは避けるべきである。Wikipediaにおいても，良心的な投稿者は情報の出所も付記しているので，オリジナルな情報を公開している組織のところまでたどり着くように心がけたい。オリジナルにたどり着くことを，よく「原典」をあたる，という表現をする。

　データを利用する際には，情報源の信頼性を確保することが重要であると学んだ。次に，そのデータがどのようにつくられたデータなのか，検討しよう。データには，そのデータが生みの親によってどのようにつくられ，どのように公開されているのか，物語があるといえる。その物語をきちんと理解しないとトンデモナイ結論に至ることがある。

　第2節で使った，A社とB社の平均年収データを再度利用してみよう。まったく同じデータを使って，円グラフをつくってみた（図表3.4）。それぞれ

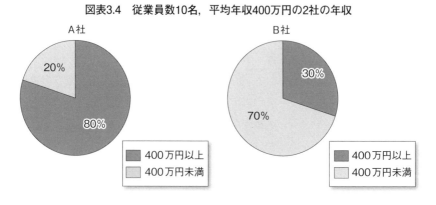

図表3.4　従業員数10名，平均年収400万円の2社の年収

の社内で平均年収以上を稼いでいる人の割合を見ると，A社は10人中8人が平均以上，B社は10人中3人が平均以上の年収を稼いでいると分かる。この円グラフだけを見ると，平均以上稼ぐ人の多いA社の方が「たくさん稼ぐことのできる企業」だと判断されかねない。けれども実際は，人数は少ないものの平均年収の2倍を稼ぐことのできるB社の方がふさわしいともいえそうである。このデータ，すなわちこの円グラフがどのようにしてつくられたのか，その物語を理解しないと不適切な結論に至ってしまう。

　次に日本の農業について，皆さんにデータをお見せしよう（図表3.5）。AのデータとBのデータ。それぞれ政府（総務省統計局）によって公開されているデータである。政府のことを信用していない方もいるかもしれないが，国家がプライドを持って公開しているデータであるから，情報源の信頼性は十分であると見なそう。さて，これらのデータはどちらも日本の農業の現状を表しているのだが，なぜほんの2，3年の間のデータにこのように大きな違いが生じるのだろうか。

図表3.5　日本の農業人口

Aのデータ	Bのデータ
約210万人	約36万人
（2010年）	（2012年）

　農業人口の減少だとか，若者の農業離れとか，外国からの農作物の輸入とか，自然災害とか，これらは無関係である。よく耳にすることに従ってトンデモナイ結論に至ってはならない。数年間に農業人口が100万人単位で増えたり減ったりすることは現実にあり得ない。データがどのようにつくられているのか，を見れば，適切な結論を導くことができる。

　まずAのデータは『国勢調査』によって調査されたもので，Bは『経済センサス』によるものである。政府による発表という意味では共通しているが，調査の仕方が異なるのである。さらに，新しい『国勢調査』の結果をCとして挙げる（図表3.6）。

図表3.6　日本の農業人口

	Aのデータ	Bのデータ	Cのデータ
	約210万人	約36万人	約200万人
	(2010年)	(2012年)	(2015年)
出所	国勢調査2010	経済センサス2012	国勢調査2015

　すると，どうやら『国勢調査』には農業人口が多くなる性格があり，『経済センサス』では少なくなる性格があると分かる。実は，『国勢調査』は個人や世帯を対象にした調査であり，『経済センサス』は企業や事業所を対象にした調査である。『国勢調査』は各家庭に調査票が送られてきて，郵送やインターネットで個人が回答するものである。回答しないままでいると，調査員から催促がくるほどの大規模な調査であり，おそらく皆さんの保護者の方は回答をした経験があり，もしかすると皆さん自身も回答をしているかもしれない。一方で，『経済センサス』に回答するのは企業の経営者や広報担当者，事業主と呼ばれる人たちである。

　以上のことから，日本の農業人口を表す2つのデータは，それぞれ誤っているわけではないと考えられる。個人に調査するとたくさんの農業従事者がいて，企業に調査するとそれほど多くはない。したがって，日本の農業の現状は「法人化されていない」というのが適切な結論である。

　データがどのようにつくられるのか，その物語を読み解くトレーニングを続けよう。皆さんにとっても身近な小売業の事例である。

　まず，日本のスーパーマーケットの1年間の売上高に関する2つのデータを見てみよう（図表3.7）。Aのデータは政府によるもの，Bのデータは業界団体である日本スーパーマーケット協会によって公開されているデータである。調査年の違いはあるが，これらもやはりお互いにまったく違う結果が出ている。政府の発表では売上高が多く，業界団体のデータは少なくみえる。情報源の信頼性，という点で政府を信用すべきなのか，それとも「その道のプロ」である業界団体を信用すべきなのか。好きな方を主観的に選んでいいわけではない。それぞれどのように調査されたデータなのか，検討しよう。

図表3.7　日本のスーパーマーケットの1年間の売上高

	Aのデータ	Bのデータ
	5兆3,225億円 （総合スーパー） 16兆8,286億円 （専門スーパー内食品スーパー）	10兆7,775億円
出所	経済センサス2012	日本スーパーマーケット協会2018

　実のところ，業界団体のデータは，日本スーパーマーケット協会に加盟している企業のみの売上高が集計されたものである。世の中にたくさんあるスーパーマーケットのうち，この協会に参加していない企業の売上高はBのデータに加算されない。ゆえに，政府発表のAのデータの売上高は大きくなる傾向があり，業界団体発表のBのデータは少なくなる傾向がある。

　次の問題に移ろう。同じく政府と業界団体の発表によるコンビニエンス・ストアの年間売上高のデータである（図表3.8）。今回も同じように両者のデータには食い違いがある。Bのデータは業界団体，日本フランチャイズ・チェーン協会のデータで，その協会に加盟している企業の売上高を合算したものである。しかし，スーパーマーケットの時と同じような解釈はできそうにない。「協会に加盟している企業のデータだけだから少なくみえる」はずだったのに，コンビニエンス・ストアの事例では，業界団体発表のデータの方が多く表れている。政府発表のデータにはどのような物語があるのだろうか。

図表3.8　日本のコンビニの1年間の売上高

	Aのデータ	Bのデータ
	5兆4,901億円	10兆9,646億円
出所	経済センサス2012	日本フランチャイズ・チェーン協会2018

　データの食い違いの背景には，政府によるコンビニエンス・ストアの定義の違い，がある。店舗面積の大きさ（30m²〜250m²）や営業時間（14時間以上）に該当しない"コンビニエンス・ストア（私たちや皆さんの目に映る大手のコンビニエンス・ストア）"は政府発表には含まれないことになる。政府

発表のデータは，政府の定義に該当する店舗だけのデータであり，業界団体のデータは，加盟している大手チェーン店の売上高を合算したデータである。

　本章をまとめよう。第1節では，「データが物を語る」，社会現象や自然現象を測定する尺度をつくることが重要であることを学んだ。企業はその事業戦略によって，社内及び社外の環境から機会を見出し，その機会を捉えるようなものづくりやサービス開発をすることで顧客の満足を獲得し，ライバル企業との戦いに挑んでいる。社内や社外でいったい何がどういう状態にあるのか，顧客の満足をどう捉えるのか，ライバル企業との戦いの分析はどのようにするのか。主観的な議論に終始するのではなく，捉えどころのない「概念」を「測定」する「尺度」，すなわちデータを用いて議論をすることが必要である。

　第2節では，「データで物を語る」，何らかの概念を捉えるデータを多面的・複合的に備えることの重要性を学んだ。すでに皆さんは，「業績」という概念を測定する「尺度」をいくつも挙げることができるはずである。また，こうした業績は，ある企業の1年のデータを見るだけでは不適切であることも学んだ。ライバル企業との比較や産業内での比較，一過性の出来事とそうでない出来事とをきちんと区別しよう。多様性や分散について学んだのも，こうした比較や相対的な評価をするためである。

　第3節，「データの物語」では，情報源の信頼性について学んだ。また，その情報源がどのようなプロセスで，どのような対象を調査し，どのように公開しているのか，という「データが生み出される物語」を理解することがとても重要であることも学んだ。データに基づいた議論ができるようになっても，そのデータ自体に誤りがあっては問題外である。1つや2つの違い，あるいは四捨五入すると無視できそうなくらいの微妙な違いではなく，農業人口の例で見たように100万人レベルの違いや，小売業の例で見たように数億円，数千万円レベルの違いが表れることがある。

　それぞれの情報源は決して嘘や誤りを公開しているわけではない。それぞれがそれぞれの方法や定義に基づいて情報を収集・公開しているので，データに違いが生じるのは必然なのである。

　ある人やある組織が，ある方法で，ある行動をとった時，どういう結果が

生じるのか。情報源によるデータの違いが生じる理由や背景は，論理的に推論すれば理解できる。「日本の農業は法人化されていない」とか，「政府の定義ではコンビニエンス・ストアに当てはまらないお店の売上高もたくさんある」とか，こうした推論は「データの物語」を理解することで，論理的に推察されたものである。次の章では，論理的な推察のトレーニングを行う。

●必須用語集 ……………………………………………………………………………………

・概念の操作化
　例えば「業績」（企業の経営状況）のような概念を財務指標など，何らかの「尺度」によって表現すること。どのような概念をどのような尺度で表現するかは研究者・調査者の個性の見せどころでもある。業績を財務指標で表現するのは第一歩として，例えば「従業員による自己評価」や「経営陣による評価」，「顧客による評価」などいくつもの尺度を組み合わせることもある。

・分散と標準偏差（分散の平方根）
　調査対象の多様性を表現することができる。多様性が増せば分散（標準偏差）も大きくなる。調査対象数が多く，偏っていない場合，平均値±標準偏差の範囲内に7割近くの調査対象が含まれると想定できる。

・情報源の信頼性
　あなたの発見したことを人に納得してもらうためには情報源の信頼性を確保・明記することが重要である。説得力のあるデータを用いた表現をするために，情報の信憑性に対して責任を負う組織や機関，個人を特定できる情報源を用いるようにしよう。

🗸 学んだことをチェック

1. クラスで睡眠時間や通学時間についてアンケートをとってみよう。平均値と標準偏差を計算し，「眠りすぎ」（「平均値プラス標準偏差」よりも長く寝る人）や「眠らなさすぎ」な人を見つけてみよう。

2. EDINETにアクセスして，興味のある企業の有価証券報告書を見てみよう。

3. 『日経業界地図』を見て，興味のある業界の企業とその売上高を表計算ソフトに入力してみよう。友達と比較して，分散の小さい（拮抗した競争が起きているともいえる）業界を探してみよう。

・スマートフォンを使えばカンタンに為替や株価などの主要な経済指標を入手できる時代。データの量や質で勝負をするためには，より詳細な情報源をあたるようにしたい。
・業界の概要やマーケット・シェア
　　日本経済新聞社『日経業界地図』日本経済新聞出版社，矢野経済研究所『日本マーケットシェア事典』矢野経済研究所.
・経営組織論
　　田尾雅夫・若林直樹（2002）『組織調査ガイドブック』有斐閣.
・経済・社会・生活関連・産業別データ
　　各種白書,政府統計の総合窓口 https://www.e-stat.go.jp/
・企業別・企業比較のデータ
　　有価証券報告書，EDINET，Fortune
・国際比較や世界情勢
　　JETRO，OECD，Gapminder（WEB）
・日本経済新聞　経済指標ダッシュボード（会員制）
・盛山和夫（2015）『統計学入門』ちくま学芸文庫.
・盛山和夫（2004）『社会調査法入門』有斐閣.
　　本章では分散や標準偏差，正規分布について初歩的な内容のみを取り扱っている。統計学は世界中，あらゆる分野（社会科学だけでなく自然科学においても）で有用な学問である。文系の学生でも比較的分かりやすく，初歩的なことから丁寧な説明のある書籍を紹介する。前者（文庫版）に興味を感じたら後者も。

【参考文献】

Buzzell, R. D., and Gale, B. T.（1987）*The PIMS Principles: Linking Strategy to Performance,* The Free Press.

第 4 章

因果関係を考える

この章で学ぶこと

　この章での皆さんの到達目標は，論理的な推論ができるようになることである。経営学・商学をはじめ社会科学分野の調査対象・研究対象は，数多くの主体（登場人物）が他の主体に対して働きかけをし，他者からのリアクションに対しさらにまたリアクトする，といったように複数の主体が絡まり合って生じる何らかの社会現象といえる。登場人物（人や組織や環境も）が多い議論をしなければならない。皆さんには，丁寧すぎるくらいに主語と述語とを明記するなどの工夫も不足している，と最初に注意しておく。

キーワード

- 推論
- 因果関係
- 因果関係を主張するための条件（原因の時間的先行性，相関関係・共変関係，メカニズム）
- 散布図
- 見かけの相関・疑似相関
- 近視眼（マイオピア）

1. 因果関係を考える

はじめに，因果関係を考えるトレーニングを行いたい。最も強く伝えたいメッセージは，説明を省略してはいけない，ということである。経営学・商学らしい例を考えてみよう。

日本企業の経営スタイルは1980年代に世界中で活発に議論された。品質もよく，リーズナブルな製品で世界を席巻した日本企業の経営を学ぼうとする人が多かったのである。絶えず品質を向上する日本企業の姿をイメージして，次の文の適切さを検討してみよう。

【主張】日本企業は品質を向上することができたので，高い利益を上げることができた。

図表4.1　適切な主張といえるか？

図表4.1のように図として表現もできる。

わざわざ品質の悪い製品を購入する人はいない，と想定した上で，この文をより適切に表現するために「何が省略されているか」考えてみよう。

品質のよい製品は多く売れることだろう。これは自然な推論である。しかし，前章で挙げたPIMS研究が問題視したように，売上が多いことと高い利益を上げることとは別な話である。そのため，「品質の向上によって，高い価格を設定しても多く売れるようになり，その結果として高い利益を上げることができた」というように説明を省略せずに表現する必要がある（図表4.2）。さらに次の例を見て考えてみよう。

図表4.2　適切な主張といえるか？

さらに，企業が品質を向上しようとする，そのモチベーションについて考えてみよう。純粋に，「顧客の満足をより高めたい！」というような優等生な企業もなくはないが，資本主義社会においては，競争の圧力は避けられない。80年代の日本企業も，戦後の復興や高度経済成長を経て，先進国の企業との競争に立ち向かうべく，品質の向上に努めたわけである。「品質の向上」の前に「競争の圧力」という要素を加えてみよう（図表4.3）。

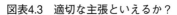

図表4.3　適切な主張といえるか？

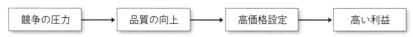

競争の圧力　→　品質の向上　→　高価格設定　→　高い利益

すると，この図にあるような表現は不適切であることが理解できるだろうか。競争が激しいと，たとえ高い品質の製品であったとしても価格を抑えなければいけない状況になると想定される。また，品質の高い製品をつくるということは，それだけより良い原材料やより新しい技術も必要となり，利益を削り取るだろう。すなわち，「競争の圧力」という要素を「品質の向上」の前に付け足しただけで，「品質の向上による高価格設定，高い利益」という表現自体が不適切になるのである。

一番はじめに，「品質の向上」という原因が「高い利益」という結果をもたらす，というシンプルな因果関係を検討した。何となく自然で適切な主張に見えたかもしれないが，「高価格設定」という要素を両者の間から省略してはいけないことを理解しよう。さらに「競争の圧力」という要素が加わると「品質の向上」と「高い利益」との間の因果関係の主張に問題が生じてしまうのである。

「どのような原因によって，どのような結果が生じるのか」，こうした因果関係を題材に皆さんは経営学や商学，社会科学を学んでいく。「給料を上げることはできないけれども，どうすれば「従業員の満足」という結果を出せるのか」，「製品がヒットする結果を上げた企業は何が原因だったのか」，といった具合に，因果関係を追究することが科学の追究といえる。その肝心の因果関係を説明する際には，「何が原因となってどんな結果をもたらし，またその

結果が原因となってどのような結果を生むのか」といった因果関係のメカニズムを，省略をしないで，主張・表現することが皆さんの課題なのである。

　日本のことわざに「風が吹けば桶屋が儲かる」というものがある。「強風 → 桶屋の儲け」という因果関係についてのことわざだが，この原因と結果との間にはどのような要素がどのように連なっているのか，そのメカニズムを省略しないことが皆さんに課せられている。「ロングヘアーが流行すると，牛丼が100円になる」という因果関係のメカニズムを考えさせた就職試験が話題に上ったこともある。

2. 論理的に考える

　先ほど，経営学・商学をはじめ社会科学の追究はすなわち因果関係の追究であると述べた。言い換えると，皆さんや私たちに課せられているのは，あるデータとあるデータとの間に因果関係があることを学ぶこと・探すこと，である。あるデータとあるデータとの間の因果関係を主張するために必要なのは，第1に原因のデータが結果のデータに時間的に先行すること，第2に原因と結果との間に相関関係や共変関係があること，第3に原因が結果へとつながるメカニズムを明らかにすること，以上の3つである。

　第1の条件は，結果が原因に先行することはあり得ないので容易に判断できる。「足の小指を角にぶつけたこと」が原因で「痛い」結果が生じるわけで，先に痛みを感じてから足の小指を角にぶつけることはない。もしあなたが小指をぶつけることを痛みによって事前に察知できるのであればそれは超常現象であり，科学の範疇ではない。大まじめに言うが，もし痛みによって小指の危険性を察知していたのにもかかわらず，それでもなおあなたが小指をぶつけたのであれば，せっかくの特殊能力を生かせないあなたの行動はおそらく科学的に説明できるだろう。

　第3の条件は，前節で見た通り，何が原因となりどんな結果をもたらし，そしてそれがまたどのような結果へとつながるのか，そのメカニズムを詳しく，省略せずに説明することによってクリアできる。それではここで，第2の条

件である，あるデータとあるデータとの間の相関関係について補足していきたい。

　再び「日本的経営」と呼ばれるもの・呼ばれたものを題材にする。「年功序列」という人事のシステムもまた，日本企業の特徴として挙げられることがある。ある企業の新入社員は多くを稼ぐことができないが，年齢を重ねると共に給料がアップしていく，というような経営スタイルである。「年功序列」の下では，「年齢」と「年収」との間に相関関係がある，といえる。単純なグラフをつくってみた。正比例のようなグラフである（図表4.4）。

図表4.4　年功序列　年齢と年収の相関関係

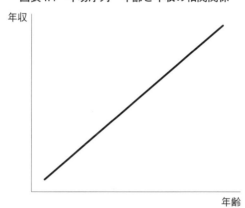

「年齢が低いうちは年収も低く，年齢が高いと年収も高い」というように，一方のデータ（年齢）が上下あるいは増減すれば，他方のデータ（年収）も上下・増減する，というような関係がある時，両者には相関関係あるいは共変関係・共変動がある，という。

　ここで改めて，年功序列の因果関係について考えてみよう。第1の条件，原因の時間的先行性，についてみると，「給料をもらうと人が老いる」というのはオカシイ。年齢を重ねることが先で，年齢を重ねたことによって給料が増えるのである。第2の条件，相関関係については，先ほどのグラフが示しているように，一方のデータの増減にあわせて他方のデータも増減していることが確認できる。第3に，年功序列のメカニズムについて考えてみよう。

企業は，決して誕生日プレゼント的な意味合いで給料を上げるわけではない。従業員にとっては，若いうちに苦労をしてもあまり報われず，できるだけ長く企業に勤めれば多くの給料を得られるわけだから，年功序列は従業員を企業に留めおく上で有効なシステムであると考えられていた。すなわち，従業員は他社に異動せず，一企業内での勤務を続けるので，年齢と共に企業内での経験値を増し，それによって処理可能な仕事のレベルが上がり，より大きな責任を負うことができるようになる。こうした経験値や仕事のレベルや責任の大きさに見合う給料を支払うと，自然に「年齢」と「年収」との間に先ほどのグラフで見たような関係が生じるわけである。

　余談でもあり，また重要なことだが，今確認したような因果関係のメカニズムを検討することをやめないでほしい。年功序列のシステムはうまく機能しないことも多々ある。若い従業員がこき使われて，上司がちゃんと仕事をしない，というような例は身近にありそうである。仕事に活用できる経験値や仕事のレベル，責任，といった要素を抜きにした年功序列のシステムは，社内での不公平感を増し，長く勤めようとする若手も少なくなってしまうだろう。能力に応じた給与制度や仕事内容に応じた給与制度，成果に応じた給与制度など，経営学や組織論の分野でより深く学んでいただきたい。

　年功序列システムが，「年齢」データと「年収」データを使ってグラフのように表現できることを学んだ。このグラフに表れるような関係を相関関係といい，データとデータとの間に相関関係があることは両者に因果関係があるかもしれない可能性を示している。しかしながら，正比例のようなグラフ，あるいは反比例のようなグラフをかけたからとはいえ，両者に相関関係があるとは必ずしもいえない。疑似相関あるいは見かけの相関と呼ばれる問題を，身近な例を使って考えてみよう。

　突然だが，皆さんはインターン（インターンシップ）への参加を考えているだろうか？　皆さんの就職活動や就職後のことを慮って，大学がインターンへの参加を強く推薦しているのを感じていることだろう。仮に，就職活動を終えた学生に，「インターンへの参加度」と「就職活動の充実度」という2つの要素について100点満点で評価をしてもらい，これら2種類のデータ

をつくったとしよう。架空の調査だが，次のような結果が期待できる（図表4.5）。皆さんに見てもらうのは，散布図，という調査結果の表現方法である。

図表4.5　インターンへの参加度と就職活動の充実度（散布図）

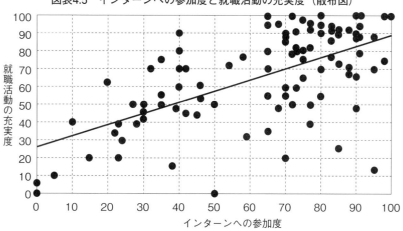

この散布図から分かることは，もちろん例外的な回答をする調査対象（インターンへの参加度は低かったが就職活動は充実していたとか，インターンへの参加度は高かったが就職活動は充実していなかったとか）も存在するものの，大まかにいうと2つのデータの間に正比例のような関係があることだ。まさに正比例のグラフのような直線を引くこともできる。この直線は，すべての回答との距離を合計したものが最も小さくなるようにして引くことができる。すると，年功序列システム，すなわち「年齢」と「年収」の相関関係を確認できたように，「インターンへの参加度」と「就職活動の充実度」との間に相関関係があるように思える。2年生や3年生の頃にインターンに参加して，4年生の時に就職活動をすると考えれば，「インターンへの参加度」は「就職活動の充実度」に時間的に先行していることが明らかである。「インターンに参加することが原因で，就職活動が充実する結果を得られる」というような因果関係の主張をするための条件が2つ揃っている。

けれども注意をしなければいけないのは第3の条件，因果関係のメカニズ

ムである。インターンへの参加によって何か劇的に変わり，就職活動を充実させた学生もいないわけではないだろう。しかし，モチベーションもまったくないのに，「インターンに参加すれば何とかなるだろう」というような安易な思いや考えで臨んでもまったく無意味だし，またインターン先の企業に対して無礼である。「インターンへの参加度」と「就職活動の充実度」との間には相関や因果関係がありそうに見えるのに，そのメカニズムを検討すると必ずしも適切ではない。いったいどういうことなのだろう。

　考えられるのは，「インターンへの参加度」と「就職活動の充実度」との間に疑似相関，あるいは見かけの相関があることだ（図表4.6）。「モチベーション」という要素を考えてみよう。「モチベーションの高い学生がインターンに積極的に参加し，就職活動も充実する」と「インターンへの参加度」と「就職活動の充実度」との間に直接関係がなくとも，先ほど挙げたような散布図のような調査結果が出てくることになる。似た例には，「足の大きさ」と「知能」との関係や「仕事の充実」と「余暇の充実」との関係などがある。2つのデータ（前者では「足の大きさ」と「知能」という2つのデータ，後者では「仕事の充実」と「余暇の充実」という2つのデータ）に共通する原因は何か，是非考えてみよう。

図表4.6　疑似相関（見かけの相関）と真の原因

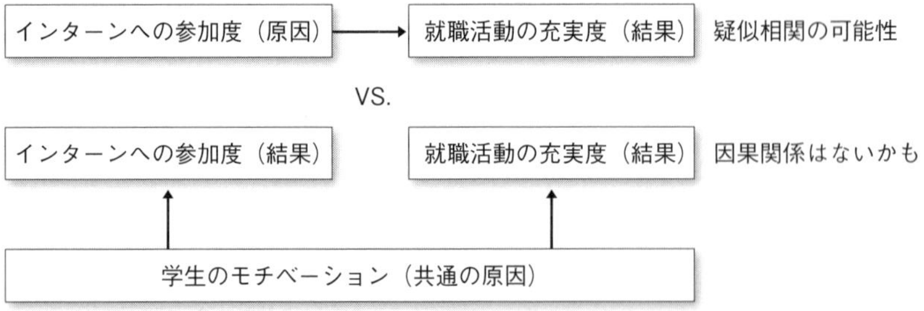

大学は，皆さんのモチベーションを高めるために，どちらかというと危機感を煽るようなことをしている印象がある。危機感は危機感として認識してほしいが，大学生活の4年間は自由を満喫できる膨大なチャンスとして考えられる。大学を出た社会人から見ればとてもうらやましい環境である。インターンも，就職活動も，それ以外の楽しいことも厳しいことも，どうか高い

モチベーションを持って大学生活を送ってほしいと願う。

3. 社会的な存在であることを考える

　本章の最後に，社会科学特有の課題についてお伝えしたい。これまでに因果関係を考えるための例題としてきたのは，「年齢が上がればお給料も上がる」，「モチベーションが高ければ，インターンにも参加し，就職活動も充実する」といった，ある種個人戦のような事例であった。自分が年をとって仕事ができるようになれば給料が上がる，とか，インターンの充実も就職活動の充実も自分のモチベーション次第である，といった感じである。また，第1節で見たように，「品質を向上すれば，高価格を設定できて，高い利益を上げることができる」という因果関係も，「競争の圧力」によって品質を向上している場合，「高価格を設定できる」という要素が成立しづらくなることも学んだ。

　人や組織は社会的に存在している。私たちの生活は，個人戦だけではなく，ライバルや顧客やチームメイトや環境，法律など，様々な主体（登場人物）の相互作用によってかたちづくられている。実際，「年齢」と「年収」の関係も，同僚や上司，投資家，経営者の考えや思惑，行為，それらの相互作用によって定められるものであるし，インターンも就職活動においてもライバル・戦友となるような大学生もいれば，受け入れ先や就職先である企業もいるわけである。

　自然科学では，例えば水から水素と酸素を生成する実験をする際に「他者からの影響」を抜きにすることができる。取り出した酸素に別なものが交じらないようにコントロールすることもできるのである。しかし私たちの生活は，常に他者や環境からの影響を受けながらかたちづくられ，その影響力をコントロールすることには限界がある。経営学・商学を学ぶ皆さんにとって，何らかの因果関係を追究する際に「他者からの影響」は必ず考慮しなくてはならない。この章の冒頭に挙げたことを覚えているだろうか。「誰が何をしたら，誰が何をしたのか，さらに誰が何をしたのか」を表現すること，すなわ

ち主語や述語を明確にすることが重要なのは，まさに社会科学が様々な主体の相互作用を調査や研究の対象にしているからである。日本の家電産業，特に掃除機に注目して具体例を考えてみよう。以下のコラムを参照されたい。

コラム **ダイソンの掃除機**

現在，日本の掃除機市場で最も高いマーケット・シェアを誇るのは，英国のダイソンという企業である。おそらく皆さんもTVCMを見たことがあるだろう。ダイソンは，高いマーケット・シェアを獲得した，という結果のみならず，「吸引力」といった新しい価値観や購入基準をつくり出したことや非常に高い価格設定をしたこと，スケルトンや蛍光色のデザインを流行させたこと，紙パックのいらない製品を主流にしたこと，ペットのケアや布団のクリーニングなどの用途を一般的なものにしたことなど，国内で画期的な成功を収めた。「品質が良くリーズナブルなものづくり」に長けた日本企業の論理的な意思決定が，ダイソンの成功の背景にあることを一緒に考えてみたい。

ダイソンの日本参入以前の状況説明から話を始めたい。日本の住宅事情，特に都市部での住宅事情を考えた時，海外に比べて住まいの空間がとても狭いことが挙げられる。また，共働きの家庭では夫婦が帰宅する時間は夜になることも多く，掃除や洗濯が夜間になることもある。さらに，不景気とはいえないかもしれないけれども，生活必需品に対する出費も抑える傾向にあった。こうした日本の顧客（家庭）の事情を考える場合，夫婦の役割分担，働き方，給料のレベル，子育て支援の法律，通勤時間や通勤手段，住宅事情など様々な影響が考えられる。

次に，つくり手である日本の家電メーカーの事情を考えた時，緻密な手作業や工場の管理能力，品質がよくリーズナブルな製品でもって世界中で成功した体験，その成功体験は小型化や軽量化や効率化によって達成されたこと，などの要素から「MADE IN JAPAN」，「JAPAN AS NO. 1」のようなこだわりがあったように見受けられる。

以上のような状況において，日本の家電メーカーやライバル企業たちはこぞって小型化や軽量化，そして静かな製品を開発しようとした。日本の住宅事情に合い，また日本企業の伝統や技術的な資産に基づいた製品開発をした結果，静かで，小回りが利いて，軽く，リーズナブルな掃除機が日本市場の大半を占めていたのである。

そこに登場したのがダイソンである。お世辞にも静かとはいえない掃除機を持

って日本市場に参入した。さらに最初はとても重たい掃除機だった。特に注目すべきが10万円ほどするような高級な製品だったわけである。しかし結果として，ダイソンは高級な掃除機を日本で販売することによって，シェア1位を獲得した。その後，日本の家電メーカーもこぞってダイソンに似た掃除機を発売するに至るのだが，過去の日本企業は決して愚かな失敗をしたわけではなく，様々な主体の様々な思惑や事情に基づいて，論理的な意思決定をしていた点は大いに勉強になるポイントである。皆さんも，ある主体がある意思決定をした時（結果），その原因を探る際には，様々な主体の様々な事情を考慮することが教訓として必要なのである。

　もう1つ教訓がある。日本の家電メーカーは論理的な意思決定をしていた。これは間違いないが，「お金に余裕のある振る舞いをしたい」と考えていた顧客の虚栄心のようなものや，「うるささと清潔さとを天秤にかけた時に清潔さを選ぶ」顧客がいたことを発見できなかったところに日本のメーカーの落ち度があったのかもしれない。小型化や静かさやリーズナブルな価格設定にばかり目を向けて，メーカー間の競争が厳しかったこともあり，新しい価値観や新しい訴求点を見出せなくなっていたのかもしれない。こうした失敗を「近視眼」や「マイオピア」という。

　ダイソンの成功や日本のメーカーの近視眼は，多分に結果論（後からなら何とでもいえる話）に過ぎない。しかし，2つの教訓を肝に銘じてほしい。第1に，社会科学では様々な主体が相互作用することによって何らかの現象（結果）が生じていること。第2に，近視眼にならず，多様な主体の多様な思惑に目を向けること，それを諦めないこと。

　本章をまとめよう。この章では，因果関係を考える，というタイトルのもと，皆さんには因果関係を主張する時の3つの条件，相関関係と疑似相関の問題，様々な主体の様々な思惑や行為が相互作用することによって何らかの社会現象が起こっていること，を学んできた。社会科学の追究とは，何らかの因果関係の追究である。誰かが何かをして，それがまた別な誰かの行為に影響し，その結果として何らかの社会現象が生じる，といったように，複雑に絡み合う主体の相互作用を論理的に表現するためには，近視眼にならず，可能な限り多くの主体の事情を詳しく説明できる力が必要である。

後日談だが，ダイソンの登場以降，多くの日本の家電メーカーがダイソンに似た製品を発売するようになった。ダイソンと同じように高い価格で，である。その一方で，紙パック式で小回りの利く，リーズナブルなハンディ・クリーナーが永らく入荷待ちになっていることを知っているだろうか？　テレビCMなどでよく耳にする大手のメーカーではないが，れっきとした日本のメーカーである。ダイソンやその後を追う日本メーカーが高価格路線で競争する中，まったく違うところで固定客をつかむ企業の姿もまた，とても論理的な姿といえる。

　さて，次章は論理思考，最後の章である。社会思考や歴史思考も合わせて，社会に存在する多様な主体の織りなす歴史がそれぞれ原因となって，1つの結果が生じるさまを描写していく。

● 必須用語集 ……………………………………………………………………………

・因果関係

　何らかの原因が何らかの結果をもたらすとき，両者に因果関係があると主張できる。その際に注意しなければいけないことは，第1に原因は結果に時間的に先行すること，第2に両者の間に相関関係・共変関係があること，第3に原因が結果をもたらすメカニズムを詳しく説明すること，以上の3点である。

・擬似相関（見かけの相関）

　ある変数（章内ではインターンの充実度）とある変数（同じく就職活動の充実度）との間に相関関係・共変関係があることだけをもって，両者に因果関係があるとは主張できない。なぜなら，何らかの別な要因が原因で，その結果として両者が生じる可能性があるからである。

✅ 学んだことをチェック

1. かつて「ジャンクフードをたくさん食べた子どもたちがキレやすくなる」という調査結果が物議を醸したことがある。言い換えると「ジャンクフードを食べる頻度」と「キレやすさ」との間に因果関係があるとされたのである。しかし両者の関係は疑似相関として理解されるべきものである。それでは両者を結果としてもたらす真の原因は何か検討してみよう。

2. 企業の利益を向上させる原因をリストアップしてみよう。それぞれの原因をカテゴリーごとに整理した上で，どのようなメカニズムで利益が向上するのか，主語や述語を省略せずに詳しく説明してみよう。

より進んだ学習のために

・沼上幹（1999）『液晶ディスプレイの技術革新史─行為連鎖システムとしての技術』白桃書房.
・マイケル・J. ピオリ，チャールズ・F. セーブル著，山之内靖・永易浩一・菅山あつみ訳（2016）『第二の産業分水嶺』ちくま学芸文庫.
　　ともに因果関係の連鎖を網羅的に解き明かした名著である。

【参考文献】

谷岡一郎（2000）『「社会調査」のウソ─リサーチ・リテラシーのすすめ』文春新書.

第**5**章

統合する

この章で学ぶこと

　社会に存在する様々な主体の様々な意思決定が歴史的に積み重なり，現在進行形の社会現象が生じている。このような姿を理解したり，表現したりできるようになってほしい。論理思考，最後の第5章は皆さんが何らかの社会現象が生じる経緯を，因果関係を図示するなどして，入手した情報を論理的に整理できる思考力や表現力を身につけることを到達目標とする。より具体的には，前章までに見た通り，様々な主体な様々な思惑・行為に注目すること，近視眼をできる限り避けること，以上に加えて，時系列で情報やデータを整理することを学んでほしい。

キーワード

- 時系列
- 3C
- SWOT
- 5forces
- ポーターのダイアモンド

1. 現状に至る経緯（因果関係の連鎖）を把握する

　私たちが調査や研究の対象とする社会現象には，様々な主体による様々な思惑や行為の相互作用が背景として存在する。それを整理したり表現したり議論したりできるようになろう。とはいえ，社会現象の複雑な背景をいきなり網羅しろ，といわれてもとても難しい課題であろう。情報やデータの整理方法をまずは紹介しよう。

　経営学・商学の分野では，３Ｃ分析，SWOT分析，ポーターの５forcesやダイアモンドといった整理方法がとても初歩的かつシンプルなものとして愛用されている。特に名前はついていないが，企業内環境と競争環境，市場環境，法・経済的環境，というように情報を整理する方法であったり，さらに単純に社内の状況と社外の状況とか，メリットとデメリット（Pros and Cons），というように情報を整理するだけでも理解力や表現力がぐっと向上することを覚えておいてほしい。

　今，はじめに挙げた３Ｃ分析を使って，前章で挙げた日本の家電メーカーの競争とダイソンの参入・成功事例を改めてまとめてみよう。３Ｃとは，企業・社内要因（Company），顧客・市場要因（Customer），競合要因（Competitor）といった３つの要因ごとに情報を整理する方法である。本章では，「歴史的な経緯」をより詳しく紹介したい。

(1) 第1のＣ：企業・社内要因

　1970年代から1980年代にかけて，日本は高度経済成長期を迎え，日本的経営について学ぶことは世界的なブームとなった。特に自動車や家電製品といった業界では，ライバル会社の製品よりも小さく，軽く，薄く，効率や使い勝手のよい製品が世界中にヒットすることになった。小型車や携帯型の音楽プレイヤーなどを思い浮かべることができる。

　リバース・エンジニアリングやベンチマーキングといった経営スタイルは，画期的な製品を生み出すよりも生産の効率性を向上させるものとして有効だった。緻密な作業ができて勤勉な日本人従業員の志向性とも相性が良かったことと思われる。1980年代の日本的経営の研究ブームでは，主に生産管理シ

図表5.1　第1のC：企業・社内要因

```
┌──────────────┐                              ┌──────────────┐
│ 画期的な他社技術 │                              │ 年功序列・終身雇用 │
└──────┬───────┘                              └──────┬───────┘
       │                                             │
       ▼                                             ▼
┌──────────────┐      ┌──────────────┐      ┌──────────────┐
│ ベンチ・マーキングや │      │ 緻密作業を得意とする │      │ 従業員の規律性  │
│リバース・エンジニアリング│      │   企業文化    │      └──────────────┘
└──────────────┘      └──────────────┘
              ＼           │           ／
               ＼          ▼          ／
              ┌──────────────┐
              │  生産性の向上   │
              └──────┬───────┘
                     ▼
              ┌──────────────┐
              │ 軽く，薄く，効率良く， │
              │リーズナブルなものづくり│
              └──────────────┘
              ／              ＼
             ▼                ▼
   ┌──────────────┐      ┌──────────────┐
   │ 世界的な成功体験・ │      │  銀行の融資   │
   │   プライド    │      │   判断基準    │
   └──────────────┘      └──────────────┘
              ＼              ／
               ▼            ▼
              ┌──────────────┐
              │ 効率性と軽薄短小を  │
              │ 軸にした他社比較   │
              └──────────────┘
```

　ステムや年功序列，終身雇用，系列化といった大企業の経営管理手法に注目が向けられた。品質の良い日本製品は世界的な名声も得たし，ものづくりに対するプライドのようなものが日本人の労働者や経営者に芽生えていた。

　その一方で，品質のよい製品を効率よくつくりリーズナブルな価格で販売する，という経営方式によって，品質の良し悪しやライバル会社の製品と比較した時の大きさ，重さ，厚さ，効率性の違いといった基準で製品や企画が評価されるようになった。日本の銀行も，効率性を追求するような意思決定（例えば工場の増設）には融資を検討したが，その他の意思決定（例えばリスクのある画期的なプロジェクト）には必ずしも積極的に融資ができなくなったのである（図表5.1）。

(2) 第2のC：顧客・市場要因

　高度経済成長により，日本の生活水準も大きく変わることになった。国内の所得や総生産の増加は，働く夫と専業主婦といった分業によって支えられていた。2世代や3世代の家庭も現在と比べて少なくなかった。しかし，バブルの崩壊やリーマンショックといった出来事を経て，都市部で生活する核家族は共働きが主流となり，夕方から夜間にかけての保育や児童の見守りなどのサービスが必要不可欠な時代となった。

　都市部への人口流入は現在も続いている。農業や漁業といった第1次産業や製造業や建設業などの第2次産業ではなく，都市に暮らす人たちの多くが販売業やサービス業などの第3次産業に従事し，またその人々が必要とするものやサービスを提供する第3次産業が必要である。そうして，国内産業の大半が第3次産業によって占められるに至る。古くから，サービス業は休日の少なさや長時間勤務の性格を持っている。

　核家族と共働き世帯の増加により，家事の時間も変化を遂げた。早朝や夜，

図表5.2　第2のC：顧客・市場要因

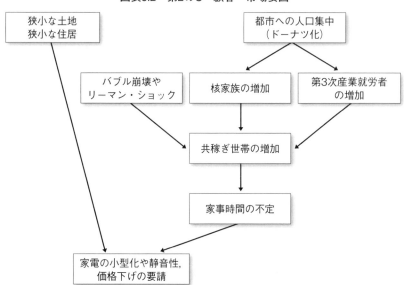

深夜に家事をする必要性が生じた。都市部への人口流入が続くと，狭い日本の国土からして，住宅は狭小であるにもかかわらず高額となる。都市部のタワー・マンション・ブームを思い浮かべてみよう。洗濯物を外に干すことを禁じているマンションもあるし，洗濯物を外に干すと都市特有の排気で汚れてしまうところもあるだろう。家事をする時間の変化や核家族のお金の使い道はメーカーの意思決定に影響を与えることになる（図表5.2）。

　日本の家電メーカーの意思決定にはさほど影響しなかったが，日本人特有の同調圧力や虚栄心のようなものも確認できる。日本は長い不景気の時代を過ごしたが，高級な外国車やハイ・ブランドの装飾品や皮革製品はその間も着実に日本市場におけるポジションを確立していった。不景気であるからこそ苦しくないフリをしたい，とか，誰かが良いものを持っていると自分も同じような何かが欲しくなる，とか，ダイソンはこうした日本人的な特性も見抜いていたのではないかと思われる。

(3) 第3のＣ：競合要因

　自動車にしろ，家電にしろ，あるいは銀行や商社にしろ，日本には独占的な大企業は現れていなかった。電話会社や鉄道，郵便など，元々は国営であった事業については独占的な地位を持っていたが，それも今では民営化されていたり，ライバル企業の参入が可能になっている。「日本的経営」の研究が日本の大企業研究であったように，日本の産業は寡占的な大企業の存在によって特徴づけることができるし，その背景には旧財閥系の商社や金融機関の存在もあると推察できる。

　寡占的な大企業が切磋琢磨して成長した軌跡こそが日本の高度経済成長であるといえるが，この切磋琢磨も，第1のＣにて取り上げたことの繰り返しになるが，品質の向上については活発であったものの，画期的で大きなリスクのかかる行為に対して資金を調達することは容易ではなかった。「MADE IN JAPAN」に対してメーカーがプライドを持ったのと同様に，顧客は「MADE IN JAPAN」の製品に信頼を覚えている。人件費の問題から海外に生産拠点を移すことが検討されるようになると，日本のメーカーはますます品質の保持に傾倒していくことになる。

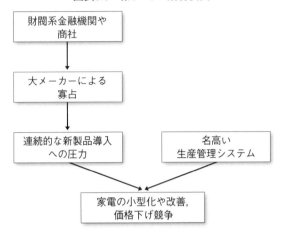

図表5.3　第3のC：競合要因

　寡占的な大企業同士の競争は厳しく，しかもそれは高品質のものづくりに定評のある企業同士の競争であったわけなので，新製品の連続的な導入であったり，品質のより良いものをよりリーズナブルな価格で提供するような競争を招くことになった（図表5.3）。

　前章で挙げた掃除機産業の概要は以上の通りである。日本の家電メーカーは，古くからその品質の良さとリーズナブルな価格設定による成功体験に基づき，大企業間の競争を長い期間にわたって経験してきた。ライバルよりもより良い品質の製品を出すためには，日本の家庭事情や住宅事情に合わせた，静かで小回りの利く製品を出すことが論理的な意思決定だったわけである。顧客は必ずしもお金に余裕があるわけではなく，生活必需品に多くを費やすことはできないのなら，価格も抑えなくてはならなかった。

　この物語がなぜ紡がれたのか。その背景を歴史的に記したものが３Ｃ分析の内容である。銀行，商社，顧客などの様々な主体が登場したし，プライドであったり虚栄心であったり「MADE IN JAPAN」への信頼であったり，過去の成功体験やリスクを回避しようとする性格など，人が持つ感情や思惑といった目に見えないものもかかわっている。

　「ダイソンが吸引力を訴求して，（うるさくて重い）高価格な掃除機を発売し，日本市場で最も売上の高い企業となった」という出来事の背景には，歴

図表5.4　3つのCを統合する

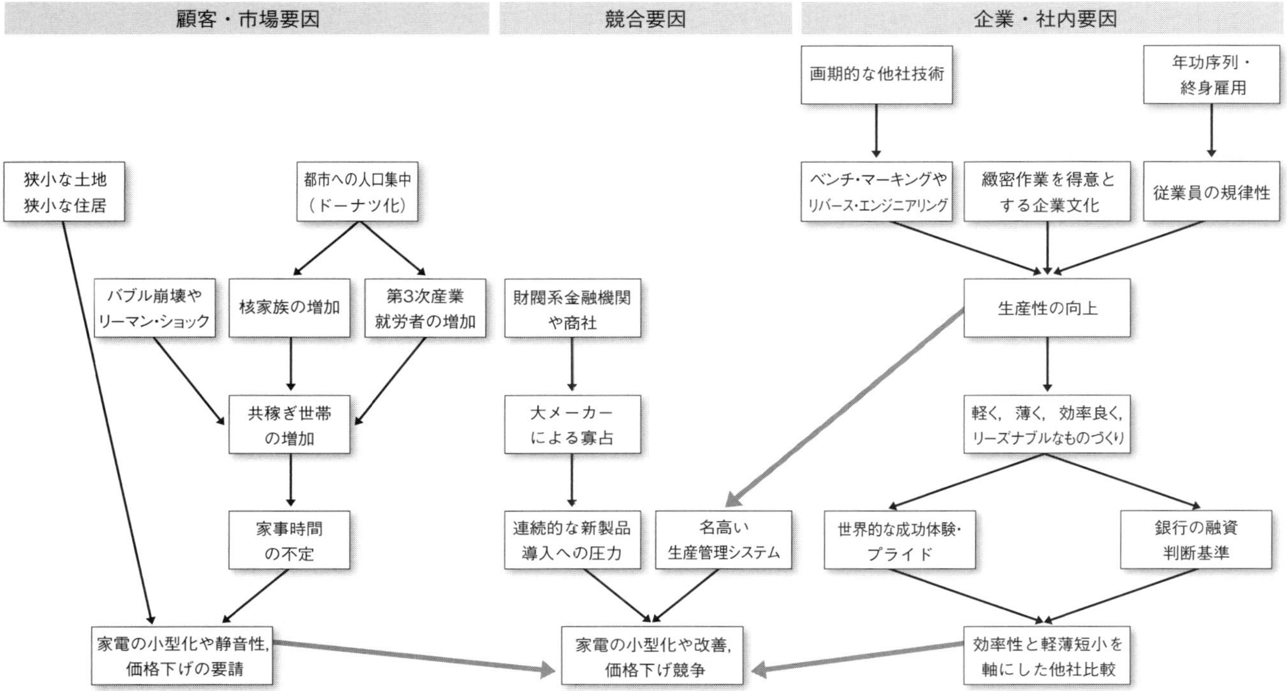

顧客・市場要因

- 都市への人口集中（ドーナツ化）
  - 第3次産業就労者の増加
  - 核家族の増加
- バブル崩壊やリーマンショック
- 狭小な土地狭小な住居

- 第3次産業就労者の増加 → 共稼ぎ世帯の増加
- 核家族の増加 → 共稼ぎ世帯の増加
- 共稼ぎ世帯の増加 → 家事時間の不足
- 家事時間の不足 → 家電の小型化や静音性、価格下げの要請
- 狭小な土地狭小な住居 → 家電の小型化や静音性、価格下げの要請

競合要因

- 財閥系金融機関や商社 → 大メーカーによる寡占 → 連続的な新製品導入への圧力 → 家電の小型化や改善、価格下げ競争

企業・社内要因

- 年功序列・終身雇用 → 従業員の規律性
- 画期的な他社技術 → ベンチ・マーキングやリバース・エンジニアリング
- 緻密な作業を得意とする企業文化 → 従業員の規律性
- 従業員の規律性 → 生産性の向上
- 緻密な作業を得意とする企業文化 → 生産性の向上
- ベンチ・マーキングやリバース・エンジニアリング → 生産性の向上
- 生産性の向上 → 軽く、薄く、効率良く、リーズナブルなものづくり
- 生産性の向上 → 名高い生産管理システム
- 軽く、薄く、効率良く、リーズナブルなものづくり → 銀行の融資判断基準
- 軽く、薄く、効率良く、リーズナブルなものづくり → 世界的な成功体験・プライド
- 銀行の融資判断基準 → 効率性と軽薄短小を軸にした他社比較
- 世界的な成功体験・プライド → 効率性と軽薄短小を軸にした他社比較
- 名高い生産管理システム → 家電の小型化や改善、価格下げ競争

史的に紡がれた様々な主体の行為や思惑があったことを何となく体験できたであろうか。第1に企業・社内要因について，第2に顧客・市場要因について，第3に競合要因についての因果関係の連鎖を統合したものが図表5.4である。日本企業が品質が良くリーズナブルな製品開発に固執するようになった，という「結果」に対して，どんなカテゴリーのどんな「原因」が作用したのか，その経緯を整理した一例である。分析や論述のための「フレームワーク」ともいえる。こうしたフレームワークの例のいくつかは，この章のはじめに挙げた通りである。

　今回の事例を記述するにあたり，時折根拠となるデータをかなり乱暴に使用・解釈していることを最後に了承されたい。国内総生産や都市部の人口比率，核家族率や共働き世帯率など，手軽に検索することのできるデータもあるので，是非自分の目や頭で確認をして，内容に問題があれば更新や訂正を願いたい。自分でデータを調べるとか，原典をあたるとか，とても重要であることは第4章でお伝えした通りである。

2. 統合的なマネジメント力のために

　因果関係を図示する，という課題を取り上げた意図は，現在生じている社会現象の背景を，何らかの方法に基づいて整理して（掃除機の事例では3C分析に基づいて），様々な主体の様々な思惑や行為に配慮してほしい，ということであった。これからより専門的な経営学の勉強をする皆さんには，様々な主体の様々な思惑や行為をうまく管理（マネージ）する能力，すなわち統合的なマネジメント力を養ってほしい，というのが本章後半の，そして第Ⅲ部最後のメッセージである。

　経営学や商学では多くの場合，企業を研究対象とすることを何となく感じていることだろう。組織論では，企業というチームを望ましい状態で保持し，さらにより望ましい状態にするためにはどうすればいいか，ということを学ぶ。戦略論では，ライバル企業との競争をする・しない，という選択もしながら，潜在的な顧客も含めた市場を分析し，ライバル企業を分析し，企業の

存続と成長のためにどのように臨んでいくのか，を学んでいく。同じ企業の中にもいろいろな役割の人がいて，いろいろな立場で，いろいろなことを考える。ライバル企業の中にも様々な規模の企業があり，様々な財務状況で，様々な策を打つ。顧客も様々かもしれないし，環境も変化したりしなかったりする。「統合的な」マネジメント力とは，こうした様々な主体の行為や思惑を統合した上で，何らかの意思決定をする能力と捉えることができる。

　身近なところでも養ってほしいマネジメント力がある。自分自身の管理，健康の管理，人間関係の管理，場所の管理，時間の管理，スケジュールや目標管理，といった課題をも統合して管理する能力である。いろいろな人の立場に立ち，その考えや行為に至る経緯を見つめ，自ら意思決定をし，不確実な将来にも対応できるようにする。そんな自律的で社交的な人物になってほしいと祈念する。

　企業は社会的に存在しており，様々な主体との相互作用をした歴史的経緯に基づいて現在の意思決定を論理的に行っている（たとえそれがとてもヘタクソな意思決定であったとしても論理的な理由があるといえる）。私たちの存在も同じく社会的である。歴史があり，現在そして将来の意思決定を論理的にしようとしている。論理的，というのは決して感情を廃するものではなく，皆さんも，赤の他人も，私も，様々な感情に基づいて様々な行為を行っている。そんな社会の姿に，様々な人たちが相互作用する姿に知的な好奇心を持ってほしいと願ってやまない。

●必須用語集

・時系列分析

　ある一時点において変数間の関係を問う調査・研究（クロス・セッションともいう）とは対照的に，長期に渡り，変数の推移やその背景要因，経路依存性を問う調査・研究。

・経路依存性

　社会的に存在し，相互作用する個人や組織はそれぞれの歴史（経路）があり，その歴史によって現在や未来の行動が左右される。1つの事例を他の事例に応用しようとしても，他者・他社にはそれぞれの歴史があるので，そうカンタンなことではない（本書の「終わりに代えて」も参照）。

1. 日本の経済成長，都市部人口，核家族比率，共働き世帯数の推移を裏付ける資料を見つけてみよう。

2. 身近なヒット商品や人気のあるサービスを取り上げて，なぜその良い結果がもたらされたのか，を3C分析のフレームワークを使って図示してみよう。さらに1歩進んで，信頼できる情報源を出典として明記・付記しよう。

より進んだ学習のために

・藤本隆宏・高橋伸夫・新宅純二郎・阿部誠・粕谷誠（2005）『リサーチ・マインド―経営学研究法』有斐閣.

　　現状を把握し，表現するためのフレームワークを与えてくれる書籍。様々な調査スタイルも紹介されているので，自分に合うものが見つかるかもしれないし，苦手なスタイルを克服するための注意点なども見つかるだろう。

終 章

因果関係を探究するための
論理思考

1. 「問い」の立て方を学ぶ

　本書第Ⅲ部「論理思考」は，みなさんに社会科学における「問い」の立て方を身につけてもらうための教材であった。全5章を振り返り，改めてこの「問い」とは何か，を考えるとそれは，「因果関係に関する問い」だといえる。概ね学問というものは，分野に関わらず，さらには社会科学や自然科学に関わらず，因果関係を探究するものである。

2. 因果関係の探究

　先に，自然科学における因果関係の探究を例に挙げてみよう。ある薬剤（原因）が特定の病気に有効（結果）かどうか，この因果関係を探る時，研究者や製薬会社が試みるのはデータによる例証である。Aさんに有効な薬剤なのに，BさんとCさんには効き目がない，ということが分かれば，Aさんにはなぜ有効で，Bさん・Cさんにはなぜ有効でないか，ということを探究する必要がある。すると，AさんとBさん・Cさんとの間にはどんな違いがあるのか，を突き詰めることになる。つまり，その薬剤が有効になる時の条件や前提は何か，を解き明かすことが必要となる。言い換えれば，「何」が原因で，「Aさんに有効，BさんとCさんには効果なし」という結果がもたらされるの

か，1歩進んだ研究が進んでいく。

　図表終.1のように，当初はＡさんへの有効性という「個別的な発見」が，より普遍的にＢさん・Ｃさんやあるいは世の人々全員への効果をもたらすかどうかを仮説とし，Ｂさん・Ｃさんのデータによる例証を通じて，薬剤の有効性がどのようにすれば一般化できるのか，因果関係の探究が進められる。もしこの薬剤が有効になる条件を解き明かすことができれば，病に苦しむ多くの人たちに効果をもたらす「普遍的な発見」へとつながっていく。

図表終.1　薬剤を例とした因果関係の探究

```
最初のプロセス：個別的な発見
  薬剤の利用（原因）　→　Ａさんへの効果あり（結果）

次のプロセス：仮説
  薬剤の利用（原因）　→　全員への効果（結果）

次のプロセス：データによる例証
  薬剤の利用（原因）　→　Ｂさんへの効果なし（結果）
  薬剤の利用（原因）　→　Ｃさんへの効果なし（結果）

次のプロセス：新たな因果関係の探究
  何らかの条件（原因）　→　Ａさんへの効果あり，Ｂさんへの効果なし，Ｃさんへの
  効果なし（結果）

次のプロセス：普遍的な発見
  何らかの条件の下での薬剤の利用（原因）　→　全員への効果（結果）
```

　統計的一般化と呼ばれるこうしたアプローチは社会科学においても大いに活用されている。このアプローチとは，「個別的な発見」をする，仮説をつくる，データによる例証をする，条件や前提や限界や例外をできる限り詳しく明らかにする，「普遍的な発見」につなげる，ということである。

3. 経営学あるいは社会科学における因果関係の探究

　因果関係の探究という意味では社会科学と自然科学には共通点があるものの，経営学や社会科学を難しくしているものは，その複雑性にある。自然科

学（例えば上記の薬剤の研究）もとても複雑なものであるため，自然科学に比べて，社会科学の方が難しいと言いたいわけではない。自然科学とは異なる複雑性，と言えばよいだろうか。社会には様々な人や組織がそれぞれの歴史を持ち，相互作用を続けている。上記の薬剤に置き換えるとすると，例えば，「企業の施策（原因）が業績を向上（結果）する」，という普遍的な発見とするためには困難が伴う。

第1の困難は，施策が業績を向上するという現状の把握とメカニズムの解明であろう。企業の施策の内容や業績を捉える尺度を明確にし，誰が見ても納得できるデータによって現状を表現しなければならない。またその施策がどのようなメカニズムで業績の向上をもたらしたのか，より詳しい因果関係の連鎖を説明しなければならない。

第2の困難は，この「個別的な発見」を他社に応用しようとしたとしても，他社には他社なりの歴史があるので，当初の発見とまったく同じ条件で因果関係の例証ができない点にある。また，企業にも規模や経営者の性格など膨大な違いがあり，社内には様々な性格の人たちがいる。ある施策の有効性を確かめようとしても条件や前提や例外などの詳細を丁寧に説明しなければならない。

これらの困難に共通するのは，現状やそれに至る経緯を丁寧に，詳細に説明・表現しなければならないという点だろう。自然科学と違い，条件をコントロールした実験が難しいので，様々な人・組織の思惑や行動・行為の連鎖の中から，特殊な発見と，普遍的な発見とをきちんと区別して見出すことが求められる。

4. 「なぜ」を問う

様々な人や組織が歴史的に複雑な相互作用を続けている中から，因果関係を探究することは経営学や社会科学の楽しみでもある。「個別的な発見」を統計的一般化を通じて「普遍的な発見」にすることも重要だが，「個別的な発見」から分析的に一般化をする，というアプローチもある。より大きなテーマ（メタ・レベルという）で理論的な示唆を得ようとするアプローチである。

飛躍的な表現をするが，「個別的な発見」も「なぜ」という問いを繰り返すことによって，より普遍的な問いや理論の発展に貢献できるような問いに昇華させることもできる。例えば，従業員たちが懸命に働くこと（原因）によって業績が向上（結果）した，という「個別的な発見」に「なぜ」を繰り返してみよう。この企業では「なぜ」従業員たちが懸命に働く（結果）のだろうか？　さらに例えば，その原因が経営者の性格にあったとしよう（経営者の性格が原因で，従業員の懸命さが結果）。それでは「なぜ」この経営者の性格は従業員たちを懸命に働かせるのだろう？　経営者は「なぜ」その性格を身につけることができたのだろう？

　このように「なぜ」（ときどき「どのように」も）を繰り返すと，より普遍的な問いに昇華させることがある。従業員を懸命にする経営者の性格を詳細に分析したならば，きっと他の経営者にも応用することのできる「普遍的な発見」がもたらされるかもしれない。もちろん，複雑な因果関係の連鎖を詳細に説明・表現する，という課題は避けられない。第Ⅲ部「論理思考」編は皆さんの説明力や表現力を養う教材であったことを覚えていてほしい。

　大学生である皆さんにとって，教科書が答えを教えてくれる勉強をする機会はどんどん減っていく。皆さんが皆さんの興味や関心，将来への希望に基づいてテーマを設定し，「発見」をすることが求められる。あなたの発見をシェアするためには，他者にも理解できるような説明力・表現力が必要である。複雑な社会現象の中から，是非何か発見をして，因果関係の連鎖を説明してほしい。著者である私たちだけでなく，大半の大学教員は，あなたの発見を，あなたの論理的な報告を，きっと心待ちにしている。

【参考文献】

伊丹敬之（2001）『創造的論文の書き方』有斐閣.

Yin, R. K.（2018）*Case Study Research and Applications: Design and Methods*, SAGE Publications, Inc.（近藤文彦訳『ケース・スタディの方法』千倉書房，2011 年）

終わりに代えて

　マネジメント・リテラシー。経営学・商学，広義には社会科学を学び始めたばかりの皆さんはより高く，より深い学びを進めるための「素養」を身につけることができただろうか。著者である私たちが皆さんに期待するのは，在学中も卒業後も，公的（オフィシャル）にも，私的（プライベート）にも統合的なマネジメント力を発揮できるような人物になることである。統合的なマネジメント力とは何か，改めて社会思考，歴史思考，論理思考の学びからまとめ直してみたい。

社会思考の学び：様々な立場・様々な人・様々な組織の統合的な思考

　経営学とは，お金儲けを考えている企業がどのように成功したのか，研究するものである。このような考えは経営学のごく一部を指しているに過ぎない。社会には，様々な立場の人たちが様々な思惑を持ち，様々な使命を感じ，様々な行動・行為をしてかかわり合っている。世界には，様々な営利組織のみならず，様々な非営利組織や各国の政府や自治体がそれぞれの使命や我欲を持ってかかわり合っている。

　これらの「組織」の中にも様々な人がいて，絶対的な幸せ・不幸せや相対的な幸せ・不幸せを感じながらも，人類の文明が経済的な発展だけでなく，次世代を担う人や組織の幸せを守るべく，持続可能な社会の実現に向けて努力をしている。そして何度となく「様々」と表現するように，皆が皆努力をしているわけではない。おそらくあなたもこれまでにそうしてきたように，友人や家族や見知らぬ誰かと共にかかわり合う中で，成功や失敗を繰り返しながらも，チームや家族も含めた組織にとって最良の結果を目指して，あるいは社会や環境にとっての最良の解決策を目指して，他者との対話と相互作用を続ける力を身につけてほしい。

歴史思考の学び：過去・現在・未来の統合的な思考

　組織の未来，社会の未来，環境の未来。世界の未来。地球の未来。あるいはあなた自身の未来のための対話や相互作用。社会思考の学びは皆さんの未来のための学びだと思う。次に歴史思考の学びが教えてくれたのは，産業革命以後，現代に至るまで，様々な産業や国家や思想や理論やインフラがグローバルに発展を続けてきた経緯，である。別な表現をするならば，それは人類や文明が発展を続けている，複雑に絡み合った因果関係の連鎖ともいえよう。過去を知り，現在を知ることによって，より良い未来を設計する力を発揮してもらいたい。

　唐突だけれども，あなたにも好みの料理や好みの味つけがあるだろう。そしてそれは他者と必ずしも同じではない。あなた好みの味つけは，これまでの人生の様々な出来事や経験を通じて少しずつ少しずつ形成されていったものである。他者がまったく異なる味つけの料理をあなたに薦めたからといって，瞬間的にあなたの好みが変わることはおそらくない。あなたの過去が現在をかたちづくっていて，未来はあなたの現在に至る過去によって影響を受けるのである。これを「経路依存性（path dependency）」という。

　人や組織の未来，社会や環境や世界の未来に置き換えても同じことがいえる。現在の様々な人や組織はそれぞれの過去（経路）に依存しながら相互作用をして未来へと歩みを進めている。現状から何らかの問題点を見つけたとしても，過去（経路）にそぐわない未来の解決策は達成することが難しい。

　さらに高度なマネジメント力が求められる理由は，複雑に絡み合った因果関係のシステムの，ほんの一部を改善したり変化したりしたとしても，元の木阿弥になってしまう可能性にある。個を見ながら，絡み合う全体を見る，という姿勢が望ましいのである。

論理思考の学び：個々の発見と普遍性との統合的な思考

　個を見ながら全体を見る，という姿勢は学問としての社会科学の探究にも有意義な考え方である。1つの事例（個々の発見）を乱暴にその他（全体）の事例に当てはめて考えるような偏見は避けなければいけない。論理思考の学びでは，皆さんが偏見を持たず，真摯な姿勢で世の中を観察し，本質的な

問題や解決策を探る手助けになることを期待して，科学的な思考法について紹介した。何らかの社会現象から得られた発見を，個々の発見から普遍的な発見とするために必要な思考法である。いったいなぜ普遍的な発見が必要なのか？　それは，より良い未来を実現する個々の発見が，さらに他の人や他の組織のより良い未来につながる普遍的な発見なのであれば，とても素敵なことだと感じないだろうか。

　また，歴史思考の教科書に載っているのは，著者たちの「目」を通じて描かれた，人類や世界の歴史のうちの「一部」の過去と現在に至る経緯である。皆さんの「目」に興味深く映るものとそれは同じでないだろう。あなたが興味を感じること，あなたの「目」に映る現状とそれに至る経緯（すなわち，因果関係の連鎖）を描写する力や表現する力もまた育みたいと考えていたものである。因果関係の連鎖を表現する力があってはじめて，他者と現状理解の共有ができる。現状理解の共有ができなければ，他者との対話も困難になる。社会思考のまとめにおいて触れたように，様々な他者との対話や相互作用こそがより良い未来のための人類の歩みなのだから。

最後に

　マネジメント・リテラシー。3つの思考を改めて見直したならば，すべてが人や組織や世界や皆さん自身のより良い未来のための学びだということが分かるだろうか。

・社会には様々な人や組織がより良い未来のための対話や相互作用をしている
・歴史的な経緯，すなわち因果関係の連鎖を知ることによってより良い未来のための設計ができる
・論理的に因果関係を表現する力があってこそ普遍的な発見ができ，他者との対話ができる

　ゆえに，皆さんに期待する「統合的なマネジメント力」とは，より良い未来のための対話や相互作用を実現する力，といえるだろう。

【執筆者紹介】

第Ⅰ部「社会思考」編

宮永 健太郎（みやなが けんたろう）京都産業大学 経営学部 准教授
第Ⅰ部担当章：中扉，序章，第２章，第３章，第４章，第６章，第８章，終章
最終学歴・学位：京都大学大学院 経済学研究科 博士後期課程修了，博士（経済学）
代表論文・著書：
『環境ガバナンスとNPO―持続可能な地域社会へのパートナーシップ』昭和堂，2011年
"The tragedy of the commons' by underuse: Toward a conceptual framework based on ecosystem services and satoyama perspective,"（共著）*International Journal of the Commons*, Vol. 12, No.1, 2018, 332-351

大杉卓三（おおすぎ たくぞう）京都産業大学 経営学部 准教授
第Ⅰ部担当章：第１章，第５章，第７章
最終学歴・学位：九州大学 比較社会文化研究科 博士後期課程修了，博士（比較社会文化）
代表論文・著書：
『グラミンのソーシャル・ビジネス―世界の社会的課題に挑むイノベーション』（共著）集広舎，2017年
『人間の安全保障と現代中央アジア』（編著）花書院，2010年
『質的データの取り扱い』（共翻）北大路書房，2009年

第Ⅱ部「歴史思考」編

吉田裕之（よしだ ひろゆき）京都産業大学 経営学部 教授
第Ⅱ部担当章：中扉，序章，第２章，第３章，第４章
最終学歴：同志社大学大学院商学研究科 博士後期課程単位取得
代表論文・著書：
"Chapter 4 Nintendo's Home Video Game Business," In M. J. Lynskey and S. Yonekura, (eds.), *Entrepreneurship and Organization*, Oxford University Press, 2002, 152-171
「京都における革新的企業家出現の諸条件」安岡重明編著『近代日本の企業者と経営組織』同文舘出版，2005年，第５章所収

具 承桓（グ スンファン）京都産業大学 経営学部 教授
担当：はしがき，イントロダクション
第Ⅱ部担当章：第１章，第５章，第６章，第７章，終章
最終学歴：東京大学 大学院経済学研究科博士課程修了，博士（経済学）
代表論文・著書：
『製品アーキテクチャのダイナミズム―モジュール化・知識統合・企業間連携』ミネルヴァ書房，2008年
「EV市場をめぐるエコシステムの再編とイノベーション・ダイナミクス―エコシステム再設定期の中国EVと政府の役割」『研究 技術 計画』第32巻4号，2017年，360-379頁
"Chapter 9. The rise of the Korean Motor Industry," In P. Nieuwenhuis and P. Wells (eds.), *The Global Automotive Industry*, Wiley, 2015, 95-108
『コア・テキスト 経営管理（第2版）』（共著）新世社，2019年

第Ⅲ部「論理思考」編

福冨 言（ふくとみ げん）京都産業大学 経営学部 教授
第Ⅲ部担当章：中扉，序章，第1章（共著），第2章（共著），第3章，第4章，第5章，終章，終わりに代えて
最終学歴・学位：一橋大学 大学院商学研究科博士後期課程修了，博士（商学）
代表論文・著書：
『日本企業のマーケティング力』（共著），有斐閣，2012年
"Dysfunction from Focusing on Overseas Business,"（共著）*GSTF Journal of Business Review*, Vol. 5, No. 1, 2017, 28-37
『サービス・マーケティング概論』（分担執筆）ミネルヴァ書房，2019年
"The Use of Marketing and Financial Metrics in Japanese Firims,"（共著）*International Journal of Marketing & Distribution*, Vol. 4, No. 1, 2021, 1-14, 第1章（共著），第2章（共著）

李 為（リー ウェー）京都産業大学 経営学部 教授
第Ⅲ部担当章：第1章（共著），第2章（共著）
最終学歴・学位：関西学院大学 社会学研究科博士後期課程修了
代表論文・著書：
『現代中国の流通と社会』（共著）MINERVA現代経済学叢書，2005年
『フランスの流通・政策・企業活動』（共著）中央経済社，2015年
『文化としての流通』（編著）同文舘出版，2007年

■ マネジメント・リテラシー【第2版】
　　―社会思考・歴史思考・論理思考―

■ 発行日――2019年10月26日　初　版　発　行　　　　〈検印省略〉
　　　　　　2022年4月6日　　第　2　版　発　行
　　　　　　2024年4月6日　　第2版2刷発行

■ 編著者――具 承桓（グ スンファン）

■ 発行者――大矢栄一郎

■ 発行所――株式会社 白桃書房（はくとうしょぼう）

　　　　〒101-0021　東京都千代田区外神田5-1-15
　　　　03-3836-4781 ㊞ 03-3836-9370　振替00100-4-20192
　　　　https://www.hakutou.co.jp/

■ 印刷・製本――藤原印刷

©Ku, Seunghwan 2019, 2022 Printed in Japan　ISBN978-4-561-25765-3 C3034

好 評 書

坂下昭宣【著】
経営学への招待[第3版]　　　　　　　　　　　　　　　　本体 2,600 円

沼上　幹【著】
行為の経営学　　　　　　　　　　　　　　　　　　　　　本体 3,300 円
　―経営学における意図せざる結果の探究

田村正紀【著】
リサーチ・デザイン　　　　　　　　　　　　　　　　　　本体 2,381 円
　―経営知識創造の基本技術

青島矢一【編著】
質の高い研究論文の書き方　　　　　　　　　　　　　　　本体 1,818 円
　―多様な論者の視点から見えてくる，自分の論文のかたち

小川　進【著】
世界標準研究を発信した日本人経営学者たち　　　　　　　本体 2,364 円
　―日本経営学革新史　1976―2000 年

坂本英樹【著】
エッセンシャル講義
経営学教室　　　　　　　　　　　　　　　　　　　　　　本体 3,000 円

露木恵美子・山口一郎【著】
職場の現象学　　　　　　　　　　　　　　　　　　　　　本体 3,000 円
　―「共に働くこと」の意味を問い直す

─────────── 東京　**白桃書房** 神田 ───────────

本広告の価格は本体価格です。別途消費税が加算されます。